中央编译局文库编辑委员会

主　　任：贾高建

副 主 任：魏海生　柴方国　季正聚　崔友平

委　　员（按姓氏笔画排序）：

冯　雷　牟建君　杨雪冬　沈红文　张凤宝

陈家刚　胡长栓　郗卫东　葛海彦

国家"十二五"重点图书

国际共产主义运动历史文献
第62卷

主　编　王学东
副主编　戴隆斌（常务）　童建挺

共产党和工人党情报局文献（4）

本卷主编　戴隆满　戴隆斌

《国际共产主义运动历史文献》顾问委员会

贾高建　顾锦屏　高　放　张中云　胡文建
宋洪训　沈志华　洪肇龙

《国际共产主义运动历史文献》编辑委员会

主　　编：王学东
副 主 编：戴隆斌（常务）　童建挺
编　　委：（以姓氏笔画为序）
　　　　　王　瑾　吕瑞林　邢艳琦　许宝友　张文成　张文红
　　　　　陈新明　林德山　胡振良　姚　颖　晏　荣　崔海智
　　　　　彭萍萍　薛晓源

参加本卷译校工作的有（以姓氏拼音为序）

陈新华　崔海智　戴隆斌　方　琼　高增训　郭家申　何孟良
侯静娜　林　桦　刘　力　刘新宇　吕允连　强德正　沈志华
孙士明　王希礼　王英杰　吴　红　徐锦栋　徐元宫　杨克胜
岳书幡　张建荣　张建设　张菊萍　张木生　张廷文　钟平和

参加本卷编辑出版工作的有

苗永姝　盛菊艳　贾宇琰

总　序

　　国际共产主义运动，是由以马克思主义为指导的无产阶级政党领导的国际性的无产阶级革命运动，其宗旨是推翻资产阶级统治和一切剥削制度，建立和发展社会主义制度，进而最终实现人的彻底解放，建立共产主义社会。

　　国际共产主义运动迄今已有一百六十多年的历史。19世纪40年代，马克思、恩格斯在创立科学社会主义理论的同时，努力把它与当时西欧无产阶级的革命实践相结合，于1847年6月创建了第一个国际性的无产阶级政党——共产主义者同盟，亲自拟定并于1848年2月公开发表了同盟纲领《共产党宣言》。这标志着国际共产主义运动的兴起。

　　自从共产主义者同盟建立以来，历经第一国际（国际工人协会）、第二国际、第三国际（共产国际），国际共产主义运动由小到大、由弱到强，从西方推进到东方、从欧洲扩展到全球，终于突破资本主义链条上一个又一个薄弱环节，取得了社会主义由一国到多国的胜利。二战后社会主义阵营的建立、民族解放运动的胜利进军、社会主义国家革命与建设的重大成就，为国际共产主义运动史书写了辉煌的篇章。20世纪末，由于东欧剧变、苏联解体，国际共产主义运动遭遇了严重挫折。但是，历史并没有因此而终结。由《共产党宣言》奠基的国际共产主义运动仍在曲折中前进。各资本主义国家中的共产党、工人党仍在不断探索无产阶级取得解放的道路；中国等社会主义国家仍继续高举社会主义伟大旗帜，为完善社会主义、最终实现共产主义而不懈奋斗。

国际共产主义运动一百六十多年跌宕起伏的发展历程，积累了卷帙浩繁的文献档案，留下了丰富的历史遗产。深入发掘和充分利用这些文献档案，对于我们准确地了解和把握国际共产主义运动的发展进程及各个时期的特点，科学地研究和总结国际共产主义运动丰富且宝贵的经验教训，具有极其重要的意义。特别是无产阶级国际组织，作为国际共产主义运动的重要载体，其文献档案对于国际共产主义运动史研究更是具有特殊的重要意义。

　　早在1984年春，中国国际共产主义运动史学会就发起编辑出版《国际共产主义运动史文献》。当时由中共中央编译局、中国社会科学院马列主义毛泽东思想研究所和近代史研究所、中共中央党校和中国人民大学等单位共同组建了编辑委员会。编委会商定：这套文献主要收编共产主义者同盟、第一国际、第二国际、第三国际、共产党和工人党情报局这五个国际组织已发表的全部文献档案，包括历次代表大会、代表会议和其他重要会议的记录、决议和有关文件；收编材料力求齐全；凡外国有选编完整的版本者，根据外国版本翻译；凡文件散见于外国不同出版物者，尽力搜集完整，组织力量统一编译；文件完全按照原件翻译，译文力求准确，不作修改删节，以便读者根据完整、准确的第一手材料了解这些国际组织的历史。在当时代管全国哲学社会科学基金的中国社会科学院科研局的资助下，经过编辑委员会、编译工作者和中国人民大学出版社的共同努力，这套文献于1986年开始陆续出版，截至1997年共出版了21卷。

　　到上世纪末，文献的编辑出版工作遇到了巨大困难。首先是编委会发生了重大变故，主编林基洲、副主编王颖和校纪英相继谢世；其次是出版经费难以为继。为继续出版这套文集，中国国际共产主义运动史学会多方努力，组成以会长顾锦屏为主编的新编委会，从全国哲学社会科学规划办公室争取到一笔资助，于1999—2001年又出版了两卷。此后，因缺乏经费，编辑出版工作完全陷于停顿。

2010年，在中共中央编译局和中国国际共产主义运动史学会的鼎力支持下，中央编译出版社以这套文献申报国家出版基金项目，获得立项资助。中共中央编译局对此项目高度重视，在国家出版基金资助的基础上，给予了相应的资金支持，组建了新编委会，成立了专门机构负责文献整理和编辑工作，并将这套文献纳入"中央编译局文库"出版规划。

经新编委会研究决定，这套文献定名为《国际共产主义运动历史文献》，在其前身《国际共产主义运动史文献》的基础上重新编辑出版。通过进一步广泛搜集资料和适当改变编辑方式，新《文献》的资料更详尽、收文更齐全。例如，在原《文献》的某些卷次中，对已出版的马克思主义经典著作中译本只列目录，不收正文，而新《文献》则全部依据最新的中译本收录，以方便读者查阅。此外，《国际共产主义运动历史文献》扩大了文献资料的搜集和选材范围，采用开放式结构，规模暂定60卷，约2500万字。

中共中央编译局和中国国际共产主义运动史学会对这套文献的编辑出版工作给予了强有力的支持，中央编译出版社为这套文献的立项和出版做了大量艰苦细致的工作，文献的前两任编委会和编译工作者在十分困难的条件下为这套文献奠定了良好的基础，中国人民大学出版社为这套文献的重新编辑出版提供了帮助，在此一并表示衷心感谢。

《国际共产主义运动历史文献》
编辑委员会
2011年12月20日

编辑说明

共产党和工人党情报局是欧洲九国共产党和工人党在第二次世界大战后为交流经验和协调行动而成立的国际组织。1945年约·布·铁托向斯大林提议，建立一种共产党之间协商性质的国际机构，以便交换意见和交流经验。1946年6月，斯大林同铁托、季米特洛夫等欧洲一些共产党的领导人交换意见，认为有必要建立一种不同于第三国际的情报机构，以便经常开会，交流经验和作出各种决定，但作出的决定不能束缚任何对决议有异议的党。1947年夏，苏共中央写信给波兰工人党总书记哥穆尔卡，要波党出面发起召开成立情报局会议。波党中央同意了这一要求。1947年9月22—27日，南斯拉夫共产党、保加利亚工人党（共产党）、罗马尼亚共产党、匈牙利共产党、波兰工人党、苏联共产党（布）、法国共产党、捷克斯洛伐克共产党和意大利共产党9个欧洲国家共产党代表，在波兰西部斯克利亚斯卡·波伦巴小温泉场举行代表会议，决定成立共产党和工人党情报局，由与会各党中央委员会派2名代表组成，代表的任命和调换均由各党中央委员会决定。情报局的任务除组织各党之间交流经验外，必要时根据相互协议的原则协调各国党的活动。会议决定把情报局总部设在贝尔格莱德。为了及时交流经验和介绍各国党的情况，会议还决定出版机关报。

1948年1月中旬，情报局在贝尔格莱德举行第二次会议，主要讨论情报局机关报问题。会议决定将1947年11月10日创刊的机关报定名为《争取持久和平，争取人民民主！》，其常设编委会由九国党各派1

名代表组成,下设俄文处、法文处、塞尔维亚文处和英文处,苏共代表帕·费·尤金担任主编,编辑部设在南斯拉夫的战斗出版社。从1949年9月16日起机关报由半月刊改为周刊,同时用俄、中、法、英、意、德、西班牙、波兰、捷克、斯洛伐克、保加利亚、匈牙利、罗马尼亚、阿尔巴尼亚、瑞典、朝鲜、日本、阿拉伯和荷兰等19种文字出版。

1948年6月20—28日,情报局在布加勒斯特举行第三次会议,专门讨论南斯拉夫共产党的情况,出席会议的有8个党的21名代表。因不同意苏共对南共的种种指责和要南共出席会议接受裁决的做法,南共中央决定拒绝出席会议。6月28日会议通过了《关于南斯拉夫共产党状况的决议》,指责南共领导人采取"民族主义的立场",坚持"违反马克思列宁主义的反党、反苏的观点",使自己"处于兄弟的共产党的大家庭之外"等。此后,情报局及其机关报编辑部移至布加勒斯特。对于情报局的攻击,南共中央和南共五大先后发表声明和通过决议,予以驳斥。

1949年11月下旬,情报局在匈牙利举行第四次会议。会议在听取了苏斯洛夫、陶里亚蒂和乔治乌-德治的报告后,通过了《保卫和平与反对战争挑拨者的斗争》、《工人阶级的统一和共产党与工人党的任务》、《南斯拉夫共产党在杀人犯和间谍掌握中》三个相应的决议。后一决议对铁托等南共领导人再次进行攻击。以铁托为首的南共,坚持各国共产党关系中平等、独立自主与每个党对本国工人阶级和人民负责的原则,驳斥了对南共的诬蔑。

1953年斯大林逝世后,情报局活动处于休止状态。1956年2月情报局各党在出席苏共二十大期间就情报局的存在不能适应国际共产主义运动的新形势交换了意见,并达成初步的原则性协议。同年4月17日《争取持久和平,争取人民民主!》公布了八国共产党《关于结束情报局活动的公报》,宣布解散情报局,其机关报也随之停刊。

本卷文献是根据俄罗斯解密的有关档案翻译的，收录了共产党情报局1949年11月匈牙利会议（第四次会议）、共产党情报局的日常工作、共产党情报局的衰落和解散方面的档案。

　　书中除译者加的译者注外，未注明的脚注为原书或者原编者加的注释，本卷主编加的注释标明为编者注。本卷主编依据中央编译局编译马克思主义经典著作的标准重新进行了人名、地名、组织机构名、报刊名等专用名的统一，并对书中译文进行了重新校订。

目　录

共产党情报局匈牙利会议

（1949年11月） ··· 1

米·安·苏斯洛夫、瓦·格·格里戈良、鲍·尼·波诺马廖夫、
列·谢·巴拉诺夫就请求按照即将召开的情报局书记处会议
议事日程讨论苏联方面提出的章程草案给斯大林的简报

（1949年6月6日） ··· 3

　　致斯大林同志 ··· 3

　　共产党情报局章程草案 ··· 4

　　共产党情报局章程 ··· 5

第一次会议（1949年11月16日） ··································· 9

　　苏斯洛夫作题为《保卫和平和反对战争制造者的斗争》的
　　报告 ·· 15

第二次会议（1949年11月16日） ··································· 40

　　讨论苏斯洛夫的报告 ··· 40

第三次会议（1949年11月17日） ··································· 68

　　继续讨论苏斯洛夫的报告 ····································· 68

陶里亚蒂作关于《工人阶级的统一和共产党与工人党的
　　任务》的报告 ………………………………………… 93
第四次会议（1949年11月17日）……………………… 108
　讨论陶里亚蒂的报告 …………………………………… 108
第五次会议（1949年11月18日）……………………… 126
　乔治乌-德治作关于《南斯拉夫共产党在杀人犯和间谍
　　掌握中》的报告 ………………………………………… 126
　讨论乔治乌-德治的报告 ……………………………… 145
　保卫和平与反对战争挑拨者的斗争（共产党情报局决议）… 175
第六次会议（1949年11月18日）……………………… 183
　继续讨论乔治乌-德治的报告 ………………………… 183
第七次会议（1949年11月19日）……………………… 213
　工人阶级的统一和共产党与工人党的任务（共产党情报
　　局决议）………………………………………………… 214
　南斯拉夫共产党在杀人犯和间谍掌握中（共产党情报
　　局决议）………………………………………………… 219
　杜克洛作关于共产党情报局章程的草案的报告 ………… 224
　共产党情报局章程 ……………………………………… 231
　若干具体问题的决定 …………………………………… 233
　　附录 …………………………………………………… 237
保加利亚共产党中央委员会书记切尔文科夫在情报局会议上就
　保加利亚局势、"揭露"科斯托夫案件、巩固保卫和平运动
　发表的讲话（不晚于1949年11月19日）………………… 240

瓦·格·格里戈良关于贯彻共产党情报局会议决议的建议给约·
　　维·斯大林的信（1949年11月22日） ………………………… 249

共产党情报局的日常工作 ……………………………………… 251

共产党情报局书记处关于在南境内出版和发行宣传品情况的
　　汇报（不早于1949年11月9日） ………………………… 253
情报局工作人员 В.И.奥夫恰罗夫就基层党组织对波兰统一
　　工人党中央第三次全会关于加强革命警惕性决议的反应的
　　情报（1949年12月15日） ………………………………… 261
共产党情报局书记处工作人员 С.Г.扎沃尔日斯基《关于匈牙
　　利劳动党工作中的某些事实的调查报告》（1950年2月） …… 266
尼·尼·普赫洛夫给瓦·格·格里戈良的附信和罗马尼亚工人
　　党中央国际部关于在罗马尼亚散发苏联书刊的材料
　　（1950年7月6日） ………………………………………… 272
瓦·格·格里戈良关于扩大情报局的职能、设总书记职务等
　　问题必须召开各共产党和工人党情报局书记处会议的理由
　　给约·维·斯大林同志的报告（1950年10月26日） ……… 281
瓦·格·格里戈良关于保共中央政治局决定选举维·切尔文科夫
　　为中央委员会总书记、提名格·昌科夫为部长会议副主席一事
　　给斯大林的信（1950年11月5日） ………………………… 287
瓦·格·格里戈良关于保共中央政治局关于内务部军队的
　　状况、保加利亚国境守卫和国内秩序的决议致约·维·
　　斯大林的附信（1950年12月2日） ………………………… 289

情报局书记处办公厅"关于保加利亚共产党党员数量和社会
　　成分的某些资料"的调查报告（不早于1950年12月9日）…… 305
陶里亚蒂关于拒绝担任情报局总书记致斯大林的信
　　（1951年1月4日）……………………………………… 310
格里戈良关于陶里亚蒂等待答复给斯大林的信
　　（1951年1月12日）…………………………………… 315
关于图·雅科瓦的错误与阿尔巴尼亚劳动党中央政治局委员
　　穆·谢胡的会谈记录（1951年2月1日）………………… 316
瓦·格·格里戈良就联共（布）中央对外政策委员会提交的
　　关于捷克斯洛伐克共产党中央理论刊物《新思想》的报告
　　给维·米·莫洛托夫的信（1951年3月29日）………… 319
与Ю.杜里什就捷克斯洛伐克共产党中央二月全会后捷克
　　共产党和斯洛伐克共产党领导层中的情况的会谈纪要
　　（1951年4月24日）…………………………………… 322
瓦·格·格里戈良关于在南斯拉夫组织秘密传播南斯拉夫
　　政治侨民出版物事宜向维·米·莫洛托夫的报告
　　（1951年8月22日）…………………………………… 329
情报局书记处关于波兰统一工人党各区、市、县党组织总结
　　选举会议进程的情报（不早于1952年2月8日）……… 334
共产党情报局书记处办公厅主任安·伊·科捷列涅茨关于
　　罗马尼亚工人党领导机构选举的情报
　　（不迟于1952年2月15日）…………………………… 342
瓦·格·格里戈良关于南斯拉夫政治侨民的活动给维·米·
　　莫洛托夫的报告（1952年5月20日）………………… 347

安·伊·科捷列涅茨关于罗马尼亚工人党中央国际部就印刷
  投向南斯拉夫的传单的措施致瓦·格·格里戈良的通报函
  （1952年7月4日）…………………………………………… 351
安·伊·科捷列涅茨关于情报局书记处办公厅的工作性质及
  其结构给瓦·格·格里戈良的信（1952年8月28日）……… 353
情报局书记处工作人员安·伊·科捷列涅茨关于罗马尼亚工
  人党中央1952—1953年组织党的教育的措施致瓦·格·
  格里戈良的信（1952年10月24日）………………………… 355
瓦·格·格里戈良关于罗马尼亚工人党中央书记约·
  基希涅夫斯基就瓦·卢卡和安·保克尔"案件"
  的通报给约·维·斯大林的信（1952年11月24日）………… 358
安·伊·科捷列涅茨给瓦·格·格里戈良的信
  （1953年4月7日）…………………………………………… 360
安·伊·科捷列涅茨关于罗马尼亚民族民主委员会和社会
  组织活动自行解散与停止活动给瓦·格·格里戈良的报告
  （1953年4月10日）…………………………………………… 363
马·鲍·米京关于共产党情报局书记处办公厅工作人员
  请求他们的孩子在假期从莫斯科到布加勒斯特给米·
  安·苏斯洛夫的信（1953年4月23日）……………………… 366
瓦·斯捷潘诺夫关于《争取持久和平，争取人民民主！》报
  编辑部的人事工作等给米·安·苏斯洛夫的信
  （1953年4月27日）…………………………………………… 371
瓦·斯捷潘诺夫就允许共产党情报局书记处办公厅工作人员的
  孩子从莫斯科到布加勒斯特度假给米·安·苏斯洛夫的信
  （1953年4月28日）…………………………………………… 373

布柳哈切夫关于共产党情报局党组织工作的严重缺点以及
其个人错误问题给瓦·帕·斯捷潘诺夫的信
（1953年4月30日） ………………………………… 375

马·鲍·米京就《争取持久和平，争取人民民主！》报编辑部的
人事工作给瓦·斯捷潘诺夫的信（1953年4月30日） ………… 383

马·鲍·米京就《争取持久和平，争取人民民主！》报英语编辑
问题给米·安·苏斯洛夫的信（1953年4月30日） ………… 384

安·伊·科捷列涅茨关于必须改变各共产党之间的通讯方式、
取消《争取持久和平，争取人民民主！》报的联系职能及
把这一职能转交给情报局书记处给米·安·苏斯洛夫的信
（1953年5月1日） …………………………………… 385

H.维诺格拉多夫关于《争取持久和平，争取人民民主！》
报编辑部的人事工作给米·安·苏斯洛夫的信
（1953年5月7日） …………………………………… 388

苏共中央对外联络部部门主任 B.莫舍托夫关于共产党
情报局党组织会议等给苏共中央书记处总务部的信
（1953年5月16日） ………………………………… 389

苏联外交部核心部门负责人 B. И. 基尔萨诺夫就压缩罗马尼亚
境内反南斯拉夫宣传的问题给《争取持久和平，争取人民
民主！》报主编马·鲍·米京的通报函（1953年5月18日） … 390

安·科捷列涅茨关于通过保加利亚共产党中央驻《争取持久
和平，争取人民民主！》报代表得到的材料给苏共中央总
务部的信（1954年5月28日） ………………………… 392

Н. 巴扎诺夫关于共产党情报局办公厅从罗马尼亚公民彼得
雷斯库那里得到的信件给苏共中央总务部的信
(1954年7月16日) ························· 393

В. 利亚霍夫给苏联共产党中央委员会总务部的信
(1955年1月28日) ························· 394

苏联情报局局长 П. 波兹杰耶夫致苏联共产党中央委员会的信
(1955年2月15日) ························· 407

Н. 巴扎诺夫给苏联共产党中央委员会总务部的信
(1955年8月11日) ························· 409

共产党情报局的衰落和解散 ··················· 411

苏联外交部第四欧洲司司长米·瓦·齐米亚宁就南斯拉夫形势
及其对外政策走向给维·米·莫洛托夫的情报
(1953年5月27日) ························· 413

和南斯拉夫外交部助理国务秘书波·茨诺布尔尼亚就苏联和
南斯拉夫互派大使的谈话记录(1953年6月15日) ····· 422

和外交事务副国务秘书安·贝布莱尔就苏南关系正常化的必要
性的谈话记录(1953年9月1日) ················ 424

和外交事务副国务秘书韦·米丘诺维奇关于苏南关系的
谈话记录(1953年9月7日) ··················· 427

苏共中央对外联络部工作人员列·谢·巴拉诺夫就塔斯社驻布
拉格记者 В. А. 塔拉索夫关于捷国内局势的通报信向安·安·
葛罗米柯的呈文(1953年10月20日) ············· 429

和南斯拉夫驻苏联大使 Д. 维迪奇关于苏南关系和南斯拉夫在
　　巴尔干公约成员地位的谈话记录（1953年11月10日）……… 436
В. 利亚霍夫就西方媒体上发表的《南斯拉夫——改善了同
　　苏联集团国家的关系》文章给苏共中央委员会的呈文
　　（1955年2月18日）……………………………………… 439
尤金与毛泽东谈话纪要：巴黎协议和南斯拉夫等问题
　　（1955年3月8日）………………………………………… 442
瓦·阿·瓦利科夫与周秋野会谈纪要：通报南斯拉夫
　　驻华大使谈话情况（1955年5月6日）………………… 446
安·葛罗米柯就苏联外交部递交的两份报告给米·安·
　　苏斯洛夫的信（1955年5月20日）……………………… 449
接见南斯拉夫驻苏联大使 Д. 维迪奇（1955年5月18日）……… 488
罗迈进致赫鲁晓夫、莫洛托夫电：转交毛泽东关于中共与
　　南共会谈通报（1955年7月9日）……………………… 492
Н. 索洛多夫尼克就"南斯拉夫和西方各国对苏南谈判结果意义
　　的评估"给鲍·尼·波诺马廖夫的信（1955年7月7日）…… 500
赫鲁晓夫在苏共中央全体会议上的报告：关于苏南谈判的总结
　　（1955年7月9日）………………………………………… 518
与南斯拉夫联邦人民共和国驻苏联大使维迪奇的会谈纪要
　　（1955年7月30日）……………………………………… 528
Н. 巴扎诺夫就有关法国报刊文章给苏共中央委员会
　　总务部的信（1955年8月11日）………………………… 531
苏联情报局副局长 С. 波波夫给苏联共产党中央委员会的信
　　（1955年8月17日）……………………………………… 535

鲍·尼·波诺马廖夫就情报局今后工作和共产党之间联络方式
　　问题与各兄弟党交换意见的呈文（1956年2月7日）………… 540
意大利共产党总书记帕·陶里亚蒂就情报局工作问题致苏共中央
　　书记处的信（1956年2月20日）………………………………… 547
苏共中央主席团第8号会议记录：关于共产党和工人党情报局
　　的问题（1956年3月28日）………………………………………… 548
苏共中央主席团《关于共产党和工人党情报局的问题》决议
　　（1956年3月28日）………………………………………………… 550
瓦·乌尔利希关于德国统一社会党中央就解散共产党情报局
　　问题进行预先会谈的意见给苏共中央主席团和赫鲁晓夫的
　　信（1956年4月5日）……………………………………………… 551
鲍·波诺马廖夫就通过苏联大使向国外共产党通报关于终止
　　共产党情报局活动及其机关报的决定给苏共中央的信
　　（1956年4月13日）………………………………………………… 553
关于终止共产党情报局活动的通报（1956年4月17日）………… 557
苏共中央对外联络部就解散共产党情报局和终止《争取持久
　　和平，争取人民民主！》报的后续工作安排给苏共中央
　　的信（1956年4月26日）…………………………………………… 559
鲍·波诺马廖夫就荷兰共产党中央总书记的请求给苏
　　共中央的信（1956年11月13日）………………………………… 562

共产党情报局匈牙利会议

(1949 年 11 月)

米·安·苏斯洛夫、瓦·格·格里戈良、鲍·尼·波诺马廖夫、列·谢·巴拉诺夫就请求按照即将召开的情报局书记处会议议事日程讨论苏联方面提出的章程草案给斯大林的简报*

（1949年6月6日）

莫斯科市　　　　　　　　　　　　　　　　　1949年6月6日

　　　　　　　　　　　　　　　　　　　　　　　　　绝密

致斯大林同志

　　定于6月14—17日在布加勒斯特召开共产党和工人党情报局书记处会议。

　　情报局书记处的议事日程主要包括以下问题：1. 关于情报局的章程草案（杜克洛为首的委员会的报告）；2. 各党代表关于全世界大会后进一步推动拥护和平运动所采取的措施的报告；3. 各党代表关于共产党和工人党积极开展反铁托集团斗争所采取的措施的报告；4. 《争取持久和平，争取人民民主！》编辑部最近几个月的工作计划；5. 日常问题。

　　由苏斯洛夫、格里戈良、波诺马廖夫和巴拉诺夫组成委员会，根据

---

* 分送维·莫洛托夫、拉·贝利亚、格·马林科夫、阿·米高扬、拉·卡冈诺维奇、尼·布尔加宁、阿·柯西金。文件有编号："14/VI-49г. 章程专用。"

中央委员会的决议制订这些问题的草案（提出建议）①。

委员会根据情报局执行机关——情报局书记处的指示提出建议的。所以，建议草案主要是具体措施。

情报局章程草案是由杜克洛同志负责拟定的，他是情报局会议选定的起草章程的委员会主席。我们认为，情报局章程草案应先提交情报局书记处讨论，然后由情报局会议批准。

联共（布）中央委员会的决议草案是这样建议的②。

请您审议。

苏斯洛夫
格里戈良
波诺马廖夫
巴拉诺夫

杜克洛同志起草

共产党情报局章程草案

为了在必要的情况下，在各国共产党自愿协调的基础上组织其活动的经验交流、协同行动，1947 年 9 月组建的各国共产党代表情报局制定以下章程：

1. 情报局由各党中央委员会代表组成，每个委员会选派两名代表。中央委员会代表由相应的中央委员会任命和更换。

---

① 没有公布。
② 没有公布。

2. 每个参加情报局的政党必须承认其他政党有批评该党活动的权利；如果有必要，每个政党都有义务进行自我批评。

3. 情报局计划每年召开两次会议，但是每一个参加情报局的政党可以提议召开非常会议并提交会议日程。

4. 情报局闭会期间，情报局书记处由参加情报局的各个政党派一位代表组成，执行以下任务：

（1）收集每个政党的情报，并向加入情报局的各个政党转达所有有价值的信息。

（2）保证对情报局的报纸进行监督。

5. 在情报局会议召开以前，每一个政党都要向书记处呈交关于自己活动的报告，以便让其他政党了解情况。

6. 每个政党有义务执行情报局通过的决议。

译自法文

草案

共产党情报局章程

一、情报局的目的和任务

情报局是共产党自愿联合的国际组织。为了巩固社会主义统一阵线和完成社会主义建设，为了在反对反动派和帝国主义的斗争中在全世界进一步团结反对帝国主义的力量，情报局要组织各国共产党之间的经验交流，必要的时候协调他们的行动。

二、情报局成员资格

情报局的成员应当是坚持马克思列宁主义立场，忠于国际主义原则，积极为工人阶级和全体劳动人民的事业、为共产主义事业奋斗的共产党（工人党或者劳动党）。

三、情报局成员的权利和义务

1. 加入情报局的各党拥有以下权利：
（1）在权利平等的基础上参加情报局会议及其领导机关；
（2）在情报局会议上和情报局刊物上批评任何一个兄弟党的活动；
（3）当情报局评论某个政党的活动情况时，要求该政党驻情报局相应机关的代表亲自出席；
（4）把自己的问题列入情报局会议议事日程，根据情报局会议和书记处的实际活动提出自己的建议。

2. 参加情报局的各政党有义务：
（1）为马克思、恩格斯、列宁、斯大林理论的纯洁进行毫不妥协的斗争；
（2）在毫不妥协地同机会主义、两面三刀、派性活动和小资产阶级民族主义进行斗争的基础上保持自己队伍的统一；
（3）遵守情报局章程，执行情报局决议；
（4）系统地向情报局书记处汇报政党的现行活动情况；
（5）协助情报局出版机关进行传播与普及工作；
（6）按照确定的比例缴纳会费。

四、情报局领导机关

1. 情报局的最高机关是参加情报局的各政党中央代表会议。每个政党代表团有一个表决权。

情报局会议：

（1）讨论参加情报局的各政党的目前纲领和策略问题，根据讨论情况通过一致的决议；

（2）批准情报局章程并对之进行相应的修改；

（3）研究新政党关于加入情报局的声明；

（4）批准情报局出版机关的总编辑和编辑部人员组成；

（5）批准情报局预算；

（6）确定情报局书记处和出版机关驻地。

情报局会议每年至少召开一次。根据情报局书记处或者情报局某个政党的倡议可以召开非常会议。

情报局书记处：

情报局书记处是情报局的常设机关，由参加情报局的政党各派一名代表组成。书记处保证：

（1）协调加入情报局中各政党之间的联络；

（2）监督情报局出版机关编辑部的工作和情报局的所有出版活动。

书记处会议根据需要随时召开，但每三个月不得少于一次，由书记处成员轮流担任会议主席。

为了完成情报局的日常工作，在书记处下设办公厅，由办公厅主任领导。

五、情报局经费

情报局的经费由参加情报局的政党缴纳,主要用于出版活动和其他项目开支。

缴纳会费的数额和程序由情报局会议确定。

РЦХИДНИ,Ф.575,Оп.1,Д.84,Л.128、138、6-8.
副件

第一次会议

（1949 年 11 月 16 日）

会议于 11 点 10 分开始，于 12 点 55 分结束。

苏斯洛夫同志宣布情报局会议开幕，建议第一次会议的主席由拉科西同志担任。

苏斯洛夫同志的建议被采纳。

拉科西同志感谢大会各位代表给他的荣誉。拉科西代表匈牙利劳动人民党欢迎参加情报局的各国共产党的代表团，并希望大会获得圆满成功。

拉科西同志说："这是共产党情报局的第三次会议。第一次会议具有极其重大的历史意义，因为它是在第二次世界大战之后、以其强大的苏联的伟大的布尔什维克党为榜样和领导的最大的共产党和工人党代表首次召开的会议，其目的是相互通报信息、交流经验和协商未来的合作。第一次会议阐明了两个相互敌对的阵营的斗争，提高了无产阶级国际主义和团结一致的觉悟，使人民民主国家的马克思列宁主义政党，除了关注他们首先要集中注意力解决的国内问题外，还要适当地关注共产主义运动中的国际问题。这次会议的重要成果之一就是：在人民民主国家的共产党活动中，恢复国内问题和重大共产主义国际事业之间的正确关系，这是正确政策的必要基础。

情报局第二次大会主要研究了南斯拉夫叛徒和奸细的问题。由于对这个问题进行讨论，所有在新的条件下威胁人民民主国家政党的错误和危险，都被列入了会议议事日程。关于共产党的作用和意义被作为中心问题重新提出。在讨论南斯拉夫问题时查明，在所有人民民主国家的党内，明显存在着一种危险倾向，即在其他社会组织面前，尤其是在人民阵线面前，共产党有退居次要位置的危险，或者至少是掩盖共产党的领导作用的危险。在讨论关于南斯拉夫叛徒的问题时，人民民主国家的共产党注意到，这些国家的发展不可避免地提出了农村的社会主义建设问题。"

拉科西同志说："情报局第二次会议重新强调了，在从法西斯占领者手中解放中欧和东南欧国家的事业中，在建立和加强这些国家的人民民主制度的事业中，苏联所起的作用是决定性的。

对南斯拉夫叛徒的揭露，最终揭露了英、美帝国主义的极其危险和卑鄙的计划。同时还暴露出，在实现这一计划过程中，南斯拉夫的托洛茨基分子和奸细们在实现这一计划的过程所发挥的主要作用。正是由于去年的会议，情报局才能揭露渗透在人民民主国家的政党内部的帝国主义代理人。这个过程一直持续到现在，有些地方目前才开始显露，但是已经清楚，上一次情报局会议给了我们极其宝贵的帮助。

在这方面，我们可以怀着极其崇敬和感激之情，回忆我们伟大、敬爱的导师、英明的领袖斯大林同志的指示，他的洞察力和坚定不移的意志，使得揭露和粉碎帝国主义分子的计划成为可能，那时候，当我们之中的绝大多数人甚至还没有感到这个计划的危险性和规模时，南斯拉夫的叛徒们已经与之有联系了。

在此，我应该回忆一下我们大家所遭受的巨大损失，即我们全体爱戴并尊敬的日丹诺夫同志的逝世。日丹诺夫同志参加了第一次、第二次情报局会议的工作，他以自己渊博的知识阐述并贯彻了斯大林同志的学说，他教会了我们许多东西。他的早逝，是近年来共产主义运动所蒙受的巨大损失。

第二次会议和第三次会议之间的这个时期，可以用共产主义运动的蓬勃发展和苏联的繁荣强盛来概括。中国人民的胜利、德意志民主共和国的建立就充分证明了这一点，而这还不是最终的，苏联科学和苏联人民在原子能问题上所取得的伟大成就是最辉煌的证明。①

情报局在前两次会议成绩的鼓舞下开始了自己的工作。我们希望，这次会议的结果也如以前会议一样，将是富有成效的。我祝愿与会的全体代表更加有效地工作，并取得圆满的成功。"

拉科西同志宣读了出席会议的代表团成员名单：

意大利共产党代表团：
帕·陶里亚蒂（代表团团长）
爱·多诺弗里奥（代表团副团长）②
安·奇卡利尼③

匈牙利代表团：
格罗·埃诺（代表团副团长）
雷沃伊·约瑟夫
卡达尔·亚诺什

法国共产党代表团：

---

① 1949年9月25日塔斯社发表公报声明："早在1947年苏联就已经掌握了原子武器的秘密"，并声称"苏联已经拥有了这种武器"。
② 爱德华多·多诺弗里奥，自1949年起担任意大利共产党中央委员会书记。
③ 安东尼奥·奇卡利尼，意大利共产党中央委员会委员，中央委员会组织委员会委员，意大利共产党在拉文纳的联邦委员会书记。

雅·杜克洛（代表团团长）

艾·法戎①

乔·谷尼欧②

苏联共产党（布尔什维克）代表团：

米·安·苏斯洛夫（代表团团长）

帕·费·尤金

罗马尼亚工人党代表团：

格·乔治乌-德治（代表团团长）

约·基希涅夫斯基③（代表团副团长）

亚·莫吉奥罗希④

波兰统一工人党代表团：

雅·贝尔曼⑤（代表团团长）

亚·萨瓦茨基⑥

---

① 艾蒂安·法戎，法国共产党中央委员会书记，政治局委员，1948—1950年期间，担任《人道报》主编。

② 乔治·谷尼欧，法国共产党的思想家之一，《人道报》的主编。

③ 约瑟夫·基希涅夫斯基，罗马尼亚工人党中央委员会政治局委员，中央委员会书记。

④ 亚历山德鲁·莫吉奥罗希，罗马尼亚工人党中央委员会书记，中央政治局委员。

⑤ 雅库布·贝尔曼，波兰工人党（波兰统一工人党）中央政治局委员，波兰部长会议主席团副部长。

⑥ 亚历山大·萨瓦茨基，波兰工人党（波兰统一工人党）政治局委员，中央书记，自1949年起担任部长会议副主席。

捷克斯洛伐克共产党代表团：
鲁·斯兰斯基（代表团团长）
什·巴什特万斯基①
拉·科普日娃②
贝·格明德尔③

保加利亚共产党代表团：
伏·契尔文科夫④（代表团团长）
弗·波普托莫夫⑤

拉科西同志说："这样一来，情报局各成员国共产党都派出了自己的代表参加这次大会。

出席会议的还有以下来宾，他们分别由本国共产党和工人党代表团推荐：库姆比利耶夫⑥同志（保加利亚共产党）、斯捷拉·莫吉奥罗希⑦

---

① 什特凡·巴什特万斯基，捷克斯洛伐克共产党中央主席团成员，斯洛伐克共产党中央总书记。

② 拉迪斯拉夫·科普日娃，捷克斯洛伐克共产党中央委员会书记，主席团委员。

③ 贝德日赫·格明德尔，捷克斯洛伐克共产党中央国际部主任。1952年因被指控犯有"反国家阴谋"罪被处决。

④ 伏·契尔文科夫，保加利亚工人党中央书记，政治局委员，后为保加利亚共产党中央书记。

⑤ 弗拉迪米尔·波普托莫夫，保加利亚工人党中央政治局委员，后为保加利亚共产党中央政治局委员。1949年担任祖国阵线全国委员会总书记；1949—1950年担任外交部长。

⑥ 格奥尔基·库姆比利耶夫，保加利亚共产党中央部副部长。

⑦ 斯捷拉·莫吉奥罗希，罗马尼亚工人党驻《争取持久和平，争取人民民主！》报编辑委员会的委员。

(罗马尼亚工人党)、比罗·佐尔坦和内梅什·德热①同志（匈牙利劳动人民党）、沃达-佩克萨②（捷克斯洛伐克共产党）、尤·芬基尔施泰因（波兰统一工人党）、鲍里斯·尼古拉耶维奇·波诺马廖夫同志和列·谢·巴拉诺夫同志［联共（布）］"。

接着，拉科西同志提议审理和批准以下会议日程：

1. 保卫和平和与战争贩子进行斗争

报告人：苏斯洛夫同志

2. 工人阶级的统一和共产党的任务

报告人：陶里亚蒂同志

3. 关于反对铁托集团的斗争以及各国共产党代表就此问题的通报

报告人：乔治乌-德治同志

4. 关于情报局章程的草案

报告人：杜克洛同志

拉科西同志建议的会议日程被一致采纳了。

接着，拉科西同志建议成立情报局大会技术秘书处，由下列人员组成：联共（布）的拉·谢·巴拉诺夫同志，以及匈牙利劳动人民党的比罗·佐尔坦同志。

技术秘书处负责：

（1）作会议记录；

（2）翻译发言稿和文件。

在大会结束后，建议与会的各国共产党代表签署会议记录。

---

① 内梅什·德热，匈牙利劳动人民党驻《争取持久和平，争取人民民主！》报编辑委员会的委员。

② 沃达-佩克萨·弗朗迪舍克，捷克斯洛伐克共产党驻《争取持久和平，争取人民民主！》报编辑委员会的委员。

全体代表同意拉科西同志的这个建议。

拉科西同志建议批准以下会议日程：

会议工作时间：按当地时间从 10 点 30 分到 14 点 30 分和从 18 点到 21 点。

规定作报告的时间是：1 个小时到 1 个半小时；发言时间为 20—30 分钟（不包括翻译时间）。

提议的会议日程被接受。

拉科西同志提议，按照会议日程的第一项，由米·安·苏斯洛夫同志作报告。

苏斯洛夫作题为《保卫和平和反对战争制造者的斗争》的报告

同志们！

自从各国共产党代表第一次情报局会议举行之后，迄今已经过去两年多了。

在那次情报局会议的宣言中，深刻地分析了第二次世界大战结束和战后初期最近几年国际形势所出现的各种变化，指明了世界舞台上已形成两个阵营及双方的目的和任务完全对立的事实，揭露了美国所领导的帝国主义阵营企图建立英美帝国主义世界霸权和摧毁民主力量的计划，揭露右翼社会民主党人作为帝国主义的帮凶在一切反人民的勾当中的背叛作用。

最近两年事态发展的整个进程完全证明了，第一次情报局会议对国际形势所作的估计以及那次会议为反帝国主义阵营所规定的方向和任务，是极其正确的。

现在，我们评价第一次情报局会议各项决议以及第二次情报局会议

"关于南斯拉夫共产党情况的决议"①的意义时,可以十分大胆地说,这些决议是真正具有历史意义的决议,这些决议在团结国际工人运动队伍的事业中,在动员群众反击世界反动势力和新的战争制造者的事业中,在继续发展和巩固全世界民主和社会主义力量的事业中,起了卓越的动员作用和组织作用。

自从第一次情报局会议举行之后,这一时期的国际形势发生了很大的变化。

一、侵略者反对国际和平与安全的阴谋

在过去的这两年期间,更加清楚和更加明确地确定了世界政治中的两条路线:一条是以苏联为首的反帝国主义阵营的民主路线,这个阵营进行着不屈不挠的和坚决彻底的斗争,反对帝国主义的反动势力,争取国际和平,争取民主;另一条是以美国为首的帝国主义反民主阵营的路线,其目的是要奴役别的国家和民族,用强力建立英、美的世界霸权,击溃民主力量和发动新的战争。这两个敌对阵营之间的斗争已经尖锐化。帝国主义阵营的侵略性也日益加强了。

如果说在第一次情报局会议上讲到了,美国和英国转向准备新军事冒险行动的政策的话,那么现在,领导帝国主义阵营的美、英统治集团已经在公开进行侵略政策,即准备和发动新的世界大战的政策。美、英两国统治集团走上用军事政治阴谋反对国际和平与安全的道路之后,就竭尽全力来准备新的战争,并更加野蛮无耻地觊觎世界霸权,觊觎"由美国来领导全世界";他们公然提出了复活德国法西斯主义的狂妄计划,

---

① 原文如此,此决议应为1949年6月共产党情报局第三次会议通过的决议。——编者注

却忘记了历史曾经给予那些妄想"统治全世界"的疯狂之徒的教训。

目前，英、美帝国主义联盟的全部政策都是为了准备新的世界大战。这种政策的表现，就是肆无忌惮地公开实行经济、政治和军事扩张，美国在全世界各洲执行着这种扩张政策，极力想把军事战略原料以及其他为准备战争所必需的一切资源都夺取到自己的手中。美帝国主义者在全球各地布置海军基地和空军基地，准备着新战争进攻的跳板。①

英、美帝国主义者扶持一切腐朽的反动政权（西班牙的佛朗哥政府、希腊的保皇法西斯政府、中国的蒋介石等），扶持②各人民民主国家内的已经被击溃的剥削阶级残余、特务、破坏分子和杀人犯等，即扶持全世界的一切反动势力，这都是为了加紧准备新的战争。美帝国主义成了世界反动势力的中心和支柱。

美、英帝国主义分子公然践踏雅尔塔会议和波茨坦会议关于要公正解决德国问题、把德国改造成为民主与爱好和平的国家的决议。他们本来已经承担要把德国视为统一的整体的义务，但是他们却实行着分裂德国的政策，结果竟然建立了"波恩傀儡政府"③。美、英、法三国政府不仅没有实现德国的民主化和非军国主义化，反而恢复德国西部的军事工业，恢复以前原是德国帝国主义和希特勒制度支柱的反动垄断组织、容克势力及军国主义分子等的统治地位。与此同时，他们还竭力破坏订立对德和约的准备工作，力图把对德国西部的临时占领变成永久的和独

---

① 会议记录删去了苏斯洛夫报告中的如下内容："以便将自己的统治强加于人类。他们大肆扩充军备预算，进行疯狂的军备竞赛并强加于自己的附庸国，采取一切手段来恐吓人民，企图用仇视人类的宣传来毒化人民的意识。"
② 会议记录删去了苏斯洛夫报告中的如下内容："社会的一切败类。"
③ 指的是德意志联邦共和国的成立，首都设在波恩。1949年8月选举了联邦议会。9月，选举了总统并组建了政府。

霸的殖民地统治。

一切正直的人们都看得很清楚,这种对德政策取决于华尔街大亨们的愿望,因为他们力图利用西德来达到自己的帝国主义目的,首先是把它作为进攻基地,同时力图利用西德居民充当实现自己侵略计划的炮灰。

美帝国主义分子想要利用德国人民充当炮灰的这种可恶意图,不久前已经由美国众议员波格暴露出来了,当时他提议说,美国应该成立由德国人组成的25个师的雇佣军。这个战争贩子对德国人是否愿为美国的大资本家流血牺牲这件事没有把握,所以他提议,供给这些雇佣军的全部弹药必须掌握"在美国人的手中","所有高级军官均由美国人来担任"。波格极端蛮横无耻地声称,他决不主张在战争发生时派遣美国青年去作战,因为他相信可以按极低廉的价钱买到炮灰——据这个人贩子说:"只要用我们现在付给美国士兵薪饷中很小的一部分"就可以办到。波格进一步说道:美国在日本也应该试图建立这样的雇佣军。

这就是美国帝国主义分子对德国和日本两国人民所持有的极端蛮横和无耻的计划。

准备战争的政策在所谓的马歇尔计划上也表现出来了。1947年9月间举行的共产党情报局会议,揭穿了马歇尔计划是美国帝国主义者在经济和政治上奴役欧洲的计划。

实际生活已经残酷无情地嘲笑了那些曾经相信马歇尔计划将有什么善良作用的人们。被纳入马歇尔计划的欧洲诸国的经济,经过将近两年的马歇尔计划的"援助"之后,并没有复兴,反而陷入了完全解体的状态中。目前,这种情形是再明显不过的了,甚至联合国秘书处在1949年7月公布的关于1948年世界经济状况的报告中,也证实了这一点。目前,就连那些最热烈崇拜和极力颂扬马歇尔计划的人,也不得不承认这一计划已经破产了。

马歇尔计划迫使被纳入马歇尔计划的诸国经济为美国垄断资本的利益服务，使美国内部无法销售的大批存货充斥西欧市场，强迫这些国家去实行一种对东欧各国贸易关系采取歧视态度的有害政策，实际上"马歇尔计划"是使日益笼罩着欧美资本主义国家的经济危机加速和尖锐。近来，美国变本加厉地向纳入马歇尔计划的诸国业已解体的经济实行进攻。美国帝国主义者利用西欧诸国奉命执行的通货贬值的机会，极力想把西欧诸国经济最终攫为己有。

目前，当实际生活已经毫不留情地完全扯掉了马歇尔计划身上的孔雀羽毛之后，于是，这一计划也就原形毕露，使大家都能看出，它无非是美国帝国主义者所运用的一种经济政治军事手段，目的就是要迫使西欧诸国经济受其控制和支配，力求把西欧国家变为美国的殖民地附庸国。①

自从马歇尔计划开始实行之后，接着便建立了帝国主义列强的两个侵略性的军事政治联盟，即西欧联盟和北大西洋公约组织②。

北大西洋集团目前是美、英统治集团为了准备新的战争而实行的侵略政策的主要武器。正如1949年1月29日苏联政府揭露北大西洋公约之真正军事政治阴谋的声明上所说的：北大西洋公约的目的，就是要保证美、英两国统治集团能控制尽可能多的国家，使其根本无法实行独立自主的对外对内政策，并利用这些国家来作为实现其侵略计划以求奠定美、英世界霸权的辅助工具。

---

① 会议记录删去了苏斯洛夫报告中的如下内容："摧毁和平和民主的力量，首先是西欧的共产党，并使欧洲变成筹备战争的屯兵场。"

② 有英国、法国、比利时、荷兰和卢森堡参加的西欧联盟，签署了关于经济、社会和文化合作以及集体自卫条约，成立于1948年3月17日。关于成立北大西洋公约组织的条约是由美国、英国、法国、加拿大、意大利、比利时、荷兰、卢森堡、挪威、丹麦、葡萄牙和冰岛于1949年4月4日签署的。

北大西洋集团的目的，就是要镇压欧洲各国人民为捍卫本身生活权利、民族自由和独立地位而进行的抗美运动，而把西欧变成美帝国主义的半殖民地，变成准备新战争的根据地和进攻基地。①

成立北大西洋集团就是要向东欧各民主国家直接实行侵略，首先是要向苏联这一民主阵营中的主力，这一保障各国人民和平安全、自由独立的可靠支柱直接实行侵略。

最终，北大西洋公约及其正在拟定中的附属条约——地中海条约、近东条约和远东条约——还有一个极其重要的目的，就是准备消灭殖民地和附属国的民族解放运动，就是去反对已经战胜外国帝国主义者和本国反动势力的中华人民共和国和朝鲜人民民主共和国。

因此，在美国庇护之下成立的帝国主义的北大西洋公约组织，就是对全体进步人类的威胁。一些人认为，帝国主义分子的这一最新的恶毒的阴谋，实际上是与希特勒和墨索里尼在法西斯侵略者进攻欧洲各国人民以期消灭其自由和独立所缔结的那个臭名昭著的反共产国际公约相同，这种评价是完全公正的。北大西洋公约也同反共产国际公约一样，以腐烂不堪的反共旗帜作掩护，实际上是进行侵略和战争的纲领，是扼杀各国人民的民族独立和民主权利的纲领。

可见，事实已经表明，由美帝国主义分子统治的各国帝国主义者，正在准备新的世界大战，他们为了一小撮亿万富翁的自私自利的目的，决心把世界上多数的国家和多数民族都抛到新世界大战的火坑里去。美国统治集团为了这一目的，正在把西德变成自己在欧洲的军事进攻基

---

① 会议记录删去了苏斯洛夫报告中的如下内容："以及其对外冒险政策的军事行动基地。服从于美国的操纵，英国、法国以及北大西洋公约组织的其他成员国背叛自己国家的民族利益，指望借助于这个政策保护自己的哪怕是低微的地位，同时指望利用东欧国家的人民捞到好处。"

地，并极力想把德国人民赶到新战争的屠宰场上去。他们为了这个目的，便在英国工党领袖直接帮助下把英国变成美国的空军和海军基地，并打算把英国人民拿去充当炮灰。同时，美帝国主义分子还准备把法国变成自己的进攻基地，以便对苏联、中华人民共和国、朝鲜北部及太平洋沿岸其他各国实行侵略，并极力想利用日本人民来实现这个目的。在近东，美帝国主义分子在土耳其、伊朗和伊拉克诸国建筑许多军事基地和据点，把这些国家变成自己的附庸国，并极力想使土耳其人、伊朗人及阿拉伯人为美国垄断资本的利润作战。

总之，美帝国主义分子的战略目前已表露得十分明显，其目的就是要准备在世界每一角落燃起战争的烽火，迫使各大洲的人民都遵照美国亿万富翁的意旨，去为这些亿万富翁的利益流血牺牲。

美国首要人物中最露骨的分子，如上面提到过的众议员波格或布雷德利将军①一类的人，竟厚颜无耻地公然说明他们的计谋是要"假他人之手来作战"，并利用别国的士兵充当美国的炮灰，而美国则仅仅供给武器和捞取利润。

但是这种冒险的打算是没有得到真正的主人的同意的。美、英帝国主义分子想迫使其作战的那些国家的人民，对这次战争丝毫也不感兴趣。战争只会使他们遭受重大的牺牲，只会使他们的国家遭到浩劫和破产。各国人民不需要战争，各国人民不愿意战争。

美国的人民群众也不需要战争，虽然美国垄断资本是主要的战争制造者。无论帝国主义侵略者及其帮凶如何撒谎宣传，而美国的普通人民已经日益明白：一旦战争挑拨者发动战争，那么，结果只会使美国的普

---

① 奥马尔·布雷德利，美国著名的军事领导人，自1947年起担任美国陆军司令部参谋长，自1949年起担任美国武装力量参谋长联席会议主席，北大西洋公约组织军事委员会主席。

通人民和士兵死在远离家乡的太平洋彼岸的国家；并且战争也会出现在美洲大陆，带来当代最骇人听闻的轰炸，使世世代代的劳动成果归于毁灭。

北大西洋公约的组织者们已经公开采取发动新世界大战的方针，于是就来破坏国际合作，首先是破坏与苏联、与各人民民主国家的合作，设法捣毁联合国组织，极力想把联合国组织变成他们进行侵略阴谋的工具，撕毁联合国大会关于禁用原子武器和缩减军备的决议。破坏国际合作的政策引起了所谓的"冷战"，煽起了战争狂热，人为地造成了由那些军火制造商和猖狂的战争贩子们所利用的国际紧张局面。

在布达佩斯举行的对拉伊克—布兰科夫间谍匪帮的审讯①，揭露了美、英帝国主义为了反对各民主国家和苏联、为了反对和平和民主而组织的巨大的国际阴谋。帝国主义分子的这次阴谋是要实现种种深远的计划：利用已经成为国际反动势力代理人的铁托法西斯间谍集团，来推翻匈牙利及其他人民民主国家中的民主制度，使这些国家离开和平民主阵营，在这些国家恢复法西斯反动政权，把东南欧和中欧各国变成为帝国主义分子操纵的傀儡，变成实行侵略的进攻基地。

侵略政策和新战争准备的直接后果，就是狂妄不羁地进行军备竞

---

① 拉伊克·拉斯洛是匈牙利共产党中央委员会副总书记，后为匈牙利劳动人民党副总书记，中央政治局委员，1948年8月之前担任内务部部长，而后直到1949年5月被逮捕之前担任外交部部长。拉扎尔·布兰科夫是南斯拉夫原驻匈牙利大使馆参赞，苏南分裂后于1948年10月脱离南政府，并作为共产党情报局的支持者反对南斯拉夫当局。在1949年逗留在苏联期间被逮捕，在布达佩斯进行庭审时被利用，仿佛他是拉伊克的同谋者，在拉伊克和南斯拉夫领导人之间建立联系。1949年9月开始的布达佩斯审判，指控以拉伊克为首的一批匈牙利党和国家领导人犯有策划反对国家的阴谋，从事有利于"帝国主义侦察机关"和"铁托集团"的间谍活动。以拉伊克为首的绝大部分被告被判处了死刑并被立即处决，其余的人（包括布兰科夫）被判处期限不等的监禁。

赛，而使资本主义各国的工人阶级和全体劳动人民承受沉重的负担。只举出美国下一财政年度的军费预算达 220 亿美元，即是战前的 20 倍这一点，也就足以说明了一切问题。据美国总统直属经济顾问委员会前任主席诺尔斯所作出的计算，美国政府每星期所支出的军事经费超过该政府全年国民教育经费。一个星期的军费开支，可以完全抵付该国全年的公共保健费用。

由此可见，杜鲁门政府由于疯狂地实行军备竞赛，以致每年花在准备战争上的费用，竟然是美国国民教育费和公共保健费合计的 26 倍。英国目前的军费开支是 1939 年的 3 倍。原先因希特勒"大炮代替黄油"口号而闻名的政策，目前又在纳入马歇尔计划的诸国里实行着。

不言而喻，这一导致税务负担无限增长的政策，当然使资本主义各国劳动群众的经济状况急剧恶化。垄断资本家为了准备战争，向工人阶级和全体劳动人民的生活水准进行疯狂的进攻。其表现就是借提高劳动强度和缩减工资来加紧剥削工人，大批解雇非军事工业部门的工人，等等。

在准备战争的同时，加紧进攻劳动群众的民主权利。帝国主义分子为了便于自由地对外采取冒险行动和发动战争，就极力企图扑灭工人运动和整个民主运动，使国内制度能毫无阻碍地法西斯化和完全军国主义化。斯大林同志还在 1927 年就说，帝国主义若不镇压反战派，若不镇压民众，就不能准备新的战争。"为了进行战争，单是扩张军备还不够，单是组织新的联盟还不够。为了进行战争，资本主义国家还必须巩固后方。任何一个资本主义国家，如果不预先巩固自己的后方，不预先制服'自己的'工人和'自己的'殖民地，就不能进行严重的战争。各国资产阶级政府的政治逐渐逐渐法西斯化的原因就在这里。"①

向共产主义进行"十字军进攻"，对共产党员实行迫害和采用公开

---

① 见《斯大林全集》中文版第 10 卷第 240—241 页。——编者注

恐怖手段（如在美国、法国、澳大利亚、印度、拉丁美洲诸国、中东诸国等），颁布了反劳工和反工会的法律（如在美国、希腊、土耳其等），遵循华盛顿的旨意，在纳入马歇尔计划的诸国内建立俯首听命于金元帝国主义的反动制度，在西德复活法西斯主义，利用铁托法西斯间谍集团在各人民民主国家内进行破坏工作——所有这一切都是准备战争这同一链条上的各个环节。战争制造者在反共的幌子下建立着由帝国主义势力、法西斯势力、梵蒂冈以及右翼社会党人组成的一种类似"神圣同盟"的东西。

与此同时，帝国主义阵营大规模地在思想上进行新战争的准备。它采取了日新月异的手段来制造社会舆论，用种族思想和仇视人类思想的疯狂宣传，用掀起原子弹狂和战争狂等手段来麻痹群众。把一切能够影响心理的工具，如刊物、书籍、无线电广播、电影、教堂等都极力动用起来了。

战争制造者及其帮凶用以进行宣传的思想武器是非常简单的，然而他们所做的这种宣传毕竟能造成危害。这种武器的主要内容，就是宣扬"美国的生活方式"和资产阶级民主制；宣传盎格鲁撒克逊种族的优越性；竭力散布谣言，诬蔑苏联及其他爱好和平的国家①；鼓吹世界主义②，鼓吹放弃国家主权，以求摧毁各国人民反抗美、英帝国主义分子侵略行为的意志。③

---

① 会议记录删去了苏斯洛夫报告中的如下内容："处在英、美侵略的道路上的（国家）。"

② 1948—1949年在苏联开展的意识形态斗争中提出的反对世界主义运动具有反犹太主义和反西方的性质。

③ 在苏斯洛夫报告的原文本里，代替"帝国主义分子"一词的是如下内容："帝国主义强盗，以及和平和独立的扼杀者，在精神上使爱好和平的人们丧失斗志，从而更容易实现华尔街的罪恶阴谋。"

在思想上征服各"美利坚化"国家的重要手段之一，就是在这些国家广泛散布美国的下流作品和好莱坞影片，其中照例是把暴徒和凶手、色情狂和淫乱者、假善人和伪君子描写成主人翁。而这类"艺术"和"文学作品"只是在毒害、麻醉读者和观众。

在美国刊物以及其他国家的反动刊物上，连篇累牍地鼓吹新战争。虽然第二届联合国大会曾经通过了谴责战争宣传的专门决议，但美、英两国统治集团，不但不采取任何措施来制裁战争制造者和战争宣传者，反而还公然怂恿他们。如今公开号召战争的，除了反动刊物和无线电广播中那些卖身求荣的下贱作家之外，还有大批的官方人物，即杜鲁门政府的官员们、国会议员们、将军们、海军上将们和英国的贵族们。

由此可见，美、英帝国主义联盟，也同法西斯侵略者在第二次世界大战前所干过的那样，正在各方面准备新的战争：如采取各种军事战略设施，实行政治压迫和讹诈手段，经济上向外扩张和奴役他国人民，思想上麻醉群众以及在社会生活的各个方面加强反动势力。

美、英统治集团抱有一种疯狂的计划：就是想用武力征服全世界，使人类处于新的世界大战的威胁中。正因为如此，美、英帝国主义分子在军事上和政治上的侵略阴谋，对于世界命运，对于千百万普通人的生命和福利，对于各国人民的民族独立和民主成果来说，都是一种巨大的威胁。①

---

① 会议记录删去了苏斯洛夫报告中的如下内容："最近的事件是：美国继续扩大军事开支的拨款，军事狂热情绪继续膨胀，在一系列国家里追捕和平的积极勇士——证明战争贩子并没有就此罢手，而是继续动员侵略力量，没有放弃自己对军事冒险行动的希望。"

二、和平、民主和社会主义阵营的力量日益增长和巩固

但是,如果认为帝国主义阵营所表现的疯狂活动,是这个阵营强大有力的证明,从而证明战争是无法防止的,那就大错特错了。

在过去两年中,帝国主义阵营更加削弱,这一链条上又有一些环节挣脱出去,那里一切内部和外部的矛盾都更加尖锐化了。同时,在这一时期内,和平、民主和社会主义阵营的力量却一往直前地发展和巩固起来。所以现在,不管帝国主义阵营如何大规模地准备战争,但在战争制造者的道路上,已经横着一座强大的而且日益增强的屏障。

当以美国为首的帝国主义阵营在准备军事冒险行动的时候,反帝国主义阵营正团结着自己的力量来坚决回击好战的帝国主义侵略者,正在为了孤立新战争的挑拨者,为了粉碎其骇人听闻的阴谋而进行坚忍不拔的斗争。

与制造战争的黑暗势力相比,保卫和平的民主力量的增长要迅速得多。国际舞台上的力量对比已经发生了并继续发生着有利于和平、民主和社会主义阵营的根本性变化。

证明这一阵营发展和巩固的事实,首先就是领导反帝国主义阵营、领导争取持久和平这一斗争的苏联实力更加增强起来。帝国主义分子本来指望承担战争主要负荷的苏联无法克服由于战争和德国法西斯侵略者对苏联部分领土的经济掠夺所引起的困难,可是他们的这种指望已经永远地破灭了。

苏联国民经济和文化的各个部门都有了迅速发展。让帝国主义先生们好好想想苏联所公布的关于战后五年计划进程的统计材料吧。今年10月苏联的工业产量比战前1940年工业月平均产量提高了50%,并且超过了五年计划上所规定的1950年度月平均工业生产水平。

当资本主义各国的经济表现为日益成熟的危机和在庞大军费开支的影响下愈益变本加厉的衰落的时候，苏联的经济却一年比一年、一月比一月地增长起来。1949年的头十个月内便超额完成了已经扩大了的工业生产计划：全部工业生产总量与去年同期相比增长了20%。

苏联的农业经济也是一往无前地发展着。今年的谷物总收获量不仅比1948年多，而且还超过了战前1940年的水平。棉花、亚麻及其他许多经济作物的收获量，也比去年好，并超过了战前水平。国营牧畜业也大为增长了。

由于国民经济的发展，苏联人民的物质文化生活水平有了进一步的提高，这鼓舞着他们争取日新月异的成就。

目前，形势已经十分清楚，自由的苏联人民的忘我劳动，千百万斯达汉诺夫工作者的劳动，一定能保证提前完成苏联国民经济的战后五年发展计划。而这不仅意味着苏联的实力更加巩固，并且意味着整个和平与民主阵营力量更加强大。

苏维埃社会主义制度的伟大生命力，还表现在苏联已经达到的巨大的技术进步方面。新的技术日益发展，被人们所掌握，并不断地运用到生产中。

证明我国的技术进步和科学发展的实例之一，就是我国在短时期内掌握了原子能的秘密，而使美国丧失了原子武器的垄断地位。

1949年9月25日塔斯社报道，苏联早在1947年就已经掌握了原子武器的秘密，并拥有了这种武器。这一消息粉碎了帝国主义各国统治集团，以及对他们奴颜婢膝的资产阶级学者们屡次宣扬的俄国人在1952年以前将不会拥有原子弹的"预言"。

塔斯社的这个消息，使帝国主义者和战争贩子张皇失措和惊恐不安，削弱了这个阵营的力量，并且给杜鲁门和丘吉尔的"原子外交"以毁灭性的打击，因为这一外交依靠的是对原子弹的垄断，并借这种武器来恐吓那些神经衰弱的人。同时，一切拥护和平的人士却热烈庆贺苏联拥有原子武器，认为这是和平事业的胜利，因为他们知道苏联政府始终忠实于自己的和平政策，所以它虽然拥有原子武器，但它始终坚持主张无条件禁止使用原子武器的立场。

苏联爱好和平的对外政策以及各人民民主国家的对外政策，就是巩固和平与民主阵营的最强大因素。这种政策符合全世界普通人的切身利益，因而鼓舞和团结一切和平战士的队伍，加强他们对胜利的信心。

苏联政府的和平政策，源于在我国根本不存在好战阶级这一社会主义社会的本质。苏维埃国家坚决反对民族压迫政策，所以它的外交政策是以尊重世界上一切大小民族的权利和独立地位为基础的。我国人民充满了建设共产主义的热情，所以保持和平是与他们的切身利益息息相关的。我国人民深信，他们所建立的社会主义制度，定能保证他们在与资本主义体系实行和平竞赛中获得胜利。

苏维埃政府所进行的对资本主义国家的外交政策，是以社会主义制度与资本主义制度可能共处、两者间可能和平合作这一立场出发的。斯大林同志早在1934年就在下面的讲话中明确规定了这一政策，他说："我们的对外政策是明明白白的。它是维护和平并加强和世界各国的贸易关系的政策。苏联不想威胁任何人，更不想侵犯任何人。我们主张和平并捍卫和平事业。但是我们不怕威胁，我们准备以打击回答战争挑拨者的打击。"①

苏联政府在最近的一届联合国大会上所提出的关于制裁起主导作用的国家尤其是美英两国准备新的战争、关于采取实际措施无条件禁止使用原子武器以及关于五大国缔结巩固和平的公约的建议，是对争取和平的斗争的宝贵贡献，是对战争贩子阵营的新的打击。

---

① 参见《斯大林全集》中文版第13卷第270页。——编者注

各人民民主国家在坚定走上了社会主义建设道路之后所取得的巨大成就，同样说明了和平、民主和社会主义阵营的力量的发展和巩固。

波兰、捷克斯洛伐克、保加利亚、罗马尼亚、匈牙利以及阿尔巴尼亚等国在经济和文化方面的迅速高涨，国民经济计划的顺利完成，人民物质福利的增长，人民民主制度内部力量的巩固，站在争取社会主义斗争最前列的统一的马克思列宁主义工人政党的建立，东南欧诸国人民之间的友谊及其在政治上、经济上、文化上合作关系的巩固，这些国家与苏联之间的经济关系和文化关系的巩固——所有这一切都是对巩固民主的反对帝国主义阵营的实力和团结民主的反对帝国主义阵营的力量这一共同事业的重大贡献。

各人民民主国家在经济、政治和文化方面的成绩，已经为其他国家的人民树立了榜样，证明他们无须同帝国主义者签订奴役性的协定，而依靠本身力量，依靠相互合作，以及依靠苏联的友谊和帮助，保持本国经济的和民族的独立地位，就能在最短期间医治好战争和法西斯统治所造成的创伤，就能保障工业及其他经济部门和文化领域迅速发展。

在布达佩斯举行的对拉伊克—布兰科夫团伙的审讯中揭露了铁托叛徒集团，从而使世界反动势力指望在各人民民主国家内复辟资本主义的阴谋遭到了破产，这些事实都证明人民民主制度的力量和巩固。①

另一个证明反帝国主义力量增长和巩固的事实是，殖民地和附属国民族解放运动的巨大胜利。中国人民因推翻出卖民族利益、维持殖民地剥削和封建压迫统治制度的国民党，从而获得了具有历史意义的胜利。

---

① 会议记录删去了苏斯洛夫报告中的如下内容："在布达佩斯进行的诉讼程序，给帝国主义阵营以及战争贩子们以沉重的打击，并为继续巩固和平和民主阵营事业作出了贡献。这就是为什么它在战争贩子及其走狗的营垒里引起疯狂的仇恨和愤怒。"

中华人民共和国的建立，使美帝国主义打算把中国变为它的殖民地和新军事侵略基地的侵略计划遭到了极其严重的打击，并在帝国主义体系中打开了一个巨大的新的缺口，因而在受帝国主义压迫的一切民族的民族解放斗争史上揭开了新的一章。中国加入爱好和平的各民主国家这一大家庭的事实，也就意味着国际舞台上的力量对比发生了更加有利于民主和平阵营的变化，同时使和平阵线更加扩大和巩固起来。

德意志民主共和国的建立，是和平与民主阵营的极其重大的胜利，同时也是帝国主义阵营的又一次失败。斯大林同志在致威廉·皮克和奥托·格罗提渥的贺电中指出，德意志民主共和国的建立，是欧洲历史上的转折点。这一历史性事件表明在德国人民中民主力量的增长和团结，这种民主力量在为统一的、民主的、爱好和平的德国而奋斗，它们从两次世界大战经验中作出正确的结论，并且不愿意再被人利用去充当妄图统治世界的野心家的雇佣走卒。

德国民主力量把本国的命运掌握在自己手中，它们的胜利也就是美、英战争制造者的又一次失败。正如斯大林同志所指出的那样："毫无疑问，爱好和平的、民主的德国与爱好和平的苏联的并肩存在，将排除欧洲发生新战争的可能性，中止欧洲的流血并使世界帝国主义者不可能奴役欧洲国家。"[①]

由各国共产党所领导的民主运动，特别是工人运动到处高涨的事实，也雄辩地证明民主阵营力量的增强和帝国主义阵地的削弱。无论全世界的反动势力怎样疯狂地对共产党人加以迫害，但各国共产党在群众中的影响日益增强，欧、美、澳三洲各个资本主义国家内工人阶级的罢工运动愈益高涨起来，这也是一个最好的证明。

明显证明和平与民主阵营力量日益增长和巩固的事实，就是大规模

[①] 参见《斯大林文选》（下）人民出版社1963年版第518页。——编者注

地发展的强大的和平运动，这一运动已经拥有好几亿人了。

人类历史上破天荒地第一次产生了有组织的和平阵线，其目的就是要拯救人类使之免遭新的世界大战的灾难，要孤立新的战争制造者集团，并保证各国人民间的和平合作。这一运动反映了由于世界人民反对法西斯奴役威胁的解放战争所发生的根本变化。同时，这一运动又证明群众政治觉悟有了空前的提高，证明各国人民已经从两次世界大战的惨痛经验中吸取了教训，这就是要以不屈不挠的意志防止新的战争，捍卫和平事业，粉碎战争贩子的一切恶毒计划。

各国人民在近几十年中经历了严酷的考验，现在他们把保卫和平的事业掌握到自己手中，这也就是和平运动的重要特点之一。

无论战争挑拨者及其帮凶怎样疯狂，但目前的世界形势与第一次和第二次世界大战酝酿时期的形势是根本不同的。"各国人民对不久前的战争惨祸记忆犹新，拥护和平的社会力量非常强大，所以主张侵略的丘吉尔的徒子徒孙们是不可能战胜他们，使他们转到新战争方面去的。"①

拯救世界使其免遭新战争的威胁，这在目前具体的历史条件下并不是什么空想，而是实际可能做到的事情。如果各国人民在争取和平的斗争中警惕起来，积极行动和一致努力，在保卫和平的事业中表现出坚定和不屈不挠的精神，那么战争制造者就绝对无法实现他们那种燃起第三次世界战火的血腥阴谋。

和平运动的力量，就在于它团结了工人阶级、农民、知识分子和城市中等阶层在内的不分种族、民族、宗教信仰和政治信仰的亿万人民。其次，和平运动的强大力量就在于它已经成了有组织的运动。为和平而

---

① 参见《斯大林文选》（下）人民出版社1963年版第512—513页。——编者注

斗争的战士在地区范围、全国范围和国际范围内，都日益团结和组织起来。

和平运动最初是作为反对马歇尔计划、反对侵略性的西欧联盟和北大西洋联盟的群众运动出现的。当时法国、意大利和其他各国千千万万的人民发出了反对美国帝国主义政策的呼声，参加了抗议罢工和示威，并为和平请愿书征集签名。

在开展和平运动方面发挥过重大作用的是在弗罗茨瓦夫召开的世界文化工作者保卫和平大会①、在布达佩斯举行的国际民主妇女联合会代表大会（1948年秋）②，特别是今年4月20—25日在巴黎和布拉格召开的代表着6亿有组织的和平战士的世界和平大会。

和平运动继续不断地发展和巩固起来。今年7月初在米兰举行的第二次世界工会代表大会认可了巴黎世界和平大会的宣言，制定了世界工联7200万会员的具体行动纲领。③ 在许多国家里召开过全国保卫和平的大会。在全西欧各国，普遍举行过多次罢工、全民示威和群众大会，反对批准北大西洋公约。在许多国家成立了保卫和平全国委员会，在各个城市、企业和机关也开始组织这样的委员会。和平运动在美国和英国也发展起来，因为这两国人民愈益感到本国统治集团那种灾难性的侵略政策所造成的苦痛。

---

① 该大会是根据波兰工人党领导人的倡议，经苏联批准，于1948年8月在弗罗茨瓦夫召开的。

② 此处指的是于1945年成立的、并受共产党人领导的国际民主妇女联合会的第二次代表大会。

③ 世界工会联合会是于1945年在世界工会组织第一次代表大会上宣布成立的。第二次代表大会是在米兰召开的，其中许多国家，主要是在第一次代表大会上成为世界工会联合会组成部分的一些西方国家的工会组织（英国工联代表大会、美国劳动工会代表大会，等等）没有参加这次大会。

同志们！我对国际形势所作出的这一简要的分析，表明在反对帝国主义和反对战争的斗争中，和平、民主和社会主义的力量壮大和巩固了。苏联实力的进一步增长，各人民民主国家在政治上和经济上的巩固及走上社会主义建设的道路，中国人民革命的历史性胜利，德意志民主共和国的建立，资本主义各国共产党的巩固和民主运动的发展，以及和平运动大规模的发展——所有这一切都表明反帝国主义的民主阵营已经有了空前的扩大和巩固。

同时，帝国主义的反民主阵营却接连不断地丧失自己的阵地。民主和社会主义阵营的胜利，正在来临的资本主义的经济危机，资本主义体系的总的危机更加尖锐化，这一体系的所有外部和内部矛盾愈趋紧张等，都是证明帝国主义的阵营愈益削弱，证明整个资本主义体系在历史上必然灭亡的命运。

世界反动势力阵营内部各帝国主义国家间的矛盾日益尖锐化，而且也不能不尖锐化，尽管这种矛盾被这些国家所共同实行的反苏反共政策所掩盖着。

美国对纳入马歇尔计划诸国所实行的政策，即由美帝国主义奴役西欧和其他资本主义国家的政策实质上具有殖民政策的性质，以及为了争夺销售市场、为了争取对殖民地的剥削权，尤其是在经济危机的条件下所进行的疯狂竞争，都在加深着资本主义国家之间的矛盾，首先是美、英两国之间的矛盾。

各资本主义国家内部的矛盾也在日益尖锐化，而且不能不尖锐化。与资产阶级"消灭经济恐慌的卫士"所做的一切预言恰恰相反，经济危机无论在美国还是在欧洲都不可避免地成熟着。生产萎缩，商品输出额和国内零售贸易缩减。失业工人数量不断上升，资本主义各国失业者和半失业者已经达到巨大的数目——4000万人！由于军备竞赛，劳动人民承受着日益繁重的纳税负担。工资和工人阶级整体生活水平每况愈下。在多数资本主义国家所实行的通货贬值,无非是对劳动群众的再次盘剥,因为他们用自己原来就很微薄的工资,现在只能购买更少的生活必需品。劳动人民的物质生活状况变得无法忍受了。

这种情况不能不引起各资本主义国家内部政治形势的尖锐化,不能不引起严重的阶级斗争。

所有这些情形都在削弱着,而且将更加严重地削弱帝国主义阵营的力量,削弱战争挑拨者的力量。

华尔街和伦敦城的帝国主义分子所进行的冒险的对外政策,也使反民主的阵营更加削弱下去。这一政策节节遭到失败。"原子外交"破产,马歇尔计划垮台,帝国主义分子在东南欧和中欧阴谋的破坏计划失败,美国对华政策的破产,这一切还只是帝国主义分子对外政策惨败事实的一部分。当然,资本主义一切矛盾的尖锐化以及帝国主义阵营力量的削弱,本来就是资本主义本身所固有的现象。而美、英帝国主义分子的冒险对外政策,则更加速了这一过程。

三、共产党和工人党是反对战争挑拨者斗争中的先锋

从帝国主义反民主阵营削弱的事实中,决不能作出结论,说战争威胁已经削弱。这种结论是极端错误和极端有害的。

历史经验告诉人们,帝国主义反动势力的状况愈加绝望,反动势力就会愈加疯狂,来自反动势力方面的军事冒险行动的危险也就愈加严重。

由于世界舞台上力量对比发生了有利于和平与民主阵营的变化,帝国主义和战争挑拨者阵营中的分子便更加疯狂。美、英帝国主义分子打算通过战争改变历史发展的进程,解决自己外部和内部的矛盾和困难,

以此巩固垄断资本的阵地,并夺取世界的统治地位。①

为了粉碎帝国主义侵略势力的计划,必须最大限度地提高各国人民的警惕性,必须更加扩大和平阵线,必须使一切拥护和平的力量更加团结起来,努力奋斗。

反战运动的开展证明,各国广大人民群众具有保卫和平、不让侵略者把人类投入血腥屠杀中的意志和决心。现在全部问题就在于要把群众的这种意志变成积极的具体行动,以粉碎英、美战争挑拨者的各种计划和措施。

第一次世界大战前夜,特别是第二次世界大战前夜,反战运动的全部历史经验,都证明单是愿意和平还不够,应该积极地为和平而斗争,应该运用一切力量和必要的手段来抵抗那些准备战争和发动战争的举动。

在新的战争危险日益加紧的情况下,各国共产党和工人党担负着伟大的历史责任。共产党和工人党应该运用一切斗争的手段来保证巩固持久的和平,使自己的全部活动都服从于目前这一中心任务。

必须更加坚决地巩固和扩大和平运动,要接连不断地把一批一批的人民群众吸收到这一运动中来,要把这一运动变成当代不可战胜的全民运动。这一运动能够并且应该不分政治见解、宗教信仰及党派,而把所有一切珍视和平,珍视本国荣誉、自由和独立地位的人们包容进来。

必须努力设法把工会、妇女组织、青年组织、合作社组织、体育组织、文化教育组织、宗教组织等以及一切主张保卫和平反对战争的学者、作家、新闻记者、文化工作者、国会议员及其他政治家和社会活动家,吸收到和平运动中来。

---

① 会议记录删去了苏斯洛夫报告中的如下内容:"感觉到时间对他们不利,帝国主义分子极端疯狂地准备实现自己的敌视全世界的侵略计划。"

工人阶级更加积极地参加这一运动，工人阶级的团结及其队伍的统一，对于进一步开展和平运动具有决定性的意义。所以各国共产党和工人党的首要任务，就是要把工人阶级最广泛的阶层吸收到和平战士的队伍中来，建立工人阶级巩固的统一，坚决反对那些分裂和瓦解工人运动的右翼社会党人，在为和平与本国民族独立而奋斗的共同行动纲领的基础上，组织无产阶级中各种队伍的联合行动。

在反对战争挑拨者和保卫和平的战士阵营中，工人阶级的工会组织已经占有光荣的地位。世界工会联合会是和平与国际合作的积极捍卫者，是千百万工人和职员去进行反对新战争挑拨者的斗争的组织者。加入世界工联的各国工会中央机关在组织和平拥护者方面，起着巨大的作用。在许多国家中它们是和平运动和建立该国保卫和平委员会的倡导者。在组织抗议罢工和组织示威来反对侵略性的北大西洋公约中，在组织全民请愿及其他群众性的措施来保卫和平与各国民族独立自由的事业中，工会占有主导的地位。

但是，工会可以做更多的工作，来开展反对新的战争制造者的全民斗争，使和平阵营更加积极行动起来。在这方面，各企业和各机关的保卫和平委员会能够成为而且应该成为工会活动的中心，而巴黎世界和平大会和米兰世界工会代表大会所号召建立的就是这样的委员会。这样的委员会在法国、荷兰、英国以及其他国家的许多企业中都已经建立起来。保卫和平委员会应该不分民族，不分党派和工会，而把一切工人和职员联合起来，以期成为争取各国全体劳动人民一致努力保卫和平、保卫民主及保卫受资本主义剥削的民众切身利益的斗争中心。

许许多多的事实，例如由意大利、捷克斯洛伐克以及德国东部总共1100万妇女联名向联合国大会递交请愿书，表示拥护关于禁止使用原子武器和裁减大国军备的提案，例如各国妇女组织和世界民主妇联参加巴黎和布拉格世界和平大会，都证明妇女和妇女组织在争取和平的斗争中具有很大的作用。

全世界各国民主青年,在1948年华沙国际青年工人代表大会上,以及1947年和1949年两次国际青年联欢大会上,都显示了自己争取和平的意志,以及愿为和平而奋斗的决心。包括有6000万以上青年男女的世界民主青年联盟,是和平事业的积极拥护者。

工人阶级、共产党和工人党的任务,就是要领导一切群众社会团体争取和平的斗争,使其成为目标集中而能产生实效的斗争。

为了联合居民中最广泛的阶层参加保卫和平的斗争,就必须运用各种各样的形式和方法,如群众示威、露天大会、群众集会、写请愿书和抗议书、举行民意测验、在城乡中建立保卫和平委员会等,这些办法在法国和意大利已经广泛采用。

当然,在为和平而进行的斗争中,运用各种措施时决不能千篇一律,必须从各个国家的具体条件出发,善于把运动中各种形式和方法与总的任务配合起来。

正如我们所看到的,战争贩子在群众中没有支持力量,而总是用各种诽谤宣传手段来极力欺骗各国人民。因此,应该揭露战争贩子的伎俩,广泛地报道他们反人民活动的真实情况,这一工作不是临时的,而是要经常开展的。

共产党和工人党应该广泛地宣传各国人民之间坚固持久的和平,不倦地揭发各种侵略联盟和军事政治联盟,以此来对抗侵略者及其所雇佣的文人墨客所进行的虚假和仇视人类的宣传。必须广泛地解释:假如新的战争爆发,就只会使各国人民遭受空前的灾难和破坏;反对战争和保卫和平是全世界各国人民的共同事业。

一切和平力量,首先是各国的共产党,务必做到使帝国主义代理人宣传战争及鼓吹种族仇恨和民族敌视的行为,遭到全体民主人士的严厉谴责,使战争贩子的一举一动都受到回击,这种回击可能表现为各种各样的形式，其中包括广泛抵制一切鼓吹战争的电影、报纸、书籍、杂志、无线电广播公司、团体及人物。

准备新的战争与美帝国主义奴役欧洲及其他各洲国家密切联系在一起。马歇尔计划，西欧联盟，北大西洋公约——所有这些危害和平的阴谋手段，同时也就是大西洋彼岸的垄断资本家套在其他国家人民头上的锁链。

各个资本主义国家的共产党和工人党的职责，就是要把争取民族独立的斗争与保卫和平的斗争结合起来，不断地揭露那些已经变为美帝国主义直接走狗的资产阶级政府所进行的背叛和卖国政策，要把每个国家内一切民主爱国分子统一和团结在这一口号周围：消灭甘受美国束缚的可耻政策，转而实行符合各国民族利益的独立的内外政策。各国共产党和工人党应该把捍卫本国民族独立自主的旗帜高举在自己手中。

各国共产党和工人党应该团结广大的群众，保卫民主权利和自由，坚持不懈地向他们解释，保卫和平是与保卫工人阶级和全体劳动人民的切身利益密切相联的，争取和平的斗争同时也就是反贫困、反饥饿和反法西斯势力的斗争。

法国、意大利、英国、西德及其他各国的共产党肩负着特别重要的任务，因为美帝国主义分子想要利用这些国家的人民去充当炮灰以实现其侵略计划。这些国家共产党的职责就是要用更大的努力开展斗争，坚决保卫和平以及粉碎英、美战争制造者的罪恶阴谋。

各人民民主国家的共产党和工人党以及苏联共产党除了揭露帝国主义战争制造者及其帮凶外，同时还肩负着进一步巩固和平和社会主义阵营的任务，以保卫和平和人民的安全。

各国共产党的迫切任务仍然是要彻底地揭露右翼社会党领袖。事态的进程完全证明了共产党情报局第一次会议对右翼社会党人所作的正确估计，当时认为右翼社会党人起着一种卑污不堪的作用，他们是帝国主义的代言人，新的战争制造者的帮凶，本国人民民族利益的叛徒，借社会主义和世界主义的空谈来掩盖自己的卑鄙活动。所以，共产党和工人党在不倦地为保卫和平而斗争时，应该时时刻刻来揭露右翼社会党领袖的这些和平死敌的作用。

同时，必须全面发展和巩固与各国社会党基层组织和党员群众在保卫和平方面的行动上的合作和统一，支持这些国家党员群众中的一切真正忠诚的分子，向他们说明右翼反动领导人所执行的是极端有害的政策。

美、英帝国主义分子把实现自己的侵略计划，特别是在中欧和东南欧实现侵略计划的重要角色，派给为帝国主义分子当间谍的南斯拉夫铁托集团去担任，因此，保卫和平与反对战争挑拨者的任务，要求更进一步地揭露这个已经叛逃到和平、民主和社会主义的死敌的阵营，即帝国主义和法西斯主义阵营的匪帮。

* * *

同志们！在反法西斯战争时期，共产党曾经是全民抗战中的先锋队；在战后时期，共产党和工人党是为本国人民切身利益、为全世界和平事业而奋斗的先进战士。在共产党和工人党领导之下，一切反对新的战争的人，即团结在坚强的和平阵线内的劳动人民、科学工作者和文化工作者，是能够粉碎帝国主义分子的罪恶阴谋的。

民主的力量和和平的力量，较之反动势力要强大得多。现在的问题就是要更加巩固和发展强大的和平运动，力求把这一运动变为全民运动，要不断提高各国人民的警惕性，以防帝国主义侵略者所施行的阴谋诡计。必须动员各国人民的一切力量去积极保卫和平和进行反对战争挑拨者的斗争。这一任务的完成，就意味着赢得了全世界持久和平与人民安全的神圣斗争。

第二次会议

(1949 年 11 月 16 日)

会议于 18 点开始,20 点 30 分结束。
拉科西同志提议杜克洛同志主持本场会议。
提议被通过。

讨论苏斯洛夫的报告

法戎同志指出,法国共产党代表团完全同意苏斯洛夫同志的报告,同意报告对国际形势的分析,同意报告中所提出的关于党的全部活动必须服从保卫和平这一中心任务的结论。

帝国主义分子认为法国是对苏联和各人民民主国家发动侵略战争的桥头堡和未来的炮灰。从按照华盛顿的命令把法共挤出政府之时起两年半的时间里,统治集团首先是右翼社会党的政策方针是让美帝国主义分子奴役法国。

在分析法国接受马歇尔计划的经济后果时,法戎同志指出,法国成品出口减少,原料出口增加,许多企业倒闭。10 月份登记失业人数达到 43900 人,1948 年 4 月为 12368 人,455000 名工人每人每周劳动不足 40 个工时。当然,实际失业人数比这个数字还要高。从实施马歇尔计划以来,法郎贬值了三分之二。

在思想领域,美国人为颠覆我国的民族精神而加紧活动,输入电影、报刊、书籍，在中小学实行所谓的"美国教学法"。在军事领域，由于政府加入了受"马歇尔计划"制约的侵略集团，如北大西洋公约组织，军费开支加大了。军事负担因在越南进行罪恶性的战争而进一步加大了，这一战争的目的是保护法国垄断资本家的利益，为战争贩子保留在东南亚的战略基地。

法戎同志说，法国所承受的马歇尔计划和北大西洋公约的负担，导致工人阶级和所有劳动者生活水平的不断下降。在不久前召开的艾奇逊[①]、贝文、舒曼[②]三国外长会议以及欧洲经济合作组织会议上，法国代表的行为表明，法国代表完全成了华盛顿意志的执行者，他们同意从12月15日起取消对从参与马歇尔计划的国家进口的某些限制措施。因此，为德国和美国商品进入法国打开了方便之门，其必然结果是失业人数增长，法国农民破产。法国当权者已公开声明同以反动和复仇立场著称的西德傀儡当局建立关系。同时，法国当局把德意志民主共和国视为敌人，尽管德意志民主共和国支持和平，承认纳粹德国在法国和其他人民面前犯下的罪行，并表示要赎罪。

法国当权者同意重新武装德国侵略者，恢复他们的军事潜力。法戎同志指出，这一叛卖和战争政策，不是法国反动派有力量的标志：我国当权者倾向于把这一政策看成是与反对帝国主义的民主阵营在全世界和法国取得明显成绩作斗争的唯一手段。从这里可以看出，法国形势有利于和平斗争的发展。

法国最广大的居民阶层对在美国指导下在波恩伪共和国恢复德国军国主义反应强烈。他们对拒绝赔款和拒绝保证安全、对荒谬绝伦地同屠

---

① 迪恩·艾奇逊，自1949年起担任美国国务卿。
② 罗伯尔·舒曼，1947—1948年期间，担任部长会议主席，自1948年起担任法国外交部部长。

杀法国爱国者的刽子手联盟——即旨在反对斯大林格勒英雄们的联盟义愤填膺。从总的情况看，对于广大人民群众来说，贫困同准备战争的政策之间的联系、争取直接需求的斗争同争取民族独立和和平的斗争之间的联系越来越明显。因此，共产党员团结一切和平拥护者的活动具有特别重要的意义。

  法戎同志接着分析了法国共产党在这方面开展政治斗争的一些基本问题。他指出，法共把主要力量用于发展工人阶级的无产阶级国际主义感情，发展同社会主义国家、和平阵营的领导力量——苏联无条件团结的感情。在这方面，法戎同志提起了法国共产党政治局在1948年9月30日通过的著名宣言，其中宣布法国人民永远不同苏联作战。1949年2月22日在党中央会议上，莫·多列士以斯大林的和平政策同法国政府参与英、美帝国主义侵略政策的结果相比较，明确地提出了法国人民在"被迫违背自己的意志参加反苏战争，以及苏军因此为捍卫人民的事业即社会主义事业、为追击侵略者而踏上法国领土的情况下"的立场。两天之后，法共总书记在国民大会讲坛上向全国重申并发挥了自己的声明。

  法戎同志说，从这时起，法国共产党广泛宣传这些声明的基本原则，这在全国引起了很大反响。共产党坚决指出苏联、布尔什维克党和斯大林同志在保卫和平的斗争中所起的决定性作用和领导作用。在这方面，中央委员会下了很大力量克服党的工作中的缺点——对和平和保卫和平的问题估计不足。多列士在今年（1949年）2月色当省共产主义联合会会议上讲话时提醒全党注意这个问题。在多列士这一讲话之后，直到目前，展开了广泛的宣传运动，旨在使全党和工人阶级坚信和平和保卫和平问题是当前的关键问题。

  法戎同志继续说，我党中央帮助一些工会积极分子避免了"经济主义"倾向，这些同志认为既然争取现实要求的斗争同争取和平的斗争密切地联系在一起,那么工会主要是通过争取现实要求的斗争帮助维护和平的斗争(从正确的原则中得出了不正确的结论)。在很长一段时间里我们部分同志中存在这种认识,导致了工会没有充分参加争取和平的斗争。

然后党确定了有效地开展争取和平斗争的条件。一方面,党反对自己队伍中的派别之争,不分政治观点和信仰,吸引最广大的居民阶层参加争取和平的斗争。另一方面,党又号召工人阶级进行具体的活动以反对战争贩子。例如,在军工厂开展斗争反对生产武器,主张把这些企业变成生产民用产品的企业。

最后,党系统地向群众解释两个阵营的斗争问题,指出苏联和各人民民主国家在争取和平的斗争中所作的努力,揭露帝国主义分子计划的实质以及法国政府和右翼社会党领袖所贯彻的出卖政策和战争政策。在这方面,我们使用了各种宣传手段和议会讲坛。

法戎同志接着分析了党对群众争取和平斗争的领导。他指出了1948年12月28日在巴黎召开的全国争取和平和自由的战士代表大会,大会把各方面和各流派的民主代表联合到了一起,如法尔热、布利耶这样一些代表;高级将领珀蒂和海军元帅米瑟利耶;司法机关的代表如法官迪利耶和检察长迪博。大会通过了争取自由和和平战士行动宪章,决定在全国选举争取和平和自由的公社委员会。法戎同志说,应该指出,这个任务仅部分地完成了。就公社委员会的数量和活动而言,在这方面的潜力还没有充分发挥出来,还不符合争取和平斗争的要求。

1949年4月巴黎国际和平大会的召开使法国的和平运动有了大规模的发展。随着大会的准备,各种争取和平和自由的组织、法国妇女联盟、总工会、争取和平和自由的自由职业者及其他组织的临时联系委员会开展了规模很大的运动。为支持大会,很多工厂举行了统一的游行示威。在不少地方,属于不同党派的公社委员会的委员们在其决议里表达了祝大会成功的愿望。政治活动家,如人民共和运动代表——蒙彼利埃市市长,以及一些著名的科学家、文学家和艺术活动家参加了大会。在这方面,我们最薄弱的工作环节是农村。出席国际和平大会的农民代表最少。

法戎同志提到,为祝贺国际和平大会的召开,在巴黎布法罗体育场召开了50万人的大会,法国很多省组织了涌向巴黎的和平游行。和平大会之后,兴起了广泛的抗议国会批准北大西洋公约的运动。2月27日,全国争取和平和自由战士委员会给杜鲁门寄去了一封信,其中声明说:法国人民不认为这一公约对自己有约束力,他们不参加这一公约所准备的战争。5月18日,该信征集到100万人签名,毫无疑问,这一数字是不完全的。各工厂举行了反对北大西洋公约的示威游行和短时间的罢工,天主教工会成员参加了这些活动。争取和平和自由战士委员会给议会议员写了信、请愿书和抗议书。但是同北大西洋公约的重要性相比,这些行动的规模是远远不够的,所以国会不顾我们议会党团的坚决反对,批准了该公约。

法戎同志说,尽管如此,当美国布雷德利将军在国会批准北大西洋公约之后几天来到巴黎时,他就会确信,在国会批准公约和人民支持战争之间还有很大距离。法戎同志讲述了在巴黎大街上举行的盛大游行示威,游行队伍不顾警察暴力和逮捕,从美国大使馆门前通过。

在分析反对在越南进行的战争时,法戎同志指出,近几年这一斗争加剧了。在这个问题上,党采取了下述立场:立即停止战争,声援越南人民的民族解放运动。继续进行殖民地战争特别不受全国百姓的欢迎。从6月开始,许多港口拒绝为驶往印度支那的船只装货。这一行动是从国外开始的,其倡议者为阿尔及利亚的码头工人。这些行动席卷了法国各港口:敦刻尔克、波尔多、拉罗谢尔、马赛、巴斯蒂亚。

法共在陆海军中的工作开始收到成效。9月26日,"迪克斯迈德"

号航空母舰乘务组以拒绝工作来抗议把16名乘务员派往印度支那。因拒绝去印度支那,许多战士被投入监狱。反抗常常带有个人的性质。不满情绪甚至蔓延到宪兵和共和国近卫军。许多宪兵和共和国近卫军成员因拒绝开赴印度支那被送上军事法庭。越南地下报刊登载了在解放军行列里作战的法国士兵的信。

法戎同志说,反对印度支那战争的斗争是民主青年活动的基本任务之一。从1949年1—5月期间,在要求停止战争的信上签名的已超过50多万青年。这方面法国妇女联盟的积极性最高。在北部省德南,印度支那阵亡战士的母亲们要求工人们停止生产武器。在敦刻尔克,母亲们呼吁码头工人拒绝给开赴印度支那的轮船装货。9月30日,由印度支那阵亡士兵的母亲400人组成的代表团来到巴黎军事部部长拉马迪埃那里,他不但不接待她们,反而令朱尔·莫克①派警察部队驱赶她们。

需要指出,印度支那远征军遇到的困难如此之大,以至于政府领导人之间现在经常谈论需要"休战",以调整力量。

法戎同志指出,尽管这些游行示威十分重要,但至今法共也未能发动可以迫使政府让步的全民运动。

在谈到法国开展保卫和平的斗争时,法戎同志列举了以下最重要的事实:为庆祝国际妇女节,妇女们组织在和平簿上签名的活动,为参加布达佩斯联欢节青年们的准备活动,为出席弗罗茨瓦夫大会知识分子们的活动。然后法戎同志指出了10月2日在法国国际和平节开展的争取和平投票运动的巨大意义。为尽可能多地征集到对和平的投票,使用了各种方法,许多企业成立了保卫和平委员会或和平投票组。在市场上,积极分子,尤其是妇女呼吁居民们为和平而投票。逐门逐户征集签名,利用体育场和运动组织征集签名。应该指出,许多天主教徒不顾梵蒂冈

---

① 朱尔·莫克,时任法国内务部部长。——编者注

的禁令，积极地参加了所有这些活动。至目前征集到 700 万张赞成票。法共对这一数字并不满意，指出这是保卫和平运动的一个主要薄弱环节。凡政治工作做得比较好和投票组织得好的地方都取得了好的结果。在"雷诺"工厂，95% 的人员投票赞成和平。在一些农村，所有居民都参加了和平投票。如果赞成和平的票数只有 700 万，这意味着政治工作和组织工作做得不够。这表明，维护和平运动还没有在全国范围展开。

不过应该指出，这一运动遇到了帝国主义分子及其走狗的激烈反抗。在这方面法戎同志列举了许多事实：许多主张反对新战争的民主报刊受到指控，维护和平的战士受到审判和被剥夺公民权利，出于同一原因一些市长被免职，几十次要求调查共产党员代表，进行威胁和施加压力，直至使用暴力，对参加游行示威和其他维护和平活动的人进行政治迫害。

法戎同志继续说，在思想领域，敌人也展开了积极的活动。敌人企图利用和平主义、利用某些居民阶层中的个人主义倾向分裂拥护和平的人，利用加里·戴维斯之类的人，组织"和平日"，甚至召开反和平大会，以此赢得右翼社会党人、托洛茨基分子和某些资产阶级假民主主义者的积极支持。组织类似克拉夫琴科诉讼案①的公开挑衅，利用电台和报刊，在群众中大量散布帝国主义思想，吹捧美国，为希特勒的将军们

---

① 1949 年 1—3 月，在巴黎的苏联移民、《我选择了自由》（1947 年）一书作者维·安·克拉夫琴科对法国共产党的周刊《法兰西文学》提出指控。起诉的原因是《法兰西文学》周刊用假名刊登了一篇文章，在该文章中确定说，克拉夫琴科在书中对苏联镇压制度的揭露是谎言，而克拉夫琴科本人是叛徒，是道德败坏的人，把自己出卖给美国的特工机关，而且是冒名顶替的人，并不是真正的作者。克拉夫琴科在指控《法兰西文学》周刊对其中伤以及给其名誉和尊严带来损失的诉讼案中胜诉。

恢复名誉，攻击苏联和各人民民主国家。敌人的这些活动近来达到了顶点。揭露铁托叛徒集团的本质和作用，审判拉伊克和其他帝国主义间谍，使他们的法国庇护者们更加疯狂。帝国主义报刊的诽谤活动旨在把和平阵营里的动摇分子，尤其是知识分子中某些所谓的"左倾"人士吸引到自己这边来。所有这些都是为了孤立共产党员，然后狠狠地打击他们。

不久前，全国争取和平和自由战士委员会一致通过了反对铁托集团的决议，这表明敌人对和平捍卫者的阵线没有造成严重破坏。

提到目前党的任务，法戎同志指出，苏斯洛夫的报告给和平拥护者运动以真正的援助，帮助这一运动成为真正的全民运动，帮助它运用所有手段和形式，以便把要求和平的群众的意志变成具体的行动。

法戎同志列举了和平拥护者运动目前应解决的一些主要任务：

1. 需要使保卫和平运动覆盖全国。在这方面，准备开展两周的和平运动——支持原子弹不受法律保护和削减军备的要求——具有重要意义。拟在明年1月开展的这一运动应帮助争取和平进行的投票时所取得的成果，并把它们推广到全法国。

2. 为了发扬游行示威和和平宣传取得的成绩，需要强调，必须加强反战的实际行动，组织工人反对武器生产，在法国和印度支那组织士兵和水手的集体行动，反对在越南进行战争。

3. 必须改变工人社会党员参加共同争取和平的斗争不得力的情况。为此，必须加强反对右翼社会党政策和思想的斗争，同时在劳动者社会党员中加强宣传工作，排除一切宗派活动。

4. 和平拥护者运动还没有充分认识到德意志民主共和国的成立这一历史事件及作为巩固欧洲和平重要因素的全部意义。德意志民主共和国的成立是对帝国主义者企图利用德国、把它作为反对苏联和人民自由的一种军事力量计划的沉重打击。德意志民主共和国扩大了欧洲的和平和民主阵营。必须向法国人民指出，反对美帝国主义复活德国反动的军国主义的斗争是同民主德国的兄弟联盟密不可分的。

5. 法共把贡献自己的一切力量组织维护和平的斗争看成自己的职责。必须根除我们队伍中时而出现的错误意见和倾向。必须同一些人的幻想——认为苏联的强大使其他国家维护和平的努力变得无关紧要——作斗争。必须同那些遭到敌人压力而放弃同苏联无条件团结作斗争，同放弃承认苏联在一切领域、其中包括在科学和进步思想领域的领导作用的人作斗争，反对他们的动摇和不坚定。宗派活动是和平拥护者统一和团结的主要障碍。

在结束发言时法戎同志指出了在最近法共中央全会上通过的挽救民族的纲领，其基本条款是阐述争取法国独立和贯彻法国维护和平政策的条件。法共充满信心，要在广大人民群众中宣传和解释这一纲领，以便把工人阶级和主要的劳动群众动员起来，团结在法共周围。

法国共产党要为完全改变法国的政策，为建立与全体人民一起站在反帝、民主阵营一边的民主统一的政府而奋斗。法国共产党在全体兄弟党面前重申自己以法国人民的名义所承担的庄严义务：法国人民不会并且永远也不会进行反对苏联的战争。如果帝国主义分子胆敢发动罪恶的战争，法国人民将尽一切努力使这场战争变成埋葬法国和全世界资本主义的坟墓。

法戎同志最后说，苏斯洛夫同志的报告重申了在资本主义国家斗争的共产党的责任。各兄弟党完全可以相信，法国共产党不会忘记这一责任。

拉科西同志以匈牙利劳动人民党代表团的名义声明完全同意苏斯洛夫同志在报告中阐明的政治路线。匈牙利代表团同意，保卫和平是目前形势下的中心问题，尽管和平力量在不断增长，而战争危险并没有减少。

然后，拉科西同志简要叙述了匈牙利人民民主制度的巩固。拉科西同志说，最近两年来，人民民主制度不断得到巩固。我们在很大程度上应将这一成绩归功于保卫和平、反对帝国主义战争贩子的斗争。匈牙利劳动人民从两次世界大战中吸取了教训，这首先表现在匈牙利劳动人民积极支持一切保卫和平的运动。我们之所以能取得政治成就，在很大程度上，我们应感谢劳动人民把我们看做是最彻底的和平卫士。争取和平的斗争为我们开辟了把妇女尤其是农民中的妇女吸引到我们这边来的途径。

人民民主制度和我们党的成就既表现在政治方面，又表现在经济方面。这反映在，目前的工业生产额超过战前最后一年生产额的35%。对我们也有重要意义的是，劳动人民的生活水平至少也得到了同样程度的提高。根据我们的经验，其他人民民主国家的经验大概也证实了这一点，劳动人民生活水平的提高同人民民主制度的政治巩固是相互联系在一起的。普通群众衡量我党政策正确与否，首先是根据自己状况和自身生活水平的改善程度来判断的。无疑，这里面有很大的真理成分，因为生活水平的提高是扩大已有成就的政治因素。

拉科西同志说，除经济成就外，对劳动者的各种形式的社会主义教育也很重要。例如，认购五年计划国债已有250万人，其中农民占很大比重。参观苏联画展的已达21.6万人。在匈牙利的条件下，这是很不平常的，它不仅表明对苏联生产工艺的兴趣增长，而且表明有多么广大的群众对此感兴趣，这在旧匈牙利简直是不可想象的。

拉科西同志接着分析了在争取和平的斗争中宣传工作的错误。他说，帝国主义者的企图之一是引起人民群众对战争的恐慌。我们曾几次努力克服这种恐慌，但我们没有充分强调这种现象的某些危险性，对这些现象的存在和它们的影响应给予充分注意。应该制定出有效的斗争方略，杜绝敌人在人民群众中散布战争恐慌的可能性。

我们还经常有这种情况，没有把和平宣传和保卫和平的社会斗争放在首位，认为我们和平的主要保卫者是国家和现在掌握在劳动者手中的国家武装机关。

与此相联系，还经常碰到一种意见，即认为宣传和平是准备发动战争的帝国主义统治集团所有国家劳动者的任务。这是一种错误的观点。世界分为两个阵营——和平捍卫者及社会主义建设者阵营和帝国主义者阵营。和平事业是共同的事业，是不可分割的，我们应该反对所有不利于保卫和平斗争的观点。我们这里还有和平主义者。这些和平主义者绝对地反对战争。他们没有认识到，在现在的条件下不是绝对地反对一切战争，而是反对帝国主义分子发动的战争。这种和平主义尤其表现在，我们部分年轻人不愿参军。这同政治水平落后有关。拉科西同志说，我国劳动人民掌握政权才2年。在几十年的时间里他们已经习惯于国家和军队是他们的敌人。在这短短的两年时间里，我们不能使我们的人民充分理解新的爱国主义及其相关的东西。

由于建设新的军队，出现了一些不正确的观点，认为军队对我们没有多大意义，因为苏联保卫着我们。我们已经克服了这种观点。匈牙利共产党员和与他们在一起的匈牙利劳动人民已经明白，在这方面应表现出共同承担责任的原则。但尽管如此，部分领导国家经济活动的同志还有尽量少为建设军队拨款的倾向。这些同志不明白，一支好的军队也是保卫和平事业的重大因素。

然后拉科西同志谈到了布达佩斯对拉伊克的审判。拉伊克审判在我国的影响暂时还难以完全评价，因为事情才过去两个月。

但有一点是毫无疑问的，它触动了全体劳动人民，唤起了人民的警惕性，揭示了帝国主义的计划。拉伊克案件加强了党的团结，使党在政治上更加警惕，更加成熟，提高了党的威信。这里所说的不是泛指帝国主义，而是帝国主义分子反对匈牙利民主制度、反对人民民主国家和反对苏联的具体的秘密计划。毫不夸大地说，全国人民都密切关注了电台广播和报刊登载的这一诉讼过程。关于拉伊克匪帮的诉讼材料出了单行本，印数达 10 万册，在几天时间里便销售一空。在布达佩斯党的积极分子会议上所作的关于拉伊克案件教训的报告，也出版了单行本，印数 40 万册，没有几天也销售一空。这一切都表明，群众多么关注这一诉讼案件。

谈到拉伊克案件的教训时，拉科西同志强调指出，教训之一是不能容忍自由主义，不能对违反党性的行为采取宽容的态度。我们以前也注意到阴谋者的某些行为，并且寻找这些行为的原因，但在很大程度上没有考虑到，其原因就在于我们是在同敌人打交道。从现在起我们都要懂得，凡是党或民主制度遇到困难的地方，除要考虑客观原因外，还要考虑敌人的活动。

另一个教训是，对待苏联的态度是检验领导者和共产党员是否忠诚的试金石。自然，敌人也伪装自己，假装对苏联忠诚，但我们的经验表明，这迟早会败露。拉伊克匪帮一个重要的可疑特征是对苏联的态度不确定。审判拉伊克之后，我们在评价每个同志时，都将提出这个问题。

然后拉科西同志谈到匈牙利劳动人民党对待社会民主党左翼的经验。从保障人民民主国家大多数党的统一的观点看（这些党或多或少都有大批左翼社会民主党党员加入），这是有重要意义的。这些左翼社会民主党人一部分自愿地真心地同我们工作，但也暴露出，另一部分社会民主党人是奉敌人指示而加入我们党的。在一份没有公布的供词里，帕尔·尤斯图斯①说，他从拉斯基②那里收到了英国工党的指示。拉斯基

---

① 帕尔·尤斯图斯，匈牙利社会民主党活动家之一，拥护与共产党联合，在匈牙利劳动人民党成立之后当选为中央委员，因"拉伊克案件"受到指控，并被判处监禁。

② 哈罗德·拉斯基，英国工党执行委员会委员。

对尤斯图斯宣称,在人民民主的条件下,社会民主党只能借助于"左的口号"才可以带领群众跟自己走,所以匈牙利社会民主党领导人应以"左的"词句带领群众跟随自己,才可以继续阻止以社会民主党和共产党统一的形式实现工人阶级的统一。假如共产党争夺社会民主党的群众,这时社会民主党领导人,尤其是"左翼"领导人,应该大批加入共产党并占据其领导位置,并注意在合并之后使社会民主党以组织或派别的形式继续存在。现在我们党内部分所谓"左翼"社会民主党人正是在遵循这一指示行事。

根据自身经验,我们肯定苏斯洛夫同志报告是正确的:尽管帝国主义正在衰落而和平阵营正在巩固,但战争危险依然存在。对于我们来说,军事危险首先来自铁托的南斯拉夫。对南斯拉夫的叛徒当局,我们已进行了充分的有根据的揭露。尽管如此,我们看到,他们仍在准备战争。今年秋天,他们没有复原超期服役的战士,而且进行了例行征兵。因此,现在毫无疑问,这是按照美国人的指示办的。南斯拉夫现在有武装士兵60万人。

在结束发言时,拉科西同志提到了组建新军队时的一个教训。在组建我们的民主军队时曾企图使用原霍尔蒂军队的军官,但我们发现,这些军官的大部分是公开的敌人,或者是怠工者,他们尽量又慢又少地传授自己的知识。幸运的是,我们同其他人民民主国家一样,在这方面可以得到苏联的帮助。

我们认为,苏斯洛夫同志在报告中给我们阐明的路线是正确的,我们支持这一政治路线。我们工作中的切身经验证明这一路线是正确的。我们将努力进一步顺利地进行保卫和平的斗争,为进一步巩固社会主义建设者阵线而斗争,牢牢地巩固这一战线交给匈牙利劳动人民党和匈牙利人民民主制度守卫的地段。

斯兰斯基同志以捷克斯洛伐克代表团的名义表示完全赞同苏斯洛夫同志在报告中对国际形势所作的深刻而正确的评价，完全赞同报告中提出的捍卫和平和反对新战争贩子的任务。

斯兰斯基同志说，我们现在反对战争贩子的斗争，是在另一种比二战前优越得多的条件下进行的。和平、民主和社会主义阵营的力量增长了，而且还在不断地增长。和平阵营的领导力量和最强大的力量是苏联。苏联政府彻底而坚定的和平政策为和平事业建立了伟大的功绩。苏联政府关于禁止原子武器、限制军备的建议，关于各国和平合作的建议，关于实现波茨坦有关德国民主化和非军国主义化协定的建议，在亿万群众中引起了强大反响。以往任何时候争取和平反对战争贩子的计划也没能团结和动员如此众多的群众。苏联的和平政策和亿万群众争取和平的斗争成了揭露战争贩子和阻止他们实现其战争计划的强大的国际因素。

吸取了慕尼黑教训的捷克斯洛伐克人民正在为和平而斗争。慕尼黑背叛向捷克斯洛伐克人民表明，争取和平的斗争同时也是争取民族独立的斗争。斯兰斯基同志说，慕尼黑背叛还向我国人民表明，我国民族独立最可靠的保障是苏联，保障我国主权同巩固与苏联的亲密联盟和兄弟合作，同支持苏联的和平政策不可分割地联系在一起。

建立新的民主德国是苏联为实现德国民主化和非军国主义化而坚决斗争的结果，它对我们捷克斯洛伐克人、对保障捷克斯洛伐克的安全具有特殊的意义。

千百年来，日耳曼封建主义和资本主义占领者先后给捷克人民的生存带来了威胁，他们进攻和压迫捷克人民。在数百年的时间里捷克的政策中心就是所谓的"德国危险"。而现在，千百年来第一次在我们面前出现了另一个德国——新德国，在那里掌权的是工人阶级领导下的劳动人民，它没有也不可能有占领意图。在二战之前，捷克斯洛伐克处于德国的胁迫之下。现在捷克斯洛伐克的安全和外部形势发生了根本变化。首先我们是自己盟友和兄弟的苏联的邻邦,也是自己结盟的人民民主国家波兰和匈牙利的邻邦,在与它们的关系中,我们解决了所有有争议的问题,这些问题在资本主义制度下是不可能解决的。捷克斯洛伐克人民对德意志民主共和国的感情正在增长,因为他们看到,这个共和国是建立在民主和爱好和平的原则基础之上的。

斯兰斯基同志说,我们知道,尽管争取和平的国际斗争取得了成绩,但帝国主义分子还没有放弃也不会放弃他们的军事计划。和平阵营的增长和经济危机的到来将促使帝国主义分子加紧备战。

英、美战争贩子们感到非常不满的是,由于在第二次世界大战中苏联战胜了德国法西斯,取得了光辉的胜利,所以帝国主义阵营削弱了,在中欧和东南欧出现了一批新民主主义国家,它们正在建设社会主义的基础。帝国主义分子企图重新使我们这些国家脱离社会主义阵营,像第二次世界大战之前一样,把这些国家变成他们反对苏联、进行军事冒险的基地。

捷克斯洛伐克成为帝国主义分子每天千方百计破坏我们和平基础的目标。我国人民1948年2月的胜利打破了帝国主义分子的梦想,即借助在此之前他们在我们最高权力机关和经济管理机关的代表的合法地位,在我国重建资本家和地主的政权。所以在2月以后,帝国主义分子更加疯狂地对我国实行敌对政策,努力组织暴乱、怠工、间谍和破坏活动,试图颠覆我们的制度。

在我们拒绝马歇尔计划之后,英国和美国资本家开始在经济上制裁和歧视我们。但苏联无私和有效的援助以及同各人民民主国家的经济合作使我们克服了困难,尽管有英、美帝国主义分子的歧视措施,我国经济还是在顺利发展,我国工人阶级还是顺利地完成着自己的生产任务。

英、美帝国主义者无耻地干涉我国的内政,同时粗暴践踏一切国际准则。我们不断揭露英、美外交代表，他们搞间谍、怠工和反对我们国家的活动。仅今年我们就揭露和粉碎了三起暴乱的企图，同时完全证实，这三起反国家的暴乱小组都得到了美国或英国大使馆的指使。在捷克斯洛伐克，几乎每天我们都要抓获各种恐怖分子、间谍和怠工分子，他们都受过美国人和英国人的专门训练，然后受命返回我们国家从事犯罪活动。

最近我们破获了一个很大的专门从事间谍和怠工活动的原民族社会党（贝奈斯党）和右翼社会民主党积极分子的非法集团。原来英、美帝国主义分子招募的部分间谍和怠工分子是由南斯拉夫侦察机关的间谍领导的。因此，我们便获得了直接的证据，正如拉伊克案件表明的，英、美和南斯拉夫间谍到处都在紧密地合作。苏联在自己的照会里指出了铁托反革命集团的叛徒面目，揭露了帝国主义间谍的危险性，这是对和平事业的伟大贡献。苏联指出了铁托及其集团是英、美战争贩子们的间谍。拉伊克诉讼案在捷克斯洛伐克帮了我们的忙，这一案件揭穿了铁托的面目，说明这个为英、美战争计划服务的头号间谍企图使人民民主国家脱离社会主义阵营而转入帝国主义阵营。

斯兰斯基同志强调说，我们进一步认识到，联共（布）和斯大林同志多么具有远见卓识，还在去年第二次情报局会议上就向我们指出，铁托的资产阶级民族主义道路不可避免地要导致公开脱离社会主义阵营。我们明白，铁托集团是最危险的间谍和叛徒的集团。铁托集团的冒险目标并不只限于南斯拉夫。这个为战争贩子效劳的反革命集团努力使自己的间谍打入所有人民民主国家的共产党，以便从内部颠覆它们。在我们捷克斯洛伐克，在各个工作环节都揭露出了铁托的间谍。为了加深无产阶级国际主义感情，必须加大思想工作力度，解释各种形式的资产阶级民族主义的危害性；为了揭露所有帝国主义间谍和从党的队伍中肃清他们，必须提高全党的布尔什维克警惕性。

斯兰斯基同志接着说，天主教会是英、美帝国主义分子反对人民民主的捷克斯洛伐克的工具，我们正在同他们开展激烈的斗争。① 我们知道，反对天主教会的斗争既不是轻松的，也不是短时的。但我们还知道，最终我们将顺利地击败和消灭反动派的这一有力支持者。

在反对英、美帝国主义反动走狗的斗争中，我国人民坚信，只有以工人阶级为领导和依靠苏联的劳动人民可以保障我国的独立。侨居国外和国内的反动的卖身投靠的资产阶级，早就放弃了独立的捷克斯洛伐克的思想，他们知道，要在我国复辟资本主义，只能借助英、美帝国主义

---

① 修改记录时删掉了斯兰斯基讲话时的如下段落："根据梵蒂冈的指示，特别是在 1948 年 2 月反动派遭到失败之后，天主教的主教们开展了大规模的反对国家的运动。在这次运动过程中，以贝兰为首的天主教领导人转向了公开进攻和挑唆反对共和国，其目的是在天主教教徒的广泛阶层中，主要是在农村的各州引起骚乱。但是教会的计划没有成功。我们向人民表明，那些试图在人民中引起骚乱的主教们，是为共和国外部的敌人进行工作的。教皇关于脱离教会的法令更加清楚地表明，教会领导人为在我们国家里实现反对国家、反对民主的意图而滥用宗教信仰。当教会领导人在一些场合下企图实施教皇关于脱离教会的法令时，我们对此的反应是，对于执行这个法令的神职人员，将判处 8—10 年的监禁。这样一来，其余的神职人员也就失去了重复这种尝试的兴趣。我们还取缔了所有的教会学校，停止了一切教会刊物的出版，派自己的全权代表进驻教会机关，逐渐消灭作为外国间谍活动中心的修道院。主教们没能成功地破坏我们人民的团结统一，没能成功地分裂在宗教信仰方面的团结统一。正相反，我们却非常成功地揭露了这些主教，在天主教教徒中孤立了他们，使他们孤立于宗教界下层的绝大多数教徒。在这方面具有重大意义的是关于对教会提供物质保证的法令，根据这个法令，提高了神职人员的薪水，这笔支出由国家承担，这样一来可以使神职人员不依赖于教会的主教们。新法令还规定，只有那些对国家持拥护态度的神职人员，才能得到国家发放的薪水。这个法令还使国家有权在必要的情况下，任命各个级别的神职人员。如果说在公布这个法令之前，主教们给神职人员下达了不接受国家的薪水以及不承诺对国家忠诚的命令的话，那么在法令公布之后，他们不得不同意这些内容，因为他们懂得，绝大多数神职人员会拒绝服从他们。主教们开展了反对关于国家有权任命神职人员的新法令的运动，并继续从事反对国家的活动，但是他们的影响已经降低了。"

分子的冒险的军事计划。反动派接受了帝国主义欧洲联邦的概念,在这一联邦里,捷克斯洛伐克将被肢解,某些部分将变成帝国主义分子的殖民地。所以,捷克斯洛伐克人民保卫和平、反对战争贩子的斗争同时也是保障捷克斯洛伐克安全的斗争,这一斗争在捷克和斯洛伐克人民所有阶层中都引起了广泛的响应。

在巴黎和布拉格和平大会期间及其以后,对广大人民群众进行了动员,在工厂和农村劳动者、工会组织、妇女和青年组织、合作社、教会组织、知识分子当中,兴起了空前的拥护和平的运动。仅一个"和平周",在工厂和农村就召开了10600次大会,参加者近300万人。和平运动以捷克斯洛伐克和平拥护者委员会为首,该委员会出版了《和平报》。

捷克斯洛伐克人民保卫和平和保障我国独立的斗争同进一步加强和伟大社会主义国家的友谊紧密地联系在一起。在伟大的十月社会主义革命32周年之际和捷克斯洛伐克—苏联友好旬期间(11月1—10日)进行的隆重的庆祝活动,深刻地表达了捷克斯洛伐克人民对苏联的爱戴和忠心。在此期间,捷苏友好协会吸收了120万新会员,现在达到180万人。在庆祝斯大林同志70诞辰的祝贺信上签名的,至11月14日,已达650万人。因此,这一运动已变成对同苏友好和同意苏联和平政策的全民表决。参加俄语学习小组的已超过15万人。学习俄语伴随着这样的口号:苏联是我们建设社会主义的老师,而俄语是进步的语言——帮助我们天天直接地向苏联学习如何在我国建设社会主义。此外,在所有小学,从二年级起便学习俄语。

斯兰斯基同志继续说,我们党为解释情报局关于南斯拉夫共产党情况的决议在自己队伍里做了大量工作,指出我们通往社会主义的道路只有在苏联帮助下才有保障。同时承认以前曾出现过各种错误的表述方式,这些表述方式掩盖了通往社会主义只有布尔什维克、马克思列宁主义一条道路。① 布尔什维克通往社会主义的道路对我们在所有基本原则上都是适用的。加深无产阶级国际主义，在今天首先在于应进一步意识到我们的利益和命运同苏联的利益和命运是一致的，应进一步学习苏联建设社会主义的经验，学习联共（布）的经验。对待苏联的态度——这对于每一名共产党员和每一名真正的捷克斯洛伐克爱国者来说，都是无产阶级国际主义的试金石。

加强反对资产阶级民族主义和加深无产阶级国际主义的斗争，首先要靠使党员更好地了解列宁和斯大林的伟大学说。我们党开始出版斯大林同志的选集：捷克文版 20 万册，斯洛伐克文版 5 万册。我们组织"党学习年"活动，所有党员都参加学习，目的是提高他们的思想和政治水平。

反对资产阶级民族主义和加深无产阶级国际主义的斗争需要在布尔什维克批评与自我批评的基础上每日每时地进行，尤其是在出现思想动摇、党的队伍里出现同我们格格不入的思想的地方。我们清楚地记得布尔什维克的指示：如果我们不同党内出现的与我们格格不入的思想作斗争，如果我们不克服这些思想或者不能克服这些思想，我们便不能顺利地建设社会主义和有力地打击阶级敌人。

斯兰斯基同志说，迄今为止，我们党的弱点是广大党员对阶级敌人的反抗估计不足，没有充分认识到敌人拼命把自己的间谍塞到党内来，进行颠覆活动反对人民民主制度。由于对阶级敌人估计不足，结果党员未充分表现出布尔什维克的警惕性。仅口头上说必须提高警惕性是不够的。提高警惕性需要在实践中每日每时检验干部政策，需要善于了解这些干部和经常考验他们，需要及时消除不可靠的、异己的和敌对的

---

① 在斯兰斯基发言中这句话原是："1945 年在我们这里出现了关于所谓捷克斯洛伐克式通向社会主义的特殊道路。很清楚，这些表述方式掩盖了……"

分子。

在部队军官中，在此之前我们一直在揭露敌人的间谍。经验告诉我们，除个别人外，我们应以新人取代全部旧军官，所以应多开学习班和学校，应从工人和劳动农民中培养出众多的新军官。

反对帝国主义战争贩子的一个最重要环节就是继续巩固我们的经济，因为战争贩子们企图阻止我们的经济建设。

斯兰斯基随后指出，如果国内外反动派的一切敌对企图已经统统破产，反动派的基础正在日益缩小，那在很大程度上，这是我们的经济在政策上和管理上得到巩固的结果，是提高劳动人民生活水平、逐步排除和消灭资本主义因素残余的结果。

国内外反动派曾经预言，拒绝马歇尔计划将导致我们五年计划的破产、国家财政的瘫痪、对外贸易的停顿和人民生活水平的下降。实际情况根本不是这样。在日益增长的社会主义竞赛运动的基础上，我们正在完成和超额完成我们的生产计划。人民生活水平正在提高。我们取消了面包和一切食品的凭卡供应，而价格依旧。同时，我们对许多工业日用品、肉类和其他食品也实行了自由市场买卖。最近一年，私人零售贸易额下降到25%，而相应的合作社和国家成分达到75%。

农村实行了农产品国家定购，同时保留多余粮食自由出售的权利。捷克斯洛伐克现有450个农民合作社，按照统一计划进行农田的共同耕作。所有地区都有国家农机站。公有养猪场生产了全国所需猪肉的近30%。但我们知道，农业的社会主义改造是我们最困难的问题。我们正在进行严格的政治、组织和技术训练，但愿这一任务能顺利完成。我们教育党和党员不要害怕困难，要善于克服它们。

在结束发言时，斯兰斯基说，依靠伟大的苏联，坚定地忠于马克思列宁主义原则，我们将进一步巩固我们的人民民主国家，无情地消灭敌人的一切破坏企图，从而使我国顺利地走向社会主义。我们顺利地建设着社会主义，我们将以此极大地促进和平、民主和社会主义阵营的巩固。

贝尔曼同志说，苏斯洛夫同志的报告对国际力量对比的变化——这一变化有利于以伟大苏联为首的和平、民主和社会主义阵营——作了详尽的分析。波兰代表团完全同意苏斯洛夫同志报告中提出的任务，波兰代表团想简要地向同志们介绍一下波兰参加反对战争贩子战线工作和斗争中所取得的一些结果。

贝尔曼同志说："我国所取得的成果，同苏联的巨大成绩，和它对人民民主波兰的全面援助，同最近一年来波苏之间经济、文化联系的巩固密不可分。"

贝尔曼同志指出，波兰之所以取得这些成就，是由于统一的波兰的工人阶级在波兰统一工人党的领导之下对城市和农村的资本主义成分实施了坚决的进攻。这一进攻削弱了战争贩子及其走狗在波兰搞阴谋的基础，并戳穿了他们的一系列阴谋。这一进攻之所以可能，仅仅是粉碎了党内右倾和民族主义倾向以及波兰工人运动中的社会民主主义的结果。在这一斗争中，完全确定了波兰的人民民主主义特征，并巩固了它的独立。在同苏联牢不可破的友谊和同联共（布）思想一致的基础上，波兰将坚定地沿着社会主义道路前进。

1949年4月合并之后，波兰统一工人党中央第一次全会的中心议题是继续扩大和巩固反对战争贩子的斗争。

贝尔曼同志指出，在贝鲁特①同志的报告中，对党这方面的工作进行了批判性总结，并强调指出，"由于波兰在反帝阵线中是一个非常重要的因素——波兰拥有2500万居民和有觉悟的、热爱劳动的工人阶级，

---

① 波莱斯瓦夫·贝鲁特，波兰统一工人党中央委员会主席，波兰总统。

煤炭、锌等矿藏大量开采，冶金和机械制造业飞速发展，机车车辆生产发达，农业生产正在发展，交通干线已经建立"，波兰党和工人阶级肩上的担子加重了。贝尔曼同志说，我们党由于坚定地贯彻排挤和孤立敌对成分和资本主义成分的路线，从而大大改变了波兰的阶级力量对比，使其朝着有利于工人阶级的方向发展，加强了工人阶级在顺利执行无产阶级专政基本职能的人民民主制度中的领导作用。

这些变化首先是在国家迅速工业化、提前完成三年计划的基础上实现的。工业产量与战前相比增长了75%，按人均计算是1938年的2.5倍。1938年雇佣工人（不含农业工人）占居民的18.2%，而1949年占到全体居民的35.9%。1946年年底，波兰有工人和职员271.7万人，到1949年上半年底又增加100多万人，达到382.6万人，即增长了41%。无产阶级队伍的迅速增长大大加强了它的力量和对劳动农民的影响。

下面事实可以说明波兰社会的深刻变化：如果说1938年全国农业人口占64.5%，那么到1949年，农业人口只占全国人口的51.6%。

在工业和批发贸易中，波兰基本上消灭了资本主义成分。在零售贸易中排挤资本主义成分的速度也加快了。

党内粉碎哥穆尔卡集团后人民民主制度的巩固、社会主义工业化的成就和党保护劳动农民的坚定方针使工人阶级同贫农、中农联盟得以巩固，加速了限制和孤立富农的进程，使我们建起了第一批200个农业生产合作社，在贯彻农业集体化原则的道路上迈出了最初的步伐。

这样，在农村大大缩小了战争挑拨者们搞阴谋的基础，为吸引新劳动者阶层参加保卫和平的斗争创造了可能。

彻底限制和排挤资本主义成分，以及削减敌对政治力量（宗教、反动地下组织、反革命集团）引起了波兰越来越尖锐的阶级斗争。

英、美战争贩子的间谍机构及其辅助侦察机关（南斯拉夫、法国、以色列侦察机关）疯狂地试图加强自己的活动。他们利用自己官方代办处的大批人员，其中有的在波兰已工作几十年。

他们活动的一个重要渠道是以往众多的所谓慈善机构（首先是美国人的），如公谊会教徒、卫斯理教派、红十字会、世界基督教青年协会等，这些机构已停止活动，它们的代表和随从人员多数已离开波兰。

我们已采取了限制这些机构一切宣传活动的措施。例如，1949年没收了35500份美国期刊，大大削减了美国电影和报纸的数量。阻止了利用各种教派进行间谍和破坏活动的阴谋。

美国人的一个典型阴谋是：企图在原有居民中，即西部过去被德意志化了的波兰人中为自己建立基础。美国人和他们的走狗不遗余力地要使这些人转向西德，在西里西亚，在这些人中组织破坏和怠工集团，最近已经取缔了一部分这样的集团。值得注意的一件事是，德意志民主共和国的建立和随之进行的群众宣传运动，大大改变了原有居民的情绪，这对美国人的计划是一个沉重打击。

波兰舆论界把德意志民主共和国的建立看成是对波兰安全的加强，看成是和平战士阵线的胜利。波兰舆论界理解德意志民主共和国成立的历史意义，认为作为预备炮灰和法西斯复仇主义的后备力量、作为美帝国主义工具的西德是对和平事业和波兰的威胁，因此它将加强同德意志民主共和国的经济和文化联系。但这要求做深入的宣传工作。

贝尔曼同志说，关于同波兰的铁托代理人的斗争，波兰代表团在议事日程讨论相应的问题时将详细论及。但他强调指出，在卡托维兹，对铁托间谍米利奇·彼得罗维奇的审判表明，在著名的情报局决议之前很久，南斯拉夫驻波兰使馆就是间谍破坏工作的中心。

贝尔曼同志随后指出，最近几个月，波兰地下组织（大部分已被安全机关破获）遵照英、美侦察机关的指使，企图加紧自己的活动。重新出现了一些主要由富农子弟组成的反革命集团，恐怖行动、暗杀党的积极分子、抢劫农业生产合作社的案件增多了。

贝尔曼同志列举了一些说明波兰同反革命集团作斗争的数字。他说，1949年头10个月，枪毙了152名匪徒，逮捕了1989人，缴获各种武器7500件。去年一年，在一些小城市共破获小型地下组织几百个，它们主要是在中小学青年中搞颠覆活动。在高等学校里，由于挑选工农青年入学，那里的形势明显好转，敌人在那里失去了活动基础。

主要在工业、国营农业和交通运输业的怠工和破坏活动明显加剧了。在重大的破坏活动和颠覆活动中，贝尔曼同志指出了"罗基特尼察"矿井以及重新修建的埃尔布隆格重型机床厂主车间的纵火案。

贝尔曼同志说，应该指出，尽管在加强工厂、矿山保卫方面取得了一些成绩，但许多党的机关和国家机关里还存在着盲目乐观情绪，还存在麻痹大意。不久前公布的国家保密法，以及工业企业、交通运输的重组和加强，在同怠工和破坏活动作斗争中将起到重要作用。

然后，贝尔曼同志分析了波兰统一工人党在全面巩固国防首先是加强军队和国防工业建设方面所采取的措施。在从政治上加强军队干部和干部纯洁性方面做了大量工作。今年春天，解除了斯佩哈尔斯基国防部第一副部长的职务，在3天前结束的中央全会上，因对敌对分子在政治上划不清界线，他被开除出中央。

任命罗科索夫斯基①元帅为波兰武装力量总司令不仅是进一步加强反对战争贩子斗争战线的重要步骤，而且是波兰与苏联之间友好和兄弟般情义的鲜明证明。

贝尔曼同志说，从弗罗茨瓦夫和平大会以来，波兰统一工人党在扩

---

① 康斯坦丁·康斯坦丁诺维奇·罗科索夫斯基，苏联元帅，1945—1949年任苏联驻波兰的北方集团军司令员；1949年波兰和苏联政府发布公告：已成为波兰军事领导人的罗科索夫斯基，系波兰人，被任命为波兰部长会议副主席和国防部部长，并被选入波兰统一工人党中央委员会政治局。

大保卫和平运动方面取得了成绩。波兰保卫和平委员会把工会（370万会员）、农民互助协会（200万成员）、波兰青年联盟（110万成员）以及许多其他组织联合了起来。

在和平运动中，日益增长的波苏友好协会发挥着重要作用，在最近一年时间里，协会成员几乎增长了两倍，今天会员（工人、农民、知识分子）已超过220多万人。

以保卫和平为口号的五一游行表明了维护和平运动的发展。参加游行集会的有950万人，其中农民人数大大增加了（1949年达到250万人，而1948年是110万），同去年相比，妇女（超过200万人）和青年参加游行的人数也增长了一倍。

通过希特勒进攻波兰10周年和国际和平斗争日两项群众运动，从组织上加强了保卫和平的运动。成立了省、县和市保卫和平战士委员会。这些委员会还在许多大企业和机关里活动。

报刊和广播在开展争取和平运动和解释苏联在和平运动中的关键作用中起着决定性作用。我们对农村的报刊10月份达到250万份，其中党的机关刊物《基本知识》高达100万份。

在劳动农民积极性增长的基础上，我们的报刊顺利地抵消了敌对的军事宣传。《女友》周刊在全国发行量的增加（180万份）也表明了妇女积极性的增长。

波兰著名的学者、作家和艺术家越来越积极地参加争取和平的斗争。和平运动还涵盖了天主教领域的大部分知识分子。

波兰统一工人党旨在瓦解敌对力量和吸引动摇人员的努力，在反对战争贩子的梵蒂冈代言人的斗争中收到了某些效果。天主教神职人员参加和平运动的人数不断增加。

贝尔曼同志说，在去年一年的时间里，波兰天主教的阵地严重地削弱了。人民民主国家大大削减了过去天主教得到的权利和特权，限制了天主教反动部分对群众的影响。最近在这一方面取得了以下结果：由于政府颁布了信仰自由的法令，使梵蒂冈开除共产党员及其追随者天主教教籍的决定化为泡影。颁布了社会组织法，该法赋予国家全面监督所有天主教会、组织和团体的权利，这导致大部分这种组织自动解散，也大大限制了剩余组织的活动。集会法限制了宗教街头游行的机会。天主教组织被剥夺了所有大的印刷所。大大限制了天主教刊物的份数。天主教组织或僧团管理的大医院都转交国家管理。

使教会感到难以承受的严厉措施还有：对神职人员和天主教会财政的监督以及税收——税收是瓦解宗教和使基层信教人员反对上层神职人员的灵活工具。

教会企图通过上演宗教"奇事"（例如在卢布林和其他城市）引起宗教狂，但这些企图在信教人员和部分僧侣参与下被很快镇压下去了。对罪大恶极、被揭露参与盖世太保和反革命集团活动的神甫进行审判也起了明显的作用。

同时，就国家和天主教会协定问题正同波兰主教团进行谈判。已向主教团提出要求：在政治上它应同梵蒂冈划清界限，坚决反对反革命集团和地下组织，最后，责成神甫们不要反对农村生产合作社。贝尔曼同志说，能否达成协议还很难预料，但谈判本身已导致天主教会进一步瓦解，导致越来越多的教徒支持政府在这个问题上的立场。

贝尔曼同志指出，波兰统一工人党在旨在揭露战争贩子宣传及其反波兰的活动的各项群众性的政治工作中，都取得了重要成绩。

审判拉伊克—布兰科夫对揭露英、美帝国主义分子及其走狗铁托集团的罪恶计划起了重要作用。这一审判所兴起的运动涵盖了广大劳动群众，从而大大提高了他们的觉悟和警惕性。

最近召开的波兰统一工人党中央全会以尖锐的自我批评为标志，提出了全面提高警惕性作为全党的中心任务的问题。全会揭露了这方面所存在的一系列缺点，指出了克服这些缺点的途径和方法。

贝尔曼同志说，在反对英、美帝国主义分子及其在我国的走狗的阴谋的斗争中，全会决议武装了全党。最近一年来的经验表明，加强警惕性和动员人民民主国家一切手段反对战争贩子及其走狗的斗争，只有在它们同群众争取和平反对战争贩子的运动联系在一起的时候，只有在亿万群众被动员起来完成旨在瓦解战争贩子计划和加强以苏联为首的和平阵线力量的具体的生产任务的时候，才能取得圆满结果。

在思想战线，正在加强反对民族主义和世界主义的斗争。党第一次召开了全国生物学家、建筑学家、历史学家、艺术家、作曲家、作家和记者大会，这些大会将有助于克服对帝国主义"文化"的卑躬屈膝。

波兰知识分子对苏联科学和文化的兴趣极大地增长了。在"波苏友好月"里，参加纪念伟大十月社会主义革命32周年大会和出席苏联戏剧和电影汇演的超过700万人，这表明贝鲁特同志宣布的波兰统一工人党的口号"同苏联的友谊，苏联的援助，苏联的榜样是我们力量的基本源泉"已深入广大人民群众心中，已同他们争取和平的积极性紧密联系在一起。

贝尔曼同志说，但应该指出，尽管在我们反对战争贩子的阵地上取得了很大成绩，我党在3天前举行的中央全会上还是尖锐地提醒全党，要防止各种盲目乐观的倾向。不能忘记，在反对战争贩子的前线，我们还有落后的地方。争取和平反对战争贩子的斗争的口号可以动员更多的少地农民和中农。为把和平运动变成苏斯洛夫同志所说的全民运动，我们还有许多工作要做。毫无疑问，妇女，尤其是在农村，还没充分动员起来参加争取和平的斗争，还没有采取适合波兰具体条件的各种具体斗争形式。在这一工作中，还没有根除突击方式，还没有把争取和平的斗争同"妇女联盟"、"农民互助协会"、中小学家长委员会的日常工作结合起来。

在发言结束时，贝尔曼同志指出，苏斯洛夫同志关于共产党和工人党反对战争贩子的任务的报告以及在这次情报局会议上交流的经验，将帮助我们党进一步动员波兰数百万劳动群众参加保卫和平的斗争，以此加大人民民主波兰在保卫和平共同阵线里的贡献；这一阵线的鼓舞者和领导者是强大的战无不胜的苏联、联共（布）和伟大的斯大林。

第三次会议

(1949 年 11 月 17 日)

会议于 10 点 30 分开始,13 点 30 分结束。

继续讨论苏斯洛夫的报告

杜克洛同志建议由斯兰斯基同志主持这场会议。

建议被通过。

契尔文科夫同志说,保加利亚代表团完全同意苏斯洛夫同志的报告,既同意报告对国际形势和两个敌对阵营之间力量对比的分析,也同意根据这一分析所提出的任务。对于掌握政权和领导国家的共产党员来说,保卫和平斗争最重要的任务是全面巩固这个国家。现在保卫和平和民族安全的问题是工人阶级和共产党政策的关键问题。

契尔文科夫同志说,从共产党情报局第一次会议以来,我党在巩固保加利亚人民民主制度方面取得了显著成就。资本主义企业和银行实行了国有化。我们顺利地完成了两年经济计划。尽管困难重重,我们顺利地完成了第一个五年计划的头一年,这一五年计划的基本任务是建立社会主义的经济和文化基础。因此,基本上消灭了城市的资本主义成分。我们限制和排挤农村资本主义成分的政策也取得了重要的成就。我国农村已有 1600 多个农业合作社,它们拥有 10% 的全国耕地。由于经济的发展，劳动群众的物质福利在不断提高。

契尔文科夫同志接着指出，工人阶级的领导作用在全国已经形成并且得到巩固。在整个国家社会政治、经济和文化生活中，共产党是社会公认的领导力量。现在处于党领导之下的有：总工会（近70万会员）、保加利亚妇女人民协会（60万成员）、季米特洛夫青年联盟（60万成员）、保苏协会（保加利亚会员200万人）、合作社运动（200万成员）。

全国完全粉碎了资产阶级反动派和右翼社会党反对派——英、美帝国主义分子的走狗，捣毁了许多在英、美帝国主义分子指示和援助下建立的秘密巢穴。劳动群众的战斗团结大大巩固了。社会民主党完全加入了共产党。这样，在马克思列宁主义学说的基础上，工人阶级的战斗团结完全实现了。环节党和激进党声明不再以独立的形式出现。契尔文科夫同志指出，因此，现在的祖国阵线是，除了共产党外，只剩下保加利亚农业人民联盟，它公开承认共产党的领导作用。最近几年，劳动群众对共产党的信任特别增强和坚定了。在今年5月15日最后选举中，祖国阵线获得92%的选票。全国充满了巨大的劳动热情。契尔文科夫同志说，这样，近两年来，无论是经济上还是政治上，保加利亚人民民主制度都大大巩固了。这种巩固的一个最重要因素是保苏之间深刻的全民友谊。保苏友谊是我国社会发展的最重要的推动力量。现在，工厂、农村、国营经济和合作社经济中的社会主义劳动竞赛正在迎接斯大林70寿辰的旗帜下进行。

我们的劳动群众把斯大林同志当做自己的直接导师和领袖。他们在他面前汇报自己的成绩，领受新的任务。① 契尔文科夫同志说，我应该

---

① 在契尔文科夫的发言中接下来的内容被删除了："当然，同全体共产党员一样，我们永远视斯大林同志为我们的导师和领袖。然而，当季米特洛夫同志逝世后我们就声明：我们将斯大林同志看做是我们的直接领导人时，这受到了劳动人民大众的热烈欢迎。"

指出这一事实，因为它表明保加利亚广大劳动群众对苏联和斯大林同志满怀深刻的感激之情和忠诚。这是我们宝贵的财富，我们应该倍加珍惜和爱护。

契尔文科夫同志说，为和平而斗争，这对保加利亚共产党员来说，意味着竭尽全力巩固保加利亚人民民主制度，把国家的社会主义建设、工业化、国防能力推向前进，意味着对帝国主义及其代理人在保加利亚南部边界的阴谋、对以卑劣的铁托挑拨者为代表的帝国主义代理人的阴谋保持极高的警惕性。

契尔文科夫同志继续说，为和平而斗争，正如拉科西同志正确指出的，这对我们来说，意味着不惜花费力气和资金加强我们的军队以及国家安全机关。我们已采取重大举措加强了军队和国家安全机关的建设。我军现在的指挥员几乎全部是共产党员。在军队的领导中已免除了所有旧将军们的领导职务。我军的教官是苏联的军事同志。我们正采取重大措施加强我国西部和南部边界的守卫。

为和平而斗争——这意味着不遗余力巩固同伟大的苏联和各人民民主国家的友谊。不破坏同伟大苏联的友谊，不是在口头上而是在事实上承认苏联的领导作用——这是争取和平和社会主义全部斗争的基础。

所以，无情地同共产党内各种民族主义表现作斗争是一项直接的任务，是争取和平的绝对必要的前提，或者确切说，是争取和平斗争的组成部分。

契尔文科夫同志强调指出，民族主义不仅符合战争贩子的心愿，这也是和平的敌人、苏联的敌人和新战争贩子的真正思想。民族主义者是帝国主义的直接代理人。

对拉伊克—布兰科夫的审判表明了帝国主义分子反对苏联和新民主主义国家的阴险计划及其期望。他们想借助成为国际反动派代理人的铁托法西斯间谍集团在人民民主国家复辟资本主义。

这里，正如苏斯洛夫同志讲的，问题是英、美帝国主义分子策划的反对人民民主国家和苏联、反对和平和民主的国际大阴谋。

这就是拉伊克审判所表明的，我国当前对科斯托夫的审判也将表明这一点。①

这里指的是帝国主义分子的计划——从内部颠覆共产党，在共产党内部安插民族主义间谍特务。

为和平而斗争，——这首先意味着，要认真严格地审查共产党的队伍，揭露敌人在党内的代理人，无情地镇压他们，清除党身上的这个脓疱。对这种清除不能有丝毫的动摇。清除之后，党将更加巩固。目前我党正在紧张地进行这一工作。

契尔文科夫同志声明说，在联共（布）中央和斯大林同志的亲自帮助下——保加利亚人民为此将永远深怀感激之情——揭露了原党中央书记科斯托夫。②

科斯托夫何许人也？他是英国的间谍。他承认，早在1942年他就被英国情报部门招募，并从1944年起同铁托集团勾结起来。

根据英、美间谍头子下达的任务，科斯托夫同国内的铁托分子勾结起来，在党内和国家机关里成立了由他这样的间谍组成的小组，该小组通过各种途径和手段，尽力利用我们的弱点，利用我们的信任和粗心，

---

① 关于"科斯托夫案件"的诉讼程序，是于1949年12月进行的。
② 在契尔文科夫讲话的另一份记录中还有如下的表述："我们将这一点归功于斯大林同志。我们将执行他的忠告，将清洗运动进行到底。无论如何我们都不会停止不前。"契尔文科夫此处所指的是发生在1948年12月的一个事实：斯大林根据苏联驻保加利亚大使馆所提供的情报，对科斯托夫提出了指责，说科斯托夫妨碍苏联代表们获得感兴趣的关于保加利亚经济状况的情报资料。斯大林声明说，与铁托的冲突也正是从这件事情开始的，因此，有必要核查一下，科斯托夫到底是什么人。斯大林所提出的这个指责，实际上成为对科斯托夫审判的序幕。

伤害党和国家（首先是在经济领域），在铁托分子的帮助下准备使保加利亚脱离苏联，复辟资本主义，把保加利亚拉向帝国主义阵营。

首先想利用南部斯拉夫人联邦和巴尔干联邦的口号。① 契尔文科夫同志说，当然，科斯托夫的南部斯拉夫人联邦同我们理想的南部斯拉夫人联邦没有也不可能有丝毫的共同之处，因为科斯托夫的南部斯拉夫人联邦目标是反对苏联。科斯托夫分子要求保加利亚并入南斯拉夫，还指望铁托分子给予军事援助。

他们知道，我党和我国人民对俄国人民深为爱戴和忠诚，深知苏联非常强大。所以他们深深地伪装自己，千方百计地玩弄两面派手法，口头上发誓如何如何忠于苏联，而实际上在精心掩盖自己的卑劣阴谋，准备借助铁托反革命集团的援助强行改变党和国家的政策。这再次表明，考核领导人，不应看他如何表白自己，也不应看他的声明，而应看他的工作成果。考验一个领导人，首先要看他对苏联的实际态度，看在实际工作中如何对待苏联。

拉科西同志在发言中正确地指出，必须认真分析工作中出现困难的原因。应该认真研究党的领导人的整个生活道路，要用布尔什维克的光辉映照他生活道路中一切不清楚的部分。

必须同参加反党派别的人、同经常发牢骚表示不满的人进行斗争。

契尔文科夫同志指出，敌人在战后正是把科斯托夫作为党的领导集体中的一名重要奸细保留下来的。他是英、美计划的执行者。早在战争时期，科斯托夫在监狱里就同其他被招募的在党内为英国情报机关工作的间谍勾结在一起。这伙人散布科斯托夫在警察局的表现英勇。出狱之后，这伙人的第一件事就是销毁有损他的名誉的材料。

---

① 契尔文科夫发言的原话是："首先想利用在党内和国内都非常普及的南部斯拉夫人联邦和巴尔干联邦的口号"。

契尔文科夫同志说，当然，英、美情报部门感兴趣的不只是南斯拉夫、匈牙利和保加利亚。它们的触角伸向各处，伸向所有人民民主国家。所以，其他人民民主国家的共产党应广泛地、坚定地利用匈牙利和我国同敌人走狗作斗争的经验。我们对资本主义成分的进攻削弱了敌人的基础。这是明显的。这很好。不就是因此帝国主义分子才对我国虎视眈眈吗？不就是因此他们才想通过自己的间谍搞乱我党吗？不就是因此他们才千方百计向我党渗透吗？

契尔文科夫同志说，我认为，应尖锐地提出清除钻进我们党、国家机关和军队中的间谍的问题。敌人间谍受命要千方百计爬上领导岗位。他们深潜伪装、口是心非、卑鄙无耻、毫无底线，只要能爬上领导岗位，以便在英、美情报部门认为合适的时机反对我们。

契尔文科夫同志说，如果没有科斯托夫分子的破坏，我们的成绩会更大。他们主要是通过歪曲党和政府的政策，造成人民群众的不满。尤其是在我们的经济政策领域，在我们同农民的相互关系领域，他们给我们造成了危害。结果造成了这样的形势，在一个小商品生产占优势的国家，实际上禁止一切非国家性质的商品交换。国家从农民生产者手中实际上征集了所有剩余的产品。

党坚决反对严重歪曲党对农民的政策。我党中央六月全会的决议阐明了这个问题。党现在正为消除有害后果进行严肃的斗争，并动员劳动群众参加这一斗争，勇敢地展开批评和自我批评。即将举行的国家权力机关选举的整个准备工作是在对这些缺点进行无情的批评和坚决改进我们的工作的旗帜下进行的。契尔文科夫同志说，整个党的工作，国家机关，社会和经济部门的工作都受到了认真的批评。劳动群众都被吸收来参与对缺点和错误的批评。

谈到党最近的任务，契尔文科夫同志强调指出，首先必须从上至下清除党内科斯托夫分子和对科斯托夫分子妥协的人。这一任务即将完成。虽然没有正式宣布清党，但对党的队伍的清理正在进行，在审判科斯托夫之后，清洗将进一步有力地展开。

契尔文科夫同志说，应该讲，我们及时地揭露了科斯托夫。为此我们应感谢联共（布）和斯大林同志。

契尔文科夫同志指出，对科斯托夫的斗争使我们党比任何时候都更加团结了，警惕性提高了，党内民主扩大并加强了，党的布尔什维克化的锻造过程向前推进了。我们明白，科斯托夫绝不是一个人。党内隐藏着科斯托夫分子。但在科斯托夫和他的老战士们被揭露之后，他们在党内不能藏身了。①

契尔文科夫同志指出了苏联专家在国家机构改造中按照新的任务对保加利亚同志所给予的巨大帮助。② 他说，保加利亚共产党中央和政府正在制定和贯彻关于解决保证居民粮食供应问题、关于同旱灾作斗争、关于提高谷物和其他作物收成、关于加强出口作物的生产和改良、关于加强工业原料的开采、关于改善畜牧业、关于国家电气化、关于矿藏研究等一系列问题的措施。

全国正在采取在经济基础上巩固工农联盟和加强农业劳动合作社的措施。

保共中央六月全会意味着在开展现在的批评和自我批评、切实开展反对科斯托夫分子、消除人民敌人造成的不良后果和消灭敌人本身等各

---

① 在契尔文科夫发言中接下来还有一句话在整理会议记录时被删掉了："我们将清除国家机关里的科斯托夫分子，清除可疑分子，根据广泛建设社会主义的新任务来重建国家机关。"

② 在契尔文科夫发言中这句话原是："在这方面苏联的同志们给予了我们以巨大的帮助。在部长会议里我们拥有4名优秀的苏联经济问题专家。在许多最重要的部门我们也拥有这样的苏联专家。苏联同志尤其在研究我们的土地方面给予了我们最多的帮助，正如研究所表明的那样，这些土地里含有丰富的煤、铁和有色金属。"

项斗争中所出现的真正转折。

契尔文科夫同志说，执行六月全会决议的初步成果，表明我们走的道路是正确的。城市和农村劳动者对党的信任增强了。党同中农的关系亲密了。我们已着手认真纠正我们的缺点和坚决改进我们的工作。中央和政府关于改造交通运输工作的决定证实了这一点，在交通运输部门，一些不称职的人和可疑分子被撤职，现在负责交通运输工作的是保共中央书记昌科夫同志。中央合作社协会也清除了科斯托夫分子，现在领导这一部门工作的是从人民群众中推举出来的新干部。

这一过程还在继续，我们将完全按照我国已展开的社会主义建设的现今形势的要求，改造党、国家机关以及社会、经济和工会组织的全部工作。

契尔文科夫同志说，为和平而斗争，现在对我们来说，这正意味着顺利地结束这种改造，从而进一步加强我们的人民民主制度，巩固我们的国防。

对于我们来说，这意味着：全面提高我们的警惕性，增强忧患意识，消灭国家机关尤其是党内各种帝国主义间谍的巢穴，无情地揭露和清除从外部派进来的反革命分子，在党和国家的所有环节把反对科斯托夫分子和铁托分子的斗争进行到底。

——联系群众和人民，不仅是教育人民，而且要向人民学习，深入倾听各种关于工作和方法中存在的问题的反映，认真核查这些反应，采取措施消除敌对分子，防止敌人诬陷好人的企图。

——对活动家进行审查，正如斯大林同志所教导的，不是看他的声明，而是要看他的工作结果，而且为了保障这种审查，不只是自上而下，而且要——正如斯大林同志所教导的——自下而上，倾听劳动群众的意见。这是最可信的审查。

——大力加强和改善我们在居民中的政治解释工作。我们应该比以前加大力度，正确说明国际形势，解释防止新战争的现实可能性，揭露战争挑拨者的先遣队——铁托—兰科维奇卑鄙集团所起的极坏作用。我们应进一步加大宣传力度，使每个保加利亚人深刻意识到是民族的根本利益决定了我们同伟大苏联保持牢不可破的友谊，没有这一友谊，没有苏联的支持，我们不仅不能顺利地进行社会主义建设，从而使我国摆脱长期以来的落后和贫穷，甚至国家的独立都是不可思议的。没有苏联的支持，我国就可能成为英、美帝国主义手中的牺牲品，沦为它们的殖民地。

契尔文科夫同志最后说，社会主义国家苏联的利益同保加利亚的民族利益完全是一致的。保苏友谊的坚强生命力就在于此。这一友谊是保加利亚民族独立的主要保证。这就是为什么一个举手反对苏联的保加利亚人，他举手首先反对的是保加利亚，他是保加利亚的敌人，帝国主义的走狗。

科斯托夫主义——这是对祖国的背叛，对国家民族独立前程的断送。这就是保加利亚共产党人应该坚定地带给人民、努力向人民解释的东西。

契尔文科夫同志说，在我们国家，和平运动同保苏友好运动一样，是全民运动。党和国家整个政策的方向是在苏联总的领导下保卫和平。

为此，国家将动员一切可能。参加这一运动的有工会、妇女联盟、青年协会、所有的合作社组织、体育组织、文化教育机关、教会和全体知识分子。但这并不意味着，这一运动已经没有缺点和错误。不，还是有缺点和错误的。

苏斯洛夫同志的报告有助于我们克服这些不足，进一步积极地扩大和平运动。应逐渐扩大揭露战争贩子的宣传运动，传播他们反人民活动的消息，在人民之间宣传持久和平。应该在每一座城市、每一个乡村建立保卫和平委员会。我们将做到这一点！

多诺弗里奥同志说，意大利代表团完全同意苏斯洛夫报告对形势的分析，无条件赞同报告中提出的结论和指示。意大利共产党将尽一切努力在实践中贯彻这些指示。

多诺弗里奥同志说，谈到我国的斗争，再指出意大利因按照马歇尔计划实施经济政策而造成灾难性后果已是多余的了，因为这一题目苏斯洛夫同志在报告中已经谈过了。意大利生产正在下降。无论是工业，还是农业，生产均未达到战前水平。由于英镑贬值，出口下降10%；1946年失业人口达135.5万人，1949年上升到220万人，其中还不包括100万减少了工作日或偶尔有工作的工人。需要指出，最低生活费指数从1948年7月的100提高到1949年6月的108.49，同时平均名义工资只提高到101.7，而实际工资下降到93.77。多诺弗里奥同志说，所有这一切都表明，在马歇尔计划范围内，意大利政府的经济政策使意大利不能恢复被战争破坏的经济，使劳动人民的生活条件越来越差。现在电力生产领域出现了危机，其结果造成电力分配受到限制，居民和企业的需求被缩减，这证明在"马歇尔计划"标志下所实施的经济政策根本不符合意大利的利益。

在国家这种形势下，共产党和意大利全国劳动大会正进行积极的斗争，保卫意大利经济，保障劳动群众的最低生活水平，彻底改变现有的经济政策——现在的政策是战争政策，是使意大利屈从于美国的政策。

多诺弗里奥同志说，在简短的发言中，不能论及苏斯洛夫同志报告中所阐明的所有问题。所以，我只根据我们的经验，谈两点对于意大利反对战争危险最重要的情况。

第一，尽管和平阵线毫无疑问加强了，但新战争的危险依然存在，而且在加大。

第二，就是和平阵线要经常有组织地开展斗争。

意大利争取和平的斗争，不论从广泛动员群众的角度看（大部分群众确实已意识到新战争的危险,意识到必须克服这一危险),还是从孤立战争贩子的角度看(迫使他们越来越暴露出自己政策的反民族性质),都取得了积极的结果。毫无疑问,意大利在战争与和平问题上,已经成功动员的有利于和平阵线的力量,要比在其他问题上多得多,但是,很显然,不能也不应当认为,这种力量的推动是彻底的、可靠的,或者说是已经稳固的。

在意大利所开展的保卫和平的主要运动给我们带来了成绩,但这些运动也给我们带来了一系列问题,这些问题还没来得及实际解决。

多诺弗里奥说,保卫和平的第一次重大战斗发生在今年3月的议会中,当时提出了原则上赞同北大西洋公约的问题。反对党激烈地反对北大西洋公约,同执政党展开了辩论,辩论进行了70个小时,在辩论过程中,反对派党团的每一位代表都发了言,阐明了自己对公约的否定态度。无论在议会里,还是在面对群众的广场上进行的这一活动,在全国引起了很大的反响。我们的议会代表,我们的讲演者,对敌人的每一种议论都进行了批驳,在论战中和议会辩论中占据了主动。同时在全国组织了各种示威游行:临时停止工作或者暂时停止工作、罢工、集会、抗议游行、同警察冲突有时甚至是流血冲突,等等。所有这些行动首先在广大劳动者面前揭露了德·加斯佩里政府和天主教民主党,在全国居民中孤立了他们。在议会里,属于当权派的多数代表和议员,在反对战争、反对北大西洋公约运动的压力下,被迫反对赞同这一公约或放弃政府立场,或投弃权票,有的则回避投票溜出议会大厅。

一些著名的资产阶级和自由主义议会党团公开反对北大西洋公约。在全国工厂、在反对战争争取和平的聚会和游行中,可以看到基督教民主党、社会民主党(萨拉盖特)和共和党的普通党员。

这些大会之后很长一段时间,德·加斯佩里党的发言人多半去教堂里讲演,解释自己赞成北大西洋公约的理由,他们不敢在群众大会上发言或公开同我们辩论。多诺弗里奥同志指出,第二次反对北大西洋公约的运动是和平请愿书签名运动。这一运动的目的是通过这种合法的全民公决手段对基督教民主党政府及其议会多数派加入北大西洋公约的决定施加压力。请愿书要求不批准北大西洋公约,至少要拖延批准公约;不把意大利军事基地交予其他国家管辖,并按照意大利共和国宪法第11条,谴责任何一种战争政策。印发了777150份通报,每份通报上可容纳25000个签名。多诺弗里奥同志指出,最大的困难在于,按照法律,使每一个签名合法,赋予请愿书分量和意义。尽管警察威胁、逮捕、收缴通报和神甫恫吓,从今年4月到7月初征集签名达700万个。如果考虑到政府、教会、地方长官和警察制造的困难,这已是很大的成绩了。仅罗维戈一个省,因征集签名遭逮捕的人就有近600人,他们每人被处以1万里拉的罚金。还应该注意到,这是意大利第一次全民公决。不但如此,每一个居民点都成立了委员会,它有权宣布签名的法律效力;这次没有考虑来自国家机构的阻挠,一般来说,每当国家要举行什么选举活动时,国家机构都会对此加以严重的阻挠。

征集和平请愿签名,是与议会里辩论批准北大西洋公约问题同时进行的,它不仅是一种宣传,而且是一种很有意义的政治因素,是一种符合宪法的行动,它使意大利政府因批准北大西洋公约而失去了让意大利人民承担义务的意义。

"北大西洋公约下没有我们的签名,你们永远不会得到这一签名!"——人民代表团的代表们说,他们把带有700万签名的通报递给了基督教民主党议会主席。多诺弗里奥同志指出,如果把700万签名的政治意义同1948年4月18日选举时人民民主阵线所获得的800万选票相比较,其意义就更大了。在困难的条件下,在受迫害的条件下,为了让他们表达自己对战争的意见,竟动员起了如此多的人,几乎与大选时顺利动员起的人数相差无几!

无论如何可以说，关于和平请愿书征集签名运动证明了意大利人民民主阵线的力量仍是不可征服的。在许多大的居民点，如在博洛尼亚、摩德纳、拉韦纳、雷焦艾米利亚、佛罗伦萨、里窝那、比萨、锡耶纳、那波利、罗马、巴勒莫，所征集的签名人数超过了1948年4月18日选举人民民主阵线获得的票数，这一事实使我们有理由认为，如果没有警察的迫害、逮捕、罚款和恫吓，如果全党更加重视这一运动，更好地进行组织，那么和平请愿签字人数就会超过800万，从而更准确地反映和平力量在意大利的真正影响。

多诺弗里奥同志继续说，第三次大的反战运动是支持巴黎世界和平大会的运动。为出席这次大会，意大利派出了1200名代表。代表是由群众工会、农民合作社组织选出的。其中145人是地方妇女组织选出的，242人是村、城市各区地方和平委员会选出的。

按照巴黎和平大会的样式，意大利各地也举行了人民保卫和平大会。在热那亚，各工厂、各区都召开了大会，还召开了全市和平大会，在会上选出了出席巴黎大会的代表。"在这座楼里，我们都反对军事条约，拥护和平！""在这座工厂里，我们都反对北大西洋公约——战争公约！"——楼房上、工厂里都挂上了这样的标语。代表们从巴黎回来之后，立即又在工厂里组织会议和群众大会。6月2日，即意大利共和国宣布成立2周年之际，全面进行了宣传和平大会的报告和决议的活动。全国举行了700多次拥护和平、反对北大西洋公约的群众大会和各种飞行集会。7月10日，在罗马，在保卫和平旗帜下召开了全国青年飞行集会。在土地改革斗争委员会的全国会议上，提出"要土地，不要战争！"的口号。召开了意大利妇女协会和意大利全国劳动会议代表大会（意大利全国劳动会议有成员550万人），还召开了意苏协会代表大会，该会议取得重要成果。

多诺弗里奥同志声明说，召开的所有这些大会、集会以及其他的群众措施，其特点都是坚决彻底谴责战争、谴责北大西洋公约，表示完全支持苏联的和平政策，对人民民主国家表示出好感。

争取和平、反对北大西洋公约的运动，大大提高了大部分党组织和群众协会的积极性。在这些运动过程中，毫无疑问，坚定了必须进行斗争以克服战争危险的意识。但不能不指出，这些运动主要带有抗议性质，它们还没有使广大群众充分明白战争威胁的原因以及战争威胁本身。

多诺弗里奥同志继续指出，在工人运动队伍中，出现了一些修正主义，它导致无所作为，不是通过自身的斗争去解决问题，而是期待外来力量的干预解决问题。有这样一些工人，一方面他们期待资本主义总危机导致帝国主义衰落；另一方面，又期待苏联和人民民主国家的社会主义进一步胜利而导致在意大利建立社会主义。这些情绪导致了消极后果，"好吧，让战争来吧！"类似情绪妨碍了和平阵线的巩固，所以应该同它进行坚决的斗争，把反对战争的问题提到首位，向群众解释，正因为帝国主义衰落，它才不会放弃其疯狂的战争政策。

毫无疑问，无论是在和平阵线的领导层内，还是特别在联盟的外围组织里，所有这些运动导致了我们联盟的巩固，同时还导致了我们联盟范围的扩大。在争取和平、反对北大西洋公约政策的基础上，可以动员更广大的人民群众、中间阶层以及其他政治派别和宗教派别的追随者。我党在争取和平口号下开展的运动鲜明地证实了这一点。但在这些运动中，为了这一目的，我们没做我们应做的一切。不久前，我党中央完全公正地评价了这一事实，把它作为党的一次失误：在争取和平、反对北大西洋公约请愿书上只征集到了700万个签名，假如积极地动员我党、我们的盟友——社会民主党（在组织关系上很薄弱）和其他民主团体的基层组织，那就可超过1948年4月18日议会选举时所获得的800万张选票这一数字，就可使政府和整个意大利社会舆论界置于基督教民主党的美国政策的反对者阵线面前,就可使目前的政府继续存在成为不可能。如果说没能做到这一点,那只是因为没有做相应的组织工作,没有全面地广泛地动员我们自然的盟友。这一失误的原因,应该到上面指出的机会主义立场以及群众没有深刻意识到战争的严重危险中去寻找。

多诺弗里奥同志说,所有我们这些保卫和平的运动,实际上都意味着在意大利进一步深入地经常地开展保卫和平阵线工作的开始。在最近几个月,全国各地出现了各种委员会:保卫和平委员会,征集反对北大西洋公约签名委员会,召开全国保卫和平大会和地方和平会议的倡议委员会,等等。这些委员会的存在表明了倡议的多样性,表明了意大利争取和平组织形式和能力的不同。但是这些委员会经常活动的不多。完成某种作用后,它们便消失了。这些委员会的消失是因为它们未能捍卫自己的存在,并不断调整自己的工作。很清楚,在保卫和平的斗争中,需要发展和鼓励各种主动精神。但同样清楚的是,需要有一个领导中心,即有一个能够协调各种倡议、把被吸收来参加保卫和平运动的群众以不同形式统一为一种有组织、有力量的委员会。在意大利,这种保卫和平的协调组织中心很少。多诺弗里奥同志指出,意大利共产党离陶里亚蒂同志在一次议会讲演中所提出的指示还相差甚远。

陶里亚蒂同志说:"建立和平阵线,就意味着要做到,每一座楼房,每一座工厂,每一个农村,每一所住宅,每一条街道,每一个城市,每一类劳动者当中,都有保卫和平委员会。"我们距离建立这种保卫和平委员会网还差得很远。为什么?因为我们不得不克服在今年年初还在意大利社会民主党中占主导地位的中间集团的投降主义立场。众所周知,中间分子在最近的社会民主党大会上遭到了失败,但他们控制着社会民主党,他们反对和平阵线的组织形式,只同意进行"和平运动"。多诺弗里奥同志说,我们应该使我们的民主党盟友坚信存在现实的战争危险,应迫使他们承认,如果我们真想防止战争,那就必须转入斗争和组织群众的高级形式。意共认为，世界和平委员会不仅应从事宣传，还应开始政治行动，坚决捍卫和平事业。

多诺弗里奥同志指出，为和平而斗争是意大利共产党总政策的重要组成部分。他强调，尽管基督教民主党在议会中占多数，但它越来越失去根基。它的政府联盟正在经历危机。工人阶级和农民的不断斗争越来越削弱它的力量。为了指明方向和团结所有这些力量，为了向它们提出具体的政治目的，意共通过陶里亚蒂之口向全体意大利人民提出了彻底改变意大利政策的问题，以便使国家免遭外来压迫和经济破产，避免警察制度和战争。这就要求放弃北大西洋公约政策和回到和平政策上来，正如否定战争的宪法第 11 条指出的，要把这一点作为国际政策手段。这意味着开始实施宪法中所说的经济、政治和社会改革。

多诺弗里奥同志说，意大利制定了工会经济活动计划以保卫工人阶级最迫切的利益（最低工资、反对辞退等）。为解决某些最迫切的问题和向失业工人提供工作岗位，全国劳动大会提出了详细的计划，如建设新的水电站，对垄断电力企业实行国有化，为人民建设住宅，排干所有适于耕作的土地，等等。多诺弗里奥同志说，我们党要求彻底改变对内对外政策和政府的经济政策。①

我们的问题和经验就是这些。在解决这些问题时，苏斯洛夫同志的报告将会为我们提供帮助。② 世界和平阵线可以坚信，意大利工人阶级和意大利人民在粉碎帝国主义分子发动新战争企图的事业中将开展积极的活动。

---

① 在多诺弗里奥的发言中此处还有一句话："意大利的社会舆论最终会赞成这些的，如果它愿意挽救自己祖国的话。"

② 在多诺弗里奥的发言中此处还有一句话："不容置疑，借助于其报告中的指示，我们这种争取和平的斗争将在意大利发展并更加得到巩固，而这种巩固将成为取得新成就的保证。"

基希涅夫斯基同志说，罗马尼亚工人党代表团完全赞同①苏斯洛夫同志的报告。②

涵盖全球数亿人的保卫和平运动，我党也积极参加了。参加这一运动的有我国社会和文化界的著名人士、群众组织、科学机构。在我国，保卫和平运动是在弗罗茨瓦夫世界文化活动家大会之后才升温的。

弗罗茨瓦夫大会之后，在布加勒斯特召开了文化活动家会议，出席大会的罗马尼亚代表在会上汇报了大会的情况。成立了召开罗马尼亚文化活动家代表大会的倡议委员会。该大会是今年3月召开的。

在代表大会召开之前，各市及其各区召开了文化活动家会议。这种为代表大会作准备的会议，各高等学校、中小学和农村文化之家都举行过。

有800多名文化和科学活动家出席了代表大会。大会热烈支持召开世界和平大会的倡议。

基希涅夫斯基同志指出，在罗马尼亚组织保卫和平运动的初始阶段，没有提出吸收城市和农村劳动者参加的问题。只是在代表大会和成立保卫和平常设委员会之后，保卫和平活动的范围才有所扩大。

保卫和平运动使党能够巩固自己在文化队伍中的阵地。我们把保卫和平的斗争同反对世界主义联系起来，动员科学和艺术界人士同科学文化领域的各种反动流派作斗争，并且收到了明显的效果。

例如，许多生物学家这时期开始接受米丘林的生物学理论。

在公布了召开世界和平大会的呼吁书之后，许多群众组织、文化机

---

① 在基希涅夫斯基的发言中接下来有"内容详细的、动员性的"两个形容词。
② 在基希涅夫斯基的一份经过其签字确认的讲话稿中，接下来的一段内容在将其列入会议记录文本时被删掉了："罗马尼亚工人党代表团认为，苏斯洛夫同志的报告是进行反对战争贩子、争取持久和平和各族人民安全的斗争的纲领性文件。"

构、工厂集体、农民会议等都表示赞成召开这一大会。这表明了和平事业是工人阶级、劳动农民、知识分子即全体人民的事业。

党是在进一步发展对和平阵营的领导力量苏联的爱戴之情的口号下开展和平运动的。整个党的12万宣传大军都积极参加了这一运动。

基希涅夫斯基同志说，同争取和平的斗争有关的问题，在党的会议和青年、工会、妇女会议上进行了讨论。罗苏友好协会积极参加了这一运动，组织会议、作报告、出版揭露帝国主义侵略者和宣传苏联保卫和平和社会主义建设经验的材料。报刊和广播电台也积极参与了和平宣传。

罗马尼亚代表团从世界和平大会回来之后在群众大会上作了汇报。此外，从巴黎和布拉格和平大会之时起，工厂和农村，全国各个角落都举行了反对战争贩子的群众大会。科学文化普及协会和罗苏友好协会作了一系列报告，宣传和平问题，揭露英、美战争贩子。

保卫和平委员会出版了小册子和传单。从世界文化活动家大会到和平日之间共出版小册子和传单80万份。

在布加勒斯特和全国5月1日、8月23日、10月2日、11月7日的群众大会上，数百万城市和农村劳动者表达了自己为和平而斗争的坚强决心。

从1948年11月至今，在反对英美战争贩子、保卫和平口号下展开的宣传活动涵盖了广大劳动群众，加强了群众积极保卫和平的意识，加深了他们对英美帝国主义分子及其在罗马尼亚代理人的憎恨。

基希涅夫斯基同志接着说，尽管在保卫和平运动中取得了成绩，但还存在严重的缺点。某些同志出现了缩小运动规模的倾向，另一方面，只重视召开大会，忽视日常在劳动群众中做宣传解释工作，忽视日常保卫和平的斗争，有时忘记了必须同国内的帝国主义代理人做具体斗争。

党注意到了现有的缺点，决定从带有临时性质的行动转向城市和农村经常性的行动。

罗马尼亚工人党中央给全党提出了以下任务：为组织保卫和平的群众运动开展经常性的个人和群众宣传；动员群众参加和平斗争，完成国家计划和增加生产，从而从经济上巩固和平阵营的积极因素——罗马尼亚人民共和国；努力工作，进一步加深同国际无产阶级友好、合作和相互声援的感情，加深对苏联无限热爱和忠诚的感情；宣传苏联胜利建设社会主义的经验；在各民族之间兄弟友好的思想基础上，培养社会主义的爱国主义，宣传罗马尼亚人民仰仗罗马尼亚的解放者——苏联军队真正获得了国家主权这一历史事实。

必须加倍努力保卫这种真正的独立、自由、政治权力和正在建设的社会主义生活，从而为这一全民事业作出自己全部的贡献。

基希涅夫斯基同志随后指出，罗马尼亚工人党中央已采取一系列措施，把保卫和平的普遍斗争同千方百计巩固罗马尼亚人民共和国的任务，同保卫民族独立和反对英、美战争贩子威胁的任务联系在一起。

基希涅夫斯基同志说，我党中央决定，出版一系列保卫和平的小册子和材料，并组织这种性质的广播；为积极分子专门编写有关保卫和平的群众政治工作任务的指导材料；在县城和区中心召开积极分子指导性会议；以保卫和平为题印刷一系列海报和传单（类似《塔斯社之窗》）。

党和罗马尼亚工人阶级明白什么是保卫和平的斗争。这首先意味着，必须全面巩固人民民主制度，进一步深入掌握苏联建设社会主义的经验。

基希涅夫斯基同志说，由于党组织、工会，尤其是罗苏友好协会在群众中不断传播苏联文献，现在成千上万的工人、工程师及其他人，正在学习苏联在科学、文化、工业、农业等方面的工作经验和苏联先进工人的工作方法。正在开展社会主义劳动竞赛，劳动生产率不断提高，作为这方面的结果——国家年度计划第三季度计划超额完成9%。

我国部分企业已在完成1950年的任务。某些数据表明，将超额完成计划。在苏联的帮助下，我们的重工业正在得到加强。苏罗社会主义合作形式是我国经济振兴的重要因素，是社会主义建设中苏联兄弟般援助的榜样。乔治乌-德治同志指出罗苏经济合作是苏联对罗马尼亚建设社会主义、巩固民族主权的伟大援助。

众所周知，我国正在建设多瑙河—黑海运河。运河有重要的经济和战略意义。现在在这一工地上活跃着数万建设者。

基希涅夫斯基同志接着说，农村开始的社会主义改造表明，集体劳动的思想越来越深入劳动农民之中。我国集体农庄，如不包括共耕互助组，数量还很少。一共才有55个集体农庄。但它们在具体教育劳动农民群众方面起着重要的作用。中央和政府收到了许多农民申请，申请允许他们成立新的集体农庄。但党提出了在农村全面发展合作社的任务。除集体农庄外，还有国家农业企业和机器拖拉机站，它们也在日益巩固，在农业社会主义改造中起着重要作用。

这些初步胜利是在同阶级敌人进行激烈斗争中取得的。不少时候这一斗争带有流血的性质。武装匪徒进攻农村的党和国家机关、纵火、暗杀——这些法西斯富农活动几个月之前同时出现在几十个村庄里。在这方面，我国履行了自己的无产阶级专政职能。

基希涅夫斯基同志说，在罗马尼亚，群众的社会主义觉悟正在增长。工人、劳动农民、知识分子满怀激情地为巩固人民民主制度而工作。人民意识到，只是由于苏联军队解放了他们，只是由于苏联，他们才有史以来第一次有了真正的独立；他们应该捍卫自己的自由，自己的民族主权和独立，应该同统一的社会主义阵线的所有力量一起积极奋斗；而站在这一阵线前头的便是自己的解放者和伟大的朋友，帮助自己建设社会主义生活的苏联。

在本次会议之前，我们想说，保卫和平运动已在罗马尼亚人民共和国顺利发展。但听了苏斯洛夫的报告之后,我们发现,尽管我国召开了大会,也进行了广泛的宣传活动,一些企业和农村也有保卫和平委员会,但和平运动还没有吸收广大的劳动群众参加,还同现在的任务不相适应。

听了苏斯洛夫同志的报告之后——其中提出了共产党和工人党保卫和平的任务,罗马尼亚工人党代表团得出了这样的结论:必须加强、扩大和巩固伟大和平阵营的组成部分之一罗马尼亚人民共和国的和平运动。我们应该完善和加强对群众的教育,教育他们憎恨帝国主义及其法西斯间谍走狗——铁托集团;另一方面,我们还应该教育群众在争取和平、民主和社会主义以及反对战争贩子的斗争中,同全世界工人阶级实现兄弟般的团结,我们应该提高我们的教育工作水平。在农村和城市建设社会主义,在巩固人民民主制度和反对敌人阴谋的斗争中,必须千方百计加强工人阶级的战斗团结,加强同农民的联盟。

基希涅夫斯基同志说,为了实现苏斯洛夫同志报告中提出的任务,罗马尼亚工人党中央打算:

——在所有企业和农村建立保卫和平委员会;

——动员群众组织(全国劳动会议、青年劳动联盟、罗马尼亚妇女民主联盟、农民协会、匈牙利人民联盟和其他民族委员会)为实现保卫和平行动纲领而积极活动;

——召开作家、演员、诗人会议,讨论有关保卫和平题材作品的创作问题;

——吸引原政治犯、红十字会、残废军人、孤儿、原战俘等有关组织和人员加入保卫和平运动;

——在工人俱乐部、文化之家组织讲座以及上演保卫和平节目的文艺晚会。

基希涅夫斯基同志随后指出,罗马尼亚工人党中央委员会将加强罗马尼亚人民共和国的军队作为自己一项最重要的任务。我们党意识到,要通过不断加强军队,巩固国家抵御帝国主义侵略者的国防能力,以此促进和平事业。我们从部队中清除了不少敌对分子,继续和完善这种清洗是加强军队的基本条件之一。

党通过研究和利用苏联英勇军队的伟大经验来巩固我们的军队。党努力在军队中保持适应的社会成分。我们部队的基础是参加过劳动青年联盟的青年。从受过党的教育的工人、农民队伍中提拔新军官(共产主义者)。军事学校配备的干部几乎完全是受过考验的党的工作者。军事政治学校网正在形成,学校的社会成分得到了改善。例如某军事政治学校1650名学员,他们分别来自工人(1000人)、农民(200人)、知识分子(221人)、职员(223人)。

我军努力学习苏联军队的经验,学习它的军事、精神素质,培养对美、英帝国主义战争贩子的仇视和对苏联、对伟大的斯大林、对自己的祖国和人民以及各人民民主国家的人民的无限热爱,我军正在成长为一支保卫和平的重要力量。

苏斯洛夫同志在报告中说必须加强对右翼社会民主党的斗争。众所周知,在两党合并过程中,罗马尼亚工人党消灭了以蒂特尔·彼得雷斯库为首的右翼社会民主党的秘密小组,在审判马纽和其他美国间谍人员(牧师及其同伙)① 时,右翼社会民主党作为帝国主义的奸细也被揭露出来。

但我们党里还残留一些以左倾词句为掩饰的危险的右翼社会民主党人。现在他们同托洛茨基反革命分子、铁托间谍分子、各种民族主义者

---

① 在1948年11月进行的诉讼程序中,罗马尼亚著名的企业家马克斯·阿乌什尼特、扬·布若伊、亚历山德鲁·波普和其他一些人,因被指控受英、美帝国主义者的指派,犯有怠工和从事破坏罗马尼亚经济的活动而被判刑。

勾结起来,秘密地准备加强自己的破坏和间谍工作。但对我们党来说,这也不是什么意外的事。对他们正在采取断然措施。

基希涅夫斯基同志说,在罗马尼亚人民共和国,同所有人民民主国家一样,城市和农村的妇女生活发生了重大变化。妇女们积极参与国家经济和政治生活。在所有城市和农村,都有罗马尼亚民主妇女联盟的地方组织。这个联盟有成员150多万。由于妇女的积极参与,在大国民议会选举中我们获得了胜利。现在我们已采取了加强民主妇女联盟工作的措施——为它派去新的干部,采取措施改善党中央对它的领导。

苏斯洛夫同志完全正确地指出:"从反民主、帝国主义阵营衰落的事实中绝不能得出战争威胁减少的结论。这一结论是非常错误的和有害的。历史经验表明,帝国主义反动派的处境越是没有希望,它就越是疯狂,帝国主义进行战争冒险的危险就越大。"这对我们国内形势来说也是正确的。

我们代表团声明,罗马尼亚工人党将无情地对待企图颠覆人民民主制度和以此削弱和平阵营的敌对阶级代理人的活动。

罗马尼亚人民共和国的力量正在增长,国家机关正在加强,20万工人取代了大量剥削阶级出身的反动工作人员的岗位。至于地方政权机关——临时人民苏维埃,74名主席中67名是工人,99%的厂长是工人。尽管如此,国家机关还远没有完全肃清敌对分子,他们仍以各种阴险方法破坏社会主义建设。尤其在布达佩斯审判拉伊克—布兰科夫之后,我党领导人坚决提出了肃清国家机关阶级异己分子和敌对分子的任务。

基希涅夫斯基同志说,由于先后审查了党的积极分子和所有党员,我们取得了重要成绩。这一时期审查了近60万党员,其中开除了8万人。下述事实说明了党组织的不纯程度:上面所说的被开除党籍的人有一多半完全没有受到过审查,被开除的弄虚作假者、奸细有2000人,在苏联领土上犯罪和进行抢劫的有 2500 人，民族主义者和剥削阶级出身的人近 11000 人。

清洗大大加强了党。但罗共领导人认为，必须继续积极稳妥地揭露和无情地孤立党组织中的所有敌对分子、机会主义分子和其他分子，无情地同背离无产阶级社会主义、国际主义路线的倾向作斗争，必须牢记，在这一背离倾向幕后总是有直接的或间接的敌人。

为了教育干部，帮他们认识敌人活动的阴险方法，党出版了大量布达佩斯审判的材料和拉科西在布达佩斯党的积极分子大会上的报告。

基希涅夫斯基同志指出，众所周知，1948 年 6 月，罗马尼亚工人党中央全会认定珀特勒什卡努是我们党内资产阶级思想的秉承者。现已查明，珀特勒什卡努曾为美国追求世界霸权的人工作，为美帝国主义集团效力。① 自然，不止他一个人。

基希涅夫斯基同志说，只有揭露、驱逐和消灭所有帝国主义间谍，党和人民民主制度才能得到巩固。必须清除右翼社会民主党法西斯地下工作者集团、各种民族主义者、反党分子的反革命活动，提高全党工人阶级和全国人民的警惕性，从而使每个人都清楚，不消灭帝国主义侵略者的走狗便不能保卫和平。

中央向全党提出：学习揭露拉伊克—布兰科夫间谍分子和铁托法西斯走狗罪行的布达佩斯审判材料，从而提高警惕性，而警惕性是反对帝国主义战争贩子的最重要条件，我们正在坚定地完成这一任务。

在反对美、英思想进攻的斗争中，我党取得了一系列重大胜利。

---

① 基希涅夫斯基发言中的原话是："众所周知，在 1948 年 6 月，罗马尼亚工人党中央委员会全体会议对珀特勒什卡努的评定是：我们党的队伍中的资产阶级思想和利益的代表。目前已经清楚，司法部部长先生珀特勒什卡努尤其还是企图统治世界的美国觊觎者利益的代表，并为美帝国主义集团的特工机关工作。"

美、英电影和文学作品等早就被禁止进入罗马尼亚。但美帝国主义分子及其走狗和铁托法西斯间谍匪徒为其反动的种族主义的法西斯思想渗透开辟了和正在开辟道路。我们党和政府将坚决消灭这种可能性。

铁托——兰科维奇法西斯集团派了不少间谍和特务、怠工分子、破坏分子、造谣分子到巴纳特地区，收买人心，积极地为美、英帝国主义战争贩子活动。他们的一部分人已被我们揭露。

作为一项最重要的任务，党中央提出要把无情揭露巴纳特的铁托间谍分子同不断教育这一地区的塞尔维亚族居民联系起来，——教育他们热爱以苏联为首的社会主义阵营，热爱人民民主国家，教育他们憎恨铁托——兰科维奇卑鄙集团中的法西斯篡权者。我们知道，在同敌人的斗争中，党将受到更大的锻炼，会进一步巩固。

我们以罗马尼亚工人党代表团的名义，让以联共（布）和伟大的敬爱的斯大林同志为首的共产党情报局各党放心，我们将进一步坚定地提高警惕，我们将无情地对待战争贩子的一切代理人。

罗马尼亚工人党和罗马尼亚工人阶级，以及我国的一切进步力量，在苏联和伟大的人类天才约瑟夫·维萨里昂诺维奇·斯大林同志所领导的争取和平的斗争中，将坚定地完成自己的职责。

斯兰斯基同志宣布会议日程第一个问题的发言结束，请苏斯洛夫同志讲话。

苏斯洛夫同志说，代表们的发言很有意思，内容翔实，因此没有必要再作总结发言。

苏斯洛夫同志提议选举所讨论问题的决议起草委员会。

提议被通过。

尤金同志提议由以下同志组成起草委员会：米·苏斯洛夫同志、艾·法戎同志、拉科西·马加什同志、帕·陶里亚蒂同志、雅·贝尔曼同志、鲁·斯兰斯基同志、伏·契尔文科夫同志、约·基希涅夫斯基同志。

提议被通过。

斯兰斯基提议由陶里亚蒂同志作议事日程第二个问题的报告。

陶里亚蒂作关于《工人阶级的统一和共产党与工人党的任务》的报告

一

同志们！

自第二次世界大战顺利结束之后的这一段时期中，工人阶级的统一事业在全欧洲都有了很大的进步。在第二次世界大战期间，工人阶级获得了巨大的政治经验。民主力量只是由于本身的一致，才得以击败并粉碎德国帝国主义和法西斯主义的势力。苏联在反对希特勒主义的斗争中，始终一贯执行着统一的政策，特别是首先由于苏联人民及其军队英勇奋斗所获得的胜利，对于全世界工人和各国人民都发生了深刻的影响。

在战争过程中，欧洲各主要国家的所有一切政治信念不同的工人和劳动人民，都坚定地响应着共产党人的号召而联合起来，共同在武装游击队里，进行反对法西斯及外国侵略者的战斗。工人党—共产党人和社会党人、民主人士和天主教徒都已经互相了解，并认为在战争结束之后，必须继续共同努力根除一切法西斯残余，建立新的、自由的和爱好和平的社会，以保障世界各国国家的独立和社会的进步。

在德黑兰、雅尔塔及波茨坦国际会议上所通过的决议以及联合国组织的成立，本来使人可以希望：世界各大国在战时既然已为获得胜利而合作过，那么在战后也会为保障全世界和平而继续合作。这种希望也就更加坚定了在各个国家内及国际范围内达到阶级统一、民族统一的追求。

在苏军参与维持那里局势的欧洲部分，走向统一的成就比较迅速，而且涵盖了各个方面，反动势力不可能抬起头来：因为在那里，共产党和社会党签订了一致行动的协定，建立了广泛的民族阵线组织，在统一基础上改组了工会。这样就使工人阶级的代表能够在政府中起重要的作用；能够采取必要的办法根除法西斯主义残余而使法西斯主义无法复活；开始实行工业国有化，实行彻底的土地改革以及国家机关的民主化，执行保障和平、国际合作以及与苏联建立友谊关系的政策。

但是，与此同时，在战争胜利之后，有些国家被英、美军队占领，因而受到外来军事当局的支配。英、美占领军当局自一开始就力求恢复旧时反动的资本主义秩序，并公开扶持保守派资产阶级，甚至法西斯党徒。但是这些国家的工人阶级运动也在统一的基础上改组了：共产党和社会党之间签订了一致行动的协定，工会掌握了各种不同政治信念的劳动人民，在群众逼迫下提出并且广泛讨论了关于建立统一的工人阶级政党的问题。

在工人阶级统一道路上的这些成果，对于改善工人阶级的经济与政治状况无疑起到了良好的影响；有助于议会内出现工人政党大党团；使得为工人阶级统一而最坚决奋斗的共产党能够在某些国家争取工人阶级中的大多数的道路上，取得了重大进展。

世界工会联合会这个统一的国际工会组织的建立，是在为争取工人阶级统一而进行的斗争中取得的巨大胜利。在这个组织内，苏联工会第一次与欧洲各个资本主义国家、各人民民主国家、美洲、中国以及各殖民地国家的工会联合起来了。

世界工会联合会制定了民主的行动纲领,其目的是保卫劳动人民的经济要求,争取并保卫政治自由和工会自由,使全世界劳动人民为了反抗帝国主义分子把全世界投入新战争的一切企图而进行的斗争的行动统一起来。除世界工联以外,同时还产生了其他强大的、联合一切党派及无党派工人和劳动人民的国际统一运动,即世界民主妇女联合会、世界民主青年联盟等。

二

资产阶级把分裂工人阶级队伍的统一运动的任务,指派给右翼社会民主党人及其所领导的政党去担任。①

当资本主义总危机因受大战影响而加深,苏联的威信与力量大规模地增长起来,欧洲一些新国家脱离资本主义体系而走上了社会主义道路的时候,社会民主党的援助,就成为暂时挽救资本主义和帝国主义的救命稻草。社会民主党再一次充当了工人阶级队伍中资产阶级的政党。右翼社会民主党人"是帝国主义分子的忠实的同谋犯,他们极力在工人阶级队伍中制造分裂,毒害工人阶级的思想"(1947年9月"九国共产党代表会议关于国际形势的宣言")。

在许多国家里,社会民主党的领导人曾经在很短的一个时期内,假

---

① 整理会议记录时删去了陶里亚蒂报告的下面一段话:"再一次证实了已经被列宁证明过的真理,即在一切资本主义国家里,资产阶级为消灭工人阶级的革命运动,在采取直接的和公开的暴力的同时,还诉诸其他的斗争形式,如分化工人,破坏工人的队伍,收买无产阶级的某些代表人物或者是单独的小组,以便将其吸收到资产阶级方面。"

装同意统一的思想,其目的分明是要不让工人运动的领导权完全转入共产党人手中;可是反对统一的斗争又在"在两条阵线上行动"的口号下恢复了,他们杜撰地肯定必须组织"第三种力量",说这种力量应该站在社会主义阵营与帝国主义阵营之间,以便保持两个阵营的"均势",防止它们相互间的冲突。这种"第三种力量"的思想,第一眼看上去就是一种拙劣的骗局。对于一个真正的社会主义者来说,在工人阶级和劳动大众的利益与垄断资本主义和特权阶级利益之间,可能会有"中间道路"吗?在一贯执行和平政策的苏联和用鼓吹、挑拨第三次世界大战的手段来毒害世界的帝国主义分子之间是不可能有"中间道路"的。所谓"第三种力量"论,不过是右翼社会民主党人用来进行卑鄙勾当的一种武器,他们居然把社会主义国家拿来与美、英帝国主义分子和战争挑拨者领导集团相提并论。但是鼓吹"第三种力量"论的那些人干着这种卑鄙勾当的时候,总是想方设法表明他们在每个国家内是资本主义资产阶级利益的"忠诚可靠的管理人",在国际事务方面是帝国主义的奴仆。

只要指出这一点就足够了:当帝国主义势力首先是美国领导集团撕毁了大战结束时所订立的协定、拒绝了一切国际民主合作的所有政策而开始进行"冷战"来反对苏联和各人民民主国家的时候,所有一切右翼社会党人及其所领导的政党就立刻毫无例外地、无条件地加入了帝国主义阵营。他们立刻就把鼓吹保持中立的所谓"第三种力量"这一论调改换过来,使其与旧有的那种反马克思主义的、反科学的机会主义理论相配合,即主张要从"民族的"资本主义过渡到超资本主义的组织。他们认为这种组织应按美国垄断资本的样式,并且应在美国垄断资本领导下建立起来。于是,美国蛮横无耻地向外扩张的趋向,夺取政治军事基地以图消灭各国独立主权并准备新战争的行动,为了美国大垄断资本集团的特殊利益而牺牲纳入马歇尔计划诸国的经济利益,建立美利坚环球帝国的一贯企图等,都被他们厚颜无耻地看做是消灭资本主义内在矛盾的途径。对各个民族利益和传统最后一点尊重正在消失;美帝国主义正在成为社会民主党人的理想和领袖;社会民主党正在代表美帝国主义和专为美帝国主义利益宣传与民族团结、无产阶级和社会主义国际主义毫无共同之处的所谓"欧洲主义"和世界主义。

无产阶级、社会主义的国际主义是劳动人民一致团结的基础,是各国人民在捍卫国家独立免受帝国主义侵略方面、在保障和平方面实行合作的基础。它教导工人群众在每个国家里联合起来进行反对资本统治的斗争,保证过渡到社会主义的经济。它教导工人阶级以及各国人民发展国际友谊和团结,以求更顺利地进行争取和平的斗争,把新战争的挑拨者孤立起来,并使其没有能力进行破坏活动。

无产阶级的国际主义教育工人和各国人民,在为民主、国家独立与保障和平的斗争中,他们应该以苏联为伟大的榜样:苏联各族人民在英勇的布尔什维克党的领导下,在列宁和斯大林领导下,已经建成了新社会,战胜了帝国主义,把自己的国家变成了强大的社会主义国家,向各国人民指出了民主、社会主义与和平的正确道路。

反之,社会民主党人的世界主义和"欧洲主义"却是帝国主义的宣传武器,其目的是要把各国人民引入迷途,使人民彼此分裂而变为帝国主义的奴隶。美帝国主义分子的代理人高谈欧洲"联合",实际上是想要破坏欧洲各国人民间的合作,在他们中间建立一道高墙,以便把苏联和各人民民主国家孤立起来。列宁早已预见到,社会民主党人的所谓"欧洲主义",不过是要共同窒死欧洲社会主义运动并共同来保卫殖民地统治。所谓组织"欧洲议会"或"世界政府"的含糊不明的口号,不过是用来向各国人民隐瞒那种专为美帝国主义利益而实行掠夺各国人民的方法的一种可怜的掩蔽工具罢了。

一切右翼社会民主党人的主要特征,就是他们仇恨苏联和各人民民主国家，而这些国家的"罪恶"就是抛弃了资本主义道路和选择了社会主义道路。右翼社会民主党人知道，社会主义在全世界的发展，实际上就意味着他们的灭亡。他们捏造和散布一切最卑鄙的谣言和诽谤以期诬蔑和孤立社会主义阵营。他们用尽各种方法企图破坏工人及一切劳动群众对苏联及其领袖所持的信仰和忠诚。他们最先响应了丘吉尔所提出的关于组织新十字军来反对社会主义国家的口号。他们在思想方面极力鼓吹帝国主义分子专为准备这种十字军而组织起来的种种政治和军事联盟。右翼社会民主党人为了与帝国主义国家间谍机关实行合作，企图动摇各社会主义国家所组成的阵线，所以他们公开地接纳了铁托间谍和奸细集团。

在现今构成社会民主党立场的思想基础中，没有丝毫的社会主义影子，也没有丝毫的民主精神。这个立场就是公开背叛各国的国家独立，背叛民主和进步事业的立场，是背叛和平事业的立场。

三

根据这种反民主和反社会主义的立场，右翼社会民主党人所领导的政党，无论过去和现在，在国际关系方面都进行着一种公然与美帝国主义分子政策处处完全相符合的政策。他们最积极地拥护原子外交以及为反对社会主义国家而进行的"冷战"，他们拼命地宣传马歇尔计划，要把西欧各国变成美国大工业和农业的殖民地、半殖民地市场。他们毫不犹豫地由拥护马歇尔计划转而拥护美帝国主义所强加于欧洲各国人民身上的军事公约和军备竞赛。在法国，当共产党人声明说法国人民永远不会同意参加反对苏联及各人民民主国家的战争时，勃鲁姆之流的社会党人则担任了仇恨共产党运动的先锋。在意大利，萨拉盖特之流的社会民主党人甚至把要求采取"中立"政策的那种假招牌都抛弃了。在挪威，社会民主党人要求拒绝苏联提出的关于签订互不侵犯条约的建议。无论在什么地方，进行挑拨战争的罪恶政策①的分子，由贝文至斯巴克②，由勃鲁姆至萨拉盖特和舒马赫，都是社会民主党捧出来的。

在对殖民地人民的关系上，右翼社会民主党人过去是、现在仍然是对为其民族解放而斗争的殖民地人民进行侵略、压迫和公开战争的鼓励者和直接执行者。英国工党分子正在发动对马来亚和缅甸人民的掠夺战争，指使杀害这些国家和近东各国人民的民族运动领袖，支持印度资产阶级的反动集团，以求保持印度人民的分裂状态，并强行扼杀共产主义运动和农民的革命运动。在法国，正是社会党人，掀起了对越南的战争，并为在马达加斯加岛上所施行的残酷镇压进行辩护。在荷兰，也正是社会党人，准备并继续准备着反对印尼民族运动的侵略战争。

在经济政策方面③，社会民主党人现在正在致力于把西欧卷入美国帝国主义的经济轨道，使美国大垄断资本主义以及已经成为这些集团代理人的欧洲资本家，不仅能把大战恶果，而且能把新经济危机的损失，转嫁到欧洲劳动人民的身上。凡是由社会民主党执政的地方，工人的生活条件都在日益恶化，失业工人不断增加，工人已经争得的社会主义成果受到威胁，而资本家的利润却在不断增长。任何的甚至极微小的改良经济结构的意图都被置于脑后。在英国所实行的国有化，丝毫没有开辟建设社会主义新社会的道路，没有促使金融寡头的经济权力消减。在法国以及在西欧其他大部分国家里，社会民主党人仿效英国工党的例子，

---

① 在整理会议记录时，删除了报告中的"政策"一词前的定语："经北大西洋公约组织签署而确立的"。

② 保罗-亨利·斯巴克，比利时社会党的领袖之一，曾任比利时首相和外交大臣。

③ 在整理会议记录时，删除了报告中的以下内容："最能说明问题的就是领导使欧洲马歇尔化的美国人哈里曼所作的声明，他说：社会民主党人是合众国在欧洲最具潜力的盟友"。

帮助了美国资本家强加的欧洲通货贬值，以此作为更加降低欧洲劳动人民生活水准的手段。

在国内政策方面，社会民主党人公开赞成并且亲自执行资本家现时在各国为了破坏工人的组织和斗争、为了完成其准备战争的工作所采取的反民主的、反动的措施。在法国，正是社会党人的部长下令向那些为工会正当要求而罢工的工人们开枪射击的。在英国，正是工党政府违犯罢工权利而宣布了紧急状态，以便破坏码头工人的运动。在芬兰，正是社会党人所领导的政府运用警察来对付工会运动，并且企图借此挑起工会内部的分裂。在意大利，正是萨拉盖特及其同谋者坚决赞同教权派警察部部长所采取的残酷杀害工人和迫害游击队员的办法。

各国社会民主党反对一切建立工人统一和民主力量统一的政策，他们甚至在形式上都无法建立任何一种国际统一组织来代替已经死亡的第二国际。他们执行着帝国主义分子的直接指示，企图分裂已由世界工联所实现了的工会运动的统一。

"社会党国际会议委员会"在产生时，本来不过是一个负责召集国际社会党会议一个普通的局，但在其存在时期，它屡次企图在国际范围内和在个别国家内制造并加深工人运动中的分裂。英国工党成立"社会党国际会议委员会"来作为自己帝国主义政策的拙劣工具，曾企图利用它使各人民民主国家的社会党拒绝与共产党合作，破坏意大利共产党人和社会党人间的一致行动。但是这种手腕已经失败。各人民民主国家的真诚的社会党人已经与这种虚伪的社会民主党组织断绝了关系，仍然忠实于统一的事业。① 如意大利社会党这样一个巨大的党，仍然站在统一

---

① 在整理会议记录时，删除了报告中的以下内容："社会党国际会议委员会变成了一个卑微的宣传机构，它在由欧洲已经纳入马歇尔计划的诸国签署的政治和军事公约的范围内进行自己的工作"。

的立场上和阶级立场上，而右翼社会民主党人或中间派在虚伪的"社会党人一致"的口号下所玩弄的一切手腕，迄今都遭到了失败，因为一切真诚的社会党人都日益明白地认识到，右翼分子只是企图把德·加斯佩里教权派政府以及英、美帝国主义的压迫重担都强加在意大利劳动人民身上。

英国工党曾发起了一次对世界工联实施分裂的打击，当时英国工党分子在美国工会官僚的支持下，以英国职工大会的名义提出了一个荒谬的要求，要世界工联停止工作。这种对统一事业的无理攻击，被大多数参加世界工联的工会彻底地揭穿了，世界工联在继续进行工作，在它的队伍中团结了7000万以上的劳动者。

在法国和意大利，有人继续攻击工会的统一运动，但这两个国家里的绝大多数有组织的工人，仍然留在统一的工人队伍中，而那些领导分裂运动的社会民主党人和教权派分子虽然极力活动，终究只是诱惑了很少一部分人。

四

在实现工人阶级、民主力量统一方面有决定意义的成就是在各人民民主国家特别是在成立了情报局并公布了几国共产党代表会议宣言以后取得的。这些国家工人阶级的统一是由于战胜希特勒侵略者及其代理人和亲敌分子的结果，是由于苏联当局实行民主政策的结果，是由于民众力求实现深刻的经济改革和政治改革、必须保卫这些国家的独立和前途免遭帝国主义者侵害和威胁的结果。

各个人民民主国家的共产党，根据各国马克思主义工人运动的优良传统以及反法西斯统一阵线的良好经验，与人民群众紧密联系，一直在进行着争取统一的斗争。反之，在各国社会党内，由于反对法西斯残余和争取必要社会改革这一斗争的加强，致使真正拥护工人阶级统一和社会主义的人，与那些先前做过反动资产阶级盟友和同谋者的旧机会主义分子间的分歧更加尖锐化了，因为这些机会主义分子又想在劳动群众中间充当资本主义和帝国主义的代理人。右翼社会民主党人鼓吹回到"西方资产阶级民主"，即回到传统的反动的资本主义去，利用狭隘的党派沙文主义思想等，公然破坏与共产党人合作的事业，设法阻挠各种必要而且已经答应了的经济改革办法的实现，再次与当地及国际反动势力勾结起来，替英国工党分子和美帝国主义者效劳，与英、美谍报机关合作，以期破坏工人的统一和人民的统一，而为帝国主义的利益服务。

为了在实现统一的道路上和在巩固人民民主的事业中取得进一步的成就，必须公开地、坚决地进行反对右翼社会民主党人的斗争，揭露他们，孤立他们，撤销他们的领导职位，把他们从社会党的队伍中驱逐出去。这一任务是由左翼社会党人在共产党人的有效帮助下加以解决的，虽然有时做得很慢并且不坚决。各人民民主国家的社会党在这种反对右翼社会党人的斗争中已经复兴起来，并且在政治上已经得到了锻炼，恢复了自己同工人阶级的联系，坚决以实现无产阶级的政治统一为自己的目标。另一方面，当时已经看得很明显，这种统一决非马克思主义思想与各种机会主义倾向实行荒谬妥协的结果，而是在马克思列宁主义学说基础上实现的。正因为在思想上和政治上进行了捍卫这一学说并在工人阶级中间宣传这一学说的斗争，所以各人民民主国家的共产党和工人党，始终能把无产阶级一切先进分子都联合到统一的政治的阶级组织中来。

右翼社会民主党在各人民民主国家中已不复存在，这应该看做是工人阶级统一事业的巨大胜利。新战争的挑拨者遭到了极其严重的失败：工人阶级政党已经成了人民政权的基本因素，成了工农联盟的坚强基础，成了建设社会主义社会的领导力量。

五

对于共产党人,以及一切真诚的社会党人和民主党人来说,首要的和基本的任务就是要了解现在比任何时候都更加需要有工人阶级队伍的统一,以便打破帝国主义分子准备新战争的阴谋,阻止反动势力消灭自由的企图,实现为保卫和改善劳动人民生活水准所必需的社会改革。工人力量的分裂和分散,就是为民族独立的敌人开辟道路。工人阶级的统一,就是要为希望挽救民族独立的人的联合努力提供可靠的支柱。如果广大的人民群众在工人阶级统一力量周围联合起来,那么要打破那些恢复法西斯式反动统治制度的企图也就容易得多。只有把工人阶级的力量统一起来,工人阶级才能起到自己的进步作用,才能真正有效地反击帝国主义分子和法西斯分子的计划。

全面揭露右翼社会民主党人为帝国主义服务、揭露他们背叛民主和社会主义事业的政策,这是工人阶级为联合而进行顺利斗争的基本条件。共产党人在这一斗争中不应当动摇。同时他们又必须记住,为了推进工人阶级统一的事业,就必须在全体工人及一切劳动人民中间,特别是在那些尚跟着右翼社会民主党人及其政党走的人中间,不断地和耐心地解释这种统一的重要性。

资本主义国家的一些共产党在近几年来已经有了很大的进展,变成了群众性的党,并且领导着劳动人民中最积极的一部分人参加的大运动;但是其中有些共产党至今还是很小的政党,而同时这些国家的社会民主党却保持着巨大的影响和强大的组织。无论哪样的共产党都必须把争取工人阶级统一的不断斗争放在第一位。近来,在所有国家里进行这种斗争的可能和前景都已经改善了。右翼社会民主党人所进行的背叛劳动群众利益的政策,引起工人队伍中的不满和憎恶情绪,使社会民主党的首领们不得不用新的左的词句来掩饰自己,并引起一部分工人退出社会民主党队伍。我们首先必须在维护劳动人民基本要求的基础上,在为工资、为保障结社自由及罢工权利而斗争的过程中,在为和平而斗争的过程中,与这些工人和社会党劳动群众建立联系。

为了这个目的,应该向社会党工人提议,在工厂、城市和乡村中建立联合委员会,这种委员会可以成为达到工人阶级统一的有效手段,有助于劳动群众广泛的统一战线从下面产生。这是左翼社会民主党人活动的场所,他们在这里可以表明自己是真的希望工人阶级实现统一呢,还是他们那些左的言论仅仅是用来掩饰其与右翼社会民主党人朋比为奸。最后,还须指出一点,就是甚至在阶级性的工会已很发达、共产党已成为群众政党的国家里,广大劳动群众,有时甚至是大部分劳动人民,却还没有加入任何工会、合作社及政治组织,所以在发动这和组织这些群众方面所获得的最终成果,对达到统一能够提供很大的帮助。

在为工人阶级统一的斗争中,应该特别注意到信仰天主教的工人群众以及他们的组织。在某些国家里,这些组织近几年来已经具有了巨大的意义,在那些社会民主党特别薄弱的地方,这些组织力求取而代之,以便给资产阶级反动集团以广泛的支援。例如在意大利,天主教的工会就比那些弱小的社会民主党分裂派集团强大得多。在比利时、奥地利、意大利三国,天主教政党是执掌政权的主要的资产阶级政党。

可是,在所有这一切天主教的组织中,都可以看出教会上层分子所实行的政策与劳动群众间的深刻矛盾,因为教会上层分子是与帝国主义及反动势力结成联盟来反对社会进步的,而劳动群众,甚至其中最落后的分子,却希望和平和保卫自己的切身利益。往往有这种情况,尽管教会当局在天主教运动中时常采取镇压措施,但还是出现了本能地与非天主教的工人运动寻求合作和统一的左的、进步的倾向。耶稣会教徒宣布清除共产党人,目的是使这种合作和统一无法实现,但并没有改变这种局面，因为它对工人阶级队伍没有什么影响。

工人革命者必须记住，宗教信仰上的差异不应成为劳动人民统一事业上的障碍，特别是在目前需要以这种统一来拯救和平的时候。在共产党执政的各人民民主国家里，不存在因宗教原因而发生的斗争：在这些国家里，一切公民都保证有信仰宗教的自由，民主政权方面的惩办的只是那些在虚伪的宗教借口掩护下、按照帝国主义分子的命令进行活动以图破坏民主成果和准备战争的人。

要不断与信仰天主教的劳动人民密切联系，以便使他们了解工人阶级统一的必要性。这种密切联系要使他们在经济、社会场所以及政治斗争方面能具体地共同行动，使阶级工会与天主教工会在争取经济要求的斗争方面采取协同行动，特别是在下层要协同行动，在妇女、青年中建立联合委员会。把大部分天主教工人和劳动人民吸收到为保卫和平、自由与劳动人民生活条件而斗争的统一阵线中来，这是保证这一斗争取得胜利的前提之一。

工人阶级的统一是保证在每个国家里建立人民力量和民族力量的最广泛联盟的可靠基础，其目的是为了抵制帝国主义的战争政策，并同这种政策进行斗争。帝国主义的战争挑拨者威胁着一切国家的独立和主权。他们为了便于实现自己的目的，企图瓦解和分裂各国内部人民力量的统一。为此就展开了纯粹是法西斯式的广泛的反共活动，鼓吹对革命工人的仇视，凌辱并迫害所有虽属中等阶层出身但不愿意替外国帝国主义分子效劳而力求使自己的国家免遭战争浩劫的人士。工人、工人组织以及最有觉悟、最有威望的和平拥护者的任务，就是要努力设法增加这种真诚的民主人士和爱国人士的数量，并领导他们，把他们的力量统一起来，以便与所有人民的阶层实行合作，共同保障民族的独立和统一。

代表着所有社会阶层、青年、妇女和知识分子的广大的、群众性的和平拥护者的民主组织，迄今为止都表现出了是完成这项任务的良好工具，所以这种组织应该在每个国家里都成为真正的政治力量，应该成为广大的人民阵线的基础，这种人民阵线不仅能够进行保卫和平的有效宣传，而且能够采取政治行动，以便对抗外国帝国主义及其代理人的阴谋。执行这个任务，就能克服那些反对统一的人在许多国家里用挑拨的手段所造成的民族力量的分裂状态，就能开展真正统一的民主力量和民族力量的运动，就能有助于各国人民建立这样的政府，这种政府将凭借工人阶级、人民和民族力量的统一，打破准备新战争的政策，对抗那种想使他们的国家屈从美帝国主义支配的企图，这种政府将坚持国际和平的纲领，消灭军备竞赛，恢复本国的民族独立和主权，并致力于和平经济恢复事业，提高劳动群众的生活水平。法国、意大利以及欧洲其他一切资本主义国家的人民目前特别需要的正是这种政府，而不是替美帝国主义分子当奴仆的政府。工人阶级统一事业的成功，是达到这一目的的保证。

* * *

资本主义各国的共产党，应该坚持工人阶级的统一事业，并使之获得胜利。这就要求进一步加强自己队伍的团结，提高自己干部和党员群众的思想水平，更加通晓马克思列宁主义学说，更加精确地进行组织工作，更加有效地进行宣传工作。必须孜孜不倦地和毫不动摇地反对任何一种机会主义的表现，必须努力设法消灭宗派主义思想，因为这种思想很严重地阻碍共产党人争取工人阶级统一的斗争。目前对于资本主义各国共产党最严重的危险，就是在日常事变面前所表现出的消极态度，向困难投降，把反对和平、反对民主阵营的力量估计得太高，不明白无产阶级先锋队的斗争对于实现工人阶级统一与拯救和平具有决定性的意义，不明白这一斗争的胜利首先是取决于共产党人的坚忍不拔的工作。

美帝国主义与各国反动的资产阶级，都肆无忌惮地利用铁托间谍匪帮，以便阻碍争取工人阶级统一的斗争，并在共产主义先锋队队伍中间制造分裂和实行挑拨离间。拉伊克审判的结果对于一切共产党和工人党都有着头等重要的意义。这次审判向我们表明，必须经常提高革命警惕性，必须坚决地斗争，必须无情地铲除在同敌人斗争中的任何动摇的表现。我们应该用这种方法来捍卫和巩固我们的马克思列宁主义学说的纯洁性，保持并加强共产党人对于统一事业的忠诚，保持并加强共产党人对社会主义国家苏联、对苏联共产党、对领导工人阶级和一切劳动人民为民主、社会主义与和平而奋斗的伟大领袖斯大林的忠诚。

工人阶级的统一事业，就是所有一切不愿意做帝国主义奴仆而力求打破资本枷锁，拯救和平，在和平环境中向美好的未来前进，向社会主义社会前进的劳动人民的事业。工人阶级的统一事业是我们切身的事业。在共产党人和革命工人艰苦奋斗的条件下，工人阶级的统一事业应该并且一定会在全世界上获得胜利。

第四次会议

(1949 年 11 月 17 日)

会议于 18 点开始,19 点 40 分结束。

斯兰斯基同志建议委托契尔文科夫同志主持会议。
建议被接受。

讨论陶里亚蒂的报告

杜克洛同志以法国共产党代表团的名义声明说,他完全赞成陶里亚蒂同志所作的报告。杜克洛同志说,我们把争取工人阶级统一的斗争看做是目前摆在我们面前的一个主要任务,这个任务与必须动员广大群众保卫和平有着直接的联系。右翼社会党人是帝国主义政策的执行者。他们的任务是分裂工人阶级队伍。

杜克洛同志指出了,在法国社会党领导人是如何企图完成这个任务的。法国解放之后,在共产党和社会党之间成立了调解委员会,但是,在 1946 年 9 月 3 日社会党人拒绝参加这个委员会的工作,并以此取消了各党之间的统一行动。应该指出,当时欧洲马歇尔计划的筹备工作正在紧张地进行。莱昂·勃鲁姆作为全权特使被派往美国。显然,社会党人拒绝参加调解委员会的工作是执行了美国帝国主义分子的命令。同时还谈到关于实现马歇尔计划的准备措施。

杜克洛同志继续说，但是，帝国主义的忠实走狗莱昂·勃鲁姆，为了给消灭共产党和社会党之间的统一行动创造条件，在此前很久就已经不遗余力地行动了。在所谓人道的社会主义的掩护下，勃鲁姆企图建立社会党与人民共和运动融合的基础（天主教徒）。伴随着这种企图的是对共产党进行疯狂的攻击，右翼社会党人将共产党称为外国民族主义党。这样一来，勃鲁姆就再一次表现出，他是反动派进行反共产主义宣传的工具。

在给纳入马歇尔计划的法国创造条件的同时，莱昂·勃鲁姆还发挥了关于必须放弃国家主权的论点，并企图用国际主义的旗帜掩盖恶劣的世界主义表现。社会党的右翼领导人为接受马歇尔计划努力地创造着有利的政治条件。随着美帝国主义分子意图的暴露，社会党领导人的政策也越来越转向使法国服从于美国的利益。在加强旨在否定苏联国家的社会主义性质的反苏运动的同时，一切宣传工具都投入到美化马歇尔计划、颂扬美国的仁慈等的活动中。

但是，社会党人实行的无条件支持美国和疯狂地反对苏联的政策，在一部分劳动人民中间引起了不满情绪。考虑到劳动人民这种不满情绪的增长，社会党的右翼领导人想出了一种关于两个阵线斗争的谎言，提出了所谓的第三种力量的理论，即为掩盖他们在美帝国主义分子面前的奴颜婢膝而制造的理论。但是，在纳入马歇尔计划两年之后的今天，越来越多的工人群众确信，马歇尔计划使他们的生活条件恶化了。越来越多的人民大众开始谴责马歇尔计划，并在揭露和谴责欧洲纳入马歇尔计划的同时，确信共产党人是正确的。

杜克洛同志接着指出，还有一些劳动大众，他们没有把马歇尔计划与北大西洋公约必然地联系起来，甚至还在某种程度上进了一步。但随着共产党光荣地完成了业已形成的政治局势所赋予它的任务，群众对许多问题看得越来越清楚了。美帝国主义政策的后果体现在：工人和职员的工资发放不足，中小纳税人的税率提高，军费支出增加。正是在这种形势下，在法国开展了工人阶级为争取自己队伍统一的斗争，同时分裂工人阶级力量的运动也开始了。这些运动的结果却使社会党的右翼领导人及其主子们失望。在1947年整个第四季度期间，法国工人阶级展开了规模巨大的争取改善生活条件的运动。劳动人民要求提高工资待遇。政府迫使议会对旨在镇压工人运动的卑鄙的法令进行表决。不甘心让诺斯克①抢先的朱尔·莫克，向正在为争取自己要求的工人们开了枪。

与莱昂·勃鲁姆串通并按照他的命令，茹奥②采取了分裂法国总工会的行动，自此以后，在官方的各界经常能够听到这样的谈论，说法国总工会组织将被取缔，而旨在孤立共产党的政策将会取得成功。自然，茹奥的分裂行动沉重地打击了法国总工会，这不仅是因为总工会的一些成员转向了分裂者一边，而且还因为分裂对工人某些阶层的道德状况也是一个打击。尽管如此，法国总工会过去是现在仍然是法国工人的主要的工会组织。

谈到法国的罢工运动，杜克洛同志指出，人民群众的生活条件越来越恶化了。在1948年10月和11月，发生了矿工的罢工运动，显示了法国劳动人民的辉煌战斗力。法国政府利用恐怖的方式企图摧毁工人的抵抗运动，但是遭到了失败。借矿工的罢工运动，政府企图打击共产党。企图孤立共产党并不是一件容易的事情，正如其倡议者所想象的那样。

杜克洛同志接着指出，1948年在法国实行马歇尔计划的后果是出

---

① 古斯塔夫·诺斯克，德国社会民主党的活动家之一。
② 莱昂·茹奥，法国国际工人运动的著名活动家之一，1945—1947年担任法国劳工总联合会书记，1947年组建独立工会联合会"工人力量总工会"，该组织亲近法国社会党。

现了一系列的政府危机。这引起了群众的不满。工人和职员坚决要求提高工资，同时中产阶层也反对过高的税收。在群众运动高涨的条件下，法国共产党认为，必须把主要的力量集中在争取工人阶级队伍统一的斗争上。在1949年4月蒙特勒伊召开的全国党的代表会议工作中，这个问题成了主要问题。代表会议动员全党，必须重视在社会党的劳动人民中间进行解释工作。各县的选举经验表明，在进行过认真工作的那些地方，都获得了良好的结果。党的中央委员会认为，要动员全党，必须把揭露社会党右翼领导人的政策与争取基层统一行动的斗争密切联系起来，这是绝对必要的。

杜克洛同志说，今年夏季，工人争取直接要求的斗争还表现在，他们要求发放一次性休假津贴。这实际上已经是提到日程上的关于提高工资的问题。最近数月已经可以确认，工人进行斗争以及实行统一行动的愿望更加强烈了。还应该指出，对马歇尔计划造成的后果的不满情绪也更加强烈了。在这方面表现出了工人的阶级觉悟的提高，这是我们党努力揭露造成劳动人民艰难处境的原因的结果。还应该强调指出，企业中一部分生产委员会表现出了与企业主合作的倾向，法国总工会与之所进行的斗争在很大程度上有助于提高工人阶级的战斗精神。从7月和8月开展的罢工运动情况，可以预见这个运动在秋季将会更加猛烈。正是恐惧罢工运动的再一次高涨，才引起了1949年10月5日的政府危机。罢工运动是在统一行动的旗帜下进行的。最后，法国总工会、法国基督教工会联盟和"工人力量总会"这些工会组织之间签署了协定，在个别情况下甚至是在各省的范围内也签署了协定。

这种统一在工人们为争取自己的直接要求的斗争中实现了。与此同时，参加共同行动的不仅有法国总工会和基督教工会组织的成员，而且还有"工人力量总会"分裂派的各个基层组织的成员。在那些进行统一行动的地方，罢工运动绝大多数是以工人们的胜利而告终的。

杜克洛同志说，经验表明，工会组织的右翼领导人只是在基层组织的压力下才同意实行统一的行动。害怕在群众中失去影响，迫使工会组织的领导人同意在那些群众提出要求的地方实行统一的行动。而与此正相反的是，在基层组织中实行统一行动的工作做得不够充分的那些地方，以及在那些还不具备实行统一行动所必需的条件的那些地方，分裂派工会组织的领导人破坏争取统一行动的运动，这正如不久以前在北部省纺织工人的罢工中所发生的那样。

在最近一个时期，最有代表性的是，人数众多的工会基层组织，在争取自己的直接要求的斗争中联合起来，赞成建立一个将实行另外一种政策的政府。

在政府危机期间，法国共产党开展了运动，其口号是建立统一的民主政府和实现包括11项条款的广泛的纲领，一切坚持和平事业、坚持民族独立和捍卫人民权利的法国人，都可以接受这个纲领。

接着杜克洛同志举出了一系列的例子，表明群众的行动有利于建立这样的政府：10月10日，里昂电话厂的1800名工人派出由法国总工会、法国基督教工会联盟以及"工人力量总会"的代表组成的代表团来到省城，提出建立新政府的要求。第二天，在法国的北部省、加来海峡和菲尔米尼，22000名矿工宣布罢工，而在博莱讷运河地区，有6000名工人进行了罢工，他们要求提高工资并建立民主统一的新政府。在整个10月份，这样的罢工运动和群众集会还出现在土伦省、拉芒什省、小罗塞尔、蒂涅（萨瓦）、罗讷河口等地区。

杜克洛同志说，应该着重强调在法国业已形成的新局面的全部意义，而不必担心被指责夸大了事实。改变政策和改变政府的思想已经越来越深入到群众之中。统一的思想已经获得了相当的成就。法国总工会提出的关于实行统一行动的建议，加强了罢工运动的发展。需要的是我们应该向工人群众说明他们斗争的前途。虽然还不能说群众对必须进行反对战争的斗争已经有了明确的概念，他们提出的直接要求已经得到了满足，但是，可以说，在这条道路上他们已经向前迈出了一大步。不但如此，我们还应该与过低估计现有条件的现象进行斗争。我们的一些同志对现有条件估计不足，应该与在群众运动赋予我们的责任面前缺乏坚定性的现象进行斗争。

杜克洛同志说，战争贩子十分清楚，在那些良好的条件下群众会联合起来，而这种联合在法国已经存在了，正是由于这一点，在政府机构中，人们都在思考着如何打击我们的党。能够证明这一点的是，不久以前开始的反对共产党报刊的诉讼案，要求剥夺共产党人在议会中的不受侵犯权，以及为取消共产党人的议会代表资格而准备的政治策略。

存在于帝国主义国家之间的，目前尤其表现在美国与英国之间的这些矛盾，同样也反映在被纳入了马歇尔计划的国家的政党身上。反对建立没有英国的欧洲联盟的社会党领导人已经暗示，他们在竭力使工人阶级脱离开共产党人的影响。他们在这方面的表现是：希望加强分裂的政策，其目的是在各地日益加强的争取统一行动的道路上设置障碍。

谈到法国共产党在对待社会党人的政策时，杜克洛同志提醒说，在情报局第一次会议之后，在党中央委员会全体会议上对这个政策进行了严肃的自我批评。根据日丹诺夫同志报告得出的结论，法国共产党表明，社会党领导人是美国共产党在法国打击的核心，因此必须向群众解释清楚，共产党人的主要打击目标是社会党的右翼领导人。法国共产党详细地解释了关于右翼和左翼原有的概念，尤其是在法国，这些原有的概念妨碍对一些政治问题的正确理解，鉴于这一点，法国共产党中央委员会以批评性的态度分析了战前时期建立统一阵线的经验。对于法国共产党在那一时期的旨在建立统一战线的政策来说，最具代表性的是与社会党上层人物达成的协定。法国共产党没有成功地在基层组织里建立调解委员会，这有利于社会党领导人在战前时期的分裂策略。

杜克洛同志接着说，我们纠正了"滑落到右倾的方向"这种模糊不清的表述，在评价社会党的政策时我们使用了这种表述方式，因为这种说法有助于掩盖右翼社会党人所扮演的真正角色——美帝国主义分子的走狗。法国的右翼社会党人给自己制定的目标是：阻碍我们党联合广大的劳动人民群众进行反对战争的斗争。如果将目前的共产党与社会党的力量对比情况同战前的情况相比较的话，那么应该说，在这种对比中已经发生了有利于共产党的深刻变化。

战后时期在一些国家里，社会党人得以在工人运动中保持了领导地位。在法国，共产党要比社会党强大得多。社会党人在工人之中的阵地大大地缩小了，但是，如果认为社会党人完全没有这种阵地是错误的。不应该怀疑，在北部省、上维埃纳省、上加龙省等省，跟随社会党人的还有很多工人。除此以外，还应该考虑的不仅仅是作为社会党党员的工人，而且还有处于其影响之下的工人。

杜克洛同志指出，我们应该与我们某些同志所持的倾向进行斗争，他们认为，由于社会党丧失了许多党员以及它在竞选运动中遭到的严重失败，社会党人已经变得无关紧要了。这种倾向将会导致削弱甚至是停止我们反对右翼分子的斗争，并导致取消我们与社会党的工人建立统一战线的工作。

目前，在社会党成员之中存在着对国内业已形成的局势强烈不满的情绪，鉴于这种情况，社会党的某些领导人，如居伊·摩勒、丹尼埃·梅耶尔，赞成党拒绝参加政府。他们认为，通过进行蛊惑宣传就能够轻松地达到自己的目的，即"使工人们脱离共产党人的影响"。社会党领导人还指望对议会中的共产党代表进行打击，并以此来缩小共产党的影响。在反共方面社会党人是改变选举法最积极的拥护者。

为了实施我们的旨在建立统一阵线的政策，必须向群众说明社会党领导人所扮演的真正角色。我们应该向这些帝国主义的走狗发动进攻，揭露他们的谎言，他们借助这些谎言企图欺骗和瓦解部分工人阶级。当我们在社会党的工人之间进行这些解释工作时，应该更着重强调处于和平阵营之首的苏联所起的作用。我们应该表明社会主义国家在恢复、发展经济以及推广苏联文化的事业中所取得的成就，如此一来，我们将提出更加明确的口号："法国人民不会，永远也不会与苏联打仗"。

我们的目的是吸引社会党的劳动人民为争取直接要求（提高工资、降低税收、消除失业现象等）而进行共同的斗争，并向他们表明，人民群众的贫困处境都是欧洲纳入马歇尔计划的后果。杜克洛同志说，法国共产党应该在社会党的劳动人民中加强解释工作，向他们说明，目前庞大的军费开支，一方面是由于勃鲁姆开始的越南战争仍然在继续着，另一方面是由于实行了北大西洋公约，这些是造成国家生活各个领域中困难的原因。法国共产党在执行统一战线政策时，应该与自己队伍中的宗派主义和机会主义进行斗争，回击那些企图将社会党的领导人和普通的工人党员同等看待的人。他们的那种立场将会使我们在争取社会党工人党员方面的条件变得毫无用处。显然，那种立场有利于社会党右翼领导人所执行的政策，如果共产党希望尽全力地实行与社会党工人统一的政策，那么，它就应该更加坚决地、以更加令人信服的论据来揭露社会党右翼领导人的这种政策。已经有无数的事实，使我们能够表明帝国主义分子的政策所造成的一切罪恶，而社会党的右翼领导人是为这些帝国主义分子服务的。

杜克洛同志声明说，在本次情报局会议结束之后，法国共产党将加倍努力，吸引社会党的工人党员与共产党人共同进行斗争，因为这是保卫和平斗争取得胜利的条件之一。杜克洛同志说，在法国，我们有这样的环境，这种环境与意大利的环境是有区别的。确实，在法国有着单一制的社会党，但是，它有一些党员在议会于1947年年底对卑鄙的法令进行投票表决之后脱离了社会党，这是一个非常脆弱的党。这个党在社会党的工人群众中没有多大影响，甚至可以说，它的宗派立场阻碍了该党的发展。无论如何，我们都不能够将这个党看做是建立与社会党工人统一阵线的充分工具。

至于说作为天主教徒的劳动人民，杜克洛同志指出，可以确定：在工会的计划中，他们对于同我们进行一致行动的态度，要比社会党的工人党员和"工人力量总会"成员的态度更积极一些。梵蒂冈的法令没能阻碍这个运动的发展。在我们与天主教上层的活动进行斗争的同时，我们还执行着一个帮助天主教中的劳动人民的政策。这就是为什么我们把进步的天主教徒的运动——这个运动具有知识分子运动的性质，并把那些值得我们尊重的人进行了分类——看做是为与天主教中的劳动人民建立广泛的统一阵线的一次不充分的运动。在这方面工会运动可以起到巨大的作用。

目前正在召开的法国总工会全国委员会会议，几天之前就向法国基督教工会联盟、"工人力量总会"以及工业干部自主联盟提出了关于实行统一行动的建议，并号召他们在所有的企业里实现这个统一行动。这是一条使工人阶级达到统一的道路。在这个运动中，共产党人的任务还应该包括，展示斗争的前景，积极进行提高群众觉悟的工作，使他们坚信，改变现行政策和现任政府是非常必要的。

在发展和巩固为争取和平和自由而斗争的公共委员会的同时，我们已经沿着工人阶级统一的道路向前迈出了重大的一步。但是不应该忘记主要的任务。不可以将统一与斗争分开，因为只有在斗争中以及为了斗争才能够建立和巩固工人阶级的统一，这是更广泛地联合人民的必不可少的基础。

杜克洛同志说，从苏斯洛夫同志的报告中可以看出，我们必须动员全体人民进行保卫和平的斗争。只有当我们将全部力量投入到争取工人阶级统一的事业中，这种动员工作才能实现。这就是为什么我们没有把这一任务与我们争取和平的斗争分开的原因。

杜克洛同志表示坚信，在争取工人阶级统一的斗争中，法国共产党将广泛地采用陶里亚蒂同志报告中的指示。他强调指出，陶里亚蒂同志是正确的，对于共产党来说最大的危险是在事件面前采取消极态度，以及在困难面前采取投降行为。如果不克服这种消极的危险的弊病，就不可能认真地进行争取工人阶级统一的斗争。

杜克洛同志说，法国共产党已经认识到，它在和平阵营所进行的斗争中应该起到重要作用，法国共产党将努力做好一切工作，以使工人阶级的敌人和右翼社会党人旨在分裂工人阶级的计划破产。

杜克洛同志说，我们将努力做好一切工作，以使工人阶级的统一具有现实性，不能因为要进行非常顽强和系统的工作而放弃。为了吸引受到欺骗的阶级兄弟实行符合劳动人民现在和将来利益的阶级政策时，应该不惜自己的力量。我们的敌人害怕我们的行动具有民族的和国际的意义，他们打算将我们党的作用变得毫无意义，但是他们的愿望最后还是落空了。按照本次情报局会议受到伟大的列宁—斯大林的党的指示鼓舞通过的决议，作为伟大的斯大林的忠诚的学生去行动，我们必将使敌人的计划遭到破产。我们不仅不允许美国帝国主义的走狗、社会党的右翼领导人降低法国共产党的影响力，正相反，我们将通过进行持续不断的、争取工人阶级统一的英勇斗争来扩大这种影响力，这也可以加强争取面包、争取自由和争取和平的斗争。

实现自己力量的战斗统一，法国的工人阶级就可以阻止我们的国家变成反对苏联、反对人民民主国家、反对国际民主和工人运动的侵略行动的根据地。

争取工人阶级统一的斗争，是加强工会组织、妇女运动和青年运动的工具。这种斗争也是加强和平和自由勇士运动的工具。在争取工人阶级统一、争取广泛联合全体法国人民的旗帜下，我们将奋勇战斗，并在保卫和平和恢复民族独立的事业中取得胜利。

我们将在无产阶级国际主义的旗帜下进行战斗，同时还要解释建立德意志民主共和国的全部意义，它的和平政策应该得到支持。我们将动员我们的人民参加反对西德政府的斗争，这个政府不是别的，而是发动战争的工具，它对法国的安全构成了威胁，并在战争赔偿方面践踏了法国的权利。

我们将去战斗，并永远牢记莫里斯·多列士代表党所承担的义务。莫里斯·多列士在议会共产党团会议上声明说："亲爱的斯大林同志，请相信，目前，如同在1919年和1939年时一样，您将不会为您的忠诚的法国儿女们感到惭愧。"

在结束自己的发言时，杜克洛同志表示坚信，在共产党的领导下，法国人民将联合起来，进行保卫和平的斗争；同时坚信，以自己的统一和自己的斗争，法国人民能够有助于拯救和平的事业，并以此来获取第一个胜利，随后将获取其他的胜利。

萨瓦茨基同志说，波兰工人运动的联合是在马克思列宁主义基础上进行的[①]，这种联合结束了其队伍的长达50多年的分裂状况，无可争议，这种联合是工人阶级和民主波兰自国家被英勇的苏联红军解放之日所获取的最重大的成果。这种联合结束了波兰共产党人依据列宁—斯大林的学说进行了30年之久的斗争，这种斗争是争取工人阶级统一的斗争，是为在夺取政权的斗争中顺利解决这个根本问题的斗争，也是在夺取政权之后为了顺利地建设社会主义的斗争。

以战前波兰社会党为代表的社会民主党，其各种各样的反苏民族主义倾向的有害影响，是分裂的主要原因，这种分裂削弱了波兰的工人运

---

① 指的是1948年12月波兰社会党与波兰工人党联合成为波兰统一工人党。

动，并致使工人阶级遭受了许多失败。对于波兰法西斯主义的、导致波兰被希特勒占领者所奴役的背叛政策，波兰社会党对此负有不小的罪责。

萨瓦茨基同志说，在1940年被占领期间，在波兰社会党队伍的内部出现了分裂，并形成了一个左翼社会党人的集团（波兰社会主义工人党）。右翼社会党人在希特勒分子占领期间，在所谓的伦敦流亡政府里形成了臭名昭著的反苏集团。在波兰获得解放之后，这个集团曾经是英、美侦察机关的分支机构和法西斯地下突击队的一支队伍，进行挑衅和破坏活动，组织间谍、怠工以及恐怖行动。波兰社会主义工人党的左翼在波兰工人党的直接帮助下，逐步地加入了反对希特勒占领者斗争的统一阵线。

左翼社会党人在转向在马克思列宁主义基础上联合工人运动的过程，是很痛苦的过程，是充满了犹豫和动摇的过程。例如，只是在波兰社会主义工人党本身于1944年分裂之后，波兰社会主义工人党左翼才加入由波兰工人党倡议成立的、领导波兰人民争取民族和社会解放斗争的全国人民代表会议。

在苏联红军解放了波兰之后，已经复兴的、当时由奥苏布卡-莫拉夫斯基领导的波兰社会党，在已经加入其中并进行活动的右翼社会党人的影响下，企图阻碍统一阵线的发展。

萨瓦茨基同志强调说，与社会党的统一阵线使工人阶级在政治上达到了统一，几年来的经验充分地证明了陶里亚蒂同志在其报告中对人民民主国家的工人运动所做的深刻评价，尤其是陶里亚蒂说的这样一句话：只有在共产党的领导下，在与右翼分子进行不可调和的斗争中才能实现统一。在这一斗争过程中，奥苏布卡的右派被驱逐出社会党的领导层。

1948年6月，当联共（布）中央在自己的信件中预先警告铁托集团的背叛立场时，哥穆尔卡企图出其不意地夺取党的领导权，提出了波兰工人党与波兰社会党进行联合的纲领，这并不是偶然的，这个纲领将导致向社会民主主义投降和脱离马克思列宁主义的原则。哥穆尔卡企图为波兰社会党及其历史进行辩解，伪造波兰工人党的历史，波兰和立陶宛王国社会民主党以及波兰共产党马克思主义先驱的历史。哥穆尔卡竭力将整个波兰社会党归入联合以后的党。

萨瓦茨基同志说，最突出的特点是，帝国主义分子已经注意到这些企图，并在制定与铁托法西斯匪帮联系的有关计划时以这些企图为基础。例如，不久前美国国务院机关刊物《外交》季刊，在标题为《波兰社会主义的命运》的文章里写到："哥穆尔卡认为，如果要建立社会党人首先是传统的波兰社会党人参加的群众性政党，而社会党人之后只是与波兰工人党中的机会主义分子和假马克思主义者联合，那么，就像哥穆尔卡所确信的，波兰的民族共产主义将会获得强有力的基础，除非借助外力，比如像苏联的直接的武装干涉，不然谁也推翻不了它。"

哥穆尔卡在1948年6月的中央全会上所进行的暗中攻击，遭到了绝大多数中央委员的立即回击。

萨瓦茨基同志说，联共（布）的警惕性以及情报局关于南斯拉夫共产党情况的决议案，使我们党预防了面临的危险。

利用联共（布）的经验，根据布尔什维克主义的精神在党中央的七月和九月全体会议上（1948年）勇敢地接受批评与自我批评，粉碎了右倾和民族主义倾向，正确地制定了波兰统一工人党的思想基础和纲领性任务。①

---

① 1948年7月6—7日召开的波兰工人党中央委员会全体会议通过了对波兰的工人运动、社会主义运动和共产主义运动的传统的评价，这种评价有别于哥穆尔卡在六月全会报告中所作的评价。在1948年8月31日至9月3日召开的全体会议上，哥穆尔卡被指控犯有"右倾民族主义倾向"，并被免除了总书记的职务。

萨瓦茨基同志说，还应该指出，在波兰工人党中央委员会八月全会与去年12月的统一代表大会期间，进行了清洗运动，其结果是从波兰工人党中清除了大约5万名党员，而从波兰社会党中清除了大约8万名阶级异己分子和敌对分子。

清洗党的队伍的斗争始终是在党中央监察委员会的监督下进行的。与此同时，每时每刻都没有忘记侨居国外的、很久以前就被英、美侦察机关招募的右翼社会党匪徒，他们从来也没有停止过自己的阴谋诡计，并极力在从前的社会党人中间进行破坏活动。在争取实现统一代表大会提出的任务的斗争中，对党的队伍以及全体工人阶级的广泛动员工作，使波兰工人阶级和全体劳动人民在巩固人民政权、恢复经济和发展他们感觉自己是其真正主人的国家方面，以及在大大改善物质和文化生活条件方面取得了重大的成绩。

到今年11月1日前，根据统一代表大会的号召，提前两个月完成了第一个波兰三年国民经济恢复计划。这就为在1950年在波兰开始实行建设社会主义基础的六年计划创造了充分的可能。

人民波兰在前几年里取得的经济成果，使工人阶级的物质和文化生活条件逐年得到了改善。工人的实际工资平均已经超过战前水平的26.6%。住房条件得到了改善。由于国内遭到了极大的破坏以及工业的迅速发展，国家、党和工会组织对于这个问题给予了特别的关注。工人阶级获得了极大的社会成就。今年，有45万多名工人和职员在由工会组织管辖的休养所和疗养院度假，有120万名工人和职员的子女在儿童夏令营度假。

对于工人和职员来说，这些实际的利益是看得见和感觉得到的，他们几乎百分之百地加入了工会组织。因此，在遵循党的思想和政治行动的这个组织的范围内，波兰的工人阶级越来越广泛地参加开展的竞赛、革新创造活动，以及踊跃提出合理化建议，进行提高劳动生产率的斗争。波兰的工人阶级培养自己以新的社会主义态度对待劳动和社会所有制形式。

克服改良主义的残余,清除自己各领导层中的社会党右翼官僚分子,工会组织学会了更顺利地履行在人民民主制度的条件下由党到群众这一传动皮带上自己的职能。

萨瓦茨基同志说,在反对社会民主主义、反对右翼以及民族主义倾向的斗争中,工人阶级进行了联合,这使得工人阶级作为工农联盟的领导者,其毅力和主动精神都得到了发展。这一点表现在城市与乡村的结合中,表现在工厂对在全国各地组建的新的生产合作社等的支援上。波兰统一工人党中央委员会政治局决定,明年将建成130个功率强大的、适合波兰条件的国家机器拖拉机站,这将同时会导致建立工人阶级有计划地影响劳动农民的有组织的、稳固的基地,将加强对富农阶级的进攻,并在建设新的生产合作社方面给予有效的帮助。

萨瓦茨基同志说,人民的波兰在与正在被粉碎的、但还没有被彻底粉碎的资产阶级和教权主义反动派的激烈斗争中,在与英、美帝国主义破坏分子和间谍分子的斗争中,在与右翼社会党的反苏代理人的斗争中,在与铁托的特务挑唆者匪帮的代理人的阴谋的斗争中,取得了政治、经济和文化各方面的成绩。在阻止敌人的代理机关的破坏活动方面只取得了部分的、还远远不足的成绩。但是,这个斗争仍在以非常尖锐的形式继续着。

萨瓦茨基同志强调指出,在波兰现有的条件下,同帝国主义的敌对代理机关的斗争,与彻底根除右派和民族主义倾向以及社会民主主义的斗争是紧密相联的。萨瓦茨基同志说,同时我们还要为消除这种倾向的后果而斗争,还要与存在于许多波兰同志之间的和党的许多基层组织里的政治上的盲目无知以及缺乏应有的革命警惕性作斗争。

波兰统一工人党中央委员会最近一次全会证明,仅仅一次打击是不能消灭这些倾向的说法是正确的。不仅如此，一次打击也不能消除产生这些倾向的根源。产生右倾和民族主义倾向以及各种各样的社会民主主义的总的根源是波兰资产阶级在数十年期间植根于小资产阶级和部分工人之中的反俄罗斯的以及反苏维埃的民族主义。争取彻底消灭其根源及其后果的斗争，要求付出更大的努力、开展持续不断的和顽强的斗争。

萨瓦茨基同志说，利用联共（布）的丰富经验，我们党在最近一次中央全会上通过了一系列决议，旨在贯彻布尔什维克的、思想上的和组织上的原则。

今天已经有130万名党员和预备党员的党，其社会组成如下：工人占总数的51.9%，农业工人占4.9%……（拉科西同志说是4%，这太少……）农民占14.3%，职员占26.1%，全会认为这种状况是不能令人满意的。职员所占的百分比过高，而农民所占的百分比明显是不足的。

力图改善党的社会成分，加强党的各个领导环节，全会作出关于调整接纳入党的决议，以便使90%的新接受入党的人员从优秀的工人、少地的农民和中等土地所有者的农民中挑选，而只有10%是从优秀的脑力劳动者中首先是从技术知识分子和教师中选出。

要使全党的注意力集中于全面提高警惕性、清除混入党内的异己分子和敌对分子，全会决定对党的全部机关进行重新选举。总结及选举运动应该加强党务机关中无产阶级的核心力量，阻碍从反对党中脱离出来的人员渗入党务机关里。还要对党务机关的候选人实行见习期制度。

萨瓦茨基同志说，自波兰工人党和波兰社会党统一代表大会召开之日起已经过去一年了，一年的经验使我们完全有理由声明说，统一的工作已经取得了巨大的良好成果。但是，我们不能不看到，对原社会党分子重新进行思想教育、铲除社会民主主义的残余和以马克思列宁主义的思想和组织原则精神教育全体党员的工作过程，还远远没有结束。只有在这方面作出巨大的努力，波兰统一工人党才能成为团结一致的、新的布尔什维克的政党。

全会还制定了一系列旨在完善政治教育工作的措施。

萨瓦茨基同志说，波兰统一工人党中央委员会扩大了党的出版工作。如果说在1948年党务出版社出版了总共50万份马克思、恩格斯、列宁、斯大林的著作，那么在1949年将出版大约650万份马克思、列宁的经典著作，其中包括110万份《联共（布）党史简明教程》，是1948年出版量的13倍。最近还将用波兰语出版斯大林同志文集第1卷和第2卷。

还将大大扩充党校学习网，直到今天，只有少数的党员能够参加各级党校的学习。

例如，各市和各县党委员会属下的夜校和短训班的数量明显不够，目前只能容纳9万名学员，乡党校只有4万名学员。近期将大大增加党校的数量。

要大力重视对于联共（布）党史简明教程的单独学习。为了更好地组织这项最重要的工作，将扩大咨询网，增加讲座和参考材料，以帮助学习联共（布）历史的学员。

中央全会号召加强党内的民主，提高阶级警惕性，与盲目乐观和自高自大现象进行斗争。全会号召更加密切地接触群众，以便了解群众的日常需要；勇敢地使用批评与自我批评这一武器。在劳动和斗争中，利用联共（布）的经验，研究自己的错误，加强与各国兄弟共产党和工人党的联系，使我们的波兰统一工人党变得更加巩固。

最后，萨瓦茨基同志指出，波兰统一工人党应该使全党和全体工人阶级了解斯大林同志——国际工人阶级的伟大领袖和导师——的生活和斗争情况，以及他对发展马克思列宁主义科学的贡献，并通过这一途径达到预定的目标——使人民的波兰朝向社会主义方向发展。

研究斯大林同志的生活和斗争历史将提高党的思想水平，有助于培养列宁斯大林式的活动家，他们是为社会主义波兰奋斗不息、与人民紧密相连、无限忠诚于苏联并与人民的敌人进行毫不留情斗争的战士。

联共（布）极其丰富的经验和援助，以及斯大林同志本人的忠告，有助于波兰统一工人党找到人民波兰发展的正确道路，沿着社会主义道路上实现工人阶级的统一，并为全世界工人阶级的统一事业作出自己的贡献。

由于没有人打算发言，**契尔文科夫同志**宣布就会议日程第二个问题的发言到此结束，由陶里亚蒂同志讲话。

陶里亚蒂同志没有作结论性的发言，并建议成立委员会，按照会议日程的第二个问题起草决议案。

拉科西同志建议委员会由以下人员组成：陶里亚蒂同志、苏斯洛夫同志、杜克洛同志、萨瓦茨基同志和雷沃伊同志。

苏斯洛夫同志问，就委员会的组成问题是否还有建议。

斯兰斯基同志建议将巴什特万斯基同志增补进委员会。

由斯兰斯基同志做了补充的拉科西同志的建议被采纳了。

第五次会议

(1949 年 11 月 18 日)

会议于 10 点 30 分开始，13 点 55 分结束。

契尔文科夫同志建议委托贝尔曼同志主持本场会议。
建议被采纳。

贝尔曼同志请乔治乌-德治同志就会议日程中的第三个问题发表讲话。

乔治乌-德治作关于《南斯拉夫共产党在杀人犯和间谍掌握中》的报告

同志们！

从情报局关于南斯拉夫共产党情况这一有历史意义的决议公布之日起，迄今已有一年多了。在这一时期内，南斯拉夫事变的发展情形，在布达佩斯进行的审判，以及铁托代表团在联合国组织中进行的挑拨活动，完全证实了这个决议的正确性，完全证实了这个文件对于世界革命运动具有非常重大的理论意义和实践意义。

这个决议非常鲜明和深刻地揭露了南斯拉夫领导人的反苏反共本质，并确切地证明了这些人根本与马克思列宁主义及无产阶级国际主义原则毫无共同之处。这个决议非常英明地预测到南斯拉夫后来事变的根源，指出"这种民族主义的路线只能致使南斯拉夫蜕化成为一个一般的资产阶级共和国，丧失它的独立，并变成帝国主义国家的殖民地"。决议对铁托集团专为诬蔑社会主义而采取的那些蛊惑人心的和冒险的措施的经济后果所作的分析，也具有同样的科学预见性。决议大大地帮助了南斯拉夫共产党内健全的、革命的国际主义分子反对铁托—兰科维奇法西斯专政的斗争。南斯拉夫的人民群众已经深深地体验到并且继续体验着这个决议的精神，他们从亲身的经验中体会到这个决议对攫取了国家统治地位的那些血腥刽子手的估计是正确的。

情报局的这个决议对于整个世界革命运动的方向和实践活动都给予了极大的帮助。由于这个决议具有马克思列宁主义的思想明确性，及其对于第二次世界大战后，尤其是各人民民主国家中形成的局势下的阶级斗争问题有深刻的分析，使得各国共产党和工人党得以顺利地消除党内的民族主义倾向，并巩固了党内思想上的统一。世界革命运动得以更坚决地沿着无产阶级国际主义路线前进。共产党和工人阶级更加深刻地领会了无产阶级的国际主义思想，并认识到忠于社会主义祖国——苏联，这就是国际主义的试金石和准绳。《情报局关于南斯拉夫共产党情况的决议》成了各国共产党和工人党多次胜利的基础。各国共产党和工人党，由于这个决议而获得了反对民族主义倾向以及巩固无产阶级国际主义的正确的斗争方向，并在战争与和平的问题上确定了坚决而鲜明的立场。

斯大林同志对国际共产主义运动给予了巨大的帮助，他非常英明和远见地警告我们注意某些思想倾向和糊涂观念，并帮助我们与这些现象作斗争。斯大林同志的这种帮助对于马克思主义的党有着无限宝贵的意义。正是由于有了这种帮助，才使得各国共产党避免了在实践和理论工作中的许多错误。

国际工人运动中的杰出领袖莫里斯·多列士、帕尔米罗·陶里亚蒂、福斯特①等人在其关于各国共产党当帝国主义进攻苏联和各人民民主国家时应采取何种态度的声明中,表示了他们本国劳动人民誓与具有解放使命的苏联军队一起反对帝国主义侵略分子的意志和决心。这种坚决反对英、美战争挑拨者的立场,在全世界各国都获得了广泛的响应,并成为群众争取和平斗争的重要推动力。

情报局决议是提高革命警惕性的一种强有力的号召。它提醒大家:凡是陷入反苏主义泥潭的人都不免有滚上资产阶级民族主义道路的危险,而这种危险是斯大林同志还在 22 年前就已经警告过的。当时斯大林同志说:

"谁决心绝对地、毫不动摇地、无条件地捍卫苏联,谁就是国际主义者,因为苏联是世界革命运动的基地,不捍卫苏联,就不能捍卫并推进世界革命运动。要知道,谁想撇开苏联、反对苏联而捍卫世界革命运动,谁就是反对革命,谁就必然要滚到革命敌人的阵营里去。"②

我们的伟大导师的这些话在今天显得如何地恰当啊!阶级斗争的辩证法是毫不留情的。在全世界革命运动面前,在南斯拉夫工人阶级和劳动人民面前,铁托集团以建设社会主义和对现今世界所分成的两个阵营采取所谓"独立路线"的辞藻,来掩盖其反苏反共立场,这种卑鄙无耻和虚伪骗人的企图,已经完全破产,并引起了人们的无限厌恶。铁托集团已经公开转到了帝国主义战争挑拨者阵营方面,并正在为美帝国主义分子效劳服务。铁托集团转到了法西斯主义方面,这是反苏反共政策的必然结果。它将南斯拉夫和南斯拉夫人民出卖给了美国垄断资本家,

---

① 威廉·福斯特,美国共产党全国委员会主席。
② 参见《斯大林全集》中文版第 10 卷第 47 页。——编者注

丧失了南斯拉夫的国家主权、民族独立和最后的一点自由，而在国内建立了极端残酷的法西斯恐怖制度。

在布达佩斯的审判中，在保加利亚人民共和国、罗马尼亚人民共和国以及其他人民民主国家中，所揭露出来的种种事实，都充分证明铁托、兰科维奇、卡德尔、吉拉斯、皮亚德、戈什尼亚克①、马斯拉里奇②、贝布莱尔③、姆拉佐维奇④、武克曼诺维奇、波波维奇⑤、基德里奇⑥、内什科维奇⑦、兹拉蒂奇⑧、韦莱比特⑨及其他人——拉伊克、布兰科夫、科斯托夫、珀特勒什卡努及其同路人，都是英、美帝国主义谍报机关的代理人。他们这些卑鄙下贱的间谍和叛徒，早在第二次世

---

① 伊万·戈什尼亚克，南斯拉夫共产党中央政治局委员，南斯拉夫国防部副部长。

② 博日达尔·马斯拉里奇，南斯拉夫交通部部长。

③ 阿莱什·贝布莱尔，1945—1949 年担任南斯拉夫外交部副部长，自 1949 年起担任南斯拉夫驻联合国组织的常任代表。

④ 卡尔洛·姆拉佐维奇，1948—1949 年担任南斯拉夫驻苏联大使，1949 年 10 月 25 日在苏联被宣布为不受欢迎的人，依据是根据拉伊克诉讼案中提出的那些指控，仿佛在 1947—1948 年他在担任南斯拉夫驻布达佩斯大使期间，是反匈牙利和反苏联间谍活动的组织者之一。自 1949 年底从苏联返回之后，担任克罗地亚议会主席团主席。

⑤ 科查·波波维奇，南斯拉夫军队的总参谋长。

⑥ 博里什·基德里奇，南斯拉夫共产党中央政治局委员，南斯拉夫政府计划委员会和经济委员会主席。

⑦ 布拉戈耶·内什科维奇，南斯拉夫共产党中央政治局委员，塞尔维亚共产党中央委员会书记，塞尔维亚政府主席。

⑧ 萨沃·兹拉蒂奇，南斯拉夫共产党著名的党务活动家，在 1946—1948 年是南斯拉夫共产党中央驻阿尔巴尼亚共产党的代表，1948 年 5 月起担任南斯拉夫轻工业部部长。1948 年年底，兹拉蒂奇向南斯拉夫领导人声明，不赞成与苏联和共产党情报局对立，为此于 1949 年 1 月被开除出党，随后遭到逮捕。

⑨ 弗拉迪米尔·韦莱比特，南斯拉夫外交部副部长。在联共（布）中央于 1948 年春天给南斯拉夫共产党中央的信函中，确定韦莱比特是英国间谍。

界大战时期,就已经帮助过英、美帝国主义分子去准备立足点,以实现其统治全世界的计划。这个间谍和叛徒匪帮就像古代木马计中的木马那样钻进各国共产党和工人党的队伍中。铁托匪徒奉行他们主子的命令,力求达到一个罪恶的目的,即在已由工人阶级取得政权的那些国家中,夺得党的领导地位和国家政权,镇压革命运动并恢复资产阶级的统治。

在由苏联解放的中欧和东南欧的各国,资产阶级政党和资产阶级政治家到战争结束时已经是声名扫地了。人民的革命力量已经揭露了他们,并在政治上把他们击溃了。世界反动派曾经拼命地保护其在这些国家中的资产阶级代理人,但是,反动派并没有以此为限。既然资产阶级政党和右翼社会民主党人自己没有能力来对抗那些受共产党与工人党领导的人民力量,于是帝国主义分子就来寻找用以恢复资本主义统治的新的后备力量,以便引起工人运动和民主运动中的分裂,并在这种运动内部造成混乱状态。

列宁曾经告诫我们说,资产阶级具有很多政治经验,它即使在似乎已经山穷水尽的最困难的关头,也会企图找到一批一批出人意料的新的后备力量,以求挽救自己灭亡的命运。

铁托集团并不是偶然转到法西斯主义方面去的。这种转变是遵照他们那些主人即英、美帝国主义分子的指令而实现的,现在业已查明,铁托集团在很久以前就已经被英、美帝国主义分子雇佣了。

南斯拉夫的叛徒们奉行着英、美帝国主义分子的旨意,力图在各个人民民主国家里造就一些由反动的、民族主义的、教权派的和法西斯主义的分子组成的政治匪帮,以便依靠他们来在这些国家里实行政变,使这些国家脱离苏联及整个社会主义阵营而去听受帝国主义统治势力的支配。铁托集团把贝尔格莱德城变成了美国间谍活动中心和反共宣传中心。

还是在大战时期,即在1943年时,当时对米哈伊洛维奇和前国王彼得的流亡政府表示赞助的英国广播公司,即已经急剧地改变了论调,而对铁托表示好感。后来大家才知道,原来有个英国军事代表团驻在铁托的司令部里①,接着,铁托还任命了韦莱比特上校(现时已经是将军)这个英国间谍机关的代理人充任驻伦敦的代表。帝国主义的阴谋开始显露出来了。当时南斯拉夫共产党领导机关对马其顿问题发表了一篇实质上带有民族主义性质的政治宣言,公然在斗争最激烈的时候,号召马其顿的爱国志士从希腊民族解放阵线中逃走而转归铁托支配。于是铁托所派遣的密使(武克曼诺维奇亦在其中)便马上着手在马其顿共产党和希腊共产党内进行破坏工作。

丘吉尔当时派了自己的儿子伦道夫负着专门的使命到铁托那里去。不久以后,这个老反动分子兼苏联的死敌,又亲自与铁托会过面。②铁托及其党羽早在当时就受到帝国主义分子特别的关照和信任。

另一方面,据南斯拉夫波皮沃达将军③的揭发,真实地暴露了铁托、兰科维奇及其他人等对纳粹侵略者及德国秘密警察机关所采取的妥协态度,并且暴露了他们在战争最艰巨的时刻卑鄙地背叛南斯拉夫游击队的行为。所有这一切都充分说明铁托集团尔后所采取的立场。因为工人运动的经验告诉我们说,一个人被资产阶级警察机关收买了一次,那

---

① 关于1943年向南斯拉夫的人民解放军和游击队的最高司令部派英国军事代表团这件事,苏联政府一开始就从铁托和英国政府那里知道了这件事。由于南斯拉夫共产党领导的游击队在政治上和军事上所取得的胜利,以及苏联的支持,英国被迫于1943年与铁托建立了关系,而在苏联与南斯拉夫冲突时期,这种关系被苏联的宣传机关描绘成仿佛是"帝国主义分子"与自己的"代理人"之间的秘密联系。

② 丘吉尔与铁托的会面是1944年8月在那不勒斯进行的。

③ 佩罗·波皮沃达,南斯拉夫的空军少将,1948年8月逃离了南斯拉夫,是1949年春天在苏联成立的南斯拉夫"革命侨民"组织的负责人,稍晚些时候成为在苏联以及东欧其他国家建立起来的南斯拉夫侨民反铁托联盟的领导人。

他就会终身受着资产阶级警察机关的支配。

英、美帝国主义分子极力宣扬铁托匪帮的卑鄙观点，把这种观点推崇为国际范围内的反共榜样。他们力图把其他国家的共产党人也吸引到铁托的影响之下。但是帝国主义分子的计划失败了，"元帅"的帽子终归掩盖不住国际资本间谍的真面目。

一切真正的和平、民主和社会主义的朋友，都认为苏联是社会主义的强大堡垒，是各国人民自由独立的坚固可靠的保卫者，是和平的主要支柱；然而假冒苏联的朋友而攫得政权的铁托—兰科维奇集团，却按照英、美帝国主义分子的指令进行着诬蔑挑拨的反苏宣传，为此竟不惜采用希特勒匪徒武器库中最卑鄙的手段。帝国主义资产阶级想在南斯拉夫境外传播铁托的反苏反共破坏政策的一切企图，都被世界无产阶级革命运动钢铁般的统一打得粉碎。

情报局决议公布之后，贝尔格莱德的法西斯暴徒们便开始诉苦，说他们受到了不公允的处置。但他们的唯一用意，是要设法更长久地隐藏其卑鄙的过去及其与英、美帝国主义势力勾结的事实。布达佩斯举行的审判，就是对铁托集团的一种迅雷般的打击。

事实证明，这里的问题并不是由于犯了某种错误，**而是由于一个久已在警察机关和资产阶级谍报机关中服务的间谍、告密专家和奸细的匪帮自觉地执行着反革命、反苏、反共的政策**。南斯拉夫现今的领导人，大部分都是1941年由德国秘密警察机关从法国集中营派到南斯拉夫去的。

对拉伊克—布兰科夫匪帮罪行的揭露，对他们的审判以及处决，应该被看成是社会主义和民主阵线在反对帝国主义阴谋方面所取得的巨大胜利。在布达佩斯的审判中所查明的事实，最终撕破了铁托及其党羽的假面具，在南斯拉夫和全世界各国人民面前揭露了他们的真面目，使大家都认识他们是以美、英帝国主义雇佣走狗的身份钻进工人运动队伍中来的老间谍和奸细。

美帝国主义分子旨在恐吓和破坏各人民民主国家,在中欧和东南欧建立以铁托集团为前锋的反苏联盟的计划,就**是帝国主义发动新世界大战的总战略计划中的一部分。因此,这个计划的被揭穿是战争挑拨者所遭受的重大失败,是和平拥护者所取得的重大胜利。**

铁托—兰科维奇集团最终变成帝国主义直接代理人和战争挑拨者同谋犯的表现,就是南斯拉夫政府公开加入联合国组织中的帝国主义集团。在联合国组织中,卡德尔、吉拉斯和贝布莱尔之流在国际政策的各个最重要的问题上,都与美国反动派采取一致的行动。①

铁托集团的对外政策**就是卑鄙龌龊的反苏联的政策**。贝尔格莱德的反革命代理机构执行着帝国主义侵略者和新世界大战的挑拨者所分派给他们的任务。

法西斯暴徒们企图向南斯拉夫各族人民隐瞒自己想加入北大西洋公约的实质。他们那种已经在布达佩斯审判中被揭穿的行动,就是他们积极参加实现英、美帝国主义分子军事计划的确凿证据。共产党和工人党在分析铁托集团对外政策趋势时早已经说过,在不久的将来,铁托为了效忠于自己的主人,也许会造出一种新的"理论",说现代战争的原因不是资本主义及其矛盾,不是帝国主义而是社会主义。

现在,这种说法果然已经成为南斯拉夫政府对外政策的主要口号了。贝尔格莱德法西斯匪帮关于对外政策问题所发表的一切言论,都只是力图诬蔑和诽谤苏联及各人民民主国家。对铁托集团来说,世界上已经没有什么帝国主义分子。铁托集团的每一言论都充满了反对苏联和反

---

① 这里指的是在联合国大会第四次会议上,选举东欧的非常任安全理事会成员时,苏联提出的是捷克斯洛伐克,而南斯拉夫则提出自己作为候选人,驻联合国的西方代表团支持了南斯拉夫的提案。

对各人民民主国家的仇恨和恶意。

英、美帝国主义主子们会要求自己的代理人铁托在目前这次联合国大会上加紧积极的活动。苏联所获得的巨大声望，使帝国主义分子深深地感到不安。帝国主义分子所授予联合国组织中铁托代表们的任务，是要他们来破坏和平主力苏联的威信，并施放一种烟幕，使人们识别不出英、美帝国主义分子是战争的挑拨者。铁托的代表们用尽一切力量来企图诽谤苏联与各人民民主国家间建立在平等原则和共同利益基础上的新型关系，即社会主义的相互关系。这种相互关系对于世界各国所有一切渴望和平、自由的人民，所有一切依赖于美帝国主义的各国人民，都起着吸引的作用。狂暴嚣张的铁托集团在这些事实面前是无能为力的。只是由于来自苏联方面的社会主义的帮助，"各人民民主共和国业已进行到这样一个发展阶段，此时人民已经体验到自由和独立生活的快乐，感到他们自己是国家的主人，并把他们自己的全部精力贡献于巩固和发展祖国的事业"（格·马·马林科夫1949年11月6日的报告）。同时，美国经济却面临着灾难性的危机，这种危机将把所有一切与美国相依为命的国家，包括南斯拉夫在内，都牵扯进去。

铁托集团在当前这次联合国大会上完全暴露了自己的真面目：现在大家都很明白，谁是这个集团的后台老板，这个集团究竟是为谁服务的。

铁托竭尽全力地执行着他那些主人的一切命令。铁托奉行华盛顿的旨意，甘心情愿地出卖任何一种民族利益。《纽约先驱论坛报》驻贝尔格莱德的记者，早在今年6月他那篇题为《美国将要求铁托作政治让步》的文章中就声称：南斯拉夫政府对奥地利提出的各项要求，在的里雅斯特问题上，以及在对希腊游击队的问题上，其立场将发生变化。帝国主义的奴仆——叛徒铁托，确切地执行了主人的一切命令。他放弃了斯洛文尼亚的卡林西亚地区①,并阻碍的里雅斯特区内南斯拉夫人问题的公正解决。至于希腊问题,那么艾奇逊在此次联合国大会的开幕词中已强调指出,南斯拉夫卖国政府已经改变了对该问题的立场。②

所有这一切就使得《泰晤士报》指出:在对外政策方面,铁托已经把某些妨碍与西方国家建立经济联系的障碍消除了。若用资本家的语言来表示,这就是说可以向代理人铁托提供他所要求的美元了。

在对内政策方面,铁托—兰科维奇叛徒集团活动的主要结果,便是南斯拉夫人民民主制度事实上已经被消灭。

由于篡夺了党和国家权力的铁托—兰科维奇集团实行反革命政策的结果,在南斯拉夫已经确立了反共产主义的、法西斯式的警察国家制度。这种制度的社会基础就是乡村中的富农和城市中的资本主义分子。南斯拉夫的政权实际上是操纵在反人民的反动分子手中。在各中央机关和地方机关里活动的有旧资产阶级政党的积极分子、富农及其他反对人民民主制度的分子。掌权的法西斯上层分子倚仗着无限庞大的军警机关,对南斯拉夫的各族人民进行压迫,把全国变成了军营,消灭了劳动人民的民主权利,并压制任何意见的自由发表。

南斯拉夫的统治者蛮横武断地欺骗人民,硬说他们是在南斯拉夫建设社会主义。实际上每个马克思主义者都很明白,在南斯拉夫根本谈不

---

① 在1949年5—6月召开的巴黎外长会议第6次会议上,苏联改变了以前的立场,拒绝支持南斯拉夫提出的对居住着斯拉夫居民的奥地利卡林西亚省的领土要求。结果是苏联、英国、美国和法国四国外长达成了不改变战前奥地利边界的协定。在答复南斯拉夫提出的致莫斯科的抗议照会时,苏联政府声明说,早在1947年,南斯拉夫政府在与西方代表进行秘密谈判时,实际上已经背着苏联放弃了以前提出的对奥地利的领土要求,因此,南斯拉夫已经没有权利就这个问题向苏联提出抗议了。南斯拉夫人批驳这一指责不符合实际情况。

② 1949年夏季,南斯拉夫停止了向由共产党领导的、为反对希腊政府而战斗的希腊游击队提供武器、弹药和基地的行动。

上社会主义的建设,因为铁托集团既然同苏联及整个社会主义和民主阵营决裂,因而也就使南斯拉夫失去了建设社会主义的主要支柱;因为铁托集团已经使南斯拉夫在经济和政治方面都听命于英、美帝国主义分子的支配。

最近的事变表明,南斯拉夫政府已经处在完全依赖外国帝国主义分子的地位,并已经变成了后者侵略政策的工具,结果使南斯拉夫共和国丧失了独立和自主。南斯拉夫共产党中央委员会和南斯拉夫政府,已经同帝国主义分子集团完全结合在一起,共同反对整个社会主义和民主阵营,反对全世界各国共产党,反对各人民民主国家和苏联。

铁托和兰科维奇在国内实行疯狂的白色恐怖。任何进步民主思想的自由发表都不免要招致丧失自由和生命的危险,一切人权都受着残酷的践踏。监狱中充满了共产党员、罢工工人和拒绝参加所谓的"自愿的"强迫劳动的农民。监狱中实行严刑拷问、毒打和鞭挞,使人失明和挨饿的制度,弄得全国惊惶不安。掠杀和枪决事件数不胜数。今天的南斯拉夫乃是杀人不眨眼的国家,乃是囚禁各族人民的监狱。①

南斯拉夫的帝国主义仆从篡夺了南斯拉夫共产党领导地位之后,就广泛采用恐怖手段来对付那些忠于马克思列宁主义原则和反对帝国主义、争取南斯拉夫独立的真正的共产党员。成千上万忠于共产主义的南斯拉夫爱国志士被开除出党籍,被囚禁在监狱和集中营里,其中有许多人在监狱里惨遭杀害或者是被暗害,例如有名的南斯拉夫共产党员阿尔

---

① 整理会议记录时删去了乔治乌-德治报告中的下面一段话:"无产阶级冶金企业"的工人们写道:"我们的处境同占领时期的处境没有什么区别。不久以前,我们每小时只挣12—16第纳尔。后来又将明显具有剥削性质的规定强加于我们。从前每月可挣到3200个第纳尔的工人,现在只能得到2400个第纳尔,而其余的都被由国家保安处任命的作业队负责人拿走了。铁托对工人的'社会主义'就是如此表现的!"

索·约万诺维奇①就是其中的一个。南斯拉夫用以摧残坚定的共产主义战士的残酷手段，只有希特勒法西斯分子或者希腊的察尔扎里斯②和西班牙的佛朗哥刽子手们所采用的那种暴行，才可与之相比。

茹约维奇同志、赫布朗同志以及南斯拉夫共产党员的其他许多领导者，许多英勇进行过反希特勒斗争的将军、上校及其他军官，出色的党务工作者、大学教授、进步知识分子、工人和劳动农民，——这些爱护自己的祖国并渴望它很快能从帝国主义爪牙下解脱出来的人，这些爱戴苏联和社会主义的人，都被囚禁在牢狱里，并随时有惨遭杀害的危险。

南斯拉夫法西斯分子一面把忠于无产阶级国际主义的共产党员开除出党，加以种种摧残，一方面又为资产阶级分子和富农分子大开入党之门。

由于南斯拉夫共产党内健康力量被铁托匪帮摧残的结果，南斯拉夫共产党领导机关已经完全落到一群间谍、杀人犯及帝国主义仆从的掌握之中。这些擅自用党的名义出来活动的反革命分子，公然把持了南斯拉夫共产党。大家知道，资产阶级老早就采用着一种惯用的伎俩，在工人阶级政党内部为自己招收间谍和奸细。现在，帝国主义分子正是用这种伎俩来力图从内部瓦解工人阶级政党，使其听从他们的支配。在南斯拉夫方面，他们已经达到了这一目的。

铁托集团的法西斯思想，他们的法西斯对内政策，也如他们那种完全受外国帝国主义分子支配的卖国的对外政策一样，使得铁托—兰科维奇法西斯间谍集团与爱好自由的南斯拉夫各族人民的根本利益，处于水

---

① 阿尔索·约万诺维奇不是南斯拉夫共产党的活动家，而是一名军人，南斯拉夫军队的上将，他在1948年8月企图越过边界逃亡到罗马尼亚时，被南斯拉夫的边防部队击毙。

② 康斯坦丁诺斯·察尔扎里斯，1946—1947年担任希腊总理和外交部部长，1947—1950年担任希腊副总理和外交部部长。

火不能相容的地位。因此，铁托集团所干的祸国殃民的勾当，受到来自南斯拉夫所有忠于马克思列宁主义的共产党员以及工人阶级和劳动农民日益增长的抵抗。

我们向南斯拉夫所有一切在兰科维奇刽子手主持下的监狱和集中营里勇敢地经受血腥恐怖痛苦的同志们，致以共产主义的战斗敬礼！

南斯拉夫的经济状况一天比一天更使劳动人民难于忍受。国营部门并不是人民的财产，这是专为外国资本服务的国家资本主义部门。

南斯拉夫的工人不是在为自己做工，不是为本国人民做工。他们所生产的剩余价值最大限度地被外国银行和托拉斯攫为己有。在各个企业里，例如在斯图拉铸铁厂、马利波尔附近的修车厂和特尔波弗勒各矿井中发生的罢工，都遭到兰科维奇手下的血腥镇压。

铁托集团为反对劳动群众而实行的法西斯恐怖专政是有利于外国资本和本国城乡资产阶级的。与富农势力的巩固同时发生的，还有城市资产阶级发展的过程。贝尔格莱德法西斯骗子们想用"消灭剥削"或"社会主义胜利前进"的胡说，来掩盖其恢复资本主义的措施。一年半以前叛徒卡德尔曾经声明说："在我们国家里，人剥削人的最后残余存在的日子，已经屈指可数了。"实际上南斯拉夫城乡中的资本主义剥削更为加强了；富农和其他剥削者都在赞美着自己的恩人——叛徒铁托。

由于铁托集团对苏联和各人民民主国家采取敌视政策，南斯拉夫失去了这些国家的援助，**其五年计划遭到了完全的破产**。南斯拉夫的劳动人民越来越清楚，铁托关于没有苏联及各人民民主国家并且反对他们的条件下也能在南斯拉夫"建设社会主义"的胡说，是多么卑鄙下贱的谎言。

乡村中劳动农民的状况比过去任何时候都更加困难了。农民惨遭富农的残酷剥削，备受苛捐重税和强迫劳动的痛苦。用强力建立起来并由富农领导的"生产合作社"，乃是剥削劳动农民的新形式。拥有农具的富农在所谓的"合作社"中剥削贫农的劳动，比在他们自己的私人农庄里残酷得多。①

最近以来，铁托愈加频繁地实行一种最残酷的剥削形式，即无报酬地强迫劳动，以利于外国资本。他把砍伐木材、建筑公路等工作都称为"自愿工作"。有成千上万的人被强迫去参加这种伐木工作。

在这方面的典型例子，就是在波斯尼亚和黑塞哥维那的森林地区砍伐木材运往英、美去的所谓"自愿工作"。在招募人员参加"自愿工作"时，事先不作任何通知。国家政权机关代表趁吃午饭时或者在夜间跑来，把列入预先拟定的名单中的人员强迫拉去。这些人往往是不符合条例中所规定的条件的，也就是说他们或者太老（55岁），或者是太小（不满14岁），其中还有许多病人和丧失劳动能力的人。病人和老年人占被动员参加工作者总数的20%。甚至医生发给的免除"自愿工作"的证明书也被置之不理。每日的工作时间由10小时到14小时，饮食很差，午餐是一碗豆汤、200克面包和200克玉米粥。衣服是不发给工作人员的，他们在森林的地上睡觉，雨天就常常睡在泥泞中，因为那里连棚子都没有。除人以外，工作牲畜，如马和公牛也"自愿地"被拉去。这种强迫劳动受到来自群众方面的日益激烈的反抗。

在南斯拉夫执掌政权的杀人犯和间谍匪帮所实行的民族政策，乃是法西斯式的民族沙文主义的种族政策，是对少数民族实行野蛮压迫及剥夺其任何自由发展权利的政策。

少数民族的组织被解散了，他们的忠诚领导者被逮捕了，并在南斯拉夫法西斯刽子手监狱里惨遭杀害。

由于南斯拉夫少数民族的刊物，也如南斯拉夫的其他全部刊物一样

---

① 在整理会议记录时，删去了报告中的下面一句话："这些'生产合作社'是铁托制度的最荒谬绝伦的发明。"

由法西斯分子把持着，所以少数民族不能用本民族语言来自由发表自己的意见。

南斯拉夫的刊物，完全服务于美帝国主义及其走狗——铁托间谍和杀人犯匪帮。

南斯拉夫已经成了纳入马歇尔计划的国家。如果起初铁托及其集团大吹大擂，说他们没有债款也行，并发誓说美元决不能玷污他们"自己的力量"和他们的"特殊的道路"，那么今天的这些政治骗子却已经在公开向美国银行乞援了。然而谁都知道，美国银行家并不单以取得利息为满足。国际复兴与开发银行派往南斯拉夫的代表团团长美国人豪尔，在贝尔格莱德城里主宰着一切，他在记者招待会上声明说，他将要检查该银行的放款究竟作何用途。南斯拉夫的经济计划先要提交给这些垄断资本家去批准。凡此一切，都使人民不免遭受纳入马歇尔计划所引起的种种苦难。

外国资本经过各种路线侵入南斯拉夫，结果已经使南斯拉夫丧失了经济独立的地位。

反革命代理人铁托所负担的最卑鄙的任务，就是要残害希腊民主军队。南斯拉夫刽子手铁托和希腊刽子手察尔扎里斯彼此间达到了完全一致的协定，秘密商定要共同来消灭英勇的希腊游击队。当铁托命令自己的军队从背后攻击希腊民主军的时候，他的走卒武克曼诺维奇便在《战斗报》上评论希腊共产党所犯的"错误"。武克曼诺维奇在希腊爱国志士处于最困难的时候，公然用险恶至极的卑鄙手段攻击希腊共产党的领导层和扎哈里亚迪斯同志。铁托匪帮知道南斯拉夫各族人民对希腊游击队抱有极大的同情心，所以才准备了这样一套荒诞"理由"来为自己的行为辩护。

老奸细武克曼诺维奇当时写道："由于领导机关对一系列最重要的问题（武装斗争问题、军队的组织和训练问题、政权问题、与帝国主义者的相互关系等问题）采取了绝对错误路线的结果，'激战'已经失败了。"

这些文章并不能掩盖铁托集团的卑鄙行为，因为在该集团所做出的一切罪恶中，协助保皇法西斯反对希腊游击队的行为乃是一种穷凶极恶的罪行。

所有这些事实，都充分表明了铁托集团所施行的秘密政治警察统治和法西斯主义政策。

然而南斯拉夫人民向这个间谍、奸细和杀人犯匪帮作总清算的日子已经不远了。

根据以上对南斯拉夫状况的分析，应该作出一些什么结论呢？

1. 铁托间谍集团所代表的不是南斯拉夫各族人民的意志，而是美、英帝国主义分子的意志，因此，它出卖了本国的利益，并使南斯拉夫丧失了政治独立和经济自主的地位。

若不进行反对铁托集团的斗争，便无从进行反对新世界大战挑拨者的斗争，因此反对铁托集团的斗争，显然具有国际的意义。

2. 当前的"南斯拉夫共产党"已落入人民公敌手中，所以它已经不配被称为共产党了，它现在不过是执行铁托—卡德尔—兰科维奇—吉拉斯集团间谍任务的机关而已。

反对这个受人雇佣的铁托间谍和杀人犯集团的斗争，乃是各国共产党和工人党的国际职责。

3. 反对铁托法西斯专政这一斗争中的主要任务，应由革命的共产党人所领导的南斯拉夫工人阶级和各族人民来担任。

南斯拉夫各族人民对于解放了他们的苏联表示真诚的爱戴，并诚心诚意地希望回到社会主义和民主力量的伟大家庭中来。南斯拉夫各族人民深刻痛恨铁托间谍集团及其主人美、英帝国主义分子。南斯拉夫劳动人民为推翻法西斯专政者而进行的斗争日益加强。

各国共产党和工人党的责任，就是要竭力援助为使南斯拉夫回到民主和社会主义阵营中来的事业而奋斗的南斯拉夫工人阶级和劳动农民。

4. 在南斯拉夫，反对铁托集团法西斯统治的斗争正在采取日益尖锐的形式：举行罢工、进行消极抵抗（主要是反对强迫征调参加繁重的体力劳动）、散发秘密传单、反对各工厂的生产计划和政府的采购计划等。南斯拉夫工人越来越清楚地认识到，增加生产只会有利于帝国主义分子，所以他们已经在实行消极怠工。组织革命共产党人的地下活动。在其队伍中形成了这样的思想：建立新的革命和国际共产主义的政党，这个党能够领导工人阶级和劳动农民阶级，为将南斯拉夫从法西斯篡权者手中解放出来而进行坚决的斗争。

南斯拉夫回到社会主义阵营中来的必要条件，就是要南斯拉夫共产党党内以及党外革命分子进行积极的斗争，以求把忠于马克思列宁主义、忠于无产阶级国际主义原则、反对帝国主义、争取南斯拉夫独立的真正革命的南斯拉夫共产党恢复起来。

5. 南斯拉夫工人阶级及其领导者共产党人应该利用国际工人阶级全面声援和支持来建立自己的党。南斯拉夫共产党的党员已经开始采取更加积极和协调一致的方式开展工作，以便能够展开和加强推翻法西斯专政的斗争。对于在南斯拉夫开展的波澜壮阔的革命运动，新的共产党应该利用革命活动的全部形式，给予积极有效的帮助。

必须以更大的努力继续在政治和思想方面揭露铁托集团的真面目。这个帝国主义代理机关的反人民政策应该受到世界舆论一致的谴责。铁托分子到处大声地呼喊，说人家把他们从一切国际民主组织中开除出去了。这样他们也就暴露了自己的惶恐心理，害怕他们不能继续顺利地进行间谍工作而被美国主人所抛弃。

我们将铁面无私和毫不留情地对待这些卑鄙的奸细！使他们无论在什么地方都找不到任何立足之地！

我们认为，应该讨论一下关于从南斯拉夫逃到国外的政治侨民革命者所进行的反对铁托法西斯间谍集团的斗争问题。在一些国家里，有数百名这样的政治侨民，他们已经获得了相应国家的国籍，并开展了有组织的政治活动，成立了党的组织，进行无线电广播和出版报刊读物。他们进行这项工作就是为了反对铁托杀人犯和间谍集团。我们觉得，应该建立一个某种形式的联合中心，在这个中心的领导下，加强政治侨民共产党员的反铁托集团的斗争。类似这样的中心可以更加具体地组织在国外的南斯拉夫共产党员们开展斗争，并在揭露派遣到我们国家来的铁托集团的破坏分子方面，给予积极有效的帮助。

6. 在加强警惕性方面，各国共产党和工人党都面临着极其重要的任务。这里所说的不仅是党员，而且是劳动人民，应该以革命警惕性来教育他们。教育群众提高警惕性，应该采取有组织的形式。

必须在自己的队伍中间揭露和清除资产阶级民族主义分子及帝国主义的一切代理人，不管他们是用什么幌子进行掩饰。

在各人民民主国家中，提高国家方面的警惕性——无产阶级专政国家方面的警惕性，有着特别重要的意义。

大家知道，在各人民民主国家中，旧的国家机关并不像伟大的十月社会主义革命时那样一下子就被打破了。这就是说，在这些国家里，共产党员的警惕性应该特别提高。共产党和工人党应该从布达佩斯对间谍拉伊克和布兰科夫举行的审判中得出应有的结论。

应该注意到，美、英帝国主义分子虽然在布达佩斯审判中遭到了重大失败，但并没有放弃他们在各人民民主国家里进行的间谍和阴谋活动。不久前在伦敦举行的美国驻东欧各国大使会议，其目的就是因布达佩斯审判发生后而要把欧洲这一地区内的美国间谍工作加以改造。据西方那些不隐瞒美国外交人员究竟干些什么勾当的报纸承认，在伦敦会议上通过了在贝尔格莱德建立间谍中心的决定。同时，美国国务院由臭名远扬的美国谍报机关头子艾伦·杜勒斯主持的委员会，又制定了在东欧各国进行活动的纲领，其中包含有各种"新方法"。

毫无疑义，这种卑鄙活动中的主要角色，将分配给铁托集团的老间谍和奸细破坏分子们。他们一定会企图利用如像拉伊克一类的人，并且会利用党内和国家机关中即令是只有最细微的弱点和裂痕，利用心怀不满的民族主义分子和来历不明的人。

必须像布尔什维克主义所教导的那样经常记住，应该消灭那种由一种错误的假定中产生出来的机会主义的自满情绪，按照这种假定，仿佛敌人将因我们力量的增长而愈加驯顺，愈加温和。这样的假定是根本不正确的。应该记住，敌人处境愈是绝望，他们就会愈加乐于采取"极端手段"。

我们应该加强教育工作，将其当做提高警惕性的基础。因此，《争取持久和平，争取人民民主！》机关报在《提高革命的警惕性！》一文中曾把各国共产党和工人党的任务归纳如下：

"马克思列宁主义教导我们，工人阶级党只有经常提高自己干部的政治和思想水平，教育自己的干部对任何脱离马克思列宁主义路线的偏向采取毫不调和的态度，在组织上巩固自己的队伍，无情地铲除党内的异己分子，及时地揭露和消灭任何民族主义的和修正主义的倾向，同时又提高工人阶级和全体劳动人民的阶级觉悟，才能有效地在各处识破和打击敌人，不管敌人是用什么假面具进行掩护。"

由伟大的布尔什维克党的经验中得出来的一个最主要的教训就是，为提高警惕性，必须在我们党内确立一种布尔什维克的秩序。在这方面的主要办法就是审查党员。这种办法在几个人民民主国家的党内已经实行过了，并且收到了良好的效果。例如，在我们党内，由于至今仍在实行的审查党员的办法，已经把先前公开广泛征收党员时钻进党内来的那些敌对分子和异己分子都开除出党了。毫无疑义，这种措施将大大阻碍敌人想在我们党内找到立足点的企图。

各国共产党和工人党应该提高自己党员的思想警惕性。他们对于任何一种离开无产阶级国际主义的倾向都应该持真正布尔什维克的不调和的态度，应该加强共产党员的思想教育工作，教育他们忠实于无产阶级国际主义，对任何离开马克思列宁主义原则的表现采取不调和的态度，忠实于人民民主主义和社会主义，忠实于以苏联为首的国际社会主义阵线。

在科学、文艺、绘画、音乐和电影方面，都必须提高警惕性，对任何一种敌视工人阶级的倾向，对任何一种宣传世界主义的言论，都应该采取毫不调和的态度。

让我们更高地举起无产阶级国际主义的胜利旗帜，更加热爱第一个社会主义国家、全世界革命运动的基础、为各国人民的和平与自由而奋斗的主要堡垒——苏联，热爱世界革命运动的领导力量——伟大的布尔什维克党，热爱劳动人类的英明导师和各国人民为和平与社会主义事业而奋斗的领袖——斯大林同志。

讨论乔治乌-德治的报告

贝尔曼同志请求批准由萨瓦茨基同志主持会议，因为他（贝尔曼）将就会议日程的第二个问题进行发言。

贝尔曼同志的请求得到了批准。

贝尔曼同志说，波兰代表团完全赞成德治同志在报告中所做的结论。正如德治同志在其详细的报告中指出的那样，对拉伊克—布兰科夫的审判充分揭露了铁托—兰科维奇这个法西斯间谍匪帮的叛徒嘴脸，并引起了全世界一切正直的人们对这个卑鄙的美帝国主义分子雇佣的集团的极大愤怒。

对拉伊克的审判沉重地打击了战争挑拨者的罪恶计划,这些计划的目的不仅仅是反对匈牙利人民共和国的,而且是反对波兰和其他人民民主共和国的。贝尔曼同志说,对拉伊克的审判使我们学会了正确地理解阶级敌人行动的方式。特别是,这次审判清楚地表明了与我国怠工分子、间谍和破坏分子的地下反对集团的阴谋有关的现实的严重的危险,这些反动分子是在英、美侦察机关的领导下进行活动的,并听从总部位于贝尔格莱德和梵蒂冈各中心的指挥。

联共(布)及时地揭露了铁托叛徒集团,从对拉伊克—布兰科夫的审判尤其可以看出,这为全体进步人类,首先是全体人民民主国家,提供了多么巨大的帮助。根据联共(布)倡议通过的情报局关于南斯拉夫共产党情况的决议,不仅在揭露将南斯拉夫变成了美国帝国主义殖民地的贝尔格莱德政府的背叛方面起了历史性的作用,而且有助于战胜各种各样的理论,如在实质上与苏联的道路有区别的通向社会主义的"新的"道路的理论,关于不需要农业合作化就可以建成社会主义的理论,这些理论在各人民民主国家流行,没有遇到共产党和工人党必要的打击。

对铁托集团的揭露和对拉伊克的审判证明铁托政权以及与它相类似的政权在思想上已经堕落,这不可避免地导致他们与间谍中心,首先是与英、美侦察机关是遥相呼应的。铁托叛徒分子的破坏活动并没有局限在南斯拉夫,他们还把自己的代理人派到其他人民民主国家,同时还联合和利用其他资本主义国家的代理机关。

贝尔曼同志说,在波兰,我们在1947—1948年期间,进行了反对"哥穆尔卡集团"的斗争,这个集团是从对苏联的完全不信任发展起来的,它在自己的发展过程中表现出了右翼和民族主义倾向的全部反党特征。

哥穆尔卡集团变得越来越危险，它与极其顽强的、尤其存在于工人社会党人中的民族主义情绪产生了共鸣，其体现者就是党的总书记本人。

贝尔曼同志说，党的领导层在最初阶段就反对哥穆尔卡集团，但是，应该强调的是，只是联共（布）的帮助和情报局决议，才使我们完全认识到哥穆尔卡集团的全部实质和危险性。

由于党的领导骨干的警惕性，哥穆尔卡的计划才以失败而告终，该计划企图在全党措手不及的情况下，把它推上投降主义的道路，而与整个波兰社会党结盟。

这种对党造成威胁的危险状况，使党动员起一切革命力量。而与党内的右倾和民族主义倾向的斗争，以及与社会民主党人的斗争，是全党更加牢固地掌握马克思列宁主义的思想和组织原则的最重要的方法。

接着，贝尔曼同志声明说，党进行了大规模的反对铁托法西斯—托洛茨基匪帮的斗争，揭露了它的背叛的、反苏联和反人民的活动。

从对拉伊克布兰科夫的审判中获得的经验教训，是波兰数百万劳动人民的财富，而对于审判过程本身，所有的报刊和无线电广播都进行了阐述。出版了一系列宣传手册，其中包括审判速记记录，首批发行了10万份。

揭露驻波兰的南斯拉夫大使馆和贸易代表们的间谍阴谋，以及他们的敌对宣传活动，对完成米利奇·彼得罗维奇的审判起到了一定的作用。这次审判揭露了铁托分子的挑拨方法和他们与法西斯地下组织的联系。

制止了铁托分子代理人在波兰散发自己的龌龊的传单，尤其是在博莱斯瓦维茨（下西里西亚）建立自己的基地的企图。在下西里西亚县居住着16000名从南斯拉夫被遣送回国的波兰族人,他们之中的许多人都是南斯拉夫游击运动的参加者。清除了铁托代理人的波南友好协会,揭露了铁托—兰科维奇集团的犯罪活动,同时宣传推广南斯拉夫各族人民反对铁托法西斯专政的斗争。增加了用南斯拉夫语进行无线电广播的工作人员。无线电播音增加到每天30分钟。在波兰的南斯拉夫革命政治侨民小组,共计约30人,这个小组还出版了名为《为了胜利》的杂志。鉴于进行反对铁托集团的斗争,在波兰国内开展了大规模的解释工作,散发的超过10万份的情报局机关刊物《争取持久和平,争取人民民主!》给予了这项工作特殊的帮助,这个刊物中的许多材料被整个波兰报刊转载,并通过无线电台进行了报道。

在与南斯拉夫的铁托法西斯专政及其在波兰的阴谋进行斗争方面,党的任务并不仅仅局限于在报刊和无线电广播上说明这些事实。

贝尔曼同志指出,在自己的党内和群众政治工作中,波兰统一工人党对这些事实作出了深刻的结论。

贝尔曼同志说,现在,我将转入对于我们来说是最为重要的问题。不容置疑,贝尔格莱德间谍中心及其美国保护人在哥穆尔卡及其在波兰的小集团的活动方面是有自己的打算的,布兰科夫的供词也证明了这一点。数十年期间,在这个与苏联直接接壤的波兰境内,活动着各种各样的反苏间谍集团和组织。

在历次战争期间,波兰的皮尔苏斯基统治集团及其法西斯制度,企图扼杀波兰强大的共产主义革命运动,他们不仅采用了恐怖和镇压手段,而且还在很大程度上,如通过挑拨、招募和安插代理人的方式,其中一个最重要的途径,就是通过所谓的"二局"(总参谋部第二局)开展活动。

共产党领导了英雄的波兰无产阶级进行了很多年的斗争,但是,众所周知,由于奸细分子的捣乱破坏,使波兰共产党于1938年遭到了解散。

早在战前就与盖世太保进行密切合作，并且与其他帝国主义侦察机关合作的"二局"，在德国占领期间，竭力让自己的代理人领导波兰的革命小组，其目的是使这些代理人钻进革命队伍的领导层中。贝尔曼同志说，我们永远也不会忘记，波兰工人党第一总书记、久经考验的老共产党员马里扬·诺沃特科①同志，于1942年11月在华沙被奸细分子莫洛耶茨②杀害，此人曾是活动在西班牙的国际纵队中的一员，并成功地钻进了地下波兰工人党的领导层。还有其他许多忠诚的和具有忘我牺牲精神的同志，都被"二局"出卖给盖世太保了。"二局"的代理人——老牌间谍莱霍维奇和雅罗谢维奇③以及其他的间谍分子，至少是由于某些党员，首先是斯佩哈尔斯基在政治上的盲目无知，使他们成功地钻进了"人民近卫军"的侦察机关——波兰工人党游击队组织和党内。在

---

① 马尔采利·诺沃特科，其化名之一是马里扬，波兰共产主义运动的活动家，1941年12月，根据苏联领导人的决定，担任住在苏联的波兰共产党人小组的领导，后被空投到波兰以组建波兰工人党，并于1942年1月在建党之时，成为波兰工人党中央委员会总书记。

② 博莱斯瓦夫·莫洛耶茨，波兰共产主义运动的活动家，曾参加诺沃特科领导的小组，成为波兰工人党的组建者之一，后担任波兰工人党中央委员会书记处书记，负责人民近卫军（在波兰工人党领导下成立的武装部队）事务。自诺沃特科在街上被不知名人士枪杀之后，博·莫洛耶茨被指控是枪击事件的策划者，而他的弟弟3. 莫洛耶茨是执行者。结果，根据波兰工人党中央委员会领导小组的决定，莫洛耶茨兄弟均被清除。至今，枪杀诺沃特科的真正原因以及清除莫洛耶茨兄弟的情况仍然是个谜。

③ 沃齐米日·莱霍维奇，波兰政府的一名部长；阿尔弗雷德·雅罗谢维奇，波兰政府的一名副部长。在第二次世界大战前，他们均为军事反侦察机关的工作人员，但是对于波兰的革命运动和共产主义运动抱有好感，而在战争年代就参加了由波兰工人党领导的武装部队。1948年，根据虚假的从事卖国和敌对活动的指控，他们被逮捕并被判处监禁（1956年均被平反）。莱霍维奇和雅罗谢维奇"案件"成为后来捏造的斯佩哈尔斯基"案件"的开端。

国家被解放之后，这些破坏分子获取了重要的职务，甚至是部长和副部长的职务。

贝尔曼同志说，去年我们成功地获得了"二局"的部分档案，此后，又找到了一些可以揭露奸细匪帮的文件，并将这些奸细全部逮捕。

鉴于对拉伊克案件的调查，在匈牙利同志的帮助下，我们成功地揭露并摧毁了在波兰的菲尔德①间谍集团的一个分支机构。消灭了一个重大的间谍小组，这个间谍小组在军队中安插了许多自己的代理人。

所有这一切都证明，在波兰活动着间谍网里的一个分支机构。

历史经验表明，敌人总是非常熟练地利用党内的任何一个细小的裂痕。1944年是这样，1948年在哥穆尔卡集团的事件上仍然重复了这一点。

11月11—13日期间召开的波兰统一工人党中央委员会最近一次全体会议，将全面提高对各种敌对的代理机关首先是铁托法西斯代理机关的阴谋的警惕性作为刻不容缓的任务，作为全党关注的中心问题。全会决定动员一切力量，为彻底消灭哥穆尔卡集团和社会民主主义的任何表现而斗争。

---

① 诺埃尔·菲尔德，美国外交官，第二次世界大战期间以及战后年代，在瑞士从事帮助反希特勒抵抗运动人员、难民以及来自欧洲各国包括东欧各国纳粹集中营的囚徒的工作；在这方面还与美国的侦察机关合作。同时自战前开始就对共产党人抱有好感，并与苏联的特工机关建立了联系。1948年决定移居捷克斯洛伐克。1949年5月，根据苏联、匈牙利和捷克斯洛伐克三方的安全机关达成的协定，在布拉格逮捕了诺埃尔·菲尔德，并将其送到匈牙利（随后逮捕了诺埃尔·菲尔德的妻子以及他的居住在波兰的弟弟）。诺埃尔·菲尔德及其家庭与东欧各国的一系列著名活动家有着广泛的联系，他们被指控为诺埃尔·菲尔德在那里建立的美国间谍网。据此捏造一系列虚假的审判，其中包括在匈牙利的"拉伊克案件"和在捷克斯洛伐克的"斯兰斯基案件"。

全会还作出了相应的组织结论。哥穆尔卡、斯佩哈尔斯基、克利什科①被开除出中央委员会。贝尔曼同志说，我们将彻底查清奸细们的一切来龙去脉，我们将彻底揭露混入党和国家机关中的一切间谍分子。我们对待人民的敌人将毫不留情。敌人表现得很猖獗，但是，这绝对不能证明他们的实力。

斯大林同志教导我们说："垂死的阶级进行反抗并不是因为他们变得比我们更有力量，而是因为社会主义比他们增长得快，他们愈来愈比我们弱。正因为他们愈来愈弱，他们才感到自己的末日到了，于是不得不用尽一切力量，采取一切手段进行反抗。"②

在发言结束时，贝尔曼同志说，波兰代表团坚信，本次大会将有助于波兰统一工人党更加提高自己的警惕性，加强同铁托败类分子以及企图进行反苏攻讦的每一个微小的尝试进行毫不妥协的斗争。

贝尔曼同志说，对于苏联及联共（布）的态度，是衡量我们每一个人对社会主义事业是否抱有革命的诚实态度、是否忠诚的关键性标准。

在反对铁托法西斯匪帮的斗争中，全体共产党和工人党将更加紧密地团结在联共（布）和斯大林同志周围。

杜克洛同志说，法国共产党代表团赞成乔治乌-德治同志的报告，赞成报告对铁托集团奉行的政策所做的分析，赞成从这个分析中得出的结论。

杜克洛同志指出，他想从这一立场分析研究一下，法国共产党进行

---

① 泽农·克利什科，1944—1948年为波兰工人党中央委员会委员，1948—1949年为波兰统一工人党中央委员会候补委员，后来根据虚假的指控被逮捕。

② 参见《斯大林全集》中文版第12卷第35页。——编者注

斗争时所处的环境。首先他提到，法国共产党代表团无条件地拥护情报局六月会议通过的决议，其历史意义已经被大家认同。在这次情报局会议之后，法国共产党中央委员会听取了法戎同志的报告，作出了决议，谴责了铁托及其同伙的政策。我们的报纸也公布了情报局的决议和中央委员会的决议。我们的报刊还发表了许多表明铁托集团变节活动的文章和信息资料，但是，与此同时也犯了一些错误。有一份处于共产党监督之下的报纸，发表了铁托致情报局的答复函，但是，这却被敌人利用来作为诽谤的材料。另一份报纸在公布情报局决议时采取的形式，却使人无法了解这份决议。我们的中央新闻局在专门的通报中批评了这两份报纸。这些措施是否就足够了呢？当然，在揭露铁托匪帮政策的过程中，我们没有再犯类似的错误，也没有再出现类似的倾向。不但如此，我们还对这个问题进行了必要的解释工作。后来，党的中央委员会就这个问题进行了自我批评。可能是因为我们认为，铁托事件主要是对人民民主国家的共产党产生了影响，也可能是因为我们受到这种情况的影响，即在我们党内不存在支持铁托的派别。就这个问题发表了一些重要的文件，我们保证我们的报纸用最大数量的情报，揭露铁托的犯罪活动，或许我们可以认为，做到这一点，我们已经完成了自己的职责。

老实说，在这方面可以看到，对那些获得美国帝国主义分子高额报酬的铁托奸细和间谍分子所拥有的能力有些估计不足。我们还做了许多工作，以便表明情报局决议提出的问题所具有的理论意义，具体问题是：论社会主义运动，关于农民阶级的政策，关于苏联在社会进步中的决定作用，关于为帝国主义分子服务的铁托及其集团的影响。

铁托代理人的行动是秘密的，他们极其关注在南斯拉夫侨民中开展工作。目前，在法国南斯拉夫侨民的数量已经达到了1万人。这个数字里包括生活在法国北部和东部省的劳动者和矿工。铁托代理人在南斯拉夫侨民中进行这种活动时得到了朱尔·莫克警察局的支持。

利用恐吓的手段，铁托的代理人掌握了生活在法国的南斯拉夫人文化协会的领导权。不仅如此，他们还成功地将梅尔勒巴克市的南斯拉夫文化协会的共产党领导人置于自己的影响之下。至于说我们这方面，塞纳的共产主义者联盟被迫开除了4名南斯拉夫出身的党的领导人，因为他们从事有利于铁托集团的反党活动。党还与南斯拉夫侨民中的铁托代理人进行了不懈的斗争，但是，南斯拉夫侨民区只是铁托代理人进行活动的地区之一。随着铁托代理人挑拨性活动的频繁开展，在最近几个月里，我们党在所有地区都加强了揭露南斯拉夫叛徒的斗争。我们的报刊增大了发行量，并把铁托的问题与拉伊克案件紧密地联系起来。

根据《新战斗报》①编辑部的同志从布拉格转来的材料，我们出版了名为《南斯拉夫处于铁托集团的恐怖之中》的宣传手册。

南斯拉夫驻巴黎大使馆对南斯拉夫侨民施加了压力，如果他们不表达对铁托有利的意见的话，就对他们的家庭成员进行镇压，以此来恐吓他们。当然，随之而来的是将他们驱逐出法国的威胁。可以说，在大多数情况下，南斯拉夫侨民是南斯拉夫大使馆施加强大压力的对象。大使馆的代理人在塞纳、圣瓦兹、涅夫勒、罗讷河口、滨海阿尔卑斯、诺尔、加莱海峡等省组织了南斯拉夫侨民的集会。他们还成立了名为"同盟会"、"兄弟会"等法西斯类型的组织。在尼斯举行的一次这种类型的集会上，驻马赛的南斯拉夫领事没能建成这样的组织，因为一个南斯拉夫同志反对并以此影响了全体与会者。

我们的联合会总是过低地估计敌人在南斯拉夫侨民中所进行的工作。力图改变这种情况，法国共产党中央委员会派出了专门的同志，委托他们对铁托代理人的活动进行监督，党的领导人对这一问题进行定期

---

① 《新战斗报》，于1948年9月开始在布拉格出版，是以南斯拉夫"革命侨民"的名义在东欧各国出版的第一份报纸。

的研究。例如在最近一次的会议上，政治局对这个问题进行了专门讨论。

我们的联合会应该更加提高警惕性，因为，目前大使馆有十分明显的迹象，表明他们企图向我们党的队伍中派出自己的代理人。

接着，杜克洛同志指出，数百名法国青年曾经被派到南斯拉夫，于1946—1947年期间，在那里参加修建铁路的工作。南斯拉夫大使馆知道这些法国青年的姓名，利用自己手中掌握的地址，给他们寄去宣传材料，有时还派自己的代理人去找他们。这些代理人前往的目的是，争取这些法国青年人同意前往南斯拉夫旅行。

以下是我们所掌握的一份通报的节选："自7月份起，大使馆组织了两批法国青年前往南斯拉夫旅行。第一批共有114人，其中70人是法国人；第二批共有40人，其中绝大多数是在南斯拉夫出生的"。在第一个代表团里有4名法国共产党员，后来他们被开除出党。这些人中最起码有2人从前是著名的托洛茨基分子。在准备第二次旅行时，由于我们对同志们进行了预先的警告，在4个省里铁托的代理人没有达到目的。在伊泽尔省有5名大学生，最初他们同意前往南斯拉夫，后来又拒绝了。在上加龙省，我们的同志公开揭露了警察局的一名监察员，他为前往南斯拉夫旅行进行招募人员的活动。在伊泽尔省我们的同志揭露了一名南斯拉夫的工程师，他负责组织旅行的工作，并且是英国侦察机关的一名间谍分子。在洛特和加龙省，我们党还揭露了一名曾经到过南斯拉夫的可疑分子。

在大多数情况下，那些已经被我们揭露的法国出身的铁托分子，是一些堕落和孤立分子，他们之中只有少数人与居民有联系。在法国生活的南斯拉夫人中，那些在多数情况下拥护铁托的人，是一些被蒙骗的人。

南斯拉夫大使馆通过散发报刊和书籍的方法开展了疯狂的宣传活

动。铁托的代理人把主要力量集中在做知识分子的工作，因为知识分子中的某些代表，在应具有客观态度的借口下，听从他们。铁托分子还拥有托洛茨基分子的支持。在拉伊克—布兰科夫审判之后，巴黎有几名大学生退出了共产党。在里尔，大学生共产党的基层组织拒绝说出对拉伊克审判的意见，其借口是，这仿佛对党将产生不利的影响。

由于铁托间谍分子的活动，在某些省的托洛茨基分子也明显地活跃起来了。从另一方面来说，还存在着这样的事实，这些事实表明，南斯拉夫大使馆企图将那些已经被开除出党的人物联合起来，其目的是想制造这样的印象，即党内存在铁托派别的说法，无疑是不符合实际情况的。

在反对铁托间谍分子的斗争中，是高度的警惕性使我们揭露了一些混入党内直至国家和部门领导机关的敌对分子。自然，铁托大使馆的活动得到了法国政府的支持。为了按照警察局提供的地址向工人组织寄发报刊、宣传手册以及南斯拉夫通讯社的公报花费了巨额资金。

几天以前，在巴黎的南斯拉夫领事馆前举行了示威游行。示威游行的人们在领事馆前的街道上烧毁了宣传铁托的材料。

接着，杜克洛同志指出，资产阶级公开吹捧铁托，目的是为了制造混乱，希望把这个叛徒分子作为一名追求"独立的"共产党员展示出来。这里指的是为掩盖铁托所扮演的帝国主义代理人的角色。尽管如此，在最近的一个时期里，极具说服力的事实也证明了铁托及其集团的变节行为。很显然，由于同意在联合国安全理事会选举时成为美国和法国帝国主义分子的候选人，而反对捷克斯洛伐克作为候选人，铁托分子消除了关于代理人这一角色是否存在的最后幻想。大概，铁托奸细最近将被充分利用进行反对苏联的斗争。在一定程度上，他们将作为社会主义国家货真价实的诽谤者取代右翼社会党领导人。

杜克洛同志继续说，这就是我们认为应该密切地关注和监视铁托叛徒分子活动的原因。必须采取措施,以便提高党务干部的警惕性。必须这样做还有一个原因,就是铁托间谍分子显然是得到了命令,尽一切努力以便留在工人组织里并进行瓦解和破坏工人队伍的工作。还必须警惕那些已经被揭露的、进行过自我批评并对铁托的行动进行了谴责的铁托代理人。我们认为,在这种情况下,不应该表现出轻信的态度,不应该忘记,铁托间谍分子所表现出的两面派,正如过去托洛茨基间谍分子和奸细所表现的那样。

鉴于对拉伊克进行的审判,我们在巴黎组织了大规模的群众集会,并邀请了那些曾为这个叛徒分子进行过辩护的新闻记者参加了大会。这些记者没有出席会议。集会取得了很大的成绩,因为这个集会向中产阶级和知识分子,以及少数的最初是动摇后来又坚定起来的人们证明,在拉伊克的叛变行动与铁托集团之间确实存在着最密切的联系。自然,首先是在知识分子阶层中,铁托的代理人企图引起人们的怀疑。颇有声望的知识分子代表让·卡苏①,在南斯拉夫旅行期间曾经发表过声明,在声明中他广泛地利用了铁托的宣传材料。返回法国并参加了全国保卫和平和自由战士委员会会议之后,正是这个让·卡苏投票赞成这个决议,即将铁托的南斯拉夫认定为美国战争贩子手中的武器的决议。

很清楚,铁托集团目前已经站在了反苏战争挑拨分子的最前列。我们应该坚决地进行反对这个荒谬绝伦的匪帮的斗争,并揭示它所进行的反对南斯拉夫人民的犯罪活动的全部意义。在这方面,我们赋予了在巴黎成立的保卫被监禁和被追捕的南斯拉夫民主人士委员会以十分重要的意义。在杜贝尔将军领导下的这个委员会坚信,他们将吸引"法南联合会"的许多成员参加这个委员会的工作,为保持自己对法南友谊的忠

---

① 让·卡苏,法国著名的作家和艺术理论家。

诚，奋起进行反对铁托——这个南斯拉夫人民的刽子手。委员会在成立之后发表了公报，谴责了铁托的制度，号召全体珍视和平、自由和人类尊严的男女公民们，对南斯拉夫的民主志士给予帮助。

保卫和平，不应该低估反对铁托匪帮的斗争。我们赞同乔治乌-德治同志在其报告中所做的结论，我们坚信，与铁托奸细分子进行彻底的斗争，我们将以此帮助南斯拉夫共产党人，加强其在秘密条件下进行的斗争，并给战争贩子和法西斯主义阵营以沉重的打击。

不但如此，我们应该从铁托犯罪的事实中得出相应的结论。德治同志强调必须提高党和人民群众的思想水平，他是正确的，同时，这也是我们反对铁托集团斗争的一个最为重要的方面。应该揭露铁托分子的"理论"，这种理论的目的是在群众之中造成混乱并混淆视听。提高警惕性要求揭露隐藏的敌人的代理人，要求比任何时候都更应该认识到：对社会主义国家的牢不可破的依靠，对马克思、恩格斯、列宁、斯大林学说的忠诚，这是使我们能够评价人们及其对和平事业、社会主义和共产主义事业是否忠诚的试金石。

尤金同志：尤金同志说："联共（布）代表团完全赞成乔治乌-德治同志关于铁托叛徒集团的报告，并支持他所提出的建议"。

尤金同志继续自己的发言时，提醒大会参加者，今年9月26日"美国之声"广播电台是如何转播莫萨·皮亚德的声明的。在声明中他说："情报局实际上已经被取缔，目前它只是停留在纸面上……"情报局仿佛已经不存在了，除了机关刊物之外，它什么也没留下。

尤金同志说，与皮亚德及其同伙的意愿相反，情报局仍然存在着，并正在发挥着作用。

尤金同志说，在资产阶级阵营里，政治背叛是普通的事情。资产阶级国务活动家和政治领袖为外国侦察机关服务，这不会令人感到特别的惊奇。对此他们也是这样认为的。甚至对于右翼社会党的大多数领导人来说,政治背叛和为外国侦察机关服务也是普通的事情。

在无产阶级马克思主义政党中的政治背叛,是一种比较少见的现象,通常,将其归结为个别人或者是小集团的背叛。

尤金同志继续说,铁托、卡德尔、吉拉斯、兰科维奇集团的背叛,是很特殊的事件,因为这个集团是由南斯拉夫共产党领导人领导的,并以南斯拉夫共产党的名义参加了南斯拉夫联邦人民共和国政府。众所周知,铁托和卡德尔是以南斯拉夫共产党的名义,并将自己伪装成联共(布)和苏联的朋友才夺取了政权的。否则南斯拉夫人民绝不会允许他们跨进民主南斯拉夫的门槛。①

布达佩斯的审判表明,为什么铁托集团如此匆忙地由民主和社会主义转入法西斯主义,并逃到了帝国主义的阵营里。这个集团早就成为英、美帝国主义分子的间谍和走狗了。铁托集团转入法西斯主义阵营完全是按照其主子的直接命令行事的。

在美国国务院内部曾经制定了一个十分阴险的计划,即利用南斯拉夫的"共产党"政府,作为推翻中欧和东南欧国家的人民民主制度的重要武器,使这些国家脱离苏联,并准备反对苏联的战争。②

情报局决议揭露了铁托集团对内对外政策的资产阶级反苏反社会主义的实质,这个间谍集团已经不可能再伪装成苏联和人民民主国家

---

① 在尤金的发言中,这段话原来是这样说的:"在情报局作出决议之后,铁托和卡德尔作为资产阶级的民族主义分子,最初是秘密地,后来是公开地、急剧地倒向了与英、美帝国主义分子的亲近,这一点是毫不奇怪的,因为资产阶级民族主义,如果在党内不被粉碎,那么它就不可避免地转向资产阶级立场,并与国内国际的资产阶级完全融合在一起。"

② 在整理会议记录时,删去了尤金发言中的下面一句话:"铁托—兰科维奇只是国家议会手中的小卒而已。"

的"朋友"进行活动了。这就是为什么铁托集团及其帝国主义的主子们如此憎恨情报局决议的原因。情报局决议是真正的马克思列宁主义的历史文献：它不仅揭露了铁托集团政策的资产阶级和背叛的实质，而且它还更加团结了国际共产主义阵线和整个和平、民主和社会主义阵营。

帝国主义分子手中的反对共产主义阵线的这个"共产党的"武器被打掉了。拥有这个武器对于美国帝国主义分子是多么有利，有一个事实足以说明这一点，即直到目前为止，美帝国主义的头子仍然竭力地将铁托政府冒充为"共产党的政府"。例如，今年的10月20日，美国国务卿艾奇逊声明说，南斯拉夫是一个"共产党的国家"。

第二次世界大战结束之后，英、美帝国主义分子失去了自己在巴尔干地区的统治地位，巴尔干不再是欧洲的"火药库"了。这使英、美帝国主义分子感到不快。因此，为了夺回自己在巴尔干地区的统治地位，将巴尔干变成战争策源地，帝国主义分子决定利用自己的代理机关——铁托集团。

帝国主义的南斯拉夫代理人的反革命活动内容之一是，对于希腊人民英勇革命斗争的背信弃义的叛变行为，这也是按照其英、美帝国主义的主子们的直接命令进行的。如果说希腊人民解放运动在这一年的秋天遭到了一定程度的失败的话，那么其原因就是铁托集团对希腊君主法西斯分子的直接援助。

现在，借助于南斯拉夫恶棍们的帮助，英、美帝国主义分子在希腊成功地获得了他们在4年期间依靠公开的武装干涉没有获得的东西。①

南斯拉夫政府向希腊君主法西斯的军队敞开了边界，使他们能够从

---

① 在整理会议记录时，此处删掉了尤金报告中的一句话："希腊共产党没有预料到，铁托—兰科维奇集团能干出这样卑鄙的勾当。"

后方打击希腊的民主军队。①铁托集团的南斯拉夫强盗们是无法摆脱这样可耻的事实的，正如他们无法摆脱在世界无产阶级面前的责任一样。

在所有这一切之后，不难理解，为什么美帝国主义的头子们，不顾联合国的宪章和传统，如此殷勤地将南斯拉夫拉入安全理事会。

铁托—兰科维奇集团是帝国主义的直接代理机关和战争贩子的走狗——这种身份的对外表露是从它在联合国组织里与帝国主义集团公开结盟开始的。

众所周知，在最近一次的联合国大会上，帝国主义强国出席会议的代表是一群最不可救药的反动分子，是共产主义不共戴天的敌人，是扼杀国际工人运动的刽子手，是最凶恶的战争贩子。铁托—兰科维奇集团之所以看中联合国大会这个组织，主要是想让它来对苏联以及人民民主国家进行诽谤性的攻击。甚至连铁托集团的政治对手也无法想象，没有什么比这一集团在联合国大会中对苏联所持有的立场以及其走狗在联合国对其他人民民主国家进行诽谤更能充分暴露其本来面目的事实了。由货真价实的美国间谍分子卡德尔、吉拉斯、贝布莱尔组成的南斯拉夫代表团，再也找不到比在这一诽谤行动中赞成英美殖民主义者、南非奴隶贩子和中国的买办更合适的做法了。②

在所有这一切发生之后，世界帝国主义的南斯拉夫走狗们竟然毫不

---

① 在尤金的发言中，这句话是以另外的一种形式表述的："南斯拉夫政府不仅为希腊的君主法西斯军队敞开了边界，使他们能够从后方打击希腊的民主军队，而且南斯拉夫的军队还与希腊的君主法西斯军队一起对希腊游击队进行了阴险的打击。"实际上，无论是南斯拉夫为希腊政府军敞开了边界，还是南斯拉夫军队与希腊军队共同进攻游击队的说法，都是没有事实依据的。

② 在整理会议记录时，删去了尤金发言中的如下段落："铁托—兰科维奇集团的帝国主义立场此前已经变得明确和清楚了，例如，如果英、美帝国主义明天进攻苏联，那么，南斯拉夫的统治者会事先知道这个消息，并第一个站到帝国主义分子一边，来反对苏联以及其他人民民主国家和整个社会主义阵营。"

羞耻地说，看，我们在与苏联"辩论"关于社会主义国家的"平等"问题。在共产党人与法西斯分子之间还能谈到什么样的平等呢？铁托和卡德尔先生，到英、美帝国主义分子那里去找"平等"吧！他们会告诉你们，在帝国主义阵营里"平等"是个什么东西！

由于实行了铁托—兰科维奇集团的政策，南斯拉夫已经处于美国完全的政治监督之下。目前，贝尔格莱德已经变成了英、美帝国主义分子从事间谍活动、进行反共产主义宣传、组织和进行反对人民民主国家阴谋的公开中心。美国驻贝尔格莱德大使馆领导着这个中心。"独立的"铁托目前在外交政策方面，在没有同美国国务院协商的情况下不能作出任何一个举动。

接着，尤金同志说，在情报局揭露了铁托集团之后，英、美帝国主义的雇佣分子开展了反对南斯拉夫共产党健康力量的恐怖行动，枪杀了所有忠诚的共产党干部。成千上万名忠诚于共产主义的爱国志士被开除出党，被投入监牢、集中营，并被杀害。铁托集团利用警察机关镇压了数万名共产党员。①

对共产党人的镇压行动带有真正的法西斯匪帮的性质——采用的是暗杀的手段。这就是兰科维奇的助手佩内齐奇②在国家安全局大会上所说的话："在情报局决议出台之后，应该提高警惕性和加强监督。对在边界上停留的任何人，必须进行检查，如果是共产党员在边界上停留，立即就地枪毙，不管他担任什么职务——哪怕是中央委员、部长或者是其他什么人，无一例外，但是不能声张。"③

---

① 在尤金的发言中，这句话原是："铁托集团在南斯拉夫共产党中总共消灭了近十万名共产党人。"
② 佩内齐奇·斯洛博丹，塞尔维亚内务部部长。
③ 在接下来的发言中，尤金援引了佩内齐奇的声明，但整理会议记录时删去了这部分内容："报告执行情况。没有必要将这些人留在监狱里。"

南斯拉夫法西斯分子的头目铁托，对所有支持情报局决议的人公开声明说："我们应该继续收拾他们，直到把他们全部收拾干净为止。"在南斯拉夫枪杀为争取共产主义，为使南斯拉夫摆脱英、美帝国主义而斗争的坚强战士时，其残酷性只能与兰科维奇曾为之效劳过的希姆莱的兽行相比。

接受了外国帝国主义分子的任务，铁托—兰科维奇集团确定了摧毁南斯拉夫共产党的方针，并实现了这一方针。他们将一系列忠诚于无产阶级国际主义的共产党员开除出党的队伍，并枪杀了这些共产党人，同时，南斯拉夫的法西斯分子向资产阶级分子和富农分子敞开了大门。① 他们遵循着什么原则接收人员入党呢，对此内什科维奇是这样说的："为了使我们能够顺利地领导社会各个阶层，我们应该使党内拥有相同比例的社会各阶层的人士。例如，在中农和富农之中，党员的比例数应该与贫农和工人、手工业者、律师和医生是一样的，同样，在神职人员和退休职员中也是一样的比例。"②

南斯拉夫共产党的领导人已经处于间谍和杀人犯以及英、美帝国主义爪牙的共同掌握之中。

驻在贝尔格莱德的英、美间谍分子，粉碎了南斯拉夫共产党的重要的共产主义核心力量，篡夺了党的权力，在国内实现了反革命的政变。

---

① 在尤金的发言中，这句话是以如下形式表述的："铁托集团将真正的共产党员处决，取而代之的是将乌斯塔什分子、采蒂尼奇分子、富农分子、投机倒把分子、破坏分子和特务分子招募进党。"
② 在尤金的发言中，接下来还有一段话，在整理会议记录时被删掉了，其内容为："要判断目前的南斯拉夫共产党是不是站在无产阶级革命性的立场上，铁托在所谓的人民阵线第三次代表大会上的宣言就生动地说明了这一点：'在已经成为共产党员的人民阵线成员之间，和人民阵线成员的基本群众之间，不存在着实质性的差别'。而这个阵线有776.8万成员，他们来自于国内901.4万选民。"

完成了历史上空前的背叛和变节行动以后,南斯拉夫资产阶级民族主义分子加快了消灭南斯拉夫的人民民主制度,建立反民主的、反共产主义的法西斯制度的行动。①

南斯拉夫法西斯分子的主要支柱是军事警察和反民主的官僚主义机构。南斯拉夫军队目前共有 60 多万人,而兰科维奇的警察局、边防部队和特种部队就有不少于 30 万人。这样一来,在南斯拉夫被武装起来的人就不少于 90 万,也就是比在进行反法西斯侵略者的战争期间要多 3 倍。国家实际上已经变成了兵营。在国家机关里,受贿、盗窃国家财产、任人唯亲和形形色色的滥用职权现象盛行。这些滥用职权行为的范围之大,最终,连惯于撒谎的《战斗报》也开始敲起了警钟。今年 7 月 13 日,《战斗报》写道:"敌人的活动范围变得越来越广泛了,盗窃行为已经具有系统性和组织性,并达到了很大的规模。被盗窃的国家财产已经达到数百万"。

在南斯拉夫,一切民主程序都被取缔了,剥夺了最起码的自由,严厉禁止民主思想的自由表露,践踏了一切人权。②铁托—兰科维奇的专政是标准的法西斯专政。

接着尤金同志说,铁托集团利用建设社会主义的蛊惑宣传做掩护,

---

① 尤金发言中接下来的一段话,在整理会议记录时被删掉了:"向中央和地方的国家机关里指派了一大批富农分子、原乌斯塔什分子和采蒂尼奇分子、资产阶级知识分子、特务和英、美帝国主义分子的代理人。"内什科维奇于 1948 年 12 月在议会里发言时说,在人民委员会的财经委员会中有 40% 的人是富农分子。还是那个内什科维奇在 1949 年 4 月说,"在人民阵线中有 15.7 万名以上的富农分子"。

② 在尤金的发言中,这句话原来是这样说的:"在南斯拉夫一切最起码的民主自由都被消灭了,在这里践踏了任何一种自由思想的表达以及人的全部权利。工会、妇女、青年以及其他组织的领导权都掌握在作为铁托代理人的官员和警察手中,这些组织都变成了法西斯盖世太保国家的附属品,其目的是在政治上瓦解和欺骗人民大众。"

实际上在各方面所实行的政策都有助于城市和农村的资本主义发展。

南斯拉夫法西斯分子在"理论上"的杜撰和实际上的行动表明，他们企图全面发展资本主义，并永久地保留南斯拉夫的阶级关系。南斯拉夫工业方面的资本主义复辟表现在，处在反人民政府手中的国家部门已经不再是人民的财产了。铁托—兰科维奇集团在篡夺了政权之后，全面加强工业中的国家资本主义，越来越依赖于外国的资本垄断，并利用外国资本剥削工人阶级，在国内发展资本主义。铁托集团为外国资本渗入南斯拉夫的经济创造了一切可能性。

反革命的、反人民的对内政策，以及南斯拉夫对英、美帝国主义的依赖，导致现存的人民民主制度的财政和物质基础的崩溃。这一点最有说服力的证明是目前已经达到灾难性程度的通货膨胀。处于流通中的纸币数额从1945年的178.11亿第纳尔增长到1948年的392.3亿第纳尔。

无论南斯拉夫的法西斯分子怎样宣传南斯拉夫经济的"增长"、"繁荣"，也不可能掩盖那样一个事实，即南斯拉夫的经济已经走进了死胡同。

当南斯拉夫的经济濒于瓦解的时候，各人民民主国家——波兰、匈牙利、捷克斯洛伐克、罗马尼亚、保加利亚和阿尔巴尼亚的经济生活却在经历着直到目前为止从未有过的繁荣。

人民民主国家经济顺利发展的主要原因是：劳动人民创造性的热情，他们不是为资产阶级工作，也不是为外国帝国主义分子工作，而是为自己、为自己祖国的繁荣工作；苏联曾给予的并继续给予的大公无私的援助；人民民主国家和苏联的密切友谊与相互帮助。

铁托集团的警察法西斯制度，扼杀了人民的各种创造性精神，以及劳动人民扩大生产的愿望。甚至在他们的报刊中还出现了关于劳动力巨大流动的报道。1949年7月29日的《劳动报》写道：在7月最初的15天里，向博尔矿场派出了4306名新工人，而在这段时间离开的却有

5070 名工人。

南斯拉夫劳动部部长柳普乔·阿尔索夫在今年的 10 月 26 日的《战斗报》上抱怨说，绝大多数被动员强迫到矿井工作的农民都逃回了农村。部长写道："我们总是不能成功地使他们成为固定的工人"。如果说部长，或者是总是善于杜撰和歪曲的《战斗报》也被迫说出这样的话，那么，可以想象，南斯拉夫的工业实际上已经达到了何种地步。

南斯拉夫当前的统治者试图运用军事警察的手段来解决劳动力的问题。1949 年 4 月，各地方组织传达了南共中央关于这个问题的专门命令，其中说道："不要接受雇农和部分中农参加农业合作社，以便使他们同家庭成员一起前往矿场参加生产和建设"。为了迫使雇农到工业部门工作，地方人民委员会剥夺了他们的土地。①

铁托犯罪集团将所有这一切冒充为"社会主义劳动"。南斯拉夫的工人阶级还从来没有遭受过像现在这样的剥削。

在南斯拉夫的许多企业和矿场里，规定一个工作日实际上是 10 小

---

① 在尤金的发言稿中，接下来的三段话在整理会议记录时被删掉了，其内容如下："由于工业中的劳动力的巨大流动性，南斯拉夫的法西斯分子们，将士兵、工人和农民强行组建成'前线大军'，迫使他们进行无偿的繁重的劳动。在整个南斯拉夫正在实行着一种农奴式的'劳役制'制度。每个公民必须是'人民阵线'的一名成员。每个'人民阵线'的成员每星期在工作之余必须参加一次无报酬的劳动。城市和农村没有在企业里工作的居民，强行被动员去参加期限很长的'自愿'的劳动。这种'自愿'劳动的成果几乎是微不足道的。官方当局通常是以消耗的小时数量来计算这种劳动。贝尔格莱德市的《人民阵线》报 9 月 16 日公布了关于 8 月份'自愿人员'工作量的情况资料。根据这个毫无疑问是虚假的报告得出的结论是，贝尔格莱德的居民'自愿的'工作量是每个月 790027 小时。在这段时间里掘土 28368 立方米，丈量土地 102565 平方米，清除地段上的 1494945 块石头块，收集木材 1413 立方米。如果将所完成的工作量按照时间来分配的话，那么结论是：1 小时掘土 0.03 立方米，丈量土地 0.13 平方米，收集 1.88 块砖和 0.002 立方米木材。"

时以上。①

南斯拉夫工人的生活水平正在下降。②事情甚至达到这样的地步，有时就连铁托集团的工作人员也会泄露一些关于工人阶级困难的情况。例如，人民青年组织书记米·内奥里契奇③在塞尔维亚人民青年第三届代表大会上声明说，青年男女每四人中就有一人患上了结核病。④

南斯拉夫的报刊大谈特谈"社会主义建设"，其目的是为了掩盖日益增长的对工人阶级的剥削，以及铁托集团从政治上瓦解工人阶级并欺骗他们的企图。

谈到南斯拉夫的法西斯分子在农村的政策时，尤金同志指出，该政

---

① 尤金发言中接下来的内容在整理会议记录时被删掉了："在阜姆（即里耶卡）的兰科维奇工厂里，工人要工作10个小时，而在那里的造船厂工人要工作10—12个小时，在博尔斯克矿井、整个蒂莫克地区的矿井和矿场里，也确定了这样的工作日，这样的规定还存在于阿莱克西纳茨、伊德里亚以及其他地方。在南斯拉夫的各个企业，特别是在矿场里，劳动条件是异常艰难的。几乎没有安全技术。这致使大量的事故发生，造成人员伤亡。根据官方的资料，1948年在矿山工业中，人员伤亡的数量与1947年相比，增长了38%。"

② 在尤金发言中这句话原是这样说的："南斯拉夫工人的生活水平，从来没有像现在这样低过，它低于战前的水平。食品价格同1945年相比，上涨了740%，而同一时期工资收入平均只增长了9%。因此，所有这一切导致普遍的疾病和工人身体衰竭，是不足为怪的。"

③ 米利扬·内奥里契奇，南斯拉夫人民青年中央委员会主席，南斯拉夫共产主义青年联盟中央委员会书记。

④ 尤金发言中接下来的内容在整理记录时被删掉了："卫生保健事务委员会主席 П. 格雷戈里奇在国民议会会议上承认说，在南斯拉夫每年死于结核病的人数超过了10万人（这是官方的统计）。在一些工厂里，这些数字更显得可怕。在贝奥钦市水泥厂有40%的工人患有结核病。实际上，由英、美帝国主义的特务和杀人犯犯罪集团以及铁托—兰科维奇集团所造成的南斯拉夫工人阶级的状况，是一幅非常可怕的景象。"

策的宗旨是使贫农和中农沦为赤贫，使富农奴役农民阶级。①铁托集团的资本主义富农政策的公开基础是"关于富农阶级和平长入社会主义"的"理论"。

顽固不化的美国间谍分子之一，已经爬上南斯拉夫外交部副部长职位的阿·贝布莱尔，在 1949 年 4 月 29 日召开的外交部会议上说："我们这里已经没有了像苏联那样的富农分子了。我们的富裕农民已经广泛地参加了人民解放战争，因此他们在政治上是成熟的。除此而外，我们的富农分子还阅读了许多关于在苏联的富农命运的书籍。在这个基础之上他们变得更加聪明了，并投降了……难道我们应该消灭富农分子，以此来满足已经僵化的教条主义的残余？如果我们在不进行阶级斗争的条件下，就能成功地使富农分子转向社会主义，难道这是一个错误？"贝布莱尔所说的这番话代表了整个铁托统治集团在对待富农态度上的立场，颇有声望的内什科维奇的声明也证明了这一立场。在 1949 年 2 月 28 日召开的贝尔格莱德大会上，内什科维奇说："不应该强化虚构我们这里存在着某种阶级斗争。我们的富农阶级不同于苏联的富农，他们在战争中帮助了我们。因此，应该将他们列入劳动农民阶级中。我们应该吸收富农分子参加人民政权委员会，参加人民阵线，参加合作社等。"

铁托于今年 8 月初在斯科普里讲话时确定说："我们无法说出，中农和富农之间的分界线在哪里"，"不应该根据拥有土地的公顷数量来划分富农"，等等。

南斯拉夫法西斯分子的这个"哲学"并不是什么新鲜的东西。这个哲学与颇有名气的富农"哲学家"布哈林的哲学如出一辙。铁托"绝顶聪明地"引用了他的哲学。

---

① 在整理会议记录时，尤金发言中的如下内容被删掉了："铁托分子为巩固富农阶级在农村的经济地位而使用的方法之一就是合作社。"

以强制手段成立的所谓的农村"生产"合作社，被冠以"社会主义的"合作社的名字，实际上是资产阶级类型的普通的合作社，在这里富农分子及其代理人掌管着一切。①像这种类型的合作社是富农阶级剥削贫农和中农的一种形式。②

劳动农民阶级对这种全面掠夺的富农政策进行了抵抗。例如，他们不完成播种计划。在南斯拉夫的农村，收购粮食、购买肉类及其他的非法勒索只能借助于警察的力量来实现。科瓦契察村（潘切沃县）的农民公开地议论说："报纸上写道，交公粮是自愿进行的。这不是事实。曾经向我们村里派来了大约45人组成的警察支队；整整一天他们大吃大喝，夜里他们开始打人，并收集公粮。同样的事情还发生在奥波沃村，在那里还逮捕了5个人。"

尽管实施了残暴的警察手段，农民仍然顽强地抵抗着当局，无论是粮食，还是肉类，都没有自愿上交。③

南斯拉夫劳动农民阶级经历着自摆脱土耳其桎梏以来其历史上最艰

---

① 在尤金的发言中，这句话原来是这样说的："在这些合作社里丝毫没有一点社会主义的成分。如果农户加入合作社，即使被算作集体的股份，土地、耕畜、农具仍然是私有财产。"

② 尤金的发言中接下来的两段话在整理记录时被删掉了："劳动农民阶级对这种强迫的富农的合作化运动进行了抵抗。例如，在6、7、8月份，在科查尼市，妇女们多次聚集在'人民阵线'委员会大厦门前，要求解散'合作社'。他们坚决地要求对她说，合作社的建立是在自愿的基础上还是以被迫的方式。经常有被赶入合作社的农民从那里退出，但是，他们又被迫重新'参加了合作社'。这样的事情还发生在图尔莫沃（斯特鲁米察）村。"

③ 在整理会议记录时，删去了尤金发言中的以下内容："在某些州，情况已经发展到如此地步，以致这些计划只完成了6%和9%。在南斯拉夫农村，当动员农民自愿参加矿山、工厂、建筑工地的劳动时，也使用了兰科维奇的警察暴行。所有这一切都证明铁托—兰科维奇集团与劳动的农民阶级是对立的。农民对铁托集团的政策进行了顽强的抵抗。"

难的一个时期。

　　毫无疑问，在与这个为外国资本的利益正在大肆掠夺着南斯拉夫民族财产的铁托集团进行的斗争中，农民阶级是工人阶级的最可靠的同盟者。

　　南斯拉夫的统治者几乎将森林工业和采矿工业的全部产品运送到英国、美国以及其他一些国家，以此方式悄悄地吞食了国家的财富，给国家的民族利益造成了巨大的损失。例如，木材出口量与1935—1939年同期水平相比增长了3倍。除矿石以外，矿藏出口总值从1935—1939年同期水平的83123第纳尔增长到1948年的260688第纳尔。这一时期的矿石和金属出口总值自850093第纳尔增加到2279204第纳尔。

　　南斯拉夫已经变成了外国资本的农业原料附属国。

　　尤金同志指出，铁托集团事先得到了英、美帝国主义分子的支持，向人民民主国家以及苏联进行了骇人听闻的诽谤。它千方百计地竭力证明，帝国主义分子并不是反苏战争的煽动者，而仿佛是苏联正在准备着新的战争。最近，关于这一点吉拉斯在联合国里曾作出了声明。华尔街上的南斯拉夫代理人企图证明，仿佛在所有的欧洲国家资本主义已经得到巩固，目前"并不需要战争"。铁托及其同伙指责苏联是"帝国主义"、"正在对其他民族进行剥削"，而联共（布）是"修正主义"，等等。

　　没有必要批驳铁托及其同伙的反革命谎言。但是，鉴于铁托及其同伙散布的诽谤性论点，即苏联"企图在经济上占领南斯拉夫"，"将不平等的关系强加于南斯拉夫"，甚至"阻碍南斯拉夫走建设社会主义的道路"，等等，必须回忆一下几个人所共知的事实。

　　在战争结束之后，苏联立即采取了一切可能的措施，以便帮助南斯拉夫恢复和发展自己的国民经济。根据1945年4月、1946年6月和1947年7月与南斯拉夫签署的贸易协定，1945—1948年期间，苏联向南斯拉夫提供货物总额为54160万卢布，而在此期间，南斯拉夫的供货通常少于苏联。

苏联希望帮助南斯拉夫尽快恢复国民经济，并确保它的继续发展，应南斯拉夫政府的请求，在各个不同的时期向南斯拉夫提供了总额为79500万卢布的货物贷款。根据这些贷款，南斯拉夫获得了黑色金属、毛料、橡胶和其他货物，总值为4300万卢布，以及85辆机车和大约5700节车厢，总额为3200万卢布。除此而外，苏联在1947年7月还承担义务，以贷款的方式供给南斯拉夫一个年生产力为40万吨铸铁、50万吨钢材、30万吨轧材和60万吨焦炭的冶金联合企业的工业设备；功率为年产30万吨的石油加工厂的设备，以及石油开采、矿石开采、有色金属企业和硫酸工厂的设备。①

仅仅这样几个关于苏联在经济上援助南斯拉夫人民的事实，就可以彻底地揭露诽谤者和奸细们——铁托及其同伙。

不仅所有国家的共产党清楚，铁托集团是英、美帝国主义的代理机关，这个集团已经处于反对以苏联为首的所有民主和社会主义阵营的战争贩子的前列，而且目前清楚这一点的还有国内国际广大的无党派民主主义组织。

最近，一些国际性的组织将帝国主义的南斯拉夫代理人驱除出自己

---

① 由于已经开始的与南斯拉夫的冲突，苏联方面没有完成这个协定。尤金发言中接下来的两段话在整理会议记录时被删掉了："苏联担负起给南斯拉夫以技术援助的责任（研究设计工作、建设企业、安装设备、使工厂投入使用、培训专业技术干部、派出苏联专家，等等）。苏联的有关组织为南斯拉夫的工业研究和设计工作已经付出了300多万卢布，到1948年中期依靠贷款结算提供给南斯拉夫的工业设备已经达400万卢布以上。几年以前苏联政府满足南斯拉夫政府的请求，作为贷款提供给南斯拉夫军队武器和军用物资数额超过了41300万卢布，在10年之内以贷款清偿。这笔贷款南斯拉夫使用了38900万卢布，也就是总额的94%。"

的队伍，如世界和平大会、国际妇女组织、国际新闻工作者协会理事会以及国际法律工作者协会。没有允许南斯拉夫代理人参加国际青年联欢节和国际青年大会，其他一些国际民主组织也驱逐了南斯拉夫战争贩子。

判断政府、政党、社会组织和政治活动家们的立场，不能根据他们的言论和声明，而要根据他们的具体行动。仅此而已。铁托—兰科维奇集团的具体行动，使一切诚实的人们，一切拥护和平、民主和社会主义的人们确信：这个集团是帝国主义战争贩子的代理机关。铁托集团的整个对内对外政策就是一个证明：这个集团是一个同希特勒分子毫无任何区别、与察尔扎里斯和佛朗哥之流的法西斯分子毫无任何区别的法西斯分子匪帮。①

目前，当铁托—兰科维奇集团被揭露，并作为英、美帝国主义雇佣的间谍匪帮被钉在耻辱柱上时，民主革命力量的运动在南斯拉夫毫无疑问将会得到巩固。

南斯拉夫国内革命力量的行动，以及为反对反革命叛徒集团正在进行斗争的南斯拉夫革命侨民的行动，具有非常深刻的进步性质，并成为

---

① 尤金发言中的以下段落在整理会议记录时被删掉了："与此同时必须强调指出，继续揭露作为法西斯分子和和平、民主与社会主义凶恶敌人的铁托集团，要求共产党继续致力于巩固共产党阵线的团结一致，加强无产阶级的国际团结，以忠诚于社会主义事业的精神教育共产党员。国际共产主义运动的伟大经验教导说，对待作为世界社会主义的先锋队的苏联的态度问题，是确定任何一个无产阶级政党的革命性的主要问题。共产党在以极其友好的感情对待取得社会主义胜利的国家的精神来教育人民群众时，应该遵循斯大林同志的至理名言，即'国际主义者'就是无条件地、毫不犹豫地准备捍卫苏联的人，因为苏联是世界革命运动的基地，而如果不捍卫苏联，那么，是不可能做到捍卫和推动这种革命运动向前发展。如果有人认为捍卫世界革命运动可以绕过或者是反对苏联的话，那么他就是反对苏联，他必将跌入革命的敌人的阵营中。"

争取和平、民主和社会主义的共产主义阵线共同斗争的不可分割的部分。

在苏联、捷克斯洛伐克、罗马尼亚、保加利亚出版的南斯拉夫革命侨民的报纸，在这一斗争中起到了积极的作用。南斯拉夫革命侨民还通过专门的无线电台向南斯拉夫境内进行无线电广播。①

国际工人运动的利益，社会主义和无产阶级团结一致的利益，要求各国共产党以及整个民主和社会主义阵营全面支持和帮助南斯拉夫工人阶级的革命力量以及全体劳动人民，进行反对那些将南斯拉夫变成了依附于外国资本的半殖民地国家的英、美帝国主义雇佣分子、间谍、杀人犯的斗争。

在发言结束时，尤金同志说，参加或没有参加情报局的各国共产党都已了解到关于英、美帝国主义雇佣的间谍和杀人犯犯罪行动的全部事实，通过这些事实可以得出无可争辩的结论：南斯拉夫的铁托集团是把南斯拉夫拖入帝国主义阵营的那些间谍、杀人犯的法西斯匪帮。因此，情报局和所有国家的共产党不可能不认为，这个匪帮是工人阶级和农民阶级的敌人，是南斯拉夫各族人民的敌人。这个间谍集团是按照英、美帝国主义分子的命令行动的，它反映的不是南斯拉夫各族人民的意志。目前已经处于人民的敌人手中的南斯拉夫共产党，已经失去了被称之为共产党的权利。它已经变成了执行铁托—兰科维奇集团的间谍任务的机关。在南斯拉夫共产党人—政治侨民的积极支持下，南斯拉夫国内的革命力量，给自己提出了一个首要的和最重要的任务：在目前恐怖和迫害盛行的条件下，在国内建立秘密的组织，以便以这些组织为基础，实现忠诚于马克思列宁主义和无产阶级国际主义传统的南斯拉夫共产党的

---

① 无线电广播是由共产党情报局机关通过其设在布加勒斯特的无线电中心进行的。

复兴。

可以充满信心地说，铁托—兰科维奇警察机关对共产党人进行的任何恐怖和迫害，都无法消灭南斯拉夫的共产主义运动。在斗争的烈火中，共产党人和爱国志士将领导着工人阶级，集合他们的一切力量，摧毁帝国主义雇佣分子的统治集团，并带领本国的劳动人民坚定地走向社会主义。

为了顺利地揭露作为帝国主义列强的间谍和代理人的铁托—兰科维奇集团，为了消灭他们的破坏活动，重要的是要保证我们的报刊和电台协同一致的行动。必须加强出版揭露铁托—兰科维奇集团宣传材料的工作，并将这些宣传材料投放到南斯拉夫境内。

应该加强反对铁托—兰科维奇集团在国际舞台上的破坏活动的斗争。为此必须坚决消除在国际民主组织中以及在这些组织实施的措施中铁托代理人的一切反革命的攻击行为。同时，必须牢固地封锁铁托集团代理人用来向人民民主国家散发宣传材料的一切可能的渠道。南斯拉夫的法西斯分子，利用资产阶级国家的保护，在意大利、法国以及其他国家积极地开展了反革命活动。这些国家的共产党人应该经常地揭露美帝国主义的南斯拉夫代理人并阻止他们的挑拨性活动。

各国共产党要特别重视以对无产阶级国际主义的忠诚、对民族主义的任何表现毫不妥协的精神，以对马克思列宁主义革命理论忠诚的精神继续培养共产党员的工作。[1]

英、美帝国主义分子在反对共产主义和民主阵营的斗争中的阴险计划，再一次遭到了毁灭性的失败。铁托、卡德尔、吉拉斯、兰科维奇的

---

[1] 在尤金的发言中还有以下内容在整理会议记录时被删去了："显然，党务干部的思想教育工作，应该与继续向党员和广大人民群众介绍联共（布）的历史活动和革命经验，以及苏联所取得的成就和它的对外政策的工作紧密结合起来。"

叛徒间谍集团，作为英、美帝国主义分子雇佣的代理机关被彻底地揭露了。目前，任何人也无法再将这个集团冒充为"共产党"，将目前的南斯拉夫冒充为"共产主义的国家"了。美帝国主义分子及其南斯拉夫的走狗们无论如何也不希望这样。彻底揭露了伪装成共产党员的南斯拉夫法西斯分子，更加巩固和扩大了民主和社会主义阵营的力量。在统一阵线中，各国共产党将自己的队伍更加紧密地团结在伟大的战无不胜的马克思、恩格斯、列宁、斯大林的旗帜下！

扎瓦茨基同志建议讨论并通过关于议事日程上第一个问题的决议。
建议被采纳。

萨瓦茨基同志请苏斯洛夫同志进行建议性的发言。

苏斯洛夫同志通报说，决议制订委员会表示完全赞成报告的基本内容，并提交决议草案作为讨论的基础。苏斯洛夫同志说，显然，已经没有必要对决议草案的内容提出论据，并建议通过如下程序对其进行审议：

——作为基础，讨论并通过草案；

——进行可能性的修改（逐页地）；

——总体上通过决议。

苏斯洛夫同志的建议被采纳了。

萨瓦茨基同志建议通过作为基础的决议草案。

该建议被采纳了。

法戎同志建议在第 5 页上，补充"工人的"一词，整个建议的表达方式是："……国际工人运动和民主运动的"。

谷尼欧同志建议，在列举右翼社会党人时，将斯巴克的名字写在摩勒和舒马赫之间。

苏斯洛夫同志说，这个位置对斯巴克是合适的。

谷尼欧同志的建议被采纳了。

苏斯洛夫同志建议，在第 9 页用"他们的职责……"来代替"他们应该……"这句话。

该建议被采纳了。

谷尼欧同志建议：在第 9 页，出于策略性考虑用"……在各国共产党进行决定性协作时……"取代"根据法国和意大利共产党的倡议……"这句话。

陶里亚蒂同志同意谷尼欧同志的意见，同时建议完全省略以下句子："……根据共产党的倡议……"

谷尼欧同志和法国共产党的全体代表都赞成陶里亚蒂同志的建议。

陶里亚蒂同志的建议被采纳了。

萨瓦茨基同志将决议交付表决。

一致通过了修改后的决议。

保卫和平与反对战争挑拨者的斗争

（共产党情报局决议）

保加利亚共产党、罗马尼亚工人党、匈牙利劳动人民党、波兰统一工人党、苏联共产党（布尔什维克）、法国共产党、意大利共产党和捷克斯洛伐克共产党的代表，讨论了关于保卫和平与反对战争挑拨者的问题后，一致得出如下的结论。

最近两年的事变完全证明，1947 年 9 月共产党和工人党第一次情报局会议对国际形势所作的分析是正确的。

在这一时期，更加明显和更加透彻地表明了世界政策中的两条路线：一条是以苏联为首的反帝国主义民主阵营的路线，这个阵营进行着坚忍不拔和贯彻到底的斗争，争取国际和平，争取民主；另一条是以美国统治集团为首的帝国主义反民主阵营的路线,其基本目的是要用强力建立美、英两国的世界霸权,奴役其他国家和民族,击溃民主制度和发动新的战争。同时,帝国主义阵营的侵略活动还在继续加强。美、英两国统治集团公开执行着侵略的和准备新战争的政策。

在反对帝国主义和战争阵营的斗争中,和平、民主与社会主义的力量增长和巩固了。苏联实力的更加增长,各人民民主国家在政治上和经济上臻于巩固并走上了社会主义建设的道路,中国人民的革命打破国内反动派和美国帝国主义的联合力量而获得了有历史意义的胜利,德意志民主共和国的建立,资本主义各国共产党的巩固和民主运动的发展,大规模的和平运动,这一切都表明反帝国主义民主阵营有了大规模的扩大和巩固。

同时,帝国主义反民主阵营则日益削弱下去。民主与社会主义力量的胜利,日益成熟的资本主义经济危机,资本主义体系总危机的更加尖锐化,这一体系的外部和内部各种矛盾日趋紧张,都证明帝国主义势力日益削弱下去。

由于国际舞台上势力对比关系中发生了有利于和平与民主阵营的变化,所以帝国主义的战争挑拨者便疯狂暴怒起来。英、美帝国主义者打算借战争来改变历史发展的进程,解决自己外部和内部的矛盾和困难,来巩固垄断资本的阵地并夺取世界统治地位。帝国主义者感觉到时势对他们不利,所以他们就拼命赶紧建立反动势力的各种同盟和联盟,以求实现自己的侵略计划。

英、美帝国主义联盟的全部政策,都是为了准备新的战争。这一政策具体表现于阻挠对德和对日关系问题的和平解决,完全分裂德国,把德国西部的区域和美军占领的日本变成培植法西斯主义和复仇主义势力的场所,变成实现该联盟侵略计划的进攻基地。盘剥性的马歇尔计划,以及紧接着这个计划成立起来而以反对一切爱好和平国家为目标的西欧联盟和北大西洋军事联盟，美国和西欧诸国疯狂的军备竞赛，庞大的军费预算及美国军事基地网的扩大等，都是为了实现这一政策。同时，这种政策还表现于英、美联盟不管所谓美国垄断原子武器的神话已被打破而始终拒绝禁止使用原子武器，以及在各方面极力掀起战争狂热。这一政策决定了英、美联盟在联合国组织内所进行的整个路线，其目的就是要破坏联合国组织，并把它变为美国垄断组织的工具。

其次，帝国主义分子发动新战争的政策，还表现于在布达佩斯举行的对拉伊克—布兰科夫匪帮的审判中已经被揭露的阴谋上，这一阴谋是由英、美集团借助于那已经变成为国际帝国主义反动势力奸细的铁托民族主义法西斯集团所组织进行的，专为反对各人民民主国家和苏联的。

准备新战争的政策，就意味着资本主义各国人民群众所负担的沉重税赋不断地增加，意味着借军备竞赛发财的垄断组织的超额利润惊人地增长，同时也意味着劳动群众更加贫困化。日益成熟的经济危机使资本主义各国劳动人民经受着更大的贫困、失业和饥饿的痛苦，使他们对自己明天的命运表示惊恐不安。同时，为了贯彻准备战争的政策，帝国主义各国当局又不断侵犯人民群众起码的生存权利和民主自由，在社会、政治和思想生活各方面加强反动势力，运用法西斯手段摧残各国民主进步势力。帝国主义资产阶级企图用此种种手段来准备强盗战争的后方。

由此可见，英、美联盟也同先前的法西斯侵略者一样，正在各个方面进行准备新的战争。例如采取各种军事战略措施，施加政治压力和讹诈手段，在经济上向外扩张和奴役他国人民，在思想上愚弄群众以及加强反动势力。

美帝国主义的头子们在拟订自己的发动新世界大战和夺取世界霸权的计划时，并没有估计到帝国主义阵营力量和社会主义阵营力量间的真实对比关系。他们统治世界的计划甚至比以前希特勒党徒和日本帝国主义分子的计划，更加没有根据，更加带有冒险性。美帝国主义分子显然对自己的力量估计过高,而对反帝国主义阵营的日益增长的力量和组织性估计不足。

目前的历史形势与第二次世界大战准备时期的形势有着根本的不同,所以在目前的国际条件下,战争挑拨者要想实现自己的血腥计划,更加困难了。"不久以前发生的这次战争的惨状如此深刻地留在各国人民的记忆中,拥护和平的各种社会力量如此强大,致使丘吉尔的侵略信徒们绝对无法克服这种力量,绝对无法把它扭转到新战争方面去。"(约·斯大林语。)

各国人民不愿意战争,并且憎恨战争。他们日益认识到,帝国主义分子正企图使他们陷入如何可怕的深渊。苏联、各人民民主国家以及国际工人运动和民主运动始终不渝地为和平、为各国人民的自由和独立、为反对战争挑拨者而进行的斗争,现在日益获得全世界各国人民最广大阶级的更加强大的拥护。

这正是强大的和平运动发展的原因。这个团结了6亿以上人士的和平运动正在日益扩大和发展,它普及到全世界各个国家,并接连不断地把一批一批反对战争威胁的战士吸收到自己队伍中来。和平运动显然表明,各国人民把保卫和平的事业掌握到自己手中,显示自己捍卫和平事业和防止战争这一不屈不挠的意志。

但是,如果对于以美、英为首的各帝国主义国家所准备着的新战争的危险估计不足,便是很错误的,而且是极其有害于和平事业的。

民主和社会主义阵营力量的巨大发展,决不应该在真正和平战士的队伍中引起任何自满的情绪。如果认为战争威胁仿佛业已减轻,那就是不可饶恕的莫大错误。历史经验教训人们,帝国主义反动势力愈是绝望,则这反动势力就会愈加猖狂,其军事冒险行动的危险性也就愈加严重。

只有各国人民具有高度的警惕性,只有他们坚决用一切力量和办法来积极为保卫和平而斗争，才能粉碎新战争挑拨者的罪恶阴谋。

在新战争威胁日益加剧的形势下，各国共产党和工人党负有具有伟大历史意义的责任。争取巩固持久和平，争取组织与团结和平力量去反对战争势力，这一斗争现在应该成为各国共产党和民主组织的全部活动中心。

为了实现使人类免除新战争威胁的伟大而崇高的任务，共产党和工人党代表认为自己负有如下重要的任务：

一、必须更加坚决地在组织上去巩固和扩大和平运动，接连不断地把一批一批的民众吸收到这一运动中来，使这一运动变为全民运动。必须特别努力设法把职工会、妇女团体、青年团体、合作社组织、体育组织、文化教育组织、宗教组织等，以及一切主张保卫和平和反对战争的学者、作家、新闻记者、文化工作者、国会议员及其他政治家和社会活动家们吸收到和平运动中来。

今天特别重大的任务，就是要在和平与反对业已来到人类面前的新战争威胁这一最广泛的斗争纲领上，不分宗教信仰、政治观念和党籍而把一切诚心拥护和平的人团结起来。

二、为了进一步发展和平运动，工人阶级更加积极地参加这一运动，工人阶级的团结及其队伍的统一，则具有决定性的意义。所以各国共产党和工人党的头等重要的任务，就是要把工人阶级的最广大的阶层吸收到和平战士的队伍中来，建立工人阶级的牢固统一，在为和平与本国民族独立而奋斗的共同行动纲领基础上组织无产阶级各个队伍的联合行动。

三、只有坚决地反对分裂和破坏工人运动的右翼社会党人，才能争得工人阶级的统一。

右翼社会党人如贝文、艾德礼、勃鲁姆、摩勒、斯巴克、舒马赫、伦纳、萨拉盖特之流，以及反动职工会头子如格林、凯里、迪金①等一类执行分裂主义反人民政策的人，是工人阶级统一运动的主要敌人，是战争挑拨者的帮凶，是借助于假社会主义的和世界主义的辞藻来掩盖其叛徒行为的帝国主义奴仆。

各国共产党和工人党在不倦地为保卫和平而斗争时，应该时时刻刻来揭露右翼社会党领袖这些和平的死敌所起的作用。必须尽力发展和巩固与各国社会党下层组织及其党员群众在行动上的合作和统一，支持各该党的党员群众中一切真正诚实的分子，向他们说明右翼反动领导人所执行的政策的灾难性质。

四、各国共产党和工人党应该广泛地宣传各国人民间的坚固的和持久的和平，不倦地揭露各种侵略联盟和军事政治联盟（首先要揭露西欧联盟和北大西洋联盟），这样来对抗那些力图把欧亚各国变为流血战场的侵略者所进行的仇恨人类的宣传；必须广泛地解释说：假如新战争爆发，那就只会使各国人民遭受严重的灾难和极大的破坏；反对战争和保卫和平是全世界各国人民的共同事业。必须做到，使美、英帝国主义的代表人物宣传战争和鼓动各民族之间仇怨的行为遭到每一个国家全体民主舆论的严厉谴责。必须做到，使新战争宣传者的一举一动，都受到真正的和平拥护者的回击。

五、广泛运用各种已经完全证明有效的动员群众拥护和平的新方式，例如在城乡中建立和平委员会，写请愿书和抗议书，举行民意测验，这种方式在法、意两国已经广泛地采用过。同时印行和散布各种

---

① 詹姆斯·凯里，美国劳动工会代表大会财务书记；阿瑟·迪金，英国工会代表大会总委员会委员。1946—1948 年期间，迪金是世界工会联合会执行局主席，而在 1945—1948 年期间，凯里是世界工会联合会执行局委员。1949 年世界工联分裂后，此二人成为新建的自由工会国际代表大会的重要组织者。

揭发准备战争行为的书籍，募集保卫和平的基金，组织大家去对那些宣传新战争的电影片、报纸、书籍、杂志、无线电广播公司、团体及人物进行抵制，——所有这一切都是共产党和工人党最重要的任务。

六、资本主义各国内共产党和工人党的职责，就是要把争取民族独立的斗争与争取和平的斗争结合起来，不倦地揭露那些已经变为美帝国主义侵略势力直接走狗的资产阶级政府所进行的叛国卖国政策，要把国内一切民主爱国分子统一和团结到这一口号周围：消灭甘受美国垄断组织盘剥的可耻政策，转而实行符合本国民族利益的独立的对外对内政策。

必须团结各资本主义国家内最广大的人民群众去捍卫自己的民主权利和自由，不倦地向他们解释：保卫和平是与保卫工人阶级和劳动人民切身利益、是与保卫他们的经济权利和政治权利密切相联系的。

法国、意大利、英国、德国西部及其他各国共产党负有重大的任务，因为美帝国主义者想要利用这些国家的人民去充当实现其侵略计划的炮灰。这些共产党的职责就是要用更大的努力来开展为保卫和平与挫败英、美战争挑拨者的罪恶阴谋而进行的斗争。

七、各人民民主国家的共产党和工人党以及苏联共产党的任务，除了揭露帝国主义战争挑拨者及其帮凶以外，同时还要为了保卫国际和平与安全而更加巩固和平与社会主义的阵营。

八、美、英帝国主义分子把实现自己的侵略计划，特别是在中欧和东南欧实现侵略计划的相当重大的任务，交付给那个为帝国主义分子当间谍的铁托民族主义集团。保卫和平与反对战争挑拨者的任务，要求更进一步地去揭发这个已经投往和平、民主与社会主义的死敌的营垒，即投往帝国主义和法西斯主义营垒中去的匪帮。

* * *

人类历史上破天荒第一次产生了有组织的和平阵线,这个阵线是由作为全世界和平的支柱和旗手的苏联所领导的。

各国共产党发出了理直气壮的号召,这个号召宣称:各国人民永远也不会参加反对苏联,即反对世界上第一个社会主义国家的战争。这一号召在资本主义各国人民群众中愈益广泛地传播开来。

在反法西斯战争时期,共产党曾经是全民抗战中的先锋队,在战后时期,共产党和工人党乃是为本国人民切身利益、为反对新战争而奋斗的先进战士。在工人阶级领导下团结起来的一切反对新战争的人,即一切劳动者、科学工作者和文化工作者,正建立着足以打破帝国主义各种罪恶阴谋的强大的和平阵线。

蓬勃发展的伟大的和平斗争的结局,在许多方面要有赖于各国共产党的毅力和主动性;要使打破战争挑拨者计划的可能变为现实,这首先要取决于作为先进战士的共产党员。

民主力量与和平力量,较之反动势力要优越得多。目前的问题就是要更加提高各国人民对战争挑拨者所应该持有的警惕性,要组织和团结各国广大的人民群众去为维护各国人民的根本利益,为保护他们的生命和自由而积极地保卫和平。

第六次会议

（1949 年 11 月 18 日）

会议于 18 点开始，于 20 点 30 分结束。

作为嘉宾出席会议的有来自匈牙利劳动人民党的萨卡希奇·阿尔帕德和马罗山·哲尔吉①。

萨瓦茨基同志建议委托乔治乌-德治同志主持会议。

建议被采纳。

继续讨论乔治乌-德治的报告

格罗同志说，匈牙利劳动人民党代表团认为，德治同志的报告是正确的，并完全拥护报告的内容。匈牙利劳动人民党代表团既赞成对铁托—兰科维奇集团进行的政治评价，也赞成德治报告中所做的结论。

共产党和工人党情报局于 1948 年 6 月作出的关于南斯拉夫共产党

---

① 萨卡希奇·阿尔帕德，1948 年之前担任匈牙利社会民主党总书记，自 1948 年起成为匈牙利劳动人民党中央政治局委员，1948—1949 年担任总统，自 1949 年 8 月起担任匈牙利国民议会主席团主席。马罗山·哲尔吉，担任匈牙利社会民主党副总书记，自 1948 年起担任匈牙利劳动人民党中央委员会副总书记，自 1949 年 6 月起担任轻工业部部长。萨卡希奇·阿尔帕德和马罗山·哲尔吉均于 1950 年因被指控从事反对国家的活动而遭到逮捕。

情况的决议,揭露了已经走上背叛社会主义和南斯拉夫人民道路的铁托集团,自那时起直到今日的这段时间里,铁托集团完成了其背叛行动,转入了反革命的、法西斯主义的阵营,并与帝国主义分子公开结成统一阵线。

斯大林同志以其远见卓识及时地揭露了铁托匪帮,同时尽一切努力,使全世界的民主主义和社会主义运动武装起来,反抗民族主义和帝国主义代理机关的破坏活动,这种对于全世界社会主义和民主主义运动、工人阶级和一切爱好自由的人民的事业以及和平事业的帮助,具有无法估量的意义。

1948年6月的情报局决议,不仅揭露了铁托集团,而且同时在全体人民民主国家和这些国家的共产党面前提出了关于建设社会主义的策略和战略的主要问题,决议将人民民主国家的共产党和工人党的注意力集中在:不应该只在城市建设社会主义,还必须在农村建设社会主义,在由资本主义向社会主义的过渡时期,阶级斗争是会尖锐化的,对此共产党人应该有思想上的准备;决议还特别强调了用马克思列宁主义理论进行教育以及无产阶级国际主义理论的意义,强调以对苏联的忠诚进行教育,是作为社会主义、民主制度、和平和各族人民独立的重要支柱。

匈牙利劳动人民党竭力做到这一切,以便从铁托集团背叛行径的事实中吸取教训,并在更大的程度上,在自己的实际工作中,实现情报局六月会议的决议。获得了我们党全体党员和广大的无党派劳动人民群众支持的党的领导层,实行了一系列政治和组织方面的措施,以便完全弄清铁托集团所扮演的真正角色,以便阻止它在匈牙利人民民主制度和我们党的队伍中的破坏活动。

接着格罗同志谈到了以拉科西同志为首的匈牙利劳动人民党领导人从情报局决议中吸取的经验教训。格罗同志说,第一个经验教训是:应该比现在更多地巩固联结匈牙利人民与苏联人民友谊的情结,对于苏联取得的成就，我们不能仅仅满足于泛泛的、经常是表面的宣传，必须把介绍苏联取得的成就、列宁和斯大林英雄党的战斗历程、苏联和布尔什维克党在建设新的社会主义社会领域里的丰富经验，变成我们工人阶级和全体劳动人民的日常政策。

目前我们能够确定，甚至即使我们在这方面还没有完全做到，那么随着最后一次情报局会议的召开，我们已经在这方面迈出了重大的一步。匈牙利的工人阶级和匈牙利人民，把伟大的十月社会主义革命32周年当做自己的节日庆祝。在青年国际联欢节期间，我们的人民以无法描述的热情接待了来到匈牙利的共青团员代表团。工人、农民和知识分子代表，为以何种方式迎接代表团成员展开了竞赛。成千上万的人听取了我们的农民代表团参观苏联的总结报告。

我们的全体工人将苏联的社会主义经验以具体的方式最大限度地用于生产中。我们的优秀工人和工程师学习苏联的斯达汉诺夫式工作者的工作方法，并在自己的工作中顺利地使用了这些工作方法。拉科西同志已经谈过苏联油画展览的空前成就，这在我们那里已经不是个别现象了。所有领域都在以巨大的规模宣传介绍苏联的成就和意义。我们党、匈牙利工人阶级和广大的劳动人民群众都已经意识到，苏联是和平、安全、我们人民的繁荣昌盛和我们国家建设社会主义的最重要的保证。因此，正值目前即将来临的斯大林同志诞辰70周年之日，我们这里开展了全体人民的庆祝活动，匈牙利劳动人民的所有阶层都参加到这个庆祝活动中，与此同时，这种庆祝活动表现在广泛地开展和加强劳动竞赛，在城市和农村出现了自愿进行义务劳动的群众，成千上万次革新和发明创造活动，等等。

我们党从情报局决议中吸取到的另一个经验教训是，应该着手开始在农村建设社会主义。在进行了相关的政治、思想和组织上的准备工作之后，我们党确定了建立农业生产合作社的方针，并实行了限制富农阶级的政策。在这方面已经有了重大的成果，尽管毫无怀疑这只是该政策最初的成果。目前大约有 4 万个农户联合起来，组成了共同的生产合作社，有 32 万公顷的播种面积，也就是占总播种面积的 3.5%。平均每户有 8 公顷播种面积，在匈牙利的条件下，这符合中等农户的利益。这意味着，合作社和集体农庄的思想对于我们的劳动农民来说已经不陌生了，不仅仅是雇农，而且还有中农，都已经开始认真关注合作社的问题了。在组织和加强农业生产合作社的工作方面，给予了我们的劳动农民阶级的援助是：提供拥有 3300 台拖拉机以及大批量其他农业机具的 221 个物资技术供应站。国家经济的播种面积一年之内增长了 5 倍。

我们党从情报局决议中吸取的第三个经验教训是，必须明确党与各种群众性组织之间、党与人民阵线之间的关系。我们当中存在着这样的观点，即应该把人民阵线变成这样一种群众性的组织，这个组织将掩盖我们党和工人阶级的主导作用。但是，我们党的领导人坚决批驳了这些观点，并在广大人民群众中进行了认真细致的解释工作，目的是按照马克思、恩格斯、列宁、斯大林的学说充分解释我们党和工人阶级的领导作用。

接着格罗同志说，匈牙利劳动人民党开始更加严肃认真地研究关于意识形态、马克思列宁主义教育问题，以及在党内、社会和国家生活中开展与敌对的资产阶级意识形态的斗争。毫无疑问，在这个领域里已经取得了很大的进步，尽管这还远远达不到我们面前的任务所要求的那样。在我们这里，马克思主义经典著作的出版工作在一年之内增长了 5 倍，出版量达到 200 万份。我们还成立了两年制和一年制的党校，并扩大了党校的短期培训班的数量。在高等学校里我们还开展了马克思列宁主义的教学活动；利用无线电广播和其他工具传播马克思列宁主义的学说。但是，所有这一切还远远不够，因此最近政治局通过了关于完善马克思列宁主义教育工作和理论工作的专门决议。

我们党认为自己有责任尽自己的力量，帮助揭露铁托叛徒分子，并正确通报南斯拉夫人民的情况。我们认为自己有责任，以自己所掌握的方法支持南斯拉夫共产党人和南斯拉夫的劳动人民反对铁托集团的斗争。

为此，首先需要做的是整顿居住在匈牙利的南斯拉夫人的秩序。在匈牙利生活着数万名南斯拉夫人，其中一部分，主要是富农分子，铁托集团竭力利用他们进行自己的破坏活动。但是，生活在匈牙利的绝大多数南斯拉夫人，都坚决反对铁托集团，并因此成功地使他们之中进行破坏活动的一大部分富农代理人变得无害了。顺便应该指出，不仅对于生活在匈牙利的南斯拉夫富农分子，而且对于匈牙利本国的富农分子和还留在城市里的资产阶级分子，对于人民民主制度的每个敌人来说，铁托及其匪帮都是他们心目中的"理想"。匈牙利人民的敌人是那样一些人，以前他们以极其野蛮的沙文主义态度对待塞尔维亚人民，而现在对铁托充满了极端的热情。

匈牙利劳动人民党竭尽自己最大的力量帮助诚实的南斯拉夫共产党员，使他们能够在尽可能大的范围内宣传南斯拉夫的真相。除了秘密散发传单和宣传手册之外，匈牙利的无线电广播电台在这方面也起到了不小的作用，它每天用塞尔维亚语进行两个半小时的播音，在全国各地的南斯拉夫人民的广大阶层，都不顾兰科维奇刽子手的意愿收听这个广播。对此可以证明的是，我们通过各种渠道收到了南斯拉夫听众的数千封信件，在这些信件中，他们一方面对给予他们了解真相的机会表示感谢，另一方面还向我们通报了铁托匪帮的犯罪行为，最后，有些信件甚至谈到，南斯拉夫人民的健康力量以什么样的方式组织起来，进行反对铁托匪帮、争取南斯拉夫独立和人民自由的斗争。

格罗同志说，苏斯洛夫同志在其报告的第一部分以及乔治乌-德治同志在会议日程的第三个报告中都指出，在揭露铁托匪帮以及帝国主义分子的卑鄙计划时，布达佩斯进行的对拉伊克—布兰科夫的审判起到了不小的作用。接着格罗同志谈到一个问题，即在反对南斯拉夫匪帮叛徒分子和间谍的斗争中党做了什么，以及在拉伊克事件上的某些经验教训。

格罗同志说，首先出现的一个问题是，我们是否有足够的警惕性，我们是否及时地揭露了隐藏在我们党的队伍中和我们国家里的这个危险的帝国主义分子的代理机关？

由于阴谋的破产，由于成功地粉碎了铁托分子及其英、美主子的卑鄙计划，我们也得以及时地揭露了这个阴谋。但是，如果我们能够关注某些令人震惊和担忧的现象，如果我们能够认真地分析这些现象，如果我们不是以肤浅的态度对待这些现象的话，我们本可以更早一些揭露这个阴谋的。众所周知，拉伊克是用叛乱的方法使党的组织落入警察之手的。我们曾倾向于认为这是非党性的行为，是政治错误或者其他的什么，但是没有认识到也没有发现敌人在这方面所做的手脚。我们发现，在拉伊克身边经常发生宣传和赞扬他的人为的运动。自然，这样的事并没有脱离我们的视线，但是，甚至在这方面我们也没有发现敌人所做的手脚。我们看到，无论是国内的敌人，还是国外帝国主义分子的宣传，都称赞拉伊克，将他这个所谓的"祖国的"和"民族的"共产党员与党的其他领导人——"莫斯科人"①对立起来。自然，我们也注意到了这方面，但是，没有作出正确的结论。我们看到，作为内务部部长的拉伊克尽一切可能来阻碍国家安全机关的工作，拒绝给它们提供必备的物质工具，并希望将自己的支持者安插到这个部门等，甚至当时，我们也只是认为，这里可能有挑唆的行为，可能有敌人的捣乱，但是，我们无论如何也没有想到，拉伊克本人就是我们队伍里的敌人。我们甚至还对

---

① 在第二次世界大战前夕以及战争期间，拉伊克在匈牙利从事地下工作，而拉科西以及与之亲近的匈牙利共产党的其他领导人都移居到苏联，并于1944—1945年从苏联返回祖国。

拉伊克本人说，敌人企图首先渗入中央委员会，然后是内务部和军队里。当免除他的内务部部长职务时①，我们还对他说，这是因为他没能揭露敌人在内务部进行的破坏活动。同志们，之所以必须谈到这一切，是为了强调拉伊克案件留下的异常重要的经验教训：在绝大多数情况下，揭露敌人并不是一件容易的事情，因为帝国主义分子非常懂得如何来伪装自己的代理人，很多年以前他们就将自己的这些代理人派遣到共产党内，人为地给他们制造威信，并用"英雄"的荣誉来包装他们。例如，拉伊克就是被伪装的，有一次，他十分尖锐地攻击自己最亲近的同僚肖尼②，说他从事间谍活动，要求对肖尼追究刑事责任，等等。还有这样的情况，正如在消除拉伊克事件的过程中弄清楚的那样，各个间谍集团的成员，根据自己主人的命令，互相之间进行殊死的斗争。例如，他们之中的一名成员在社会保障部担任一个重要的职务，另一个是在医疗工会组织中担任领导职务，从各自的立场出发他们进行争斗，以便使社会保障部与工会组织之间不可能进行正常的合作，从而在各派别之间相互斗争的情况下从事自己的破坏活动。

由此可以得出结论，在处理非党性的行为、政治错误以及派别和集团之间的斗争方面，不应该表现出丝毫的自由主义，在对这些问题进行调查时，应该提出一个问题：实际上谈论是否仅仅是错误和无纪律性，还是敌人在起真正的作用。

在我们看来，应该作出的另外一个结论是：清除我们党的队伍、群众组织和国家机构中敌人的代理人的工作，并没有伴随着拉伊克的案件而结束。应该镇静地将这个斗争进行到底，不但如此，不应该有丝毫的

---

① 指的是 1948 年 8 月将拉伊克从内务部部长的职位调任到外交部部长的职位。
② 肖尼·蒂博尔，匈牙利劳动人民党中央委员会干部部部长，与拉伊克一起被判处了死刑。

惊慌,正如斯大林同志教导我们的那样,如果我们不希望自己陷入危险的境地,这可能使我们遭遇到十分不幸的事情,那么,我们就应该将这个斗争进行到底。

分析拉伊克的案件使我们懂得,渗透到我们队伍中的敌人,为了伪装自己,并不总是干不好自己的日常工作。拉伊克匪帮的部分成员——在此我所指的是肖尼集团——得到的任务是:努力好好工作,干一切对党"有利"的事情,并以此来使集团的成员获得党和国家重要的职位,然后,当形势需要时,他们就可以将以此种方法组织起来的机构投入间谍和怠工运动中。也就是说,在自己的破坏活动中敌人力图实行长远打算的政策。对此切不可以掉以轻心。

应该注意到,这正如拉伊克案件所表明的那样,敌人总是愿意招募那些曾经在某个时候与党有过不和的人、有不满情绪的人、以前的派别分子、托洛茨基分子以及右倾机会主义分子——尤其是,如果这些人作为侨民在西方资本主义国家短期或者长期居住过,英国、美国和法国以及其他国家的特工机关通常是在那里招募这些人并使他们为自己服务。因此,对于提拔到党和国家领导岗位或者是群众组织的领导职务上的那些人,应该对与其过去活动有关的一切事情进行详细的调查。

阶级敌人斗争最典型的方式是,它造就了一个拉伊克,并在15年期间发挥着他的作用。1931年霍尔蒂的警察局招募了拉伊克,作为奸细,后来又把他转交给了盖世太保,然后交给了美国的间谍中心。美国间谍中心使拉伊克与铁托间谍机关建立了联系,并使拉伊克服从于铁托间谍机关,以便使拉伊克在匈牙利完成已经在南斯拉夫完成的反革命政变。帝国主义分子通常是将报酬很低的奸细培养成为可以将英、美帝国主义分子的战略任务委托给他们去完成的代理人。拉伊克的道路就是铁托—兰科维奇的道路。

对拉伊克—布兰科夫案件审判得出的进一步经验教训是,越是当人民民主国家消灭各种资产阶级组织和政党时，越是当缩减它们的群众基础时，敌人就越是更多地、更坚定地试图在领导工人阶级、人民和国家的共产党和工人党内安插自己的代理人，因为敌人非常懂得，当党在政治和组织上强大健康、在思想上是马克思列宁主义的政党时，他们的卑鄙的破坏计划注定要破产了。因此，我们应该更加提高警惕性，在各方面确保我们党的队伍的纯洁性，以防止敌人混进党内的任何企图。

拉伊克匪帮案件相当重要的经验教训是：民族主义是敌人进行破坏活动的最好的条件，情报局去年关于南斯拉夫共产党情况的决议，已经坚定和正确地提请我们注意这种民族主义的极大危险性。在我们这里，民族主义的危险不止一次地表现为过高地评价我们所取得的经济和其他成就，过低地评价其他人民民主国家所取得的成就。这种危险还表现在对苏联的成就谈得很少或者是避而不谈。但是，不管它是以何种方式表现出来的，我们都应该持续不断地与这种危险进行斗争，广泛地宣传真正的爱国主义，这种爱国主义与无产阶级的国际主义并不矛盾，而是对它辩证的补充。

正如苏斯洛夫同志所指出的那样，拉伊克—布兰科夫的阴谋，不仅是反对匈牙利人民民主制度的，而且是反对匈牙利、反对其他的人民民主国家和苏联的具有国际性质的阴谋。我们认为，我们大家都应该善于从以上这个重要的定义中作出必要的结论，不仅如此，在拉伊克的审判材料中，还有十分具体的摘录说，这个帝国主义阴谋的线索已经被直接传播到捷克斯洛伐克、波兰和其他的人民民主国家中。布兰科夫说，兰科维奇给他举出捷克斯洛伐克的例子，说他的代理机关在那里要比在匈牙利渗透得更深。

格罗同志说，拉伊克—布兰科夫间谍匪帮的阴谋案件，再一次证明了列宁、斯大林学说的正确性，即在由资本主义向社会主义过渡时期，阶级斗争不仅没有熄灭，与此相反的是，它更加尖锐化了。毫无疑问，拉伊克—布兰科夫—铁托—兰科维奇匪帮的阴谋以及他们的阴险计划，是人民民主国家内以及国际舞台上阶级斗争尖锐化的表现。失去影响和力量的人民的敌人，通常采取的方针是：联合各种反动的右翼社会民主党人、教权主义党人以及法西斯分子，进行反对和平和民主、反对社会主义和苏联的斗争，他们企图打着"社会主义"的旗号进行活动，从而掩盖自己的法西斯帝国主义的反人民的政策。

接着格罗同志说，英、美帝国主义计划的目的是：在拉伊克阴谋集团和被雇佣的铁托杀人犯匪帮的帮助下，使匈牙利，不仅仅是匈牙利，还有其他的人民民主国家脱离苏联，脱离和平阵线，并破坏和摧毁匈牙利劳动人民党——这个领导着人民民主制国家的政党的内部统一。可以说，随着拉伊克—铁托匪帮的被揭露，这些计划不仅被彻底粉碎了，而且给英、美帝国主义及其走狗造成了毁灭性的打击。由于揭露了拉伊克匪帮和消灭了阴谋分子，我们劳动人民的政治水平有了很大程度的提高，同时加强了我们党的威信；不仅是我们的工人阶级，而且还有绝大多数的农民阶级和进步的知识分子，都承认党的领导作用并拥护我们的党。我们人民的大多数都意识到并承认列宁、斯大林关于工人阶级革命政党的领导作用的学说的正确性。

帝国主义分子的关于使匈牙利与苏联对立的计划还起到了相反的作用。例如，我们劳动人民的绝大多数由于拉伊克案件明白了，是党使国家摆脱了资本主义复辟以及恢复资本家和地主的枷锁的威胁，更确切地说，由于消灭了拉伊克匪帮，我们的劳动人民懂得了，在反对帝国主义分子破坏活动的斗争中，在保卫我们国家的自由和独立的事业中，加深与伟大的苏联的友谊是至关重要的任务。在揭露了铁托—拉伊克匪帮之后，我们与苏联的友谊以及对苏联和敬爱的斯大林同志的爱戴，以空前的规模加强了，对这一点每个人都能够确信无疑，即使他只在我们国家里度过几天的时间。

在发言结束时格罗同志说，正如苏斯洛夫同志在其报告中指出的那样，消灭拉伊克集团不仅是匈牙利劳动人民取得的反对帝国主义分子——战争贩子的胜利，而且是以我们全体的领袖和榜样——伟大的苏联为首的整个和平阵线的胜利。

奇卡利尼同志声明说，意大利共产党代表团完全赞成德治同志的报告，意大利共产党在的里雅斯特自由区和南斯拉夫国内的工作过程中获取的经验教训，完全证明了报告人所作的结论及其建议的合理性。

奇卡利尼同志说，在情报局决议公布之后，铁托法西斯集团加强了自己的挑拨和间谍活动，他们企图在意大利资产阶级中为自己找到同盟者和朋友，以进行反对苏联和人民民主国家的斗争，并削弱和瓦解意大利共产党和意大利社会党的队伍。

针对共产党，铁托匪帮开展了广泛的宣传运动，他们给党的各级组织和一些党员寄去了数千份宣传小册子。

同时铁托分子还通过自己在罗马的大使馆，力图与过去的游击队员、新闻记者、左翼民主党人、知识分子、社会党人等建立联系，并邀请他们访问南斯拉夫。同时，铁托的代理机关还在民主和进步运动的队伍中，尤其是在共产党的队伍中扩大自己的间谍网络。因此，共产党被迫在以下几条战线在意大利开展反对铁托分子的斗争：无论是在党内，还是在党的同盟者和劳动人民群众之中，以及在报刊界等等，在思想战线、政治战线和组织战线上开展斗争。

在情报局决议的基础上，共产党在自己党内直至基层组织，开展了思想和政治运动。

奇卡利尼同志继续指出，当得知南斯拉夫大使馆与意大利的游击队员建立了联系（这些意大利游击队员是自1943年到1945年期间在南斯拉夫游击队里战斗过的，在意大利这样的游击队员总共有5000多人），共产党立即召开了由过去游击队的指挥员、政治指导员以及在南斯拉夫解放战争中阵亡的游击队员的家属参加的代表大会。在这次代表大会上，通过了决议，揭露了铁托匪帮的背叛行为，指出它已经转入帝国主义阵营，并呼吁游击队员拒绝类似的邀请。

尽管如此，仍然有一个由谁也不认识的10名游击队员组成的"代表团"前往了南斯拉夫，在那里，他们按照兰科维奇警察局的意愿进行了参观，但是，返回意大利之后，他们没有做任何有益于铁托分子的工作。前往南斯拉夫的还有一个米兰社会党人小组。这些人曾经受到过意大利社会党领导的谴责，并已经被开除出社会党的队伍。南斯拉夫驻罗马的大使，在遭受失败之后，写了一份"抗议书"，并将它寄给了罗马最反动的报纸——《意大利日报》（内务部部长谢尔巴和外交部部长斯福尔扎伯爵的喉舌）。社会党领导人发表了公报作为对这份"抗议书"的答复，在公报中写道："我们认为不需要参加与伊韦科维奇①先生的辩论。伊韦科维奇先生早已经知道了意大利社会党人对他的政府的民族主义蜕化堕落的看法，这种蜕化堕落很久以前就发生了，我们的人民是根据自己的直接而又痛苦的经验教训得知这一点的……共产党情报局与南斯拉夫共产党的辩论已经持续一年半的时间了，但是它并没有引起意大利社会党人立场的变化。只有那样一些事实，即南斯拉夫大使徒劳无益地竭力进行驳斥或者是贬低，使社会党人和和平的拥护者承认，南斯拉夫已经处于持续不断地为和平而斗争的和平阵营之外了。"

奇卡利尼同志声明说，这证明了意大利的反铁托斗争阵线并不仅仅是由共产党人组成的，而且它还包括社会党人和其他民主人士，共产党人与他们一起为争取将铁托的代表从国际民主党人—法律专家组织中，以及世界和平拥护者大会执行委员会中清除出去而斗争。不久前在罗马

---

① 姆拉登·伊韦科维奇，南斯拉夫驻意大利的公使。

还举行了世界和平拥护者大会的例会。在谈到革命的警惕性问题时,奇卡利尼同志通报说,意大利的共产党人发现并揭露了铁托分子间谍网里的一部分成员,这部分成员还存在于艾米利亚和马尔凯的一些党组织中,并与罗马的内务部有联系。

发言人认为,在党内和党外——在社会党人和左翼知识分子之中开展反对铁托分子的斗争时,无论是在思想问题上,还是在加强警惕性方面,都应该加强斗争的力度,因为这个斗争尽管已经取得了良好的成绩,但还是远远不够的。

然后,奇卡利尼同志谈到意大利共产党在的里雅斯特自由区工作中的一些经验教训。他说,在情报局决议发表时,那里的局势是非常复杂的。当时,的里雅斯特自由区的共产党是由铁托分子巴比奇和乌尔希奇领导着,他们完全控制着出版、印刷和党的其他工具。铁托分子几乎掌握着所有的群众性组织:工会组织、妇女联盟,等等。在经过了顽强的思想和组织上的斗争之后,铁托分子处于少数并被驱逐出党,被免除了他们在民主的群众性组织中的领导职务。①这样一来,的里雅斯特自由区的共产党才得以返回到无产阶级国际主义的立场上,并在反帝民主阵线的队伍之中占据了自己的位子。铁托分子还遭受到党外来自的里雅斯特劳动群众方面的失败:在最近的市政选举中,的里雅斯特自由区的共产党获得了42500张选票(21%),而铁托分子只获得了3900张(1.8%)。

---

① 布兰科·巴比奇是的里雅斯特自由区共产党中央委员会书记;鲁道夫·乌尔希奇是该党第二号人物。当时这个党联合了的里雅斯特自由区两个区(由南斯拉夫的军队监管的东部区和由英、美的军队监管的西部区)的全体共产党员——意大利族和斯洛文尼亚族的共产党员。党当时的活动是依靠南斯拉夫的财政支持并由贝尔格莱德进行调整的。当南斯拉夫当局脱离了苏联和共产主义运动之后,的里雅斯特自由区的党就分裂成了两个相互敌对的党:以巴比奇和乌尔希奇为首的亲南斯拉夫的党,以及维·维达利领导的亲共产党情报局的党。

奇卡利尼同志声明说，如果考虑到，几乎所有的斯洛文尼亚族的农民都投票赞成共产党、拥护和平、反对铁托、反对帝国主义的话，那么铁托分子遭受到的失败就更加严重了。①

接着，奇卡利尼同志说，他们从伊斯特拉和斯洛文尼亚获得的通报

---

① 在整理会议记录时，删去了奇卡利尼发言中的以下内容："现在简单地说一下，我们在南斯拉夫国内，在帮助我们在斯洛文尼亚和伊斯特拉的同志以及帮助他们进行反对铁托政权的斗争方面所获得的工作经验。在完成这项任务时，我们力求使用在过去20年法西斯主义统治下我们所获得的经验。我们成立了由斯洛文尼亚族、克罗地亚族和意大利族的同志组成的专门机构，这个机构拥有自己的办公地点，以及与我们党和的里雅斯特自由区共产党分开的办事机构。同时我们给自己提出的任务是：收集关于国内状况的信息资料，建立可靠的联络站，散发宣传材料，帮助国内的同志进行反对铁托集团的斗争。我们成功地与伊斯特拉和斯洛文尼亚的主要中心建立了联系，并建立了由一些小组、一些经过考验的记者组成的组织网络。但是，这种联系还十分薄弱，因为这些小组的绝大部分成员是侨民——斯洛文尼亚族人和意大利族人，还因为这些小组没有来自省和州委员会的统一领导。这些独立自主的小组的结构是我们按照极其秘密的意图建立的，其目的是为防止这样的情况发生，即当整个组织还没有巩固下来之前，可能出现的挑唆行动将给整个组织带来沉重的打击。我们的专门机关还发表了在南斯拉夫国内使用的宣传材料。例如，10月份我们的专门机关印制了1000份斯洛文尼亚文字的小册子，其内容是已经在共产党情报局机关报上发表过的就与铁托进行斗争的问题的一些重要文章。此外，在10月份还向斯洛文尼亚和伊斯特拉寄出了大约500份报纸，这些都是居住在布拉格、莫斯科、布加勒斯特和索非亚的南斯拉夫政治侨民出版的报纸，以及在的里雅斯特用斯洛文尼亚文字出版的《事业》周刊。应该承认，无论是在数量上，还是在质量上，所有这些出版物是远远不够的。将这些宣传材料转寄给我们的小组并不是一件轻松的事情，因为美国人和铁托的警察对边界把守得非常严格。由我们所组织的渠道，我们每周利用一次，这是远远不够的。我们利用一切可能的机会：船员、铁路员工、侨民的家庭成员等。目前我们小组的能力还很薄弱，政治主动精神还很有限，在当地出版传单、小报等宣传材料的技术设备还很不足。我们还从这些小组和可信赖的同志那里获得了一些报告和通报，并给他们发出书面或者口头的指示。但是，总的来说，我们的组织还很薄弱，这些小组不能够组织大规模的反对铁托当局的运动以及大规模的群众性浪潮。"

和信函，完全证明了德治在其报告中以及尤金同志在其发言中，对南斯拉夫的经济和政治状况所做的分析。最近一年内，南斯拉夫工人的物质生活状况极端地恶化了；缺乏食品和其他生活必需品。

在农村中，无论是在经济，还是在政治生活方面，以及人民阵线的各级组织和地方政权机关中，富农分子主宰着一切。

地方机关上的南斯拉夫共产党逐渐地变成了政治警察的工具，被利用来防止劳动人民和民主党人公开表现出对现存制度的不满情绪。工会组织也逐渐地变成了压制工人们的工具。

对这种情况提出抗议的工人们，甚至即使他们提出抗议的方式是法律和章程所允许的，也会遭到解雇、逮捕和由于犯有仿佛是怠工和教唆罪而被判处监禁。在斯洛文尼亚共产党的内部，逐渐占主要地位的是出身于南斯拉夫老的民族主义分子阶层的一些人，而出身于工人阶层并与劳动群众密切联系的那些干部，却受到监视或者是被调到次要的领导岗位上。对政府和党的政策表现出怀疑或者是没有信心的那些领导干部和普通党员，都被开除党籍或者是遭到逮捕。

在南斯拉夫人民的各个阶层广泛地传播着对铁托政权的不满情绪，这种不满或者是以单独的和集体的抗议书形式，或者是以消极的抵抗、怠工和要求食品的妇女们示威游行等等形式表现出来的。

奇卡利尼同志说，但是，为了转入对抗和斗争的最高形式——罢工、街头示威游行等——必须拥有一个地下的革命的共产党组织，它要比现存的这个党组织在政治上更牢固、更强大。由此可见，必须重新建立一个新的、革命的、国际主义的南斯拉夫共产党。

奇卡利尼同志声明说，意大利共产党的经验证明，必须尽快建立一个统一的中心，这个中心能够协调居住在各个国家的南斯拉夫政治侨民反对铁托集团的斗争。

最后，奇卡利尼同志宣称说："由于意大利是纳入马歇尔计划的国家之一，是铁托匪帮——英、美帝国主义分子代理人匪帮进行挑拨和间谍活动最公开的国家之一，意大利共产党代表团请情报局的同志们相信，我们党将以其他共产党的经验，以及本次会议即将给我们下达的指示为基础，将在各个方面加强反对铁托匪帮的斗争。"

科普日娃同志说，事件的发展完全证实了，一年半以前通过的共产党和工人党情报局决议关于南斯拉夫问题的所有论点是正确的。这个决议对于各国共产党、国际工人运动以及争取和平和社会主义斗争的事业具有真正的历史性的意义。

国际工人运动，尤其是各人民民主国家，无限感激联共（布）及其领袖斯大林同志，感谢他们在揭露和平、民主和社会主义的最坏的敌人——铁托集团的背叛政策时，所表现的首倡精神以及给予的帮助。

科普日娃同志继续说，根据通过的决议展开的运动，是对我们党员重要的政治磨炼。决议以实际的例子表明了资产阶级民族主义的危害性，对它必须进行揭露和消灭。决议向我们的党员表明，走上反对马克思列宁主义和苏联的斗争道路的人，不可能不落入工人阶级的敌人的阵营，以及帝国主义和法西斯主义的阵营，即使他能用一些假的社会主义词句来掩盖自己的活动。决议成为我们党提高政治思想水平的强有力的工具。决议将必须告知党员群众的一些问题提到了议事日程上。党员群众更加清楚地意识到，以斯大林同志为首的联共（布）是国际无产阶级、全世界劳动人民和捷克斯洛伐克人民的领袖和导师。决议使我们的工人阶级坚信，只有思想上深刻的统一和与联共（布）的团结一致，才能赋予我们共产党必不可少的力量和威力。这个决议再一次向我们的劳动人民表明，只有我们与苏联和人民民主国家的联盟和友谊，才能保证捷克斯洛伐克的主权和独立，使它免遭西方帝国主义分子的阴谋并保障我们成功地建设社会主义。

情报局关于南斯拉夫问题的决议，有助于我们党的许多党员同志战胜关于在通往社会主义的道路上阶级斗争自动熄灭的危险幻想，有助于提高党的队伍的警惕性。

科普日娃同志说，对于捷克斯洛伐克共产党来说，决议的重大意义在于：与决议有关的工作，有助于顺利地克服压制党内的民主，压制布尔什维克式的批评，逃避自我批评和实行独断专行的倾向，这些倾向在某些地方破坏了党在群众中的威信，并给党带来了危害。

与情报局决议有关的工作，在很大程度上有助于阐明关于正确地理解党的领导作用的问题，党的基层工作人员多次错误地看待这种作用，将其看成是采用专制、命令以及监管方法的结果，以此取代通过说服群众的途径为完成建设社会主义的任务而争取群众的日常工作。①

最后，情报局决议是加深无产阶级国际主义、提高党员对国际工人政策问题以及对兄弟共产党活动情况的兴趣的促进因素。

决议的内容引起了对马克思列宁主义的理论问题的广泛兴趣。结果是党内开展了大规模的思想辩论活动，表现出掌握科学社会主义知识源泉的意愿。党的各级组织扩大了思想学习，深化了马克思列宁主义的知识以及党员之中的无产阶级国际主义感情，尤其是力图加深对联共（布）经验的学习。

在情报局决议公布之后不久，在捷克斯洛伐克"索科尔"体育组织集会期间，发生了一起铁托分子的挑拨事件。一批反动的捷克

---

① 科普日娃发言中接下来的一段话在整理会议记录时被删掉了："决议有助于我们中央委员会纠正我们的个别同志在占领社会主义农村的方法问题上的观点。这些同志希望越过必要的发展阶段，提出立即实行农业的全盘集体化，以便绕过使农村确信集体化优势的艰难道路，以及创造实现集体化的必备条件而应该进行的大量漫长的工作。这些同志完全忘记了在我们的日程上摆着这样一个问题，即限制和排挤城市和农村中的资本主义成分。"

大学生，手拿着美国的旗帜进行挑拨性的示威游行，并高喊着"铁托，光荣"。

由于捷克斯洛伐克受到了南斯拉夫的无线电广播和报刊的毒害，兰科维奇的雇佣者残酷地毒打了在南斯拉夫发电站工地工作的几名捷克族工人。这引起了捷克斯洛伐克工人的强烈愤怒。数百家工厂通过了决议，抗议铁托当局的恐怖行为。我们共和国与铁托的南斯拉夫在贸易关系中的体验是众所周知的，并与其他人民民主国家的体验是一样的。由于这一点捷克斯洛伐克已经与南斯拉夫断绝了贸易关系。

科普日娃同志说，为揭露铁托集团的背叛行为，我们还利用了那样一个事实，即美国帝国主义分子支持南斯拉夫政府在安全理事会中的候选人资格，并反对捷克斯洛伐克政府的候选人资格，以此他们还公开承认，总是竭力冒充社会主义者的铁托，是他们顺从的、并领取他们报酬的走狗。

铁托分子到处雇佣间谍分子，尤其是在那些英、美帝国主义侦察机关难以行动的地方。南斯拉夫驻布拉格的外交代表，至今仍然在不断地尝试着在我们这里招募自己的代理人，其目的就是为了破坏我们党的队伍。

铁托匪帮特别关注捷克斯洛伐克的游击队员，并使他们确信，南斯拉夫的游击队员已经将政权掌握在自己的手里，捷克斯洛伐克的游击队员也应该走这条道路。捷克斯洛伐克的安全机关揭露了游击队员之中的铁托匪帮的代理人和我们人民民主制度的敌人。

南斯拉夫外交使团的成员还干涉我们国家的内政。乘坐外交使团的汽车出行时，他们还散发了反对苏联和人民民主国家的传单和宣传手册。在南斯拉夫用捷克文字和斯洛伐克文字印刷的传单和宣传手册，通过走私的途径运入捷克斯洛伐克，然后由南斯拉夫大使馆将他们分别寄发给个人。

接着，科普日娃同志说，已经公布的苏联政府给南斯拉夫政府的照书①，对于全世界的工人阶级都具有重大的意义。苏联政府的这些照书，撕下了铁托及其集团的面具，将他们作为苏联不共戴天的敌人，作为从社会主义阵营逃到战争贩子的帝国主义阵营和法西斯—盖世太保制度在南斯拉夫的体现者，并与希特勒和墨索里尼相提并论。

这些照书在捷克斯洛伐克劳动人民之中引起了强烈的反响。捷克斯洛伐克人民在工厂和其他集会上，通过了数千份决议，谴责了铁托的法西斯政府，表达了对苏联的热爱和忠诚。

对拉伊克的审判也同样引起了类似的反响。正如苏斯洛夫同志所说的那样，这次对拉伊克的审判，揭露了一个反对人民民主国家和苏联的巨大的国际阴谋，一个反对和平和民主制度的阴谋，这个阴谋的目的是要借助已经成为国际反动派代理人的铁托法西斯间谍集团，推翻匈牙利和其他人民民主国家的民主制度，使这些国家脱离和平和民主的阵营，在这些国家里恢复法西斯的统治，将它们变成帝国主义分子的傀儡和军事进攻行动的基地。

捷克斯洛伐克的工人们，在自己的无数次集会上，谴责了作为战争贩子代理人的铁托法西斯分子，并意识到，这些代理人的犯罪活动使共和国的生存、独立和主权受到了威胁。在自己的基层组织集会上，向全体党员介绍了苏联政府照书的内容，以及在布达佩斯进行的审判的有关材料。

对拉伊克的审判还向党表明，必须加强反对英、美帝国主义分子及其代理人铁托在我们党的队伍中的代理机关的斗争。党对那些在布达佩

---

① 指的是关于南斯拉夫对奥地利的卡林西亚省的领土要求的照书，以及关于在南斯拉夫逮捕了一些人员的抗议照书，这些被逮捕的人都是十月革命和国内战争之后从俄罗斯移居的侨民，但是在第二次世界大战之后他们已经获得了苏联国籍。南斯拉夫当局对于逮捕行动的解释是：这些人从事有利于共产党情报局的破坏活动。

斯诉讼过程中披露出来并与捷克斯洛伐克有关的各种线索进行了追查。结果是揭露和消灭了一系列间谍分子。因党的机关报《红色权利报》主编粗暴地破坏了布尔什维克党的纪律，党中央委员会主席团撤销了他的职务。党还揭露了几个为南斯拉夫侦察机关和英、美侦察机关服务的集团。在布拉格还逮捕了一大批原捷克国家社会党党员，其中还有几名右翼社会民主党人。他们所有人都供认，他们得到了命令，必须加入共产党，获得重要的职务，然后破坏党的队伍并向英、美侦察机关提供情报。

科普日娃同志说，党已经非常清楚地认识到了经济机关的薄弱方面。在有了对拉伊克审判的经验之后，党应该尽快地清除管理机关中的不可靠分子和异己分子，撤换干部并提拔新的工作人员。

党已经提拔了几万名新的工作人员，尤其是从工人阶级的队伍中，到国家机关的各个岗位上工作。党极其关心对新干部的教育工作，为劳动群众参加高级学校组织短期培训班以及培养在国家经济和管理机关、军队和国家安全机关担任重要职务的新干部的长期培训班。

当国家机关和管理部门出现某种困难和不顺利的情况时，党立即进行了调查，什么人应该承担这些责任。结果是，在极少数的情况下，这些困难和不利是疏忽大意造成的。我们发现，在大多数情况下，罪犯都是那些异己分子、怠工分子和人民民主制度的敌人。

我们在整个国家机关里，在工业、贸易等各个部门的领导岗位上，都有自己的干部，我们给他们树立威信，任命他们担任副部长或者是总经理。这些机关的干部处同捷克斯洛伐克共产党中央委员会的干部部合作，其任务是研究、挑选、撤换干部并在工作中帮助这些干部。

科普日娃同志说，德治同志是正确的，他指出，在人民民主国家里，国家机关是不会立即被摧毁的，因为这些国家在自己的机关部门接受了大量的旧的工作人员，他们之中有许多不可靠分子，必须以更快的速度撤换他们。

在我们所掌握的帝国主义侦察机关的命令中，建议在寻找特工人员时应该注意那样一些人，即对党的路线方针不满的人，以及追求个人名利地位的人，等等。考虑到这种情况，我们应该提高警惕性，对这些人的活动进行监督并及时地揭露他们。

党所面临的任务是：提高广大劳动人民群众的警惕性，教育这些群众对间谍和破坏分子提高警惕性。

党公开批评了我们在布拉格的州党委员会的粗心大意行为，在这里有两名布拉格市党委员会主席团成员，是党内的异己分子，他们滥用自己的权力并帮助了阶级敌人。以同样的方式党还批评了卡罗维发利市的事件：这里的领导干部在工作中以行动命令代替集体领导的原则，压制党内的民主和布尔什维克式的批评。党中央委员会主席团撤销了州委书记，免除了其他几名负责人员的职务，并在全党内利用这一事件加强了党内的民主制度。

去年年底，全党开展了对全体党员进行核查的运动。

在核查期间，有107133人被开除出党，占党员总人数的4.5%，有522685人被转入预备党员，也就是占党员总人数的22%。今天，党员和预备党员的人数总共是230000人。明年，党将开始更换党证，这是对党员进行新一轮的核查。

党目前正在采取措施完善自己组成的社会成分。党内工人所占的比例数是45%，这令我们感到十分不安。我们已经停止接收非工人阶层的人员入党，我们只是接收突击队中最有觉悟的工人入党。

我们已经使我们的州和区党委员会大部分由工人组成。基层和区组织党的委员会的改选，在遵守党内民主制度和广泛进行布尔什维克式的批评与自我批评的条件下，每年进行一次。

我们支持南斯拉夫工人阶级的斗争，直接的做法是：关心南斯拉夫的革命侨民，在出版《新战斗报》以及向南斯拉夫境内进行无线电广播的工作方面帮助他们。的确，南斯拉夫革命侨民的活动具有分散性的缺点。因此，德治同志建议成立统一的中心，以便协调在各个国家内的南斯拉夫革命侨民的工作和斗争，这个建议将有助于加强重新建设一个南斯拉夫共产党的斗争。

在结束时，科普日娃同志说，捷克斯洛伐克共产党中央委员会根据布达佩斯审判案的经验教导全体党员，不能低估阶级敌人及其将自己的代理人安插在党内的企图。我们清楚，阶级敌人每时每刻都在加强自己的间谍和破坏活动。我们懂得，我们还远远没有揭露阶级敌人的全部代理人，1948年2月以前这些代理人完全可以合法地渗入各个地区，并且已经渗入那些地方。我们丝毫也不怀疑，在具备充分警惕性的条件下，我们将能够揭露国家机关和经济组织中更多的阶级敌人的代理人。党中央委员会给全体党员提出一个任务：对阶级敌人的代理人每日进行揭露，清理党的队伍中的阶级敌人的代理人，不这样做就无法向社会主义迈进。

科普日娃同志说，在此我将表达我们代表团的信念：本次情报局会议、在这次大会上提出的任务、苏斯洛夫同志和陶里亚蒂同志的报告，将更加有助于我们党纯洁和巩固自己的队伍，使党充分实现自己在由伟大的苏联领导的和平、民主和社会主义阵营中的任务。

波普托莫夫同志声明说，保加利亚共产党代表团完全赞成乔治乌-德治同志在报告中所阐述的结论。

波普托莫夫同志说，对于保加利亚共产党和整个保加利亚来说，反对铁托集团的斗争，从保证民族独立、国家安全和为社会主义建设创造和平条件的这个角度来说，已经实现了其特别重要的意义。对于保加利亚来说，铁托分子不仅是民主和社会主义阵线的卑鄙逃兵，不仅是英、美帝国主义分子的代理人和间谍，是反苏联和反人民民主国家的最凶恶的挑唆者和奸细，而且还是最危险的邻居。目前，铁托分子不仅毫不掩饰自己对保加利亚领土的觊觎，而且还公开地放肆地说出自己打算占领皮林地区——保加利亚的马其顿。他们与希腊君主派法西斯分子达成一致：不仅要扼杀希腊的人民解放运动，不仅要肢解阿尔巴尼亚，而且还要建立反对保加利亚的共同阵线。

准备加入巴尔干半岛上这个反动阵线的还有土耳其。波普托莫夫同志说，这样一来，英、美帝国主义分子打算将巴尔干置于经常的混乱之中，挑起边界事件甚至更严重的冲突，当他们需要时，就对保加利亚和其他人民民主国家实施系统的压力。

波普托莫夫同志说，对于我们国家来说，铁托集团是非常危险的敌人，这还因为，它们利用邻邦、两个斯拉夫民族的语言和风俗相似这些条件，企图用自己的宣传来瓦解我们党的队伍和我们的人民，制造对我们党的领导人、对联共（布）的领导人和苏联的不信任。铁托集团企图在各种民族主义分子以及具有反苏情绪的人之中，招募自己的拥护者，在各种倾向分子中和党内其他的腐朽分子中招募特务、奸细等。特赖乔·科斯托夫及其同伙就是这样被招募的，他们变成了英、美帝国主义分子的职业代理人，同时与铁托匪帮有着最密切的联系，并处于铁托匪帮的直接影响下。

特赖乔·科斯托夫匪帮的任务是：借助于铁托分子的帮助，完全夺取保加利亚的领导权，然后使保加利亚与苏联以及和平和民主阵线断绝关系，并在某种联邦的幌子的掩盖下，加入铁托的南斯拉夫，也就是使保加利亚成为英、美帝国主义真正的殖民地。

波普托莫夫同志说，最近，大概在今年的12月初，将举行对特赖乔·科斯托夫及其同伙的审判，届时还将揭露在我们国家里的这个外国代理机关的一系列敌对活动，以及铁托匪帮反对保加利亚人民共和国、反对苏联和其他人民民主国家的反革命间谍活动的一系列新内容。

目前，清理党、国家和社会机关里的帝国主义在保加利亚的代理人的工作，正在全力地开展。毫无疑问，这对于铁托集团及其帝国主义主子们，将是一个新的、沉重的打击。

波普托莫夫同志指出，铁托集团此前曾做过一切努力，以使南部斯拉夫联邦计划破产，而现在又装出一副这个联邦的热烈支持者的样子，企图利用两个斯拉夫民族的兄弟感情，赋予这个联邦的口号以反苏的性质，这将会有助于南部斯拉夫人脱离苏联。铁托分子的这种投机的做法，还表现在对巴尔干多瑙河联邦的口号上，他们力图建立一个东南欧人民反对苏联的集团。

波普托莫夫同志说，这样一来，铁托分子的关于各种联邦的一切闲言碎语，正是遵循了今天的这个反苏联的反革命的目的——使人民民主国家的人民与苏联以及反帝统一阵线断绝关系，并将他们纳入英、美帝国主义的阵线中。众所周知，目前，南斯拉夫外交使团正在按照自己英、美主子的命令，为制定作为对大西洋公约补充部分的所谓的地中海公约，紧张地工作着。为达到这个目的，铁托分子不仅与希腊的君主法西斯分子、土耳其的反动分子，而且还与当政的意大利资产阶级天主教集团调情。

波普托莫夫同志说，在其阴险的条件下，会使我们党的队伍和我们的人民发生混乱，而铁托匪帮在这种卑鄙的诽谤面前并没有止步，其目的就是利用格奥尔基·季米特洛夫光荣的名字进行自己罪恶的勾当。正如已经清楚的那样，这个已被揭露的极其凶恶的间谍集团为达目的是不择手段的，它善于进行任何一种卑鄙和挑拨的勾当。

波普托莫夫同志指出，在最近一个时期里，铁托分子对于保加利亚的挑拨行动变得越来越放肆了。铁托分子越来越多地在保加利亚和南斯拉夫边界上挑起事端。目前，铁托—兰科维奇集团更加强了边界地区的警卫，并在保加利亚和南斯拉夫边界附近的地区部署了新的兵力。居住在南斯拉夫境内的保加利亚公民处于极端的恐怖和恣意妄为的统治之下。数十名保加利亚公民被无辜地投入监狱和集中营里。在塞尔维亚东北部地区的保加利亚少数民族，他们之中的绝大多数人都对苏联和保加利亚人民共和国抱有好感，目前他们正处于十分可怕的血腥的恐怖之中，并面临着在肉体上被消灭的威胁。铁托分子还对在所谓的马其顿共和国里的马其顿居民进行了血腥的镇压，这些居民的绝大部分也是拥护苏联和保加利亚人民共和国的。

波普托莫夫同志说，众所周知，铁托的南斯拉夫，目前已经变成了从人民民主国家逃跑的所有法西斯分子和反动派分子、一切托洛茨基分子、无政府主义者、民族主义分子和其他的反党坏分子，以及一切杀人犯、盗窃犯和其他刑事犯罪分子的聚集地。铁托分子正是从上述这些坏分子中招募组成了土匪颠覆小组，并将他们派往保加利亚进行破坏活动。还成立了一个由上述犯罪分子组成的政治中心，在相邻的人民民主国家里进行铁托分子的宣传活动。例如，铁托的南斯拉夫出版了两种报纸，指定在保加利亚进行发行：一份是在贝尔格莱德印刷的《保加利亚人之声报》，另一份是在斯科普里出版的《皮林之声报》。

波普托莫夫同志指出，所有这一切都表明，铁托匪帮是如此猖狂地活动，其目的就是使相邻的人民民主国家陷入混乱并导致最后的解体。自然，这一点绝不代表铁托集团的强大和影响力。正相反，这只能说明，我们是在与如此阴险和狡诈的敌人打交道。这还说明了，铁托分子在南斯拉夫本国内的基础越不稳固，他们就会越加疯狂地破坏和离间相邻的人民民主国家与苏联的关系。

波普托莫夫同志声明说，从以上所说可以得出的结论是，我们的党和我们的人民是多么直接地关心进行最坚决、最有效地反对铁托集团，争取更快地将南斯拉夫人民从血腥的法西斯的暴政下解放出来的斗争。波普托莫夫同志说，因此，我们认为自己有义务声明：我们党和保加利亚人民是多么感谢联共（布）、苏联以及斯大林同志，是他们如此详细地揭露了铁托集团阴险狡诈和挑拨离间的本性。波普托莫夫同志强调指出，无论在什么情况下，反对铁托集团的斗争都不能带有防御的性质。这个斗争应该具有进攻性并不断地得到加强。这个斗争的任务还包括更加深入地揭露铁托匪帮，使南斯拉夫的劳动人民群众能够更加看清他们的背叛活动，正是他们作为英、美帝国主义分子的代理人，出卖了南斯拉夫的经济和政治的独立，并将南斯拉夫变成了帝国主义的殖民地。

波普托莫夫同志说，从另外一方面来说，当共产党员—国际主义者和全体诚实的南斯拉夫民主人士推翻铁托分子的血腥统治、恢复劳动人民的政权并使南斯拉夫返回民主和社会主义阵营时，我们的斗争应该给予他们政治上和组织上的帮助。在建立一个新的、忠实于马克思列宁主义原则的共产党的事业中，必须给予他们政治上和组织上的帮助，这个新的共产党应该站在推翻铁托匪帮的群众斗争的前列。接着，波普托莫夫同志又谈到在与铁托分子斗争中，保加利亚共产党所采取的措施。

揭露铁托集团的宣传活动，是通过口头、无线电广播和报刊的形式进行的。在会谈、报告、会议和群众集会中，大部分内容都是揭露铁托分子的。最近，尤其是在苏联给南斯拉夫照会以及对拉伊克—布兰科夫进行审判之后，反铁托分子的运动更加高涨了。波普托莫夫同志说，最近几天，全国各地进行了集会，抗议铁托分子的卑鄙阴谋。在这方面，边界各地区尤其受到了关注。

波普托莫夫同志指出，遗憾的是，直到现在，我们还没有完全和充分地利用像无线电广播这样强有力的工具。的确，每天要用塞尔维亚文进行专门的报道，每周五次用塞尔维亚—克罗地亚语、两次用马其顿语进行广播。但是，无论是在数量上，还是在质量上，这还远远不够。报道所采用的材料经常带有偶然的性质，因此，这些报道不能总是击中要害，也不能经常打动南斯拉夫劳动人民的心。

无线电广播这种工作，如果能够很好地组织并对其进行应有的监督，它是能够也应该在揭露铁托分子的事业中起到巨大的作用的。

同样也可以说说报刊宣传工作。几乎每一期党的中央机关报——《工人事业报》，同《祖国阵线报》一样，都刊登揭露铁托的原文和翻译文章或者是通报。例如，《工人事业报》在3个月内，即8、9、10月共刊登了45篇揭露铁托分子的文章，其中有8篇是翻译文章。《祖国阵线报》自今年的9月1日至11月10日期间，也就是在58期里共刊登了26篇揭露铁托分子的文章，其中8篇是翻译文章，以及52条外国报刊的消息和评论。《劳动报》在这一期间发表了23篇反对铁托分子的文章。

波普托莫夫同志指出，这里最主要的问题在于在报纸上发表的文章的质量和内容。

总之，保加利亚的普通劳动人民群众，对于铁托分子以及敌视民主和社会主义并与我们国家切身利益相对立的铁托集团，持有正确的立场。保加利亚共产党认为，直到目前为止，它还没有充分广泛地开展反对铁托集团的揭露运动。

波普托莫夫同志继续说，在保加利亚的南斯拉夫革命侨民采用两种语言——塞尔维亚—克罗地亚语和马其顿语出版了《前进报》，每种发行5000份，总发行量为10000份。报纸的出版工作由编辑委员会负责，其成员有南斯拉夫侨民—共产党员，而总的政治监督工作由保加利亚共产党中央委员会进行。

这个报纸的定位主要是针对南斯拉夫国内的南斯拉夫群众。为此，需要将这些报纸通过边界运出并在南斯拉夫境内秘密散发。波普托莫夫同志说，但是，直到现在，我们在这方面也没有取得大的成绩。在大规模地将这些报纸运过边界并在南斯拉夫境内散发方面，还存在着大量的困难，目前还没有克服这些困难。离边界较远一些的地区，还没能将报纸散发到那里。根据中央委员会的倡议，最近采取了专门的措施，我们希望这些措施能在这方面取得令人满意的结果。

波普托莫夫同志继续说，这个宣传工作的最主要的缺点是，它不是基于南斯拉夫局势发展的准确情况上，而是基于表面的现象上，基于对偶然事情的报道上。因此，所进行的宣传不足以令人信服，不能给南斯拉夫劳动人民群众的思想和心灵以需要的帮助。

波普托莫夫同志说，我们的宣传工作，没有利用来自南斯拉夫工人阶级和劳动农民生活中的具体事实，他们的经济生活状况正在日益恶化。只有利用这样的具体宣传，我们才能够揭露关于"铁托式的社会主义"的神话，而南斯拉夫劳动人民群众才能够明显地相信，铁托分子将他们出卖给了美帝国主义分子充当奴隶。波普托莫夫同志继续说，由此可见，为了使我们的反铁托分子的宣传变得更加有效，更加生动和更有说服力，应该使这种宣传更加具体，应该依靠准确的事实进行这种宣传。因此，首先必须经常获得关于如下内容的可靠的情报：南斯拉夫发生了什么事情，在人民群众的经济和政治生活中发生了什么变化，他们的情绪如何，等等。没有准确的情报就不可能进行揭露铁托分子的正确的宣传活动。①

波普托莫夫同志说，正确的做法是：使我们的宣传密切地注视着南斯拉夫堕落成为资产阶级法西斯国家，变成英、美帝国主义分子的殖民地的过程，并用手中掌握的事实直接揭露铁托集团的背叛行为。

铁托分子最多地是利用南斯拉夫各族人民的民族感情，他们认为，这是他们重要的力量所在。波普托莫夫同志说，非常遗憾的是，我们的

---

① 波普托莫夫发言中接下来的内容在整理会议记录时被删掉了："在我们的宣传工作方面，我们的错误在于，没有考虑到南斯拉夫居民的大部分阶层继续成为铁托分子虚假宣传的牺牲品这样一个情况，我们仅仅满足于作出总的结论和声明，即铁托分子是英、美帝国主义的代理人和特务。"

宣传没有充分地从马克思、恩格斯、列宁、斯大林学说的角度，从联共（布）和苏联的经验以及国际工人运动的经验方面，对这些国际主义问题进行深入的研究。对于国际关系和苏联对外政策中的国际主义问题，国际共产主义运动中联共（布）的领导作用的问题，以及和平、民主和社会主义阵营中苏联的领导作用问题，我们研究得还不够。

波普托莫夫同志继续说，在反对铁托匪帮的斗争中，我们党的另一个任务是：在南斯拉夫革命侨民中开展工作。此处所指的是，在政治方面正确地组织侨民，使他们利用自己的力量进行反对铁托叛徒匪帮的斗争。在与南斯拉夫建立联系方面，在帮助建立南斯拉夫新的共产党并对其进行组织上的巩固方面，在运送和散发报刊宣传材料方面，南斯拉夫政治侨民能够给予异乎寻常的有益的帮助。在这方面的结果还远远不能令人满意。

波普托莫夫同志说，最近党中央委员会采取了一系列措施，这些措施应该使我们反对铁托分子的斗争出现一个转折。这些措施是：更正确地利用南斯拉夫政治侨民来建立与南斯拉夫的联系和散发宣传材料的渠道，给新的南斯拉夫共产党以政治上和组织上的帮助，加强边界的警卫工作，提高边界地区居民的警惕性，因为铁托分子在保加利亚的边界地区加强了挑拨性活动。①

---

① 在波普托莫夫发言中的如下段落在整理会议记录时被删掉了，其内容如下："概括地说，这些措施是为了达到以下目的：在边界上我们的边防军要加强警备力度；扩大边界防卫地区的深度；在边界线纵深15—20公里的地区，采取措施彻底清除铁托分子和一切可疑分子；特别关注对边界地区党的各级组织及其领导机构的清洗工作；消除南斯拉夫驻索非亚大使馆成为铁托分子在保加利亚的宣传中心的可能性。对于散发铁托宣传材料的人将按照保卫人民政权的法律处置；建立在南斯拉夫国内散发宣传材料的专门机构，以及建立同铁托集团进行斗争的战士以政治上和组织上进行帮助的专门机构，该机构应该在党中央的直接监督下工作。责成党中央的3名委员负责组织和实施与铁托集团进行斗争的一切必要措施。"

结束时，波普托莫夫同志说，简而言之，这些就是我们党所做的以及今后在加强反对铁托匪帮——反对这些卑鄙的挑拨分子、英美帝国主义的忠实走狗、苏联以及人民民主国家和整个进步反帝阵营最凶恶的敌人的斗争事业中应该做到的。

尤金同志建议，成立制定关于乔治乌-德治同志报告的决议委员会，委员会成员由以下同志组成：乔治乌-德治同志、苏斯洛夫同志、陶里亚蒂同志、拉科西同志、贝尔曼同志、杜克洛同志、契尔文科夫同志、斯兰斯基同志、格罗同志、奇卡利尼同志、尤金同志、科普日娃同志和波普托莫夫同志。

该建议被采纳了。

第七次会议

(1949 年 11 月 19 日)

会议于 10 点 35 分开始，于 11 点 50 分结束。

苏斯洛夫同志建议委托陶里亚蒂同志主持会议。

建议被采纳。

陶里亚蒂同志建议讨论并通过按会议日程的第二个问题所作的决议。他提议开始先进行总的批评意见，如果有这方面意见的话，然后再以提交的草案作为基础对决议进行逐页的讨论。

陶里亚蒂同志的建议被采纳了。

对草案没有批评性意见。开始对决议进行逐页的讨论。

谷尼欧同志建议第 6 页的句子："……确保工会运动的统一……"用以下句子代替："……极力设法保证工会运动的统一……"

格罗同志建议这一条用如下句子表述"……尽一切努力，以保证工会运动的统一……"

陶里亚蒂同志建议："……极力设法做到一切，以保证工会运动的统一……"

陶里亚蒂同志的建议被一致地接受了。

陶里亚蒂同志将决议交付表决。

一致通过了经过修改后的决议。

工人阶级的统一和共产党与工人党的任务

（共产党情报局决议）

一

由于美、英帝国主义分子准备新的战争，由于资产阶级反动势力向工人阶级和人民群众的民主权利与经济利益实行进攻，所以工人阶级必须加紧斗争来保持并巩固和平，对战争挑拨者以及帝国主义反动势力的攻击组织坚决的反击。

工人阶级队伍的统一，是保证这一斗争获得胜利的前提条件。

战后时期的经验证明，分裂工人运动的政策，是帝国主义分子用以实行发动新战争、镇压民主与社会主义力量、急剧降低人民生活水平的各种策略手段中的一种主要手段。

工人阶级在个别国家和全世界范围内的统一，在国际工人运动全部历史中从来还没有像目前这样具有决定性的意义。现时必须把工人阶级的队伍统一起来，以便保持和平，打破帝国主义分子反对民主与反对社会主义的罪恶阴谋，制止建立法西斯方式统治的企图，坚决回击垄断资本对工人阶级切身利益的进攻，从而达到劳动群众经济状况的改善。

为要实现这些任务，首先就必须把广大工人群众不分党派、不分工会组织和宗教信仰而一致团结起来。从下面团结起来，——这就是为保卫和平与本国独立、为保卫劳动人民的经济利益与民主权利而团结一切工人的最有效的途径。不管分裂分子和反对统一的分子所领导的那些工会或党派的中央领导机关怎样阻挠，工人阶级的统一最终是完全可能达到的。

战后时期在消灭工人阶级分裂状态和团结一般民主力量方面已经有

了巨大的成就，其具体表现就是世界工会联合会、国际民主妇女联合会、国际民主青年联盟的成立以及世界和平大会的召开。统一运动的成绩表现在法国总工会的巩固，意大利工会联合会（意大利总工会）的建立，以及法、意两国无产阶级战斗性的行动。在各人民民主国家内，工人阶级的统一事业取得了历史性的成就：成立了统一的工人阶级政党、统一的工会、统一的合作社、青年团体、妇女团体以及其他各种团体。工人阶级的这种统一，对于各人民民主国家在经济与文化发展方面，在确保国家政权机关中的工人阶级的领导作用以及根本改善劳动人民群众物质状况方面所取得的种种成绩，都起了决定性的作用。

所有这些事实都证明工人群众非常愿意团结自己的队伍，目前已经有实际的可能来建立工人阶级的统一战线，共同反对从美国帝国主义分子到右翼社会党人的反动联合势力。

美、英帝国主义分子及其在欧洲诸国的仆役，力求分裂和瓦解无产阶级力量和全体人民的力量，他们在这一点上特别指望着右翼社会党人和反动的工会活动家。右翼社会党的领袖和工会中的反动分子，听从美、英帝国主义的直接指示，从上面实行分裂工人运动的队伍，以图破坏在战后时期中所建立起来的工人阶级的统一组织。他们曾企图从内部去破坏世界工联，他们在法国组织了叫做"工人势力团"的分裂主义团体，在意大利组织了称为"劳动同盟"的分裂主义团体，现时他们又在准备建立分裂主义的国际职工总部。天主教组织的领导者在个别国家也有过这种分裂主义的企图。

共产党情报局第一次会议对右翼社会党领袖那种背叛行为所作的估计，即认为他们是工人阶级统一事业的死敌和帝国主义的帮凶，这一估计，已经被证明是完全正确的。

右翼社会党人现时不仅充当本国资产阶级的代理人，而且充当美帝国主义的代理人，他们把欧洲各国社会民主党变成亲美的政党，变成了美帝国主义侵略政策的直接工具。

在有右翼社会党人参加政府的那些国家里（在英国、法国、奥地利以及斯堪的纳维亚半岛诸国），他们拼命地拥护马歇尔计划、西欧联盟、北大西洋公约以及美国其他一切扩张手段。这些假社会主义者在破坏那些保卫劳动人民的利益的工人组织与民主组织方面起着极卑鄙可恶的作用。

右翼社会党人日益叛卖工人阶级、民主与社会主义的利益，他们已经完全背弃了马克思主义的学说，现在他们极力拥护和宣传美帝国主义的强盗侵略思想。他们的"民主社会主义"和"第三种势力"的理论，他们那些认为必须放弃国家主权的世界主义胡说，都不过是在思想上去掩盖美、英帝国主义的侵略行为。

所谓"社会党国际会议委员会"，原是已经活活腐烂了的第二国际的可怜产物，这个委员会已经变成了工人运动中最凶狠的分裂分子与破坏分子集合的场所。这个组织已经成为替美、英谍报机关服务的间谍中心。

只有坚决反对那些分裂和瓦解工人运动的右翼社会党人，才能达到工人阶级的统一。

二

情报局认为，各国共产党的首要任务，就是不倦地进行为联合和组织工人阶级的全部力量而进行斗争，强有力地回击美、英帝国主义的厚颜无耻的野心，粉碎他们发动新世界大战的阴谋，维持并巩固国际的和平与安全，挫败垄断资本降低劳动群众生活水平的企图。

在当前的国际环境中，各国共产党的直接职责是要向大众解释，若是工人阶级不能保证本身队伍的统一，那么它在反对日益增长的新世界大战的威胁、反对帝国主义反动势力降低劳动人民生活水平的斗争中，就会缺乏最重要的武器。

共产党人一方面应该在理论上进行不调和的和一贯的斗争，去反对右翼社会党人和反动的工会活动家，无情地揭露他们并使他们在群众中孤立起来，同时还应该耐心地、坚忍不拔地向社会民主党下层工人说明工人阶级统一事业的全部重要性，应该吸引他们来积极参加为和平、面包和民主自由而进行的斗争，应该进行组织共同行动以求达到这种目的的政策。

工人阶级队伍的一致行动，乃是实现工人阶级统一的已经经受过考验的一种方法。在各个企业范围内、在各个生产部门范围内、在各个城市和省区范围内、在全国和国际范围内一致协同动作，就能动员极其广大的群众去为最切身的并且是群众最易理解的需要而斗争，同时又能帮助建立无产阶级队伍经常的统一。工人阶级下层行动统一的实现方式，可能是在各企业和各机关里建立和平委员会，组织反对战争挑拨者的群众示威，以及工人为保卫民主权利和改善自己的经济状况而采取共同的行动。

在为争取工人阶级统一的斗争中，应该特别注意到信仰天主教的工人群众以及他们的组织；应该记住宗教信仰上的区别，特别是在目前需要统一工人阶级来拯救和平的时候，他们并不是统一劳动群众的障碍。在经济要求方面具体的共同行动，阶级工会与天主教工会彼此配合开展斗争等，都是吸引天主教工人加入保卫和平的共同阵线的有效手段。

在各个资本主义国家里，共产党最重要的任务，就是要极力设法做到一切，以保证工会运动的统一。吸引没有加入工会组织的工人加入工会并积极参加斗争，这在目前具有巨大的意义。在各资本主义国家里，这种工人占无产阶级中的很大一部分。若是共产党能在这些没有组织起来的工人群众中认真加强自己的工作，那么，他们便能在建立工人阶级统一的事业上获得重大的成果。

情报局认为，必须以工人阶级的统一为基础，来建立全国所有一切民主力量的统一，以便动员广大的人民群众，去对美、英帝国主义和国内反动势力作斗争。在妇女团体、农民团体、合作社团体以及其他劳动群众团体中进行的日常工作，具有特别重要的意义。

统一工人运动和团结全部民主力量，不仅为的是要解决工人阶级和劳动群众日常的和目前的任务，而且为的是要解决摆在无产阶级这一领导人民群众去为铲除垄断资本权力和按社会主义原则改造社会而斗争的阶级面前的根本问题。根据在统一工人运动队伍和团结全部民主力量方面已经获得的成果，就有可能在各资本主义国家内扩展斗争以求建立一种政府，这种政府将把国内所有一切反对美国帝国主义奴役政策的爱国分子团结起来，将采取巩固国际和平的立场，停止军备竞赛，并提高劳动群众的生活水平。

在各人民民主国家内，共产党与工人党的任务，是要更加巩固工人阶级已经达到的统一和已经成立的统一的工会组织、合作社组织、妇女团体、青年团体以及其他各种团体。

* * *

情报局认为，要保证争取工人阶级的统一和团结民主力量的斗争取得更进一步的成绩，首先就需要每个共产党和工人党改善自己的全部组织工作与思想工作。在思想上揭露并坚决无情地反对一切机会主义、宗派主义和资产阶级民族主义的表现，防范敌人奸细混进党内来，这对于共产党和工人党确实有着非常重大的意义。

由于有揭穿铁托—兰科维奇间谍匪帮时所得到的那些教训，共产党与工人党绝对必须最大限度地提高革命警惕性。铁托匪帮的奸细，目前正奉行美帝国主义分子的意志，在工人运动与民主运动中间进行凶狠的分裂勾当。所以凡是这些帝国主义奸细企图在工人组织与民主组织中活动的地方，都必须对其阴谋予以坚决的击破。

根据马克思列宁主义的原则，在组织上和思想上政治上巩固共产党和工人党，乃是工人阶级为统一自己队伍、为和平事业、为本国民族的独立、为民主和社会主义而顺利斗争的最重要的条件。

陶里亚蒂同志提议讨论和通过会议日程第三个问题的决议。

格·乔治乌-德治就提交决议的情况发言。

乔治乌-德治同志说，委员会一致同意将拟定的会议日程第三个问题的决议草案提交大会批准。

陶里亚蒂同志提议对决议案不再进行讨论和审批这一程序，就如同日程的第二个问题那样。

对提交的决议草案不再进行变动和修改。

陶里亚蒂同志提议对决议案进行表决。

决议被一致通过。

南斯拉夫共产党在杀人犯和间谍掌握中
（共产党情报局决议）

由保加利亚共产党、罗马尼亚工人党、匈牙利劳动人民党、波兰统一工人党、苏联共产党（布尔什维克）、法国共产党、捷克斯洛伐克共产党和意大利共产党代表组成的情报局，讨论了关于"南斯拉夫共产党在杀人犯和间谍掌握中"这一问题之后，一致达成如下的结论：

在1948年6月期间，共产党情报局会议已经指出铁托—兰科维奇集团由民主和社会主义方面转到资产阶级民族主义方面去的事实，而在情报局那次会议之后所经过的这一时期内,该集团则已经由资产阶级民族主义立场完全转到法西斯主义和公开出卖南斯拉夫民族利益的立场上去了。

最近的事变表明,南斯拉夫政府处在完全依赖外国帝国主义分子的地位,并变成了后者侵略政策的工具,结果已经使南斯拉夫共和国丧失了独立和自由。南斯拉夫共产党中央委员会与南斯拉夫政府,已经和帝国主义分子完全结合在一起,共同反对整个社会主义与民主阵营,反对全世界各国共产党,反对各人民民主国家和苏联。

贝尔格莱德那个受人雇佣的间谍和杀人犯集团,公开与帝国主义反动派相勾结,并已经在为反动派效劳了,在布达佩斯举行的对拉伊克—布兰科夫的审判已经最鲜明地揭露了这一点。

这次审判表明,南斯拉夫现今的统治者已经由民主和社会主义阵营逃到了资本主义和反动派阵营里,已经变成了新战争挑拨者的直接帮凶,并力求以叛变行为来向帝国主义分子讨好,在他们面前尽忠效劳。

铁托集团并不是偶然转到法西斯主义方面去的,这种转变是遵照他们那些主人,即美、英帝国主义分子的指令而实现的。现在业已查明,铁托集团在很久以前就已经是英、美帝国主义分子的奴仆了。

南斯拉夫的叛徒们遵照帝国主义分子的旨意,力图在各人民民主国家里造成一些由反动的、民族主义的、教权派的和法西斯主义的分子组成的政治匪帮,以便依靠他们来在这些国家里实现反革命的政变,使这些国家脱离苏联及整个社会主义阵营,而去服从帝国主义势力的支配。铁托集团把贝尔格莱德变成了国际间谍活动的中心和反共宣传的中心。

一切真正和平、民主与社会主义的朋友,认为苏联是社会主义的强大堡垒,是各国人民自由独立的坚固可靠的保卫者,以及和平的主要支柱,然而假冒苏联之友而攫取政权的铁托—兰科维奇集团,却按照美、英帝国主义分子的指令进行着诬蔑和挑拨的反苏宣传,为此竟然不惜采用希特勒匪徒武器库中极卑鄙的诽谤手段。

铁托—兰科维奇集团最终变成帝国主义直接代理人和战争挑拨者帮凶的表现，就是南斯拉夫政府公开加入联合国组织中的帝国主义联盟。在联合国组织中，卡德尔、吉拉斯和贝布莱尔之流在国际政策各项最重要的问题上都与美国反动派采取一致行动。

在对内政策方面，铁托—兰科维奇叛徒集团活动的基本特征，就是南斯拉夫人民民主制度事实上的消亡。

由于掌握着党和国家的权力，铁托—兰科维奇集团实行反革命政策的结果是在南斯拉夫已经确立了反共产主义的、法西斯式的警察国家制度。这种制度的社会基础就是乡村中的富农和城市中的资本主义分子。南斯拉夫的政权实际上是操纵在反人民的反动分子手中。在各中央机关和地方机关内活动的有旧资产阶级政党的积极分子、富农及其他反对人民民主制度的分子。当权的法西斯上层分子倚仗着无限庞大的军事警察机关，他们利用这种机关来压迫南斯拉夫各族人民，把全国变成了军营，取消了劳动人民的民主权利并压制任何意见的自由发表。

南斯拉夫的统治者厚颜无耻地欺骗人民，硬说他们是在南斯拉夫建设社会主义，实际上每个马克思主义者都很明白，在南斯拉夫根本谈不上什么社会主义建设，因为铁托集团既然和苏联及整个社会主义和民主阵营分裂，因而也就使南斯拉夫失去了建设社会主义的主要支柱，因为铁托集团已经使南斯拉夫在经济和政治方面都在听从着美、英帝国主义者的支配。

南斯拉夫经济中的国营部门已经不是人民的财产，因为国家政权握在人民的公敌手中。铁托—兰科维奇集团为外资侵入南斯拉夫经济大开方便之门，使南斯拉夫经济落到了资本主义垄断组织的控制之下。美、英工业和金融集团投资到南斯拉夫经济中去，这样来把南斯拉夫变成专为外国资本供给农业原料的附庸。南斯拉夫处在日益遭受帝国主义奴役的依赖地位，结果使工人阶级受到的剥削日益加强，使工人阶级的物质状况急剧地恶化下去。

南斯拉夫统治者在乡村中的政策带有富农资本主义的性质。在乡村中用强力培植起来的假合作社都落到了富农及其代理人的手中，而成为剥削广大劳动农民群众的工具。

在南斯拉夫的帝国主义奴仆夺取了南斯拉夫共产党领导地位之后，就广泛采用恐怖手段来对待那些忠于马克思列宁主义原则和反对帝国主义而争取南斯拉夫独立的真正共产党员。成千上万忠于共产主义的南斯拉夫爱国志士被开除党籍，被囚禁在监狱和集中营里，其中有许多人在监狱里惨遭杀害或者被暗害，例如有名的南斯拉夫共产党员约万诺维奇就是其中的一个。南斯拉夫用以摧残坚定共产主义战士的残酷手段，只有希特勒法西斯分子或者是希腊的察尔扎里斯和西班牙的佛朗哥刽子手们所采用的那种暴行，才可与之伦比。

南斯拉夫法西斯分子一面把忠于无产阶级国际主义的共产党员开除出党，加以种种摧残，同时又给资产阶级分子和富农分子大开入党之门。

由于南斯拉夫党内健全分子被铁托匪帮摧残的结果，南斯拉夫共产党的领导机关，已经完全落到一群间谍、杀人犯即帝国主义仆役的掌握之中了。这些擅自用党的名义出来活动的反革命分子，公然把持了南斯拉夫共产党。大家知道，资产阶级老早就采用着一种惯用的伎俩，在工人阶级政党内部为自己招收间谍和奸细。现在，帝国主义分子正是用这种伎俩力图从内部瓦解工人阶级政党，使其听从他们的支配。在南斯拉夫方面，帝国主义分子已经达到了这一目的。

铁托集团的法西斯思想，他们那种完全受外国帝国主义分子支配的法西斯对内政策和卖国的对外政策，使得铁托—兰科维奇法西斯间谍集团和爱好自由的南斯拉夫各族人民的根本利益，处于水火不能相容的地位。因此，铁托集团所干的祸国殃民的勾当，受到南斯拉夫所有忠于马克思列宁主义的共产党人以及工人阶级和劳动农民的日益增长的抵抗。

＊　＊　＊

根据上述证明铁托集团已经完全转到法西斯主义方面和完全逃到了国际帝国主义阵营中去的无可争辩的具体事实，共产党和工人党情报局认为：

一、铁托、兰科维奇、卡德尔、吉拉斯、皮亚德、戈什尼亚克、马斯拉里奇、贝布莱尔、姆拉佐维奇、武克曼诺维奇、波波维奇、基德里奇、内什科维奇、兹拉蒂奇、韦莱比特、科里舍夫斯基及其他人等的间谍集团，乃是工人阶级和农民的公敌，乃是南斯拉夫各族人民的公敌。

二、这个间谍集团所代表的不是南斯拉夫各族人民的意志，而是美、英帝国主义分子的意志，因此，它出卖了本国的利益并消灭了南斯拉夫的政治独立和经济自主的地位。

三、目前的"南斯拉夫共产党"已经落入人民公敌的杀人犯和间谍手中，所以它已经无权被称为共产党了，它现在不过是执行铁托—卡德尔—兰科维奇—吉拉斯集团间谍任务的机关而已。

因此，共产党和工人党情报局认为反对这个受人雇佣的铁托间谍杀人犯集团的斗争，乃是各国共产党和工人党的国际职责。

各国共产党和工人党的责任，就是要竭力援助为使南斯拉夫回到民主和社会主义阵营中来的事业而奋斗的南斯拉夫工人阶级和劳动农民。

南斯拉夫回到社会主义阵营中来的必要条件，就是要南斯拉夫共产党党内以及党外革命分子进行积极的斗争，以求把忠于马克思列宁主义、忠于无产阶级国际主义原则、反对帝国主义、争取南斯拉夫独立的真正革命的南斯拉夫共产党复兴起来。

在极其残酷的法西斯恐怖条件下，南斯拉夫忠于共产主义的分子既然没有可能公开反对铁托—兰科维奇集团，于是只好采取那些在没有合法活动可能的国家内共产党人所采取的手段，来为共产主义事业而斗争。

情报局坚决相信：南斯拉夫工人和农民中间一定会有力量能战胜资产阶级复辟派的铁托—兰科维奇间谍集团，坚决相信南斯拉夫劳动人民在工人阶级领导下，一定能恢复南斯拉夫各族人民用重大牺牲和英勇斗争的代价所获得的那些具有历史意义的人民民主成果，并且一定会走上社会主义建设的道路。

情报局认为：各国共产党和工人党最重要的任务之一，就是要全面提高自己队伍的革命警惕性，要揭露和根除资产阶级民族主义分子及帝国主义的一切代理人，不管这些人用什么招牌进行掩饰。

情报局认为：必须加强各国共产党和工人党党内的思想工作，即加强用忠于无产阶级国际主义以及对任何脱离马克思列宁主义原则的行为都毫不妥协的精神，用忠于人民民主和社会主义的精神来教育共产党员的工作。

陶里亚蒂同志让杜克洛同志就会议日程的第四个问题进行发言。

杜克洛作关于共产党情报局章程的草案的报告

同志们！

在1948年6月召开的情报局会议上，确定了由苏斯洛夫同志、贝尔曼同志、杰奥尔杰斯库同志和杜克洛同志组成的情报局章程草案制定委员会。

委员会制定了草案并提交给你们审议。在今年6月份召开的书记处会议上，对这个草案进行了研究，并对其做了一些改动。

这样一来，就能够说，目前的草案已经得到参加情报局书记处工作的各党代表的赞同。

在指出这种情形之后，我将对草案做一些简短的说明。正如我们可以确信的那样，章程草案简短的前言重新提到了1947年情报局建立的情况，重复了1947年9月根据日丹诺夫同志的令人难忘的报告所作的决议的内容。

这个决议强调说，出席会议的各国共产党之间缺乏联系，这是极端不正常和不正确的现象。从这一情况中吸取了必要的教训，决议强调各国共产党之间交流经验以及在自愿的基础上协调其行动的必要性。

接着，决议强调说，在战后复杂的局势下，各党之间的行动缺乏一致性，将会给工人阶级的事业带来损失。

自通过了这个决议之后的两年时间里，产生这个决议的那些政治理由，还完全没有失去自己的意义，甚至可以说，随着群众反对帝国主义分子所实行的战争政策斗争的增长，这些政治理由变得更加强烈了。

争取和平的斗争获得了国际意义。巴黎和布拉格和平代表大会就是这个事实的明显表现。这种情形使各国共产党之间定期联络、交换信息和协调行动具有了更大的必要性。

章程草案的目的是确定参加了情报局的各国共产党之间的相互关系。

正如章程草案前言中指出的那样，情报局号召各国共产党之间交流经验，并在必要的情况下，在相互协商的基础上，为联合一切反帝国主义力量进行反对帝国主义和反动派的斗争，为有效地进行争取人民民主、争取持久的和平、争取社会主义的斗争而协调自己的行动。

这种协调行动的必要性是源于我们应该进行的反帝国主义的这种斗争本身的性质。随着马歇尔计划的实施，我们成为布鲁塞尔军事联盟成立的见证人，这个军事联盟将自己的总参谋部设在了法国。

接着又成立了欧洲联盟，并拟定将西德政府列入其中，众所周知，西德政府是美帝国主义准备实施反对苏联、反对人民民主国家、反对世界工人阶级和民主运动的政策的工具。

所有这一切都出现在北大西洋公约的范围之中，实行这一公约表现在疯狂的军备竞赛上，以及大幅度地增加军费开支上，这样的结果是降低了购买力，使劳动人民群众生活贫困，正如苏斯洛夫同志在其报告中指出的那样。

因此，当战争贩子利用其帝国主义分子走狗的角色越来越公开的铁托及其仆从们，作为挑拨者在国际范围内进行自己的卑鄙活动时，共产党和工人党就有机会协调自己的行动，这是十分自然和必需的。

这完全符合各国劳动群众和人民的愿望，他们已经意识到，是这种团结一致的精神将他们联系在一起，并为争取人民民主、争取持久和平、争取社会主义——这一草案中指明的目标而斗争。

完全清楚，不谈到伟大的社会主义国家、伟大的苏联，也就不可能谈到社会主义。

因此，如果在章程草案第三条的第1点指明，党认为在自己的一切活动中遵循马克思列宁主义学说、保持对无产阶级国际主义的忠诚是自己的职责，我们全体一致认为，这意味着，对苏联的态度是评价各国共产党和个人的思想基础。

经验表明，过低评价苏联在国际工人运动的发展、粉碎法西斯主义的军事行动、反帝阵营保卫和平的斗争中的决定性作用，最终导致了与工人运动和反帝斗争利益相对立的立场。

这就是为什么对于我们来说，无产阶级国际主义不仅是与其他国家的劳动人民伟大的战斗团结，而且还包括，首先是对社会主义坚不可摧的信仰，对苏联以及它的天才的领袖斯大林同志的毫不动摇的热爱。

在这方面我认为必须明确章程草案的这一条，在此我想起了斯大林同志关于对苏联态度问题的一段话：

"谁决心不开军事秘密会议而绝对地、无条件地、公开地和忠诚地捍卫苏联，保卫苏联，谁就是**革命者**，因为苏联是世界上第一个建设社会主义的无产阶级的革命的国家。谁决心绝对地、毫不动摇地、无条件地捍卫苏联，谁就是**国际主义者**，因为苏联是世界革命运动的基地，不捍卫苏联，就不能捍卫和推进世界革命运动。要知道，谁要想撇开苏联、反对苏联而捍卫世界革命运动，谁就是反对革命，谁就必然要滚到革命敌人的阵营里去。"①

铁托及其集团的叛变行为更加证明了这一原则。这些坏蛋断言，仿佛除了苏联之外只有他们才是共产党人，并且他们是反对苏联的。但是，事实表明，他们不过是一伙特务，是为帝国主义分子效劳的奴仆和奸细。

我还想提醒一下，在谈到十月革命的国际性质以及世界上一切国家的资本家对于十月革命的胜利者和布尔什维克的仇恨时，斯大林同志说：

"历史在重演，不过是在新的基础上重演。正像从前在**封建主义**灭亡时期，'雅各宾党人'这一名词曾经使世界贵族胆战心惊、深恶痛绝一样，现今在**资本主义**灭亡时期，'布尔什维克'这一名词也使世界各国资产阶级胆战心惊、深恶痛绝。另一方面，正像从前巴黎是新兴**资产阶级**的革命代表的基地和学校一样，现在莫斯科是新兴无产阶级革命代表的基地和学校。对雅各宾党人的仇恨并没有挽救封建制度免于崩溃。对布尔什维克的仇恨也不能挽救资本主义免于必然的灭亡，——这还用怀疑吗？"②

---

① 参见《斯大林全集》中文版第 10 卷第 47 页。——编者注
② 参见《斯大林全集》中文版第 10 卷第 209—210 页。——编者注

国际工人运动变得更加强大,以及人民民主制国家的诞生,给了帝国主义分子以沉重的打击。中华人民共和国的成立目前更加重了这个打击。在和平阵营和战争阵营之间的斗争中,广大人民群众更加信任站在反帝力量前列的苏联。

因此,应该在情报局章程中指明,对于参加情报局的各国共产党来说,必须保持对无产阶级国际主义原则的忠诚,必须为工人阶级的事业和社会主义的胜利进行不懈的斗争。

但是,只有与领导着反帝阵营的社会主义国家一起,才能在任何条件下进行争取社会主义的斗争。

下面我将分析一下章程草案的条例。

章程草案的第一条谈到,参加情报局的各国共产党有权:

"1. 参加情报局大会,在平等原则的基础上,在情报局书记处和机关刊物编辑部有自己的代表;

2. 有权相互获得有关各国共产党状况的情报"。

由于章程草案规定了各国共产党相互提供信息,也必须规定有权提出批评。正如大家所记得的那样,这种权利在1947年就被使用过。我们能够说,对法国共产党进行的批评,给它提供了改正错误的机会,并通过提高自己干部以及全党的思想政治水平的途径,来完善自己的工作。

与此相反,应该指出,在去年,由于拒绝听取其他共产党提出的批评,铁托以此表明,他已经走上了叛变的道路。自然,为了保持对列宁主义精神的忠诚,只是听取批评是不够的,每个共产党应该将对自己的活动进行自我批评看做是自己的义务。关于这一点章程的第二条将谈到。

"二、参加情报局的每一个共产党,承认其他共产党有权对其活动提出批评,并将实现自我批评以利于自己队伍思想水平的提高和组织的巩固看做是自己的义务。"

章程的第三条确定了参加情报局的各国共产党的任务：

第1点，确定各国共产党应该忠诚的原则，以及他们斗争的目的——工人阶级的事业和社会主义的胜利；这一点还强调，各国共产党在自己的活动中应该遵循马克思列宁主义的学说，保持对无产阶级国际主义的原则的忠诚。

对这一点我将不作详细的分析，因为我在上面已经谈到了这些内容。

第2点，给共产党归纳了如下义务：

"2. 遵守情报局的章程，贯彻执行一致通过的情报局决议。"

在这方面表现了各国共产党是完全平等的，在共同采纳的决议被批准之后，他们自然应该将其贯彻到实践中。

各国共产党的义务还有：

"3. 定期向情报局通报自己党的日常工作情况；

4. 积极参加和协助传播和推广情报局的机关刊物；

5. 按规定的数额交纳会费。"

此处指的是具有最伟大意义的政治义务。为了使其他党能够对本党的活动进行评价，如果需要，能够对其提出批评，必须定期向情报局通报自己党的日常工作情况。

准确地说，在情报局出版机关里积极合作也是一项义务，对它不需要进行详细的说明。毫无疑问，在情报局机构里任何一种逃避合作的行为都具有一定的政治意义。

会费确定的数额十分合理，使每个共产党都能够定期交纳会费。

章程的第四条谈的是情报局的组成：每个共产党应有两名代表参加，其代表人员由相应的共产党中央委员会指派和更换。

章程的第五条谈的是情报局会议每年至少要召开一次。参加情报局的每一个共产党,可以建议召开情报局非常会议,并提交该次会议的议事日程。

章程的第六条指出,由情报局任命情报局机关刊物的主编和编辑部的成员,并批准情报局的财政预算。

章程的第七条指出,情报局拥有自己的常设机关——书记处,由参加情报局的各国共产党代表组成,每个共产党中央委员会派出一名代表参加情报局书记处。章程的第八条规定了书记处的职能:

"八、情报局书记处应保证:

1. 参加情报局的各国共产党之间的定期联系;

2. 实行必要的措施,在通过情报局决议和各党之间协商问题时,协调各国共产党之间的行动;

3. 对机关刊物编辑部的工作以及情报局的一切出版活动实行监督;

4. 准备关于情报局会议的日程问题的材料。"

章程的第九条确定了书记处的工作程序:

"九、根据需要召开情报局书记处会议,但是至少每3—4个月要召开一次会议。"

章程的第十条谈的是情报局的资金问题:

"十、情报局的资金由参加情报局的各国共产党交纳的会费,以及出版活动的收益组成。"

同志们,以上这些就是情报局章程草案的规定,在今年6月份召开的书记处会议上对这个草案进行了讨论,现在将这个草案提交给你们审批。

通过这个草案将加强我们各党之间的联系,更准确地确定我们的任务,以及各地区反帝阵营的战士的任务。

确定召开书记处定期会议和情报局大会的周期,承认参加情报局的每个共产党有权建议召开非常会议,章程草案还为每个共产党规定了自己的任务，同时提请各国共产党关注自己的国际义务。

通过本章程并将其贯彻到实际中，无疑将有助于提高我们斗争的能力，并以此加强反帝阵营在争取和平和社会主义事业的斗争中的力量。

陶里亚蒂同志建议各位代表，就杜克洛同志的报告进行表决。

出席会议的各国共产党代表，都声明自己赞同杜克洛同志的报告和情报局章程草案。

陶里亚蒂同志将情报局章程提交表决。

一致通过情报局章程。

共产党情报局章程

成立于1947年9月的共产党和工人党情报局，号召各国共产党之间交流经验，并在必要的情况下，在相互协商的基础上，为继续团结一切反帝国主义力量进行反对帝国主义和反动派的斗争，为有效地进行争取人民民主、争取持久的和平、争取社会主义的斗争而协调自己的行动。

一、参加情报局的各国共产党有权：

1. 参加情报局大会，在平等原则的基础上，在情报局书记处和机关刊物编辑部有自己的代表；

2. 有权相互获得有关各国共产党状况的情报。

二、参加情报局的每一个共产党，承认其他共产党有权对其活动提出批评，并将实现自我批评以利于自己队伍思想水平的提高和组织的巩固看做是自己的义务。

三、参加情报局的共产党，认为自己的义务和责任如下：

1. 在自己的一切活动中遵循马克思列宁主义的学说，忠诚于无产阶级国际主义的原则，坚持不懈地为工人阶级的事业和社会主义的胜利而斗争；

2. 遵守情报局的章程，贯彻执行一致通过的情报局决议；

3. 定期向情报局通报自己党的日常工作情况；

4. 积极参加和协助传播和推广情报局的机关刊物；

5. 按规定的数额交纳会费。

四、情报局由参加情报局的各国共产党中央委员会的代表组成，每个共产党派出两名代表参加。共产党代表的指派和替换由相应的共产党中央委员会决定。

五、情报局大会每年至少要召开一次。参加情报局的每一个共产党，可以建议召开情报局非常会议，并可提议大会的日程安排。

六、由情报局大会批准情报局机关刊物的主编和编辑部的组成人员，并批准情报局的财政预算。

七、情报局的常设工作机构是书记处，由参加情报局的全体共产党代表组成，每个党的中央委员会派出一名代表参加书记处。

八、情报局书记处应保证：

1. 参加情报局的各国共产党之间的定期联系；

2. 实行必要的措施，在通过情报局决议和各党之间协商问题时，协调各国共产党之间的行动；

3. 对机关刊物编辑部的工作以及情报局的一切出版活动实行监督；

4. 准备关于情报局会议的日程问题的材料。

九、根据需要召开情报局书记处会议，但是至少每3—4个月要召开一次会议。

十、情报局的资金由参加情报局的各国共产党交纳的会费以及出版活动的收益组成。

若干具体问题的决定

接着，会议讨论了几个具体问题。

听取了：

一、关于审议情报局会议公报。

尤金同志的通报。

决议：

批准情报局的公报。

共产党情报局会议公报

1949年11月下半月，情报局在匈牙利举行了一次会议，出席会议的代表有：保加利亚共产党——维·契尔文科夫同志和B.波普托莫夫同志；罗马尼亚工人党——格·乔治乌-德治同志、约·基希涅夫斯基同志和亚·莫吉奥罗希同志；匈牙利劳动人民党——拉科西·马加什同志、格罗·埃诺同志、雷沃伊·约瑟夫同志和卡达尔·亚诺什同志；波兰统一工人党——雅·贝尔曼同志、亚·萨瓦茨基同志；苏联共产党（布尔什维克）——米·苏斯洛夫同志和帕·尤金同志；法国共产党——雅·杜克洛同志、艾·法戎同志和乔·谷尼欧同志；捷克斯洛伐克共产党——鲁·斯兰斯基同志、什·巴什特万斯基同志、拉·科普日娃同志和贝·格明德尔同志；意大利共产党——帕·陶里亚蒂同志、爱·多诺弗里奥同志和安·奇卡利尼同志。

会议听取了米·苏斯洛夫同志关于"保卫和平与反对战争挑拨者的斗争"的报告，帕·陶里亚蒂同志关于"工人阶级的统一和共产党与工人党的任务"的报告，以及格·乔治乌-德治同志关于"南斯拉夫共产党在杀人犯和间谍掌握中"的报告。

代表们对以上诸报告交换意见之后，达到了完全一致的意见，并一致通过了相应的决议。

听取了：

二、关于情报局会议期限和发表情报局公报、决议和会议上的各个报告的程序。

波诺马廖夫同志的专题报告。

决议：

1. 在1949年11月29日，星期二，在参加了情报局各共产党的所有机关报上，以及在《争取持久和平，争取人民民主!》上，发表情报局会议公报以及情报局就苏斯洛夫同志、陶里亚蒂同志和乔治乌-德治同志的报告所作出的决议。

2. 情报局的章程不予发表。

3. 在《争取持久和平，争取人民民主!》上发表情报局决议之后，将依次发表苏斯洛夫同志、陶里亚蒂同志和乔治乌-德治同志在情报局会议上所做的报告。

听取了：

三、关于批准情报局会议所有的会议记录。

巴拉诺夫同志的专题报告。

巴拉诺夫同志通报说，根据情报局会议决议，除情报局章程、决议和公报用俄文和法文两种文字以外，会议记录均采用俄文。

会议记录包括1949年11月16日至19日期间召开的情报局七场会议的全部即席记录；苏斯洛夫同志、陶里亚蒂同志、乔治乌-德治同志和杜克洛同志的报告；在会议上就会议日程的四个问题所作出的决议，以及情报局的章程。

各代表的书面发言稿由发言人在会议上亲自宣读。在将这些文本列入会议记录时，书记处将考虑代表们所做的修改内容。

书记处请各位代表签署情报局的会议记录，具体如下：

1. 就如下问题所作出的决议的俄文和法文两种文本：

保卫和平与反对战争挑拨者的斗争；

工人阶级的统一和共产党与工人党的任务；

南斯拉夫共产党在杀人犯和间谍掌握中。

2. 情报局的章程俄文和法文两种文本；

3. 情报局会议的公报俄文和法文两种文本。

决议：

批准情报局会议的会议记录。

意大利共产党代表团
匈牙利劳动人民党代表团
法国共产党代表团
苏联共产党（布尔什维克）代表团
罗马尼亚工人党代表团
波兰统一工人党代表团
捷克斯洛伐克共产党代表团
保加利亚共产党代表团

陶里亚蒂同志在宣布会议结束时，作了结论性的讲话，其中说：

同志们！在此已经谈了关于我们情报局上一次会议以及会上所作的决议的意义。众所周知，我们的敌人围绕着这些决议掀起了多大的喧嚣。

在情报局第一次会议上，我们曾经庄重地宣布，共产国际的解散并不意味着，也不可能意味着，在各个独立的共产党之间以及我们运动的队伍之间不再存在无产阶级的团结一致。

当时，我们提请全体共产党和工人党注意在我们运动中的机会主义的危险，并作为主要任务提出：组织以伟大的苏联共产党和斯大林同志为首的并在其领导下的统一阵线。

在第二次情报局会议上，我们将民族主义的铁托—兰科维奇叛徒匪帮开除出我们的队伍。这有助于我们大家提高在工作方面的思想和政治水平，更加巩固无产阶级的团结统一，更加清楚地了解在我们工作的关键领域里我们的任务。

在本次即情报局第三次会议上，我们讨论了世界工人运动和共产主义运动中的最重要的问题，即面临的来自帝国主义阵营领导人准备新战争的危险。

我们向共产党员和全体人民指明了争取和平、争取巩固社会主义的工人民主阵线的斗争道路，毫不留情地同铁托间谍匪帮进行斗争的道路，统一和巩固我们的共产主义运动的道路。我们还通过了我们的章程，这个章程有助于我们更加牢固地进行我们的合作。

在此所进行的辩论，证明了各国的共产党和工人党的团结一致，证明了在我们队伍中无产阶级社会主义的国际主义占主导地位，再一次证明，不仅仅是在共产主义运动中，而且在为争取和平所进行的一切斗争中，我们全体一致认同伟大的苏联、苏联共产党和斯大林同志的领导作用。

同志们！在第二次和第三次情报局会议期间，我们遭受了巨大的不幸，我们失去了日丹诺夫同志和季米特洛夫同志。我们大家都知道，这两位同志在我们的运动中起到了如何巨大的作用。让对他们的怀念鼓舞和激励我们，在实现我们的目的的事业中更好地完成我们的任务。

我们还应该向匈牙利的同志们，特别是匈牙利人民民主制度的领导人拉科西同志，表示我们的谢意，感谢他们的热情款待。

我们再一次向联共（布）的同志们表示诚挚的谢意，尤其是向我们的领袖和导师斯大林同志，再一次表示我们全体的热情谢意，在整个共产主义运动的历史中，尤其是在目前的艰难时期，当我们正在临近我们的运动的最后胜利的时候，是斯大林同志一直给予并正在给予着我们巨大的帮助。

我祝愿同志们在工作中取得新的成绩。

再见，同志们！

附　录

记录员和翻译人员出席会议的同志名单：
1. С.П.加夫里洛夫
2. 瓦·瓦·莫舍托夫①
3. 尼·尼·普赫洛夫②
4. 亚·尼·安季波夫③
5. 谢·格·扎沃尔斯基④

---

① 瓦西里·瓦西里耶维奇·莫舍托夫，联共（布）中央对外政策委员会机构的工作人员。

② 尼古拉·尼古拉耶维奇·普赫洛夫，共产党情报局书记处办公室通讯部主任。

③ 亚历山大·伊万诺维奇·安季波夫，共产党情报局书记处办公室技术部主任。

④ 谢尔盖·格尔马诺维奇·扎沃尔斯基，共产党情报局书记处办公室工作人员。

6. 弗·伊·列萨科夫①

7. П. В. 叶菲莫夫

8. Д. П. 舍夫利亚金

9. 利·萨·法克托尔②

关于将情报局会议（1949 年 11 月）的文件交给各共产党和工人党的代表团，即保加利亚共产党、罗马尼亚工人党、匈牙利劳动人民党、波兰统一工人党、法国共产党、意大利共产党和捷克斯洛伐克共产党的《证明》：

1. 共产党情报局会议公报。

2. 关于第一个问题的决议："保卫和平与反对战争挑拨者的斗争"。

3. 关于第二个问题的决议："工人阶级的统一和共产党与工人党的任务"。

4. 关于第三个问题的决议："南斯拉夫共产党在杀人犯和间谍掌握中"。

以上所列的文件于 1949 年 11 月 19 日分别交给：

1. 波普托莫夫同志　　保加利亚共产党
2. 基希涅夫斯基同志　　罗马尼亚工人党
3. 比罗同志　　匈牙利劳动人民党
4. 贝尔曼同志　　波兰统一工人党
5. 杜克洛同志　　法国共产党

---

① 弗拉基米尔·伊万诺维奇·列萨科夫，联共（布）中央对外政策委员会的重要工作人员，被委派协助《为社会主义南斯拉夫而斗争！》报编辑部的工作，这份报纸是以侨居在苏联的反铁托的南斯拉夫侨民的名义在莫斯科出版的。

② 利季娅·萨穆伊洛夫娜·法克托尔，《争取持久和平，争取人民民主！》报编辑部工作人员。

6. 陶里亚蒂同志　　　　　意大利共产党
7. 斯兰斯基同志　　　　　捷克斯洛伐克共产党
8. 加夫里洛夫同志　　　　联共（布）

保加利亚共产党中央委员会书记切尔文科夫在情报局会议上就保加利亚局势、"揭露"科斯托夫案件、巩固保卫和平运动发表的讲话

(不晚于 1949 年 11 月 19 日)*

布达佩斯 绝密

我方代表团完全赞同苏斯洛夫同志的报告,无论是对国际形势和两大对立阵营力量对比分析,还是对所分析得出的结论和任务。共产党国家政权及其领导人所面临的保卫和平的最主要任务,毫无疑问,那就是全面巩固国家。我们完全赞同,当前保卫和平和民族独立问题是工人阶级和共产党政治的关键问题。

第一次情报局会议之后,我党在巩固保加利亚人民民主事业上取得了巨大成就。对资本主义企业和银行实行了国有化。我们顺利完成了两年经济计划。尽管存在各种困难,目前我们正在顺利完成我国第一个五年计划的头一年,其主要任务是建立社会主义经济和文化基础。取得了基本消除城市中资本主义成分的结果。我国限制和消除农村中资本主义成分的政策同样取得了很大胜利。大型农业财产掌握在国家手中。全国建立了 1600 多家合作社,掌握了全国 10% 的耕地。在取得生产成就的基础上,劳动人民的物质福利在增加。

---

* 根据会议工作时间打上的日期——1949 年 11 月 16—19 日。

彻底明确和巩固了国内工人阶级的领导作用，共产党成为公认的国内社会政治、经济和文化生活中的主导力量。在党的领导下，全国工人总工会会员已近70万；保加利亚妇女联会员60万，共青团员60万，保苏友协成员110万，合作社成员200万。彻底粉碎了资产阶级反动派和右翼社会党人——英、美帝国主义者的代理人；摧毁了一系列在英、美帝国主义者指示和资助下秘密建立起来的地下窝点。劳动人民的战斗团结得到极大增强。社会民主党完全融入共产党。这样一来，工人阶级战斗团结在马列学说基础上得到了完全实现。"基层党"（Звено）已宣布停止其独立存在。宣布停止独立存在的还有激进党。这样的话，目前在祖国阵线上，除了共产党，只剩下保加利亚农民联盟，它已公开承认共产党领导。劳动人民对共产党的信任提高了、增强了。在今年5月15日的最新选举中，祖国阵线取得了投票总数的92%，投票率达到了98%。全国呈现出一片巨大的劳动热情。这样的话，过去的两年来，保加利亚在经济上和政治上的人民民主取得了极大巩固。取得这一巩固的重要因素之一是保苏友谊的全民性和深厚性。保苏友谊是我们社会发展的重要动力。目前，在工业、在国营和合作社、在农村在进行的社会主义竞赛一切是为了准备庆祝斯大林同志70诞辰的到来。

我国劳动人民把斯大林同志视为自己的直接导师和领袖。他们当面向他汇报自己的成就，当面承担责任。我们与全体共产党员一样永远认为斯大林同志是自己的导师和领袖。但当季米特洛夫同志去世后，我们表示，认为斯大林同志是我们的直接领导人，劳动人民怀着巨大喜悦之情表示欢迎。我必须指出这一事实，因为它证明保加利亚最广大的劳动人民群众对苏联、对斯大林同志拥有眷恋和忠诚的深厚情感。这是我们最珍贵的财富，我们必须全力珍惜与加强。

保卫和平对我们意味着要全力加强我国的人民民主，推进我国的社会主义建设、国家工业化、我国国防能力，保持最高警惕，防止帝国主义者及其代理人在我国南部边境的阴谋诡计，防止以卑鄙的铁托集团为首的挑衅者在我国西部边境的阴谋诡计。

保卫和平对我们意味着，正如拉科西同志所正确指出的，要不惜任何努力和手段加强我国军队，以及国家安全机构。我们正在采取认真措施，以加强军队和国家安全机构。在我国军队，目前全体指挥人员几乎都是共产党员。我们把过去的旧将军全部清退出了军队领导。我军的教官是苏联军队同志。我们采取认真措施，以加强保卫我国南部和西部边境。

保卫和平对我们意味着，要全力巩固我们与伟大苏联以及各人民民主国家间牢不可破的友谊。与伟大苏联的牢不可破友谊不是在口头上承认，而是在行动上承认苏联的领导作用，这是保卫和平和社会主义的基础。

因此，坚决反对党内和国内民族主义各种表现是我们的直接责任，绝对的必要前提，或者说是保卫和平的组成部分。

民族主义不仅符合战争煽动者的利益，这是和平的敌人、苏联的敌人、新战争煽动者的直接思想。民族主义者是帝国主义的直接代理人。

拉伊克诉讼案告诉我们，什么是帝国主义反对苏联和人民民主国家的阴险计划和用意。他们的用意就是借助作为国际反动派代理人的铁托法西斯特务集团在民主主义国家内复辟资本主义。

正如苏斯洛夫同志所说的，这里所指的是英、美帝国主义者组织策划的反对人民民主国家和苏联、反对和平与民主的国际大阴谋。

拉伊克诉讼案证实了这一点。

我国的科斯托夫诉讼案也将证实这一点。①

这里所指的是帝国主义者的计划，其实质是从内部颠覆共产党，在共产党内部安插民族主义间谍分子。

保卫和平对我们意味着，首先，要仔细而严格地检查共产党队伍，揭开隐藏在内部的敌人奸细，无情地惩罚这些奸细，清洗干净这一最可恶的传染病。面对这一清洗克服各种动摇。经过这一清洗，党将更加强大。我们党正处在这一清洗的最紧张的时期。

在联共（布）中央委员会和斯大林同志个人的直接帮助下，揭露了前保加利亚党中央书记科斯托夫，对此保加利亚人民将永远心存感激。

科斯托夫何许人也？一个英国的老间谍。他承认，1942年被收买。从1944年起联系上铁托集团。

根据英、美驻国内的间谍头子下达的任务，与铁托集团分子一起在党内和国家机关组建这类间谍团伙，他们设法通过各种途径和方法，利用我们的弱点、我们的轻信和疏忽大意，对党和国家实施损害，首先是在经济领域，借助铁托集团分子的帮助，准备让保加利亚脱离苏联，复辟资本主义，使保加利亚投向帝国主义阵营。

保加利亚要脱离苏联应该会借助党内和国内十分盛行的有关建立南

---

① 科斯托夫"案件"审判于1949年12月在索非亚举行。起诉书由什瓦尔茨曼（切尔诺夫）将军用俄语起草，然后翻译成保加利亚语。保加利亚总检察长对案件未加研究，便在起诉书上签了字。保加利亚领导与莫斯科就判决进行了协商。1949年12月12日，切尔文科夫通报"菲利波夫"说："科斯托夫案判决将于星期三——12月14日作出。科斯托夫应被判处绞刑；斯特凡诺夫、帕夫洛夫、纳切夫将被判处无期徒刑；哈吉潘佐夫、伊芙列科夫、图热夫将被判处有期徒刑20年；赫里斯托夫、左切夫将被判处有期徒刑15年；伊万诺夫斯基判处有期徒刑10年；博亚吉耶夫判处有期徒刑8年。如有异议，请告诉我们。切尔文科夫。"（АП РФ. Ф. 45. Оп. 1. Д. 254. Л. 68）

斯拉夫联邦制和保加利亚联邦制口号来加以实施。① 当然，科斯托夫式的南斯拉夫联邦制与我们理解的南斯拉夫联盟过去没有，现在也没有任何共同之处，因为科斯托夫式的南斯拉夫联邦制应该与苏联向背。科斯托夫分子要求保加利亚加入南斯拉夫，并指望得到铁托集团分子的军事援助。

他们知道，在我党和我国人民中拥有热爱和忠诚俄罗斯人民的传统，苏联十分强大。因此他们深深伪装起来，百般耍两面派，嘴上信誓旦旦忠于苏联，在卑鄙与虚伪上掩盖得一丝不苟，而行动上则借助铁托集团的土耳其帝国的精兵和匪帮准备强行改变党和国家政策。

因此要对领导进行检查，但不是看他们自我标榜，不是看他们口头声明，而是看他们的工作结果。因此要仔细检查领导，看他们在行动上、在实际问题上是如何对待苏联的。

因此有必要去详细分析工作中产生困难的原因（拉科西同志）。因此要仔细研究党的领导人的整个人生道路，将布尔什维克的亮光带进这一人生道路中所有模糊不清的地方。

尤其有必要对那些参与反党派别斗争、总是心怀不满、觉得委屈的人展开斗争。

科斯托夫被收买了。他被留到战后时期，成为一个奸细和党的领导人。他进入了英、美计划实施者的行列。在监狱中，科斯托夫还与其他被收买者商量党内的工作项目，为英国提供情报。有关科斯托夫勇敢举动的传说在警察局被该集团给抖搂了出来。

出监之后，他第一件事就是销毁秘密材料。

当然，英、美情报机构感兴趣的不仅仅是南斯拉夫、匈牙利和保加利亚，他们的足迹遍布各地，遍布各人民民主国家。所以，针对匈牙利

---

① 文中如此。应为：巴尔干联邦。

的敌特斗争经验在我国应该广泛和果断地加以运用。

  当然，我们对资本主义分子发起的进攻压缩了敌人的基地。这是显而易见的。这样很好。难道这不是帝国主义者们如此疯狂地注视着我们国家的原因吗？难道这不是他们竭力用外人和间谍在我党制造混乱，难道不是他们想千方百计渗透到我们党内吗？

  我想，有关清除混入我党、国家机构和军队的敌特分子问题必须尖锐地提出来。

  敌特分子具有千方百计爬到负责岗位的任务。他们伪装得很深，他们虚伪和卑鄙透顶，只要能够爬到负责岗位，以便在适当的时间，当英、美情报机构认为是适当的时间，他们便开始反对我们。

  科斯托夫分子给我们造成不小的伤害。如果不是这些破坏，我们所取得的成就还要大。他们主要在实践中歪曲党和政府的政策，以此在人民中造成不满。尤其是，他们在我国经济政策、国民经济、我们与农民、农民生产者的相互关系上对我们带来了危害。造成了这种局面，国内占优势的小商品生产事实上被禁止进行各种国外贸易。国家实际上剥夺了农民生产者的一切剩余部分。党坚决反对这等粗暴歪曲党对农民政策的行径。我在这里不去一一列举各种歪曲。目前我党正在为快速消除歪曲和损害造成的后果而十分严肃地开展斗争。党动员劳动人民参加这场斗争，勇敢开展批评和自我批评。当前选举的一切准备工作就是以毫不留情批评缺点为标志，就是以坚决改革我们工作为标志。我这里说，我们要坚决开展对自己所有工作、国家机关工作、社会和经济工作的批评。我们要以饱满的热情努力让劳动人民参与这场对缺点和弱点的创造性的批评之中。

  首先，要自上而下从党内把科斯托夫分子及那些持调和主义对待科斯托夫分子的所有人清理出去。我们会做到的。我们没有宣布搞形式上的清洗。但党要纯洁。审判结束后，会更加一把劲。我们现在具有各种机遇进行清洗。

应当说,我们及时揭露了科斯托夫。这点我们要归功于斯大林同志。完成他的嘱托,我们将把清洗进行到底。不管面对什么,我们决不停留。

我党经过清洗变得更强大。反对科斯托夫分子使我党变得从未有过的更为团结。党内民主得到了提高、扩大和加强,布尔什维克党人的锻炼在继续向前。当然,科斯托夫并非只是一个人。科斯托夫分子们隐藏在党内。当时,当科斯托夫及其主要同伙被揭露之后,他们就无法继续隐藏下去了。我们要把科斯托夫分子、可疑分子统统清理出国家机关,根据广泛开展社会主义建设的新任务要求进行改造。

苏联同志们在这方面给予了我们特别巨大的帮助。我们有4位优秀的苏联经济问题专家,在部长会议一些最重要的部委下面研究我国地下矿产、非常丰富的有色金属、煤炭和铁矿。

我们从反对特赖乔·科斯托夫之流中吸取教训,正在制定和推行一系列解决当前实际任务的措施——保障居民粮食、抗旱、提高谷物及其他农作物收成,加强完善出口农作物生产与加工、工业采矿、改善畜牧业、国家电气化、我国地下矿产研究。

我们正在采取措施,在经济基础上巩固工人阶级与劳动农民的联盟,巩固合作社。

六月中央全会的决议意味着我国主要在开展批评和自我批评、反对特赖乔·科斯托夫之流的实际斗争、消除人民敌人造成的恶果以及消灭敌人本身方面发生了重大转折。

落实决议取得的初步成效证实道路是正确的。

——城乡劳动人民对党的信任极大提高了。

——我党与中农群众更加接近了。

——我们着手认真改正缺点,果断改革我们的工作。党中央和政府有关改革交通工作的决议已证明了这一点，我们把那些不合适和可疑分子撤换下来，目前由中央书记领导交通部门。

——关于改革国家电气化和土壤改良工作。

——关于改革中央合作社工作，把科斯托夫分子驱除出去，从人民中推举新同志、合作社活动家担任领导岗位。

这还会继续。我们将完全按照国内当前开展社会主义建设形势要求，在党和国家机关、社会、经济和工会组织内改革我们的全部工作。

保卫和平如今对我们意味着就是顺利完成这一改革，以便更加巩固我们的人民民主、我国的国防能力。

对我们而言这意味着：全面提高我们的警惕性，杜绝各种疏忽大意、各种自我安慰，清除国家机关尤其是军队中各种形形色色的帝国主义间谍，毫不留情揭露和消灭从外打入的匪徒，把在各级党和国家部门进行的反对科斯托夫分子和铁托分子斗争进行到底。

——联系群众和人民，不仅要教育人民，而且要向人民学习，更好而且更深入地、仔细倾听工作中出现的不顺利和混乱的各种信号，仔细检查这些信号，并采取消除和清除敌对分子的措施，阻止敌人造谣和污蔑好人的各种企图。

——组织检查活动家，正如斯大林同志所教导的，不是看其口头声明，而是看其工作业绩，不仅要从上保证这一检查，而且，正如斯大林同志所教导的，要从下，从劳动人民基层给予保证。这才是真实的检查。

——最大范围地加强和完善我们对居民的解释性的政治工作。我们应该比现在更大规模地去正确阐述国际局势，用事实与证据去揭露新战争煽动者的计划，避免新战争的现实可能性，揭露像铁托集团所扮演的那种战争煽动者先锋队的卑鄙作用。我们应该比现在更广泛地在每个诚实的保加利亚人意识中贯彻这样的信念，国家的根本核心利益要求我们与伟大的苏联建立牢不可破的友谊，没有这种友谊，没有苏联的支持，不仅无法顺利建设社会主义，使国家摆脱永远落后和贫穷，而且所谓国家民族独立便不可思议。没有苏联的支持，我们国家就可能成为英、美帝国主义手中的第一个牺牲品，变成其殖民地。

作为社会主义国家，苏联的利益与我国国家利益完全一致。这里就是保苏友谊不可战胜的生命力量。这一友谊是保加利亚国家独立的根本保障。这就是为什么说，当一个保加利亚人举手反对苏联时，他首先是反对保加利亚国家，他就是保加利亚的敌人，帝国主义的代理人。

科斯托夫之流是对祖国的背叛，是国家民族独立的灭亡。这就是我们不断地要带给人民的东西，不断地要说明的东西。

我国保卫和平运动与捍卫保苏友谊运动是完全一样的，这一运动就是全民运动。党和国家的整个政策就是在苏联的统一领导下保卫和平。

运用国家一切手段就是为此目的。参与这场运动的有教授、妇联、共青团、全体合作社，各体育、文艺组织，参与这场运动的还有教会、全体知识分子。但这绝不意味着，这场运动中没有任何缺点和弱点。这是有的。

苏斯洛夫同志报告将帮助我们改正弱点，更加精神饱满地为保卫和平而壮大运动。揭露战争煽动者的宣传、传播其有关反人民活动的真实可信消息、宣传各民族之间牢固和长久和平的运动应当日复一日地进行下去。我们应该在每个城市、每个农村建立保卫和平委员会。

РЦХИДНИ. Ф. 575. Оп. 1. Д. 74. Л. 150 – 159.
副件

瓦·格·格里戈良关于贯彻共产党情报局会议决议的建议给约·维·斯大林的信

（1949年11月22日）

莫斯科市　　　　　　　　　　　　　　　　1949年11月22日

绝密

致斯大林同志

今年11月16—19日召开的共产党和工人党情报局会议上通过决议，决定于11月29日（星期二）在《争取持久和平，争取人民民主！》报和各共产党机关报上刊登会议公报和决议案。关于刊登苏斯洛夫、陶里亚蒂、乔治乌-德治同志报告的问题由各政党独自处理。

在会议上通过的情报局章程不公开发表。

鉴于共产党情报局的决议，对外政策委员会提出如下建议：11月29日在《真理报》上刊登情报局的决议和公报；苏斯洛夫、陶里亚蒂、乔治乌-德治同志的报告于12月2日在《争取持久和平，争取人民民主！》报上刊登后，《真理报》再行刊登。｜由于情报局章程不公开发表，联共（布）中央委员和候补委员了解情报局章程是适宜的。｜决议案和公报文本提交联共（布）中央。

请审阅。

联共（布）中央对外政策委员会主席
格里戈良

РЦХИДНИ. Ф. 575. Оп. 1. Д. 84. Л. 167.

共产党情报局的日常工作

共产党情报局书记处关于在南境内出版和发行宣传品情况的汇报

(不早于1949年11月9日)

布加勒斯特市　　　　　　　　　　　　　　　　　　　　　　　　　绝密

在布加勒斯特出版和寄发给各个国家以便在南斯拉夫境内扩散的材料汇总：

《在国际主义的旗帜下》

序号	匈牙利	阿尔巴尼亚	保加利亚	奥地利	其他各个国家
1	—	—	—	—	1000
2	1250	2000	—	—	1000
3	1000	4000	500	—	—
4	1000	1250	—	1000	1000
5	500	3000	500	1000	1000
6	500	3000	500	2000	1500
7	500	3000	500	2000	1500
8	500	3000	500	2000	1500
9	1000	2000	500	1500	1500
10	500	3500	500	1500	1500
11	500	2500	500	1000	1500
12	500	3500	500	1000	1500
13	2500	—	1500	—	1500
14	2500	—	1500	—	1500

最后两期报纸的分配数量有变化，是因为在阿尔巴尼亚和奥地利出现了困难。"其他各个国家"一栏中的期数，是通过邮局寄发给居住在世界各国——南美、法国和意大利等国的原南斯拉夫侨民，以及居住在各人民民主国家的南斯拉夫侨民。

《宣传手册》

作者	标题	匈牙利	阿尔巴尼亚	保加利亚	奥地利
乔治乌-德治	铁托集团——社会主义最凶恶的敌人	500	1000	—	—
苏佩克-奥波耶夫利奇	声明				
舍夫利亚金	《战斗报》——反苏维埃的报刊	500	1000	—	—
P.萨姆布罗夫斯基	南斯拉夫托洛茨基分子的背叛道路	500	2500	500	—
文件汇编	讽刺漫画——系列1	1000	4500	500	
	苏联照会和侨民（采用拉丁文铅字）	1000	4000	1000	
马·拉科西	南斯拉夫托洛茨基分子——帝国主义的先锋队		1200		
林山奇①	国际主义和民族主义		1500		
《真理报》	杜鲁门在吹牛	1000	2000	4000	2000
П.Ф.尤金	马克思主义的敌人	1000	4500	1500	2000
《争取持久和平》	纪念共产党和工人党情报局《关于南斯拉夫共产党情况的决议》发表一周年	1000	3500	1500	2000

---

① 系音译。——编者注

（续表）

作者	标题	匈牙利	阿尔巴尼亚	保加利亚	奥地利
雅·杜克洛	南斯拉夫民族主义分子——帝国主义的代理人	500	1000	1000	500
安娜·波克	社会主义的叛徒	1000	1000	1000	1000
	苏联关于侨民的照会（采用斯拉夫文铅字）		3000		
	在罗马尼亚的南斯拉夫侨民的呼吁书	1000	1000	1000	1000
佩·波皮沃达	铁托分子枪杀南斯拉夫的共产党员	1000	1000	1000	1000
毛泽东	论人民民主专政	1000	1000	1000	1000
	米莱科·菲利普切夫的诉讼案	1000	1000		1000
	苏联1949年7月19日和7月25日的两份照会	1000	1000	1000	1000
	苏联1949年8月11日照会——拉丁文铅字	4000	7000	5000	4000
	苏联1949年8月11日的照会（采用斯拉夫文铅字）	4000	7000	5000	
	苏联1949年8月11日照会——采用马其顿文铅字		7000	8000	
H.扎哈里亚迪斯	铁托集团对人民民主希腊的背叛	4000	5000	4000	3000
	阿尔索·约瓦诺维奇	4000	5000	3000	4000
	苏联1949年8月18日的照会（采用拉丁文铅字）	5000	5000	5000	7000
	苏联1949年8月18日照会（采用斯拉夫文铅字）	3000	9000	5000	
	苏联1949年8月18日照书（采用马其顿文铅字）		7000	8000	

（续表）

作者	标题	匈牙利	阿尔巴尼亚	保加利亚	奥地利
A.科尔顿	徒有虚名的人	2000	2000	2000	2000
《真理报》	面具被撕下来	3000	3000	3000	3000
《争取持久和平》	野蛮的法西斯强盗	2000	4000	3000	3000
《争取持久和平》	苏联1949年8月29日照会（采用斯拉夫文铅字）	5000	7000	6000	
《争取持久和平》	苏联1949年8月29日照会（采用拉丁文铅字）	4000	6000	6000	4000
拉·戈卢博维奇	铁托集团把南斯拉夫共产党变成了警察机关	1000	6000	2000	1000
拉·戈卢博维奇	拉伊克案件的起诉书（采用斯拉夫文铅字）	5000	7000	6000	
拉·戈卢博维奇	拉伊克案件的起诉书（采用拉丁文铅字）	4000	7000	5000	4000
拉·戈卢博维奇	拉伊克案件的起诉书（采用斯拉夫文铅字）				10000
拉·戈卢博维奇	拉伊克案件的起诉书（马其顿文）		8000	7000	
拉·戈卢博维奇	苏联1949年8月29日照会（马其顿文）		8000	7000	
《争取持久和平》	法西斯阴谋家、特务和挑唆分子匪帮	2000	4000	2000	
《真理报》	英、美帝国主义分子计划的再次破产	1000	1000	1000	1000
C.贝尔曼	南斯拉夫的反革命政变	1000		1000	1000
路易·隆哥	每个人都拥有值得他珍视的朋友	1000	1000	1000	1000
彼·波皮沃达	铁托—兰科维奇集团在民族解放战争期间的背叛活动	3000	7000	5000	3000

(续表)

作者	标题	匈牙利	阿尔巴尼亚	保加利亚	奥地利
扬·马列克	撒谎者的竞赛	1000	1000	1000	1000
托尔库诺夫	陷入窘境的南斯拉夫挑唆分子	2000	2000	2000	2000
拉科西	铁托在匈牙利代理机关的被摧毁	2000		2000	2000
格列戈尔	英、美资本对南斯拉夫的奴役	1000	1000	1000	1000
彼·波皮沃达	苏联军队在南斯拉夫的解放使命	5000	4000	5000	2000
《争取持久和平》	苏联——和平、民主和社会主义的桥头堡	2000			
斯托亚诺维奇	叛徒、破坏分子和杀人犯	1000		1000	
帕夫洛夫	铁托知识分子的荣誉、良知和逻辑	1000		1000	
马林科夫	在莫斯科委员会会议上的报告（1949年11月6日）	5000	6000	6000	3000
马林科夫	情报局1949年11月9日决议："南斯拉夫共产党在杀人犯和间谍掌握中"（拉丁文）	1500	20000	10000	
A.巴拉金	文痞	1000		1000	
P. 戈卢波维奇	铁托集团把群众组织机关变成了自己法西斯政策的工具	2000		2000	
P. 戈卢波维奇	情报局决议：《保卫和平与反对战争挑拨者的斗争》（拉丁文铅字）	20000	10000	25000	
P. 戈卢波维奇	情报局决议（斯拉夫文）	8000	6000	8000	
P. 戈卢波维奇	情报局决议：《工人阶级的统一和共产党与工人党的任务》（拉丁文）	11000		7000	

(续表)

作者	标题	匈牙利	阿尔巴尼亚	保加利亚	奥地利
P. 戈卢波维奇	情报局决议（斯拉夫文）	9000	4000	8000	
	对匈牙利国事犯拉伊克的审判（拉丁文）	3500	6000	3500	2000
	情报局关于南斯拉夫状况的决议（斯拉夫文）	4000	2000	4000	
文件汇编	讽刺漫画，系列11	5000	6000	5000	3000
	情报局的三个决议	5000		6000	

宣传手册作者一栏中的《争取持久和平》或者《真理报》，同时包含这些报刊的社论文章。在材料分配方面出现的差别，是因为在南斯拉夫各州所使用的语言不同（例如：用马其顿语言书写的材料仅针对阿尔巴尼亚和保加利亚，因为只有在这些国家的边界地区才使用马其顿语，等等），以及在运输方面出现的暂时困难等原因。

在莫斯科出版并从布加勒斯特寄往各个国家以在南斯拉夫境内散步的材料：

《为社会主义南斯拉夫而斗争》

序号	匈牙利	阿尔巴尼亚	保加利亚	捷克斯洛伐克	波兰
1	3000	—	3000	—	—
2	2000	1000	3000	—	—
3	2000	—	3500	—	400
4	500	4000	4000	1000	500

（续表）

序号	匈牙利	阿尔巴尼亚	保加利亚	捷克斯洛伐克	波兰
5	2000	2000	3000	1000	400
6	2000	2000	3000	1000	400
7	2000	2500	3000	1000	400
8	2000	2500	3000	1000	400
9	2000	2000	3000	1000	400
10	2000	2500	3000	1000	400
11	3000	4500	5500	1000	400
12	2000	3500	3000	1000	400
13	2000	2000	3000	1000	400
14	2000	2500	3000	1000	400
15	2000	2500	3000	1000	400
16	2000	2500	3000	1000	400
17	2000	2500	3000	1000	400
18	2000	2000	3500	1000	400
19	2000	2000	3500	1000	400
20	4000	1000	4000	1000	400
21	4000	1000	4000	1000	400

在报纸分配方面最后出现的变化，是由于在阿尔巴尼亚的困难造成的。

在莫斯科出版的宣传手册

标题	匈牙利	阿尔巴尼亚	保加利亚
拉伊克案件的起诉书	3000	7000	8600
苏联8月29日的照会	2000		5200
《真理报》的社论文章		10800	5400
苏联1949年8月18日照会		6700	5500
情报局1949年11月的三个决议	4000	2500	4000

РГАСПИ. Ф. 575. Оп. 1. Д. 117. Л. 300–306.

原件

情报局工作人员 В. И. 奥夫恰罗夫就基层党组织对波兰统一工人党中央第三次全会关于加强革命警惕性决议的反应的情报[*]

(1949年12月15日)

莫斯科市　　　　　　　　　　　　　　　　　　　　　　　　秘密

在11月下半月里,在波兰各省和县的波兰统一工人党组织,举行了党员积极分子大会,以及基层党组织的会议,在这些会议上讨论了波兰统一工人党中央委员会第三次全体会议的决议。

波兰统一工人党中央关于提高革命警惕性、加强反对资产阶级民族主义分子和英、美帝国主义分子代理人的斗争的决议,极大地活跃了波兰统一工人党基层党组织的政治活动。基层党组织在会议上表示完全拥护波兰统一工人党中央委员会全体会议的这项决议。

在各省和县进行的波兰统一工人党积极分子大会上,以及在基层党组织里,揭露了数起反动分子实施破坏行动的事件,这些反动分子是由于个别党员革命警惕性松懈和政治性的粗心大意而钻进党和国家机关里的。

---

[*] 1949年12月15日,联共(布)中央对外政策委员会顾问尼·布赫洛夫向瓦·格里戈良提交了报告。在附函中他指出:"报告是根据波兰统一工人党中央特别通报的材料编写的。"——РГАСПИ. Ф. 575. Оп. 1. Д. 102. Л. 198.

在什切青省里，人们对波兰统一工人党中央全体会议决议和关于哥穆尔卡、斯佩哈尔斯基和克利什科的组织结论表示满意。①

在积极分子会议上的所有发言，充满了对党的队伍的纯洁性、对必须在工作中使用联共（布）的历史经验的关心。

会议的发言者列举了无数事实，证明了阶级敌人已经潜入党内和占据了重要的领导岗位。

来自于金布恩县的泽姆布日茨基同志在自己的发言中说，像卡奇马列克（原宪兵和"第二局"工作人员）② 一样，被粉碎的米科瓦伊奇克党派③中的阶级敌人，钻进了波兰统一工人党内，并担任了领导工作。来自兹沃图夫县斯塔夫尼察国营农场的农业工人彼得尔扎克同志指出，农场的管理者是原伯爵雅仁布斯基，他使农场陷入崩溃境地。彼得尔扎克同志还指出，基层党组织至今也没有发现原伯爵的敌对活动，并指派

---

① 由于被指控犯有右倾—民族主义倾向，瓦·哥穆尔卡、马·斯佩哈尔斯基和泽·克利什科在这次中央全体会议上被开除出波兰统一工人党中央委员会。在波兰统一工人党中央委员会全体会议于1949年11月11—13日召开前夕，雅·贝尔曼向苏联大使维·列别杰夫通报（1949年11月5日）说："在全体会议上将提出关于哥穆尔卡、斯佩哈尔斯基和克利什科的组织结论问题。"（АВПРФ．Ф．021．Оп．3．П．8．Д．191．Л．1．）在这份名单里把马·斯佩哈尔斯基的名字放在第一位并不是偶然的。1949年10月25日，维·列别杰夫援引雅·贝尔曼的话向斯大林通报说："四人领导小组（贝鲁特、明兹、贝尔曼、萨姆布罗夫斯基）与斯佩哈尔斯基进行了数小时的'谈话'（实质是审讯）。与斯佩哈尔斯基的谈话进行了大约15个小时……现在，斯佩哈尔斯基待在屋里和撰写《回忆录》，这是他必须每日向党的领导人交代的内容。"大规模政治审判案的准备工作开始了。维·列别杰夫在同一份报告中还指出："……党的四人领导小组成员脱离全体人员的视线长达数小时之久，没有任何人知道，他们在这段时间里干了什么。"（АПРФ．Ф．45．Оп．1．Д．360．Л．41－43．）马·斯佩哈尔斯基被选为这一准备行动的关键人物。

② 指的是总参谋部第二局（侦察局）。

③ 指的是在1947年10月之前由米科瓦伊奇克领导的波兰人民党在其逃到国外之后，这个党的领导权转入拥护与共产党合作的人的手中。

他担任领导工作。在积极分子大会上的发言者,揭露了阶级敌人和仍然处于国家机关领导岗位上的投机钻营分子。对脱离群众的党的个别领导人也进行了尖锐的批评。

奥夫马诺娃同志(学校的监察员)指出,还存在着把"波兰社会主义与苏联的社会主义对立起来"的党员。

在罗兹省波兰统一工人党的所有组织里,针对波兰统一工人党中央委员会第三次全体会议的决议展开了热烈的讨论。发言者表示赞成中央全体会议通过的决议。

在彼得库夫市基层党组织会议上,人们要求把哥穆尔卡、克利什科和斯佩哈尔斯基开除出党。在这些会议上,开除了5名充满反苏维埃情绪的波兰统一工人党党员。

党员们在自己的发言中保证全力实现波兰统一工人党中央委员会第三次全体会议决议。

在奥尔什丁省的会议上,人们在发言中对党不良的工作作风以及地方领导人脱离群众的现象提出了尖锐的批评。

在波莫瑞省亚历山德鲁夫县里,有人发表了敌意性的言论。其中一人声明说:"维斯拉夫(哥穆尔卡)同志给了农民土地,他从来也没有提出关于收回土地的问题。"在这次会议上被揭露的还有党的县委委员布列赫尔,他对生产合作社充满了敌对情绪。

发表了敌意性言论的还有扬凯维奇(格鲁琼兹县 Г. В. 穆尼舍克工厂),他声明说:"在我们工厂里没有敌人。工人是极其愚蠢的,他们看不清谁是安德斯,不懂什么是帝国主义。我们从早到晚地工作着,这不关我们的事情。"

仅用"乌尼亚"(同一个县的)工厂组织内部的敌对性工作,就能够解释以下事实:在就波兰统一工人党中央委员会第三次全体会议决议问题召开的会议上,759名党员仅有250名出席。在报告结束之后,会场仅剩下了100名党员。会场的气氛是否定性的。在这次会议上发言的托尔泽茨基同志，对党组织的社会成分提出了尖锐的批评，同时指出，在党组织的组成中几乎都是职员，仅有2名工人党员。

在华沙省的一些发言中也含有敌意的性质。在格鲁耶茨县里，瓦霍维奇（原波兰共产党党员）声明说："如果哥穆尔卡不给我们灌输虚假理论的话，那么，我们也不会在土地改革期间把土地分给农民，现在也不需要通过组建生产合作社来夺回这些土地。"博尔科沃乡党委书记声明说："每个人都批评基层党员，而敌人在上面坐着。中央委员会对警惕性问题的关注太迟了。波兰工人党和波兰社会党达成了一致，允许以前的地主分子进入党内。"

在格但斯克省里，在大会上，工人党员对党的工作中存在的缺点提出了尖锐的批评。在大会上列举了许多伪装敌人进行破坏活动的例子，当他们被从一个工作岗位开除时，又被指派到另一个更加重要的工作岗位上。

来自斯塔罗加尔德县的斯利仁夫斯基——乡党委书记，在谈到缺乏警惕性问题时，列举了以下事实。原机械修理厂的厂长萨瓦德兹基——党的敌人，被解除了工作，并被驱逐出格但斯克，现在在一个部里工作（没有指明在什么部里——B.奥夫恰罗夫注）。在该省的其他县的发言中也列举出了类似的例子。

在凯尔采省里，党员在自己的发言中指出，由于警惕性的松懈，省各主管部门充斥了阶级敌人。还指出，在军事处里工作的都是战前的老式军官；在农业处里工作的是地主分子，在干部处里工作的是波兰军队总参谋部"第二局"的代理人。许多重要职务都被原来的警察人员（在德国法西斯占领时期工作的）占据着。在凯尔采市检察院工作的杜特凯维奇，在16年期间一直是监狱的狱长。

在克拉科夫省新塔尔格县里，在会议上的发言相当热烈。但是，发言者并没有全面地研究关于右倾民族主义倾向的问题。关于加强警惕性的发言带有更加表面化的性质。对关于党务学习，以及关于提高党员思想水平的问题进行了更详细的说明。

在波兹南省里，在弗热斯尼亚乡党的积极分子会议上，波兰统一工人党中央委员会第三次全体会议针对哥穆尔卡、斯佩哈尔斯基和克利什科所做的组织结论，受到了广泛热烈的欢迎。在发言中尤其强调指出了，加强基层党组织的政治警惕性，以及对提拔到党和国家工作岗位上的人员进行检查的必要性。

B. 奥夫恰罗夫

РГАСПИ. Ф. 575. Оп. 1. Д. 102. Л. 197–199
原件

共产党情报局书记处工作人员 C.Г.扎沃尔日斯基《关于匈牙利劳动党工作中的某些事实的调查报告》[*]

（1950年2月）

布加勒斯特市   1950年2月

为了提高匈牙利劳动党中央中、高级领导干部的思想、政治教育水平，制定和贯彻实施了一系列具体的措施。

例如：在1951年年底之前，不具备足够理论知识的500名党、群众组织的领导干部和国家机关工作人员，应该以函授或者面授的方式完成一年期的党校学习。

领导干部校外的理论教育与他们参加马克思列宁主义思想宣传活动联系在一起。每位担任重要工作的同志，不仅是中央委员、中央领导工作人员、党的州委和市委委员，而且还有每位经过理论培训的同志，不管其承担何种性质的职责，都应该参加这项工作。中央政治教育工作部已经编制了这些同志的名单。根据匈牙利劳动党中央政治局决议，领导

---

[*] 书记处办公厅还准备了关于其他国家共产党的类似报告。例如：1950年2月23日，办公厅工作人员Э.多伊奇编写了《关于在罗马尼亚工人党工作中积极方面的某些事实》的调查报告，列举了工人在生产中表现出的警惕性、在企业里超额完成计划、加强完成国家1950年计划的鼓动工作，以及在集体农庄里承担义务情况等其他事例。（РГАСПИ. Ф.575. Оп.1. Д.155. Л.6-7.）

干部的理论教育工作的监督和安排，由中央政治教育工作部直接负责。

所有脱产的党务工作人员，包括脱产的县党委员，在2年期限内，应该结束5个月或者3个月的党校学习，或者相应的培训班学习。党务机关和经济机关的领导干部，应该结束3个月的党校学习，或者获得相应的培训。

基层进修班和夜校的扩大规模，应该考虑到使30%的党员在1950年6月1日前毕业。在农村，参加进修班的首先应该是国营、农业生产合作社和机器拖拉机站的党员。教授这些人员学习的，应该是县党委最优秀的宣传员。

党的领导干部应该懂得俄语。截至1950年1月1日，学习俄语的有30多万人。

* * *

最近，匈牙利劳动党中央委员会采取了提高党的组织工作的措施。

加强党的州委员会，重要工作人员（合作社的、妇女工作的书记，办公厅主任等）实行脱产制度。改进州党委书记接受指示的制度。根据匈牙利劳动党中央组织局的决议，今后，州党委和地区党委工作人员，不是从指导员，而是直接从中央领导人那里接受指示。

领导人与农村党组织的关系密切了。以前，在州党委员会和每个县的农村基层党组织之间，仅有一位脱产的工作人员，县党委书记一个人根本无法应付大量的工作任务，因此，就形成了这样的局面：中央委员会无法全面和迅速地贯彻自己的政治路线，向基层党组织下达具体的指示。中央委员会不能以应有的方式确保党的决议的执行和安排农村基层党组织的监督工作。

为了提高对农村基层党组织的领导，中央加强和增补了脱产县委书记的队伍。300名共产党员被派到各县脱产负责党务工作。在3个县里，已经成立了由3—5名脱产的党务工作人员组成的党委员会，而在其他地区里，党委员会是由9—11名党务工作人员组成的。这样一来，与农村党组织的联系就变得直接了，对他们工作的监督也变得容易了。

为了提高党的工作，确保党在生产和协调党务工作方面的领导作用，中央委员会在各州委、企业和农村里成立了所谓的4人小组。在州委和农村里的4人小组成员是：党的书记、农民联盟共产党员领导人和合作社工作负责人。在企业里4人小组的成员是：工厂党组织书记、企业的厂长（共产党员）、工厂委员会主席和劳动竞赛负责人。

目前的主要注意力放在了发展党内民主上。为此要向党组织领导和党员们阐明党的会议在表现党内民主、正确使用批评与自我批评方面的意义。

根据中央委员会的指示，在每月的党员会议上，党组织书记应该向大会报告过去一个月里所做的工作，以及下一步将要进行的工作。给党员提供就此问题进行批评性发言，以及详细讨论下一步工作计划的权利。其结果是，根据匈牙利劳动党中央领导人的声明，党员会议的质量得到了明显的提高。

* * *

1949年5月15日，匈牙利进行了议会选举。人民阵线候选人获得了5478515票，或者是95.6%。在党取得总的政治和经济成就的同时，鼓动员的工作促进了人民阵线的胜利。匈牙利劳动党中央委员会抽调了25万名鼓动员，并对他们进行了短期的培训。鼓动员对每位选民的拜访不少于两次。所采取的鼓动方法取决于农村、村庄、县和镇，因此，这自然提高了鼓动工作的说服力。鼓动人员对自己的工作成果进行了检查和纠正了所犯的错误，这促进了鼓动工作的效果。在绝大部分企业里，鼓动人员在开始工作之前，首先要讨论一下过去一天里的工作经验，并以此为基础改进自己的工作。数千名非党劳动群众被吸纳参加了鼓动工作。鼓动员进行了10多万次碰头会。在这些会议上对匈牙利人民触及的所有问题进行了解答。

在选举前的工作中，匈牙利劳动党中央头一次使用了那种鼓动方法，也就是联共（布）中央群众性工作最有代表性的那种方法。

由于筹备选举活动，在州、县党委和农村党组织之间的联系得到了加强。党通过鼓动人员第一次深入国家最边远的地区里。党甚至深入以前完全被疏忽的那些地区里，例如：以前的鼓动工作都是乘坐火车进行的。中央委员会正确地分配了鼓动人员的力量。鼓动员首先被派到他们熟悉的那些地区里，这更加扩大了他们的工作成果。

* * *

在1949年里，开展了对匈牙利劳动党党员的审查工作。党的审查委员会对989862名共产党员进行了检查，其中17.8万，也就是18%的人员被开除党籍，12万或者12%的人员被转入预备期。这些数字可以表明，在党内发生了怎样巨大的变化，同时证明：在党内隐藏着大量的阶级异己分子。

由于对党员进行了清查，基本上成功地清除了党内的异己分子和改进了党的社会成分。大体上来说，在全国范围内，工人党员的数量提高了4%—5%。

例如：在塞格德党组织里，工人党员所占的比例从44%提高到了52%，在佐洛州党组织里，这个数字是5.2%；在大布达佩斯对142986名党员进行了检查，47%是工人党员，其余人员属于各种不同的阶层。

在进行了清查之后,这个比例数发生了变化:工人党员所占的比例数为55.5%。在"魏斯-曼弗雷德"工厂里,工人党员占84.7%,而现在是88.1%。在"马瓦格"车厢制造厂的党组织里,工人党员的数量从79.6%扩大到了82%。

所有这种变化不仅发生在普通党员,而且还发生在党务工作人员队伍中。在党务工作人员之中,工人所占的比例数也提高了。例如:在巴兰尼亚州党委员会里,在党的工作人员中工人为35.7%,现在,工人的数量达到了51%。在佐洛州党组织里,清查之前,培训班的讲座员中工人为30%,农民为9%,而现在工人所占的比例提高到了50%,农民所占的比例数提高到了30%。

党的领导人和报刊都指出,在对党员开展清查工作之后,接收党员的全体大会是在党员群众积极参加的情况下进行的。在许多党组织里,不仅指出了入党人员的优点,还对他们提出了批评。例如:在"埃杰休尔特·伊佐"电工器材联合工厂里,对一名被转入预备期的同志提出了以下警告:考虑到他的成绩,党给予他信任,但是,如果他希望获得党员的崇高称号的话,那么,他应该改正自己的缺点。

对党员进行清查工作取得的一个最大的成果,是清查委员会帮助党员们认识到:党首先是工人阶级的先锋队,而工人阶级在国内和党内处于领导地位。在清查工作开展之前,在许多党组织里,无产阶级成分的人员情绪消极,落在后面,在领导层和党的积极分子之中,占多数的是小资产阶级出身的人员。现在情况发生了变化。工人变得更加积极活跃了,他们在领导和党的积极分子之中所占的比例数也扩大了。与确保工人阶级领导作用的同时,在农村党组织里,农业工人和贫苦农民所占的比例数也扩大了。

在进行清查工作过程中,党内民主制度得到了发扬和巩固。党员们明白了,他们不仅有责任,而且有权利,同时还理解了党的会议所具有的重大意义。党的清查委员会还在对干部的研究方面进行了大量的工作。在清查过程中，数百名党员被提拔到了党和国家的领导岗位上。

С. Г. 扎沃尔斯基

РГАСПИ. Ф. 575. Оп. 1. Д. 141. Л. 112 – 115.
副本

尼·尼·普赫洛夫给瓦·格·格里戈良的附信和罗马尼亚工人党中央国际部关于在罗马尼亚散发苏联书刊的材料

(1950年7月6日)

布加勒斯特市　　　　　　　　　　　　　　　　　1950年7月6日

　　　　　　　　　　　　　　　　　　　　　　　　　　　　秘密

致瓦·格·格里戈良同志

兹将在罗马尼亚散发国际书店的苏联书刊一事向你作一报告。材料是根据我们的请求由罗马尼亚工人党中央国际部整理的。①

附言：上述材料共7页。

　　　　　　　　　　　　　　　　　　　　　　　　尼·普赫洛夫

苏联国际书店在罗马尼亚人民共和国的活动取得了很好的效果，它

---

① 1950年7月6日那天，普赫洛夫根据共产国际情报局办公厅的请求，由保共中央国际部准备的一份类似的文件呈报给瓦·格里戈良。看来，共产国际情报局的领导也分析了苏联国际书店在东欧其他国家的工作。保加利亚方面发现苏联文学和期刊在国内非常流行，而且注意到了苏联国际书店工作中的严重缺点（书刊送到的比订购的要少，未完成1948年和1949年的订单，等等），这是保加利亚各组织传播苏联文学的实际情形。

保证了我们大部分的出版物能够得到翻译介绍,这是非常重要的,因为我们的出版计划在很大程度上就指望对这些苏联书籍的翻译了。

另一方面,考虑到对苏联读物的大量需求,而且书价又极其便宜,因而它们流传得相当广泛。至于苏联报刊,凭借苏联国际书店所采取的措施(用飞机投送报纸),我们的读者很快便能够看到它们。

然而这方面还存在有很大的不足。

我们一个问题一个问题讲:

1. 翻译许可

我们的出版计划是建立在对苏联出版物的翻译介绍上的。然而,苏联国际书店没有及时向我们通报新出版的作品,因而出版社他们没有该如何制订计划的明确目标。

当出版社了解到应该出什么书时,它便将其纳入计划,同时要求准许翻译介绍。

然而,苏联国际书店的代表和出版沟通很不及时,也很不定时,因此实际上带来的好处很少。

例如,1950年6月报刊出版总局才收到1949年出版的苏联科学、教育与技术图书的清单。

清单上所列的教科书我们已经翻译出来,因为出版社从苏联报刊上早已知道了。

此外,苏联国际书店代表处并没有通过及时的信息对我们的出版提供实际帮助,目前的体制还有一些其他缺点:

(1)许可的信息来得特别慢,而且不定时。

例如电力部1949年12月13日要求许可翻译13本对该部非常重要的书。1950年3月核准7本,1950年6月核准了3本,其余的书尚不得而知。电力部还在等待对其 1950 年 2 月 7 日、1950 年 3 月 21 日等提出的需求的回复呢。

对一系列书籍的翻译,"俄罗斯书籍出版社"从 1949 年 11 月 8 日就在等着核准了。出版社每个季度都完不成自己的计划,因为批准可以翻译的通知来得太迟了。

例如,至今还没有得到批准翻译的书有:

1949 年 9 月 8 日就需要的书:《奶牛的机械化饮水》——作者:克拉斯诺夫;《利用风车灌溉和供水》——作者:卡尔米津和帕申科夫。

1949 年 11 月 22 日就需要的书:《在伏尔加原野上》,作者:А. 克洛诺夫。

1949 年 12 月 21 日需要的书:《克里姆林宫的故事》——作者:巴甫连科;《为了和平与民主》——作者:西多连柯。

这样的情况,无论在俄罗斯书籍出版社还是在其他出版社都有很多。

(2)苏联国际书店对以前颁发的核准书不进行认真仔细的检查。

举几个例子:

《农村动物饲养》一书,农业出版社,1946 年,作者:И. С. 波波夫。

国家出版社已经将此书的译稿交付印刷,它对我国的农业的意义极大,是在 1948 年 8 月和 1949 年 5 月苏联国际书店核准的基础上付印的。

然而该书援引了很多西欧作者的话,并附了一个长长的西方作者名单。

例如波波夫那里就有下面的话:"西欧各国和美国在广泛使用所喂动物的饲养标准,它们是先进的饲养实践和科学管理经验的综合产物,例如美国的莫里冈标准,丹麦的熏制饲料标准,凯尔纳用土豆饲养肥瘦型猪的标准,等等(详见第 4 部分)。"——第 355 页。

俄罗斯的出版物（中学八年级教科书，国家教育出版社，1948年），作者：H.波斯别洛娃、П.沙勃洛夫斯基和A.泽尔恰尼诺夫。

这本书是国家出版社今年出版的，是1948年俄罗斯版的译本。1949年出了另外一个版本，和1948年的版本大为不同。1948年的版本中有客观主义的性质的章节。

1948年版本中"人民英雄史诗"一节中我们看到有《伊戈尔远征记》，有Ш.卢斯塔维里的长诗和《罗兰之歌》。在《西欧和俄罗斯的古典主义》一节中整页整页地援引莫里哀、拉辛、布瓦洛的作品，和罗蒙诺索夫、苏马罗科夫等并列在一起。

在分析《叶甫盖尼·奥涅金》时引用了别林斯基的几段话，其中别林斯基提到了拜伦在文学中的影响。

在1949年的版本中，所有这些引用的段落和提到西方经典作家的地方，同样还有别林斯基关于拜伦的话都被删掉了。

总之，这里讲的是一个全新的版本。甚至书的开篇都不一样。第一章是讲俄罗斯文学深厚的民族特点。

1949年的版本到国家出版社时，1948年版本的译本已经在售卖了。

H.P.魏尔曼：《工业企业经营活动分析》。

根据1949年4月9日的批准，国家出版社出版了这本书，尽管书里有沃兹涅先斯基的许多引文。

从上述例子可以看出，如果出版单位苏联国际书店对发出的许可进行监督，就能够使我们及时注意到一些错误，这些错误在对稿件进行编辑加工时是很容易避免的。

2. 在图书和宣传性读物的进口中也有如下的缺陷

（1）接收书籍的臃肿系统；

（2）对要传播的出版物派发监督不严；

（3）在派发重要政治出版物方面可操作性非常不足。

进口图书是在"图书贸易和传播中心"核定的选题规划基础上进行的。国际书店经常寄送一定数量选题中标明的和相关领域出版的各种版本的图书。

该系统优先要做的是它要保证我得到苏联出版的各种版本的一定数量的图书；这个系统的缺点则是常常送来一些不符合我们要求、没有价值的造成库存积压的图书。例如我们曾经两次收到关于茶文化的书籍，尽管我们一收到第一批书便把这一情况通知了苏联国际书店。同样，由于机械地寄送图书，每次出了新版书，我们就会收到该版一定数量的图书。结果，3家出版社——青年近卫军出版社、莫斯科工人出版社和苏联作家出版社都送来了佩尔文采夫的《少年荣誉》一书。

与此同时，科技资料（特别是冶金、电力、建筑设计、矿物学、化学方面的图书）却非常缺少，不能满足需要求。

我们具体的订货迟迟不能完成，数量上也欠缺——至少是订货的5%。

举几个例子：苏坚马赫尔的《电模型》，1949年11月4日订购，书到时是在1950年5月5日；《1941—1945年伟大卫国战争中苏联医学的经验》，1949年9月16日订购，1950年4月25日书才到货。

苏联国际书店给我们的书都是超计划的，不在选题计划中。例如不久前，我们收到大批1946—1947年版的法文书，尽管这些书我们还有大量的库存。

常常给我们送来大量我们没有订购的文艺类书籍。我们曾收到除通常订购外的1000册屠格涅夫的精装《猎人笔记》。对于懂俄文的罗马尼亚人和对于俄罗斯人与乌克兰居民来说，我们需要的是普及本，而不是少量精装本。

众所周知，在重新教育我国的德国人方面苏联书籍具有很大的意义，但是我们所需要的给德国人看的德文苏联书却少之又少，尽管我们反复订购。

官方在寄送直观的材料：选题中的材料一直在送，也不管我们的具体需要。

有时候材料来得很迟，无法使用（今年我们五一节过后已经两次收到五一节的广告）。

一些技术性的错误，如没有凭据的发货，不久前还屡有发生，最近一个时期少多了。

在发送重要的政治材料中缺乏效能

机械地按选题规划发送出版的全部材料，而不是选择我们最需要的。应该采取措施：用飞机发送政治材料。

例如：斯大林的小册子《马克思主义和语言学问题》，《文化与生活》杂志社说6月30日已经出版。7月6日，这本具有特殊政治意义的小册子还没有发送到我们这里。苏联国际书店通知我们说，按照正常途径小册子无法早于它上市前15天送到我们这里，因为用火车发送需要10—12天。我们往莫斯科苏联国际书店发电报，希望他们立刻用飞机给我们运来。

对送发的材料监督不力

苏联国际书店不大关心我们的书店到底要卖什么书。书库里至今还存放一些1945年以后的书。其中有许多当然都过时了。我们建议苏联国际书店查一查我们积存的全部材料，只将有用的商品留下出售。例如库房里有一些1946年出版的教科书。无疑，这些书现在已经不需要了。我们有许许多多的好书，比起我们能够卖的书要多得多。苏联国际书店经常向我们发送一些同类的书，虽然在其他地区，这些书可能是需要的。

3. 报纸的发送

定期收到报纸的问题，自苏联国际书店开始用飞机投送起才算解决。但是这一措施也有一些缺陷。有时候飞机在敖德萨耽误，报纸还得从那里用火车送。因此有时候晚送到的报纸到达布达佩斯时最新的各期报纸都已经分发完了。

例如：

4月26日《真理报》第113和115期到

4月26日《消息报》第97和98期到

4月28日《真理报》第116期到

4月28日《消息报》第99期到

4月29日《真理报》第112期和114期到

4月29日《消息报》第96期、100期和101期到

5月2日《真理报》第112期未送达

5月2日《消息报》第96期未送达

有时候杂志是一部分到。例如第96期《劳动》的第一部分4月26日到，第二部分是4月29日到，而其余部分——5月2日才到。

《新时代》第25期订了9000份，6月29日只到了1890份，6月30日到了5980份。其余至今——7月4日——还没到。

推广苏联报刊工作的一大难题，是苏联国际书店没有完成它必须完成的订单。这样，由于订户的原因，1949年秋我们为《教师报》征得了3300个订户。但苏联国际书店5个月时间每户只送1000份，因而报刊推广中心不得不把钱退还给没有收到报纸的订户。5个月后，没有任何通知，苏联国际书店开始向布达佩斯投送了3300份报纸。

订了4300份的《鳄鱼》杂志。一段时间送来2100份，后来又送了

2400 份。在我们退掉其余订户后收到了 4300 份杂志。如果我们早知道最后我们会收到这些杂志，我们便不用退掉这些订户了。但无论是我们还是别的什么人，都从不知道苏联国际书店会给我们送来这些杂志。

我们订了 7000 份的《少先队员》杂志，8500 份的《穆尔齐尔卡》月刊①。前者我们收到 1500 份，后者收到 1000 份。

《苏联文学》杂志（英文版）我们收到的数目是：第 1 期——125 份，第 2、3、4 期，每期 65 份。

《化学的成就》杂志我们收到的数目是：第 1 期——118 份，第 2 期——13 份，第 3 期——97 份。

新订户也出现同样的问题。例如，我们从报纸上了解到，有一本叫《苏联畜牧学》的杂志，我们这里有它的订户。在我们提出埋怨后，苏联国际书店证实这个杂志已经问世，但是他们指出，只能从第 5 期开始给我们寄送杂志，虽然订户是从第 1 期起订的。

《苏联建设》杂志，即现在的《苏联》，它在我们这里订户很多，获得了很大成功。有 25000 个订户，1950 年总发行量 35000 份。订户们闹了后，苏联国际书店告诉我们，他们只能向我们提供 10000 份杂志，因而必须向 15000 个订户退钱。

建议：

为克服这些缺点，改善工作，兹提议：

1. 罗马尼亚人民共和国出版选题计划将由印刷工业、出版社和图书发行管理总局提出，总局将向我们指出计划中的哪些题材是最适合我们的苏联图书。

印刷工业、出版社和图书发行管理总局因为要翻译介绍上述作品，

---

① 苏联共青团中央和列宁少先队中央理事会为 6—9 岁的儿童办的刊物。1924 年创刊。1980 年发行 590 万份，1974 年曾获荣誉勋章。——译者注

它和苏联国际书店进行直接联系，这样我们便能够总体上按计划得到翻译相应书籍的许可。

翻译许可当年有效，一旦必须暂停出版，并翻译其他一些著作，苏联国际书店将会通知我们这一情况。

对于要在苏联问世的计划外书籍或进行再版，我们将申请专门许可。

2. 从苏联发送图书将根据订单办理。

另一方面，苏联国际书店应该对我们和苏联的购书人一视同仁。它应该及时向我们寄送图书贸易公司印制的"正式订单"，并成为我们所掌握的凭证，据此我们才能够订到自己所需要的书籍。

苏联报刊上就有文章反对印刷工业、出版社和图书发行管理总局实行的这套体制，证明我们的建议是对的，该局把一些图书发到了没有订货的苏联某些边远地区。

3. 鉴于有报纸和杂志进口，苏联国际书店应该在年初就跟书刊发行中心签好合同，准确写明双方的责任，以便日后严格遵守。

РЦХИДНИ. Ф. 575. Оп. 1. Д. 151. Л. 169 – 176.
副本

瓦·格·格里戈良关于扩大情报局的职能、设总书记职务等问题必须召开各共产党和工人党情报局书记处会议的理由给约·维·斯大林同志的报告

（1950年10月26日）

莫斯科市　　　　　　　　　　　　　　　1950年10月26日

绝密

致斯大林同志

　　按照共产党和工人党情报局的章程，情报局书记处会议应该根据必要的程度召开，但每3—4个月不少于一次。从书记处最近的一次会议（1950年4月）起已经过去了5个月。

　　现在有党的工作的问题，似应进行协商解决。

　　1. 各党在**情报局书记处**的代表应该研究关于扩大共产党和工人党情报局职能的问题，并提出相关的建议，将它们提到共产党情报局的例行会议上进行讨论。

　　按照预先协商的结果，这个问题可以由法国共产党的代表提交给书记处进行审议。

　　情报局书记处会议最好定于今年11月下半月在布加勒斯特市召开。

提出召开情报局书记处会议建议的人,可以是法共、罗马尼亚工人党和联共(布)在情报局的代表。

情报局书记处就扩大情报局职能问题的提议应该包括:

(1)指出扩大情报局职能的必要性在于整个当前的国际形势,它要求将各兄弟共产党为和平事业的斗争、为反击帝国主义反动势力和保卫工人阶级与人民群众的政治、经济利益的事业而更加紧密地联合在一起。

(2)要强调,情报局的工作经验充分证明这个机构的建立是合理的,现在关于扩大情报局职能的问题已经成熟,因为有一系列使各党感觉到需要相互协调和协商其行动的问题,各党之间无论在总的政治领域,还是在意识形态工作、宣传、党的组织建设和共产党的报刊工作问题方面建立更加紧密的联系的必要性日益广泛和成熟。

(3)为保证对情报局活动的经常领导,提出关于建立情报局常务书记处和设立共产党情报局总书记一职的问题。

2. 在情报局书记处会议上最好能够听一听意共中央机关报《团结报》和捷克斯洛伐克共产党中央机关报《红色权利报》的主编们的报告,以交流经验。

建议情报局书记处讨论这个问题后能够成立一个委员会,提出一些实际建议,在党的中央机关研究一下改善党的思想宣传工作和马克思列宁主义理论宣传的问题,以及阐明党的建设与大力揭露宣传新的战争的问题。

3. 在情报局书记处会议上应该交换一下关于会议召开日期和共产党与工人党情报局例行会议的议事日程的意见。

最好在今年12月上半月召开情报局的例行会议,讨论一下关于扩大共产党和工人党情报局职能的问题。同样,情报局会议应该成立情报局书记处,选举共产党情报局的总书记,并且研究情报局机构问题,旨在从组织上巩固与加强情报局的机关。

附上关于扩大情报局职能问题的联共（布）中央的决议草案和情报局书记处提出的建议草案。

请审议。①

联共（布）中央对外政策委员会主席
瓦·格里戈良②

草案
秘密

联共（布）中央的决议
《关于召开书记处例行会议和共产党和工人党情报局会议》

1. 认为今年 11 月下半月在布加勒斯特市召开各共产党和工人党情报局书记处例行会议是非常必要的。

由法共、罗马尼亚工人党和联共（布）提出的关于召开情报局书记处会议的提议达成了共识。

2. 委托联共（布）在情报局书记处代表苏斯洛夫提出下列议事日

---

① 联共（布）中央的决议草案和情报局书记处的建议草案 1950 年 10 月 28 日在联共（布）中央政治局会议上得到了批准。1950 年 11 月 24 日，即政治局的相关决议通过一个月后，问题被提到了情报局书记处会议上。《关于扩大共产党和工人党情报局职能》的决议草案"总体上"得到了赞同。会议还通过一个简短的决议：(1) 召开例行的情报局会议；(2) 在会上讨论关于扩大情报局职能的问题（报告人——法共代表）。但是例行的情报局会议即第 4 次会议没有召开。后来情报局书记处也没有打算再召开。

② 这份文件分别送给马林科夫、莫洛托夫、贝利亚、米高扬、卡冈诺维奇、布尔加宁和赫鲁晓夫。

程供情报局书记处讨论：

（1）关于扩大各共产党和工人党情报局的职能；

在情报局书记处会议上就法共代表关于这一问题所做的报告达成了共识。

（2）意共中央机关报《团结报》和捷克斯洛伐克共产党中央机关报《红色权利报》的主编关于他们报纸的工作经验的报告。

建议讨论这个问题后成立一个委员会，提出具体意见，研究共产党和工人党中央机关改善诠释党的意识形态工作问题，宣传马克思列宁主义理论和党的建设问题，同时要努力揭露宣传新战争的思想。

（3）关于1950年12月下半月召开各共产党和工人党情报局例行会议及其议事日程。

兹建议：

（1）于1950年12月下半月召开情报局会议。

（2）会议讨论关于扩大共产党和工人党情报局职能的问题。

3. 赞同《情报局书记处关于扩大共产党和工人党情报局职能的意见》草案（附）

附：

关于扩大共产党和工人党情报局的职能

（情报局书记处提出的共产党和工人党情报局会议决议草案）

共产党和工人党情报局会议认为，情报局活动的3年间，以前存在的各兄弟党之间互不通气的情况消除了，建立了情报局内各党之间牢固的联系，各党间的经验交流活动开展起来了，实现了在相互协商基础上各党自愿的协同行动。

各党彼此互动，就各共产党活动最重要问题拟定情报局协调一致的决议，这促进了各兄弟党之间在思想上和组织、政治上的巩固，提高了他们队伍的革命警惕性，增强了共产党在群众中的影响，巩固了国际共产主义运动的团结。

情报局在及时揭露并清除共产主义运动中的法西斯特务与原南共中的杀人犯及其他一些党内右翼民族主义叛卖分子方面发挥了非常重要的作用。

共产党和工人党情报局的存在与活动，是增强国际共产主义运动队伍无产阶级国际主义精神的重要因素，是继续团结工人阶级和一切反帝力量、争取持久和平、人民民主与社会主义的重要因素。

各国共产党的代表在情报局会议上交流了关于共产党和工人党情报局今后的任务后，就以下各点达成了共识：

1. 现代国际局势要求工人阶级和人民群众为更加进一步地联合起来，反击日益增长的战争威胁和帝国主义反动势力的进攻，保卫劳动人民的政治和经济利益，更有力地提出建立共产党和工人党更紧密合作的任务，同时提出对没有加入情报局的欧洲、美洲和亚洲的共产党和工人党进行帮助的任务，征询他们加入情报局的意见。为完成这些任务，必须坚持扩大共产党和工人党情报局的职能，建立以情报局书记处为代表的共产党和工人党的经常性国际机构。

2. 情报局书记处遵循完全正确的各党间相互协商、自愿协同行动的原则，其职能如下：

（1）将问题提交给各共产党和工人党进行讨论——这些问题因国际局势的变化而出现，要求工人阶级、劳动人民、各国进步的共产主义先锋队为反对战争威胁、保护劳动人民的政治与经济利益而联合起来，共同努力去斗争；

（2）听取各共产党和工人党的报告，目的在于交流经验，改进他们的工作，这些报告可以为各党提供参照意见；

（3）应各共产党和工人党的请求，就各党政治路线和实际活动的问题向他们提出供情报局会议讨论的建议，在急迫的情况下，可以采取做决议、发指示的方法，要求相关的党必须执行；

（4）在党的组织建设、宣传马克思列宁主义理论、改进党的整个意识形态工作和加强同反动思想斗争方面促进共产党和工人党的工作；

（5）检查情报局会议的决议执行的情况，准备在情报局会议上要讨论的问题；

（6）实现对《争取持久和平，争取人民民主！》报的领导。

3. 情报局会议认为必须建立情报局书记处——作为常设机构并批准设立情报局总书记的职务。

4. 委托情报局书记处根据目前决定扩大情报局职能的变化修订情报局的章程，并将章程草案送交情报局下一次会议审定。

РЦХИДНИ. Ф. 575. Оп. 1. Д. 122. Л. 42–43；Д. 129. Л. 44–45；

Ф. 3. Оп. 74. Д. 44. Л. 212–214.

副本

瓦·格·格里戈良关于保共中央政治局决定选举维·切尔文科夫为中央委员会总书记、提名格·昌科夫为部长会议副主席一事给斯大林的信[*]

(1950年11月5日)

莫斯科市　　　　　　　　　　　　　　　　1950年11月5日

　　　　　　　　　　　　　　　　　　　　　　　　　　绝密

致斯大林同志：

　　保共中央通报说，中央政治局决定于今年11月9日召开保共中央全会讨论关于选举切尔文科夫同志为中央总书记的建议，同时提名昌科夫同志作为部长会议副主席的候选人。

　　保共中央要求将上述问题的意见通报联共（布）中央。

　　附上给切尔文科夫同志的回电原件。①

---

　　[*] 分送马林科夫、莫洛托夫、贝利亚、米高扬、卡冈诺维奇、布尔加宁和赫鲁晓夫。文件上有莫洛托夫书记处的印章和信件登记的日期——1950年12月2日。

　　① 文件未公布。关于昌科夫的问题解决得不错，1950年11月9日国民大会任命他为部长会议副主席。切尔文科夫在1950年6月召开的保第三次全国代表大会上被选为保共中央总书记。看来这次全会的主要任务就是落实他的这一职务。

请审定。

联共（布）中央对外政策委员会主席
瓦·格里戈良

РЦХИДНИ. Ф. 82. Оп. 2. Д. 1135. Л. 61.
副件

瓦·格·格里戈良关于保共中央政治局关于内务部军队的状况、保加利亚国境守卫和国内秩序的决议致约·维·斯大林的附信[*]

（1950年12月2日）

莫斯科—索非亚　　　　　　　　　　　　　　1950年12月2日

　　　　　　　　　　　　　　　　　　　　　　　　绝密

致斯大林同志：

　　向您呈上今年12月1日联共（布）中央收到的译自保加利亚文的保加利亚共产党中央政治局关于内务部军队的状况、国境守卫和保加利亚人民共和国内部秩序的决议。

　　　　　　　　　　　　联共（布）中央对外政策委员会主席
　　　　　　　　　　　　　　　　　　瓦·格里戈良

---

　　[*] 分送格·马林科夫、维·莫洛托夫、拉·贝利亚、阿·米高扬、拉·卡冈诺维奇、尼·布尔加宁、尼·赫鲁晓夫。决议副本是保加利亚共产党中央书记昌科夫于1950年11月20日"以通报的方式"提交给联共（布）中央的。

绝密

保加利亚共产党中央政治局关于内务部军队状况、国境守卫和保加利亚人民共和国国内秩序的决议

保加利亚共产党中央政治局听取了关于内务部军队状况、国境守卫和国内秩序状况的报告,决定如下:

1. 尽管为加强内务部军队实施了一系列重大的组织性措施,但尤其是现在,1950年,它们的组织仍然不能完全符合当前局势的要求。

边防部队总局和参谋部在组织方面仍然没有成为实施领导和监督的完全符合要求的中心。

被边防处和边防地段守卫的国界线——由于绝大部分处于山区,对边防哨所和地段的具体领导工作极其困难。

在南部和东南部国界线地段里,边防哨所的人员严重缺乏,因此,无法保证对国界线进行应有的警卫。

内务部军队的组织状况远远不能令人满意。现有的独立营直接隶属于边防部队总局,这无法保证实行正确的领导和管理。

2. 按照1950年的参谋部的军官编制,目前边防部队在编军官人员仅达到70%,而如果根据1949年中央委员会的决议,征召全部预备役军官的话,到年底在编军官将会达到92%。

在拟定的这些组织措施、增强边防及内务部队的情况下,到1951年,这些部队军官人员的增补比例将会再次呈下降的趋势,主要是在领导干部方面,这将导致在内务部军队里必须实行更加大胆的干部政策,把能够很好地和出色地履行自己义务的军官、军士和士兵,定期地提拔到上一级职务上来。

但是,军官在质量方面的状况非常糟糕。他们多数是一些年龄较轻

和军龄较短的军官，在军事和边防勤务方面缺乏应有的训练，同时也缺乏生活经验。

3. 内务部军队人员的思想和道德状况基本上是健康的。军官和尤其是普通士兵，在良好和正确的教育及领导之下，能够完成给他们下达的任务。

但是，党的核心力量是薄弱和不足的，它在边防部队里只占全体组成人员的10%，在内务部队里只占8%。

从另一方面来说，边防部队和内务部队的人员，几乎完全出身于农村，还保留着小资产阶级思想的残余。政治和经济发展过程，社会改革，在我们农村所进行的阶级斗争和与此有关的情绪，都在边防部队和内务部队的人员身上有所反映。

与此同时，在增补军队力量的时候，至今为止，在很大程度上并没有考虑仅向这些部队派送忠诚于党和人民政权的士兵和军官，因此，有大量的在政治上不可靠的人员混入这些部队中。

在1950年里，发生了8起涉及11人的背叛祖国案件。揭露了5个准备逃往国外的集团，并因此逮捕了15人，对其余人员进行了教育工作。

在不久前仓促进行的检查中，查明了350名不可靠的士兵，其中一部分人被调往劳动义务部队继续服役，而另一部分被送往驻扎在相对不太活跃的边防地段的后勤部队里。还于9月揭露和解除了超期服役的50名政治上不可靠的军士。

还有不少于5%—6%的军官人员是不可靠的，在进行认真的检查之后，将为他们办理解职手续。

4. 由于军官的军事素质很低，还保留着过去的残余，尽管军队指挥部付出了努力，但是，军队纪律总的状况仍然处于很低的水平，在新的情况下无法保证高质量地完成委托给他们的任务。

上级首长的命令对于军人来说没有成为法令，他们不能总是认真负责地、有准备地和及时地执行命令，尤其是军官人员，包括许多担任领导职务的军官，他们给自己的部下做出了不好的榜样。最近，对不执行命令和没有完成战斗任务的许多担任领导职务的军官进行了处分，例如：第二和第十一边防部队的指挥员，第八边防部队第三地段的指挥员和一些边防哨所的指挥员。

5. 内务部队的军人在政治、军事和职务技能训练方面非常薄弱，这对国境守卫和国内秩序的工作质量产生了巨大的影响。

政治学习不能定期地进行和总是进行得非常抽象，与现实任务和军队的工作严重脱节。

由于指挥人员极低的纪律性和薄弱的军事素质，军事训练计划和纲要经常得不到完成，而所进行的训练在质量方面处于极低的水平。

6. 边防部队装备着各种不同型号的武器，现有的绝大部分武器已经老化，年轻士兵在训练时使用一种型号的武器，而在边防地段执行勤务时，得到的却是另外一种他们不熟练和不会使用的武器。

必须重新装备边防部队，给它们配备一种制式的和适宜的现代化武器。

7. 部队尤其是处于边界地区的部队，在营房配备方面，甚至不能满足最基本的需要和要求。几乎任何地方都没有澡堂和保持最基本的清洁所必须的条件。在边界地区的许多部队没有锅炉和开办食堂的合适地点。

边界地区的绝大多数军官、军士和士兵，在住宅方面无法得到保证，他们与自己的家人分居两地，这严重地影响了他们的工作。

8. 军队的物资和技术保障工作也令人无法满意。

没有给在山区执行勤务的部队发放冬季制服，在这个地区工作的军人的补充口粮得不到保证，没有进行供应军官及其家人生活必需品的工作。

军官、军士和军人的工资水平很低，应该提高他们的工资。

在交通工具方面的状况也不能令人满意。按照分派给各部队的调拨单，缺乏大量的汽车、摩托车、马匹和骡子。

部队在食品供应方面存在的严重缺点是：像肉、蔬菜和其他某些食品不能按照计划供应给部队。由于不能定期地向驻边防的部队供应肉、蔬菜和其他食品，因此，也无法将这些食品经常地送达指定地点。

9. 在苏联顾问同志到达之后，在他们的帮助下，对领导方法、规划、组织和实施国境守卫手段等方面的工作进行了一些改变和提高。

对活跃地段和战役上非常重要的方面进行了认真的检查，其结果是发现了仍然存在的问题，下发了一系列规定部队作战勤务工作的指令性文件。

召开了有各边防地段领导参加的业务工作会议，给他们下达了关于规划、组织和实行国境守卫的详细和具体的指示，高层领导与各个边防哨所建立了联系。开始了自上而下的检查和监督工作。开始并进行了对边防地段的工程技术设施改造工作。

由于实施了这些措施，自1950年起，国境守卫情况逐渐地得到了提高。

与1949年相比，破坏边界不受处罚的事件减少了20%。

虽然有了这种无可置疑的改善，但是，在国境守卫工作中仍然存在着严重的缺点，国境守卫不严密，经常出现破坏边界的事件。国境守卫不严密的主要原因是：军官人员素质低和缺乏经验，并由此影响到全体人员，旧的习惯和因循守旧的工作方法；军官人员对新兵感情淡漠，许多军官不希望进行有效的改革；由于党的政治思想教育工作薄弱，军官人员缺乏对党和政府的责任感，代之以对军队有害的粗心大意和政治上的麻木不仁；侦察业务工作组织和进行得不能令人满意；边界地区在工程和技术装备方面缺乏；通讯状况差；在边界地区的居民之中很少开展解释和群众性政治教育工作，经常对边界地区的居民态度不好，破坏革命的法纪；还有在边界地区充斥着敌对分子和怀有移民情绪的人员。

尤其需要大力强调的是，指挥人员对作为部队最宝贵的活生生的人缺乏关心。

部队首长不研究部队人员的需要，对他们的需要没有及时地作出反应。不关心组织采购和运送充足的各种食品。没有进行争取改善部队人员的文化日常生活环境的斗争，几乎在任何地方都没有澡堂和烘干室，没有修理服装和鞋帽的服务部，没有为部队人员提供一昼夜连续七小时睡眠的条件，因此经常发生在岗位上睡觉的事件。在边防和内务部队里经常出现殴打士兵的现象。

10. 边防军司令部和各部队司令部由于军官人员配备不全和缺乏专业训练，还没有成为有效的领导和监督机关，很少开展对部队的建设和训练工作。

11. 对国家军用物资持不负责任的态度，没有很好地保管和使用机械和马匹运输工具。许多军人把国家的财产和物资视为私有，任意破坏、买卖和盗窃，与这些现象没有进行坚决的斗争。

12. 在边防部队里的党务、政治工作非常薄弱，没有执行正确的方针，不能确保部队勤务和战役活动的质量，以及对边界进行牢固的守卫。党务、政治工作没有成为部队具体执行所面临任务的重要支柱。

边防部队政治部和党组织，没有开展争取部队人员高度和敏锐政治警惕性的动员工作。它们对于众多的缺乏政治警惕性的事实没有作出反应。政治部和党组织没有去着手研究保守军事、国家机密和保持军队纪律问题，也没有着手研究严格遵守革命法纪和关心部队人员的问题。

批评与自我批评作为经过检验的消除缺点和错误的方法，几乎没有被政治机关、党和青年组织使用。代替与工作中的缺点和错误不妥协斗争的，是实行虚假的民主制度和对军队有害的和腐朽的自由主义。

边防部队和地段的指挥人员，没有力求去亲自领导政治工作者的工作，实际上已经脱离了党务、政治工作。

政治学习活动不定期地进行着，但却是表面化的，不讲求质量的。政治工作者对政治学习活动不进行认真的准备，学习内容没有经过上级军官——政治指导员的检查和审批，军队政治部和地段政治工作者没有对政治学习活动实施监督。不经常开展课堂讨论，并且它们是在低水平上进行的；大体上不进行示范政治课的实践活动。

在边防部队里存在的这种状况，是在政治局势尖锐化的情况下，对部队人员思想政治教育工作不够重视的结果；是不良的、陈旧的和不适宜的领导方法的结果；是缺乏严格监督、严格要求、对部队工作中的缺点和不足采取放纵态度以及军官—政治工作者丧失了政治敏锐性的结果。

应该对党务、政治工作这种不良状况负责的是边防军指挥部，首先是原政治部主任和政治工作副指挥员 C. 马尔科夫，他没有表现出改革党务、政治工作的愿望，没有引导党员把自己的全部力量投入解决边防军部队所面临的重要任务上。不但如此，C. 马尔科夫不学习边防勤务工作，并因此使党务、政治工作脱离了军队的现实和活动。

13. 中央方面至今没有保证对边防部队政治部和党务机关的工作实行定期的监督和领导。

14. 必须充分明确边防部队在战争状态下的任务，制定明确的、全面的和清楚的人民军队与内务部队之间相互协作的路线。

还应该与国防部协调解决与动员边防部队和内务部队有关的一切问题。

15. 边防部队和内务部队是保加利亚人民共和国的先锋力量，党和政府把守卫国界和确保国家安全及国内政治秩序的异常重要的任务委托给它们，但是，直到目前为止，它们仍然处于不符合局势的要求和无法完成所承担的任务的状况。

为了迅速和彻底地改进内务部军队的这种状况，提高国境守卫和国内秩序保护工作的质量，保加利亚共产党中央政治局决定：

1. 保加利亚人民共和国内务部边防军队和内务军队，在部队建设、训练和教育工作方面，应该以苏联边防部队和内务部队的建设、训练和教育工作为榜样。

在保加利亚共产党中央委员会的领导和监督下，内务部部长、边防部队和内务部队司令员，应该最广泛和最全面地采用苏联边防军——契卡工作人员在组织、培训和教育边防和内务部队方面的经验，把它作为党和我们人民民主政权最可靠的武装力量。

部队的全体人员应该认真地学习苏联契卡人员在保卫十月社会主义革命成果的极其残酷的斗争中创造的守卫国界和保卫国内秩序的复杂艺术。

2. 内务部部长应该制定必要的措施和计划，迅速、彻底地贯彻在1950年年初制定的自上而下改革领导工作的方针，从根本上改进部队勤务、战斗工作的质量，坚决提高国界和国内秩序的警卫和防御工作，今后决不允许不受惩处的破坏国界线事件的发生。

3. 边防部队司令员、内务部队司令员和边防军指挥部政治部主任，应该采取一切必要的措施，彻底改进和提高内务部队的党务、政治工作质量，把它变成确保部队全体人员政治、战斗、作战和勤务工作的重要杠杆，以及确保完成委托给部队的异常重要的任务的主要推动力。

4. 为了实现对内务部队的党务、政治工作的直接领导和经常性的监督，决定把边防军指挥部政治部列入保加利亚共产党中央机关中，作为管理内务部党务、政治工作的一个权力机构。

5. 由中央书记格奥尔吉·昌科夫同志领导的，由中央监察员斯特拉希米尔·卡梅诺夫同志、人民军政治部主任哈内莫夫上校和内务部队管理局拉多耶夫斯基少校，以及里德让尔斯基上尉组成的委员会，在今年，也就是1950年年底之前，对边防和内务部队的党务、政治工作进行考察，并向党中央政治局提交改进这项工作的建议。

6. 党中央政治局责成内务部部长、边防部队司令员、内务部队司令员和内务部队的全体共产党员，与部队指挥人员对部队人员表现出的冷淡和异己态度进行坚决的斗争，要关心下属人员，把他们视为确保部队高度的战斗精神和政治道德水平的一个最重要的前提条件。

在任何情况下，殴打下属的罪犯，都应该被解除职务和交付法庭。

7. 在1951年2月1日之前，内务部部长应该对边防部队和内务部队的全体人员进行仔细的审查，解除所有政治上不可靠和没有工作能力的军官的职务。

8. 内务部部长应该重新研究内务部队的编制和组织情况，在1951年基本上结束对它们的改组，配备军官的编制，首先是增补局机关的编制。

在为内务部队配备军官时应该执行的干部政策，是把工作表现出色的军官、军士和士兵，定期地提拔到高级职务上，不管其军衔和军龄如何。

那些在纪律方面表现差和不能胜任自己工作的军官，应该被解除目前所担任的职务。对工作差的军官在任职时，应该降低1—2个级别，而如果有必要的话，就降低其军衔和免职。

内务部部长应该重新研究边防部队和边防地段组织管理的问题，在分配干部时应该做到，使他们确实成为完全合格的领导和监督机关。

决定将以下职务列入1951年的编制中：

（1）为了提高领导的工作效能，设立边防部队副司令员和副参谋长的职务。

（2）规定和成立5个新的边防处、5个边防地段和15个边防哨所。

(3) 把在与希腊和土耳其接壤的边界地区边防哨所的人员数量，从 32 人扩大到 45 人，而黑海和多瑙河边界地区边防哨所的人数，从 15 人扩大到 20 人。

在 1951 年里，使边防部队的总人数达到 17000 人，而在 1952 年达到 19100 人。

(4) 把内务部队现有的 10 个步兵营和 1 个炮兵师，改编为 1 个专业师，使其总人数在 1951 年达到 7500 人，在 1952 年里达到满编——10000 人。

在 1950 年 11 月 1 日之前，赫里斯托佐夫同志应该向部长会议提交师职务编制名单以进行审批，并根据 1950 年度预算拨款，立即着手组建师和团管理机构，在 1951 年年底彻底结束其组织和人员配备工作。

9. 委托党中央党务机关部和干部部在 1951 年 2 月 1 日前挑选 30 名适合在边防部队政治部和边防局、内务部队师和团管理局工作的政治工作者，将其名单提交中央政治局审批，此后将这些工作人员派送到内务部队。除了上述人员之外，在这个期限内，还应该挑选和送交政治局审批 110 名合适的共产党员，作为政治、党务和青年工作者—军官，用以配齐内务部师部队编制的低级职务。

为了给专业师（内务部队）的成立创造基础，国防部部长应该在 1950 年年底之前向这个师部队派出——无疑是忠诚的共产党员——军官—专家：炮兵专家——23 人，坦克专家——15 人，工程师——10 人，通讯专家——14 人，化工专家——1 人，武器专家——10 人，政治军官——20 人，而在 1951 年里将向内务部队转派以下军官—专家：炮兵专家——64 人，通讯专家——40 人，工程师——15 人，海员 13 人，坦克专家——20 人，医士——10 人，化工专家——7 人，军需部门的专家——20 人，武器专家——20 人，司机——10 人，以及来自后备役军官学校的 100 名军人。

国防部部长应该在人民军队正规的军事学校和军事—政治学校里，为内务部军队提供以下名额：

（1）在1951—1952学年，政治军官——50人，炮兵——40人，海员——7人，坦克兵——5人，工程师——15人，通讯兵——7人，化工工作者——2人，军械师——30人。

（2）在1952—1953学年，政治军官——30人，炮兵——10人，海员——7人，坦克兵——5人，工程师——18人，通讯兵——7人，化工工作者——2人，军械师——18人。

（3）在1953—1954学年，政治军官——30人，炮兵——5人，海员——7人，坦克兵——5人，工程师——8人，通讯兵——7人，化工工作者——2人，军械师——8人。

10. 内务部部长应该利用自己的边防学校和苏联边防军事院校，以及在我们人民军队军事院校里为内务部军队提供的名额，广泛地组织对担任领导职务的军官、政治工作者和其他人员的再培训工作。

11. 国防部部长应该规定利用这个部给内务部队军官的再培训提供名额：

（1）1951学年给高级进修班——4个名额，军事学院——15个，军事—政治学院——3个，"В. 列夫斯基"人民军事学校的短训班——25个，炮兵学校的短训班——7个，海军军事学校——3个。

（2）1952学年高级进修班——4个名额，军事学院——10个，军事—政治学院——5个，"В. 列夫斯基"人民军事学校的短训班——30个，炮兵学校的短训班——10个，坦克学校——5个，海军军事学校——10个。

12. 内务部部长应该提交关于对军人条例进行以下修改的建议：

（1）把以下内容的新条款列入第52章中："在边防地段和边防哨所里超期服役的军官和军士例行军衔的授予，应该像在人民军队里那样进行，同时，应该把在同一军衔上的一年服役期视为一年半"。

（2）应该把第 77 章的内容按以下方式进行表述："本条例和国防部部长按照本条例的第 75 章下达的章程、规定、命令和工作指示，均适用于内务部军队，同时，在这种情况下，应该给内务部部长提供国防部部长所拥有的权力。

涉及所有权利、义务和职务调动，以及在为内务部军人授予例行军衔的重大和集体活动方面的所有命令，内务部部长应该与国防部部长商议"。

13. 为了确保遵守革命法纪，以及为了更加有效地影响和教育内务部队、国家安全局和警察机关的人员，今年，将在内务部属下建立军事法庭和军事检察院，有鉴于此，赫里斯托佐夫同志应该向部长会议提交建议。

14. 收集关于在全国范围内拥有武器的资料，在一个月期限内，潘切夫斯基同志和赫里斯托佐夫同志应该向中央政治局提交关于武器分配和使用的建议。

15. 拉伊科·达米扬诺夫同志、鲁希·赫里斯托佐夫同志和卡尔洛·卢卡诺夫同志，应该在 15 天期限内，提交关于向内务部队运送必需数量的摩托车和运输工具、信号电话线路用铁丝和边防工程技术设施用铁丝网的建议。

16. 对政治局关于海军力量状况的 1950 年 6 月 29 日决议中关于海防大队的条款内容，进行如下的修改：

（1）国防部应该负责供应海上专用设备和确保在船坞里维修海防大队的快艇，与此同时，后者在一切方面应该服从于边防部队。海军应该在海防人员海上和军事技术培训方面提供全面的帮助；

（2）在自己的基地建成之前，海防大队的快艇应该保存在布尔加斯；

(3）国防部部长和内务部部长在权威专业人员的帮助下，在一个月期限内确定建立海防大队基地的地点和提交为此目的所必需的资金和物资预算；

(4）内务部部长应该成立一个由权威人士组成的小组，它应该研究我们海防警戒线的基本情况和在一个月期限内提交关于全面加强其力量的建议的报告。

17. 潘切夫斯基同志、赫里斯托佐夫同志和安格尔·察涅夫同志，应该研究关于把位于山丹斯克县彼得罗沃村和杰尔切夫斯克县加伊塔尼诺沃·戈采村之间没有建设完的铁路线工程完工的可能性问题，以便在1951年夏季结束这条铁路线的建设工作。

18. 国防部部长和内务部部长应该确定仅为内务部军队征招忠诚于党和人民政权的青年士兵的制度。

19. 内务部部长应该把关于向驻扎在山区边防哨所的边防人员发放棉帽、短皮大衣、棉袄（整套）、棉鞋和包脚布的条款，列入制服发放表中。

规定在1951年发放的：棉帽——6000顶，短皮大衣——200件，棉袄（整套）——6000件。

应该给执行边界警卫勤务的内务部队人员，以及守卫特别重要工程设施的人员，发放长筒靴子以取代皮鞋。规定和给边防哨所发放必需数量的白色装饰长衫，以便在冬季执行边界勤务时使用。

规定在1951年里发放：3000双长靴和2000件白色装饰长衫。

20. 边防部队总局应该加强边界地区的工程技术设施工作，为此应该利用手头现有的所有材料。

林业部及其地方机关不能阻碍边防部队和边防局开辟林间通道，以及在禁伐和已经完全移交给边防部队支配的林区地带进行其他一切工作；不能阻碍使用已经被采伐的、国界线工程技术设施（林间通道、林间空地、障碍物和篱笆等），以及建设防御工事（碉堡、发射点和堑壕等）所必需的木材。为此目的，按照计划所必需的大量采伐的木材，应该由林业部地方机关提供给边防部队。

21. 建议清理边界地区的敌对分子和有移民情绪的人员，其中包括居住在距边界两公里处的所有波马克人和土耳其人。

内务部部长在1951年2月1日之前，应该向党中央政治局提交居民点，以及应该在1951年春天从边防地带和距边界地带两公里的地方迁移出去的人员名单。

22. 拉伊科·达米扬诺夫同志、季米特里·迪莫夫同志和佩洛·佩洛夫斯基同志，应该制定和在一个月期限内，向党中央政治局提交关于改进边防地区居民文化和日常生活条件措施（政治解释工作，及时供应生活必需物品等）的计划予以审批。

23. 扩大内务部的资本投入定额，以便在1951年里建设成：在索非亚用于边防学校军人（1000人）居住的营房，炮兵、坦克和内务部其他部队的人员居住的营房（1200人）。

在分配住房时人民军现役军人享有的待遇，也应该适用于内务部军队的现役军人。

根据1950年9月7日第463号命令，在内务部属下成立住宅基金。赫里斯托佐夫同志应该制定对这个命令进行相应补充的建议。

24. 部长会议今年8月19日关于调整现役军人工资的决议，也应该适用于内务部部队的现役军人，与此同时，应该给内务部队的现役军人发放基本工资专项补贴金：在边防哨所和边防地段的，以及负责党中央政治局和政府警卫工作的现役军人，按照15%的标准发放，而边防部队和内务部队的其余人员——按照10%的标准发放。

25. 应该为在海拔高度超过1000米的高原地区执行勤务的边防部队全体人员，以及负责党中央政治局和政府保卫工作的内务部队人员，规定一昼夜的口粮补贴：肉——75 克，脂肪——20 克，奶制品——20 克，以及糖果制品例如籽仁酥糖——20 克。

内务部队其余人员的供应工作按照第 2 号标准进行。

26. 为了确保超期服役的军官和军士及其家庭成员生活必需品的供应，内贸部应该组织并在边防部队所在地区开办专门的商店。

27. 为了改进部队人员日常文化生活条件和政治教育工作，应该在每个边防哨所和边防地段成立"季米特洛夫之家"。

在每个边防哨所为边防人员建造澡堂和烘干室，为此应该利用地方的资源。

计划在 1951 年里建成 150 个这样的澡堂和烘干室。

28. 党的州委和县委与边防部队政治机关密切配合，在当地居民之中定期地开展政治教育工作，加强居民与边防部队的联系，开展加强和遵守规定的边防制度的工作，吸纳居民参加协助警卫国界线的工作。

29. 内务部部长应该制定鼓励和奖励那些在守卫国界线和国内秩序工作中表现突出的边防战士、内务部队战士和地方居民。

30. 国防部部长和内务部部长应该在一个月期限内，重新研究关于人民军队与边防部队之间相互协作的工作细则，对尤其是在可能的军事行动开始和最初的日子里相互协作的内容进行充分的明确和肯定。

31. 内务部部长在一个月期限内，有根据地和详细地研究关于动员边防部队和内务部队的问题，关于它们在发生战争情况下的任务的问题，以及关于动员储备的准备问题，并为党中央政治局的专项决议提交建议。

32. 内务部部长和边防部队司令员，应该改进边界地区代理—业务机关的工作，提高边防部队勤务、战斗和政治训练及党务、政治工作的质量，以便确保牢固地守卫我们社会主义祖国的国界线和不允许保加利亚人民的敌人接近它。

本决议应该送达全体部长和内务部队指挥部，其中摘录的部分——送达党的州委、县委和城市委员会。

　　应该在内务部队基层党组织秘密会议上宣读这项决议，并制定具体的措施确保它在所有部队及其所属部门里得到执行。

　　内务部队和内务部部队首长，应该在六个月期限内向党中央政治局报告关于决议的执行情况。

保加利亚共产党中央委员会书记

维·切尔文科夫

索非亚，1950 年 11 月 16 日

РГАСПИ. Ф. 82. Оп. 2. Д. 1135. Л. 63. 65 – 81.
副本

情报局书记处办公厅"关于保加利亚共产党党员数量和社会成分的某些资料"的调查报告*

（不早于 1950 年 12 月 9 日）

布加勒斯特市

在 1944 年 9 月 9 日前夕，保加利亚工人党（共产党）① 共有 25000 名党员。

在 1944 年 9 月 9 日之后过了 6 个月的时间，也就是 1945 年 3 月，在党的第八次全体扩大会议召开之前，党已经拥有了 250000 名成员。

在 1948 年 12 月召开的党的第五次代表大会前夕，党员的数量已经超过了 496000 人［其中包括 1948 年 8 月与保加利亚工人党（共产党）联合的原保加利亚工人社会民主党的成员］。

保加利亚工人党（共产党）在第五次全国代表大会前的社会组成情况

工人·············27%

农民·············45%

---

* 该调查报告是由联共（布）中央对外政策委员会事先定好的。文件上有下列标注："按：材料收自共产党和工人党情报局书记处办公厅。1950 年 12 月 9 日。切尔诺夫。""存档。奥尔洛夫。12 月 30 日。"

① 保加利亚工人党（共产党）这个名称，是在 1944 年 9 月底开始采用的。在此之前它被称为保加利亚工人党。

职员……………………………………16%
手工业者………………………………6%
学生、家庭主妇和退休人员…………6%

共产党员—农业劳动合作社成员，占农民党员总数量的11%；贫农占57%；中农占32%。

临近1950年6月召开的党的第三次代表会议的时候，在保加利亚共产党里共有428846名党员和13307名预备党员。

截至1950年4月1日，保加利亚共产党的社会组成情况如下：工人占25.8%，农民占44%（其中有35.3%的党员是农业劳动合作社的成员），职员占17.8%，妇女在党员人数中所占的比例为13.84%。

* * *

1948年7月12日和13日召开的保加利亚工人党（共）中央第十六次全体会议确定，在1944年9月9日之后，在党的队伍极大增长的情况下，加入其中的有一些人员不完全符合马克思列宁主义关于共产党先锋队作用的要求，在最好的情况下，这些人员也只能够成为党的预备成员，与诚实的和忠诚的人们一起入党的，还有形形色色的、腐朽的投机钻营分子，他们追求利用党来达到自己自私自利的目的。注意到这一点之后，中央全体会议决定批准中央政治局1948年5月关于在党的代表大会召开之前停止接收新成员入党的决议，并将向党的代表大会建议实行预备期和通过关于调整党的社会成分的决定。全体会议决定继续清理党内形形色色的腐朽分子和投机钻营分子，采取最强硬的措施整顿某些不健康的党组织。

格·季米特洛夫同志在保加利亚共产党第五次全国代表大会上所作

的政治总结报告中说，除了继续清理党组织中敌对、投机钻营和潜入党的队伍中的形形色色分子之外，在接收新的党员和预备党员时，对希望入党的人员必须进行严格的挑选，调整其社会成分，严格遵守党章规定，定期地扩大党的队伍的工人成分，使工人在其中所占的比例达到30%—35%。

党的第五次全国代表大会批准了保加利亚共产党的新章程。新党章为加入保加利亚共产党的人员规定了预备期。规定工人的入党预备期为一年，其他所有劳动群众的入党预备期为一年半。

在1950年6月召开的党的第三次代表会议上，B.切尔文科夫作了关于保加利亚共产党组织和群众性教育工作的报告。在报告中，切尔文科夫指出，在自党的第五次全国代表大会到1950年4月1日期间，有92500名党员和预备党员被开除出党。

接着，他宣布说，在保加利亚共产党第五次全国代表大会之后，地方组织没有确保必须对党员社会成分的调整。例如：如果说截至1948年6月30日，在党的队伍中，职员所占的比例为16.3%的话，那么，截至1950年4月1日，这个数字为17.8%。与此同时，工人所占的比例相应为26.5%和25.8%。

在党的第五次全国代表大会之后到1950年6月召开的党的第三次代表会议期间，被接收入党的人员在社会成分方面没有发生重大的改变，其中：工人占35.4%，农民占20.9%，职员占30%，其他阶层的人士占13.7%。

正如从数据之中可以清楚的那样，工人党员的数量减少了，而职员党员的数量明显地增加了。

在国内职员的总人数中，党员占29.5%，而工人党员仅占其总人数的18.8%。

党的第三次代表会议通过了关于暂时停止接收职员入党的决定，并建议党组织把接收入党的重点，放在来自工人阶级阶层的人员上，首先是来自于工业关键性部门的人员、生产突击手、从事合理化生产的先进工人、贫苦农民和合作社积极分子。

截至1950年9月30日保加利亚共产党状况的资料

1. 保加利亚共产党党员和预备党员的人数（按照党龄划分）：

1—3年党龄	党员63997人	预备党员23851人
3—5年党龄	党员212621人	—
5—10年党龄	党员135721人	—
10—15年党龄	党员4408人	—
15—20年党龄	党员2960人	—
20年以上党龄	党员3696人	—
总计	保共党员为423413人	预备党员为23851人

2. 保加利亚共产党的社会成分：

工人……………………………26.59%
农民……………………………43.08%
职员……………………………18%
手工业者………………………6.18%
小商人…………………………0.67%
大中学生………………………1.68%
退休人员、家庭主妇等…………3.8%

3. 根据保加利亚工人社会民主党与保加利亚工人党（共产党）联合中央委员会的决定，在1948年，被接收入党的有21435名社会民主党员。后来仅有9293人办理了入党手续，其余的12142人自动弃权了，因为他们不愿意办理加入党组织的手续。目前还没有关于在被接收加入保加利亚共产党之前属于其他党派的某些人员的总结资料。

4．在9月9日之后被接收入党的有406452名党员和23851名预备党员。或者在1944年9月9日之前就拥有党龄的人员为16961人。

РГАСПИ. ф. 17. Оп. 137. . Д. 254. Л. 94－97.
原件

陶里亚蒂关于拒绝担任情报局总书记致斯大林的信

（1951年1月4日）

绝密

亲爱的斯大林同志：

我已认真考虑了关于由我担任情报局总书记职务的提议。要我说出与您不同的意见是很困难的，但我还是认为，现在意大利共产党是不能同意这个建议的。①

现将我的意见简述如下：

1. 党的领导人的问题，特别是关于共产党的总书记问题，主要已不是一个像地下斗争年代那样的简单的党内性质问题，而是成为一个对广大各阶层居民负有重要责任的问题。今天，未必能向意大利社会舆论解释清楚陶里亚蒂为什么要放弃对意大利共产党的领导。党开展的所有重大运动和党的伟大创举乃至党的大部分威望，不仅在工人中，而且在中间阶层的居民中，都与陶里亚蒂同志的活动及其个人紧密相关。

在议会活动中，正像在整个政治生活中那样，这种情况表明，人们都把陶里亚蒂同志视为整个反对派阵营的领导人。在意大利，如果今后没有陶里亚蒂同志，那么共产党未必会保持住这一阵地。

---

① 在档案原件上，斯大林在这句话下面画了着重线。

2. 我们的敌人在最富挑唆性的运动过程中公开谈论陶里亚蒂同志在国家的政治生活中的作用，特别是最近一个时期，他们散布谣言，说陶里亚蒂同志要离开意大利共产党的领导岗位。最近一次这样做时正值陶里亚蒂同志生病期间，运动声势浩大并得到政府本身的支持。在这种情况下，反动报纸也公开宣称，如果陶里亚蒂不再领导意大利共产党，那么解散共产党就变得轻而易举了。

3. 最近以来，我们党面对已经加强了的反动势力，基本上保持住了自己的政治和组织阵地。当政府仍旧更坚决地实行针对我们的迫害方针时，党将面临一个困难时期。但是我认为，已经成熟的党的领导一定能在今后一个较长时期内坚持党的合法存在地位，并且也能够扩大党的影响。

正是在这种时候，绝不能使党和工人阶级没有陶里亚蒂同志及其活动，否则，就意味着极大地削弱我们的阵线。大部分社会舆论、部分工人阶级以及我党的部分党员在谈到陶里亚蒂同志去国外任职时，都认为这样一来党就不可能再保持和捍卫自己的合法地位了。因此，党和工会的工作可能要遭到严重的损失。

4. 今年3月将举行地方政府选举运动（选举的确切日期尚未确定）。如果考虑到意大利北部几乎所有的大城市（都灵、热那亚、威尼斯、波伦亚等）和意大利中部大部分的城市（佛罗伦萨、里窝那等）都控制在我们手中的话，那么选举是有重大政治意义的。政府无论如何也要设法把我们从这些城市的市政委员会中赶出去。为了这一目的，政府通过了新的反民主的选举法。新的选举制度也已建立，这样一来，如果我党不想完全被从市政委员会中清除出去的话，这一选举制度就迫使我们党与其他政党（不仅仅是与社会党人）缔结临时选举同盟。

这样，就出现了一个十分复杂的策略问题。在地方党组织中，将会出现不论是何人或在何处都与之缔结选举同盟的倾向,党的领导任务将会很难完成。

不言而喻,一般性的政治纲领(和平、不依赖外国帝国主义的独立、"劳动计划"、保卫民主权利等)将是共产党的选举宣传的中心。使人担心的是,如果陶里亚蒂同志在选举前到国外任职并居住外国,那么我们的敌人将围绕这一事实,开动全部宣传机器进行挑衅性的攻击。而我们的宣传工作者在反驳敌人攻击时将处于被动、困难的境地。陶里亚蒂本人的缺席将大大削弱我们的竞选宣传。

5. 任命陶里亚蒂同志去国外工作可能会在共产党内部特别是在那些比较年轻的党务工作者和普通党员中引起极大的不满和不理解。

党的第七次代表大会即将召开。开始,代表大会定于1月21日召开,后来又延期到2月底至3月初召开,其目的正是为了让陶里亚蒂同志能够出席并主持这次代表大会。我以为,按照代表大会议程,第一项(作题为"为和平和工人阶级的统一而斗争"的中央委员会总结报告)由党的其他领导人作为报告人是不可能的。

当然,在党的代表大会上选举其他同志担任总书记的可能性,始终是存在的。但是依我看来,这将会给本次代表大会造成极大的困难。因此,我不排除很快在党内可能出现非常紧张的局势。类似的情况过去曾发生过,那是在共产国际第七次大会上,陶里亚蒂同志被选进共产国际执行委员会书记处之后,便被派往西班牙。意大利共产党的领导工作由此逐渐被削弱,以至到了1940年,我们党不得不解散中央委员会,并委托另外少数领导人恢复党的工作。

现在的形势绝对不同于当年的情况,但是更换党的领导人尚无准备,这样会使党措手不及并可能导致严重后果。

6. 至于情报局及其书记处的组成问题,在我尚不了解那里工作的组织情况时,我不能发表明确的意见。那些目前还在布加勒斯特作为情报局书记处成员的意大利同志，给我的印象是，他们的工作成效甚少。另一方面，我发现，最近（6—8个月期间）资本主义国家共产党在开展自己的工作中，得到了更加有力的帮助，他们得到了世界保卫和平代表大会执行委员会书记处的帮助，比从情报局得到的帮助要大得多。确切地说，在争取和平的斗争中，情报局制定政治总路线，而世界保卫和平执行委员会书记处则善于对争取和平的斗争的开展给予具体的和行动方向的指示。例如，英国和美国在这方面正出现重大的转变。基于这一经验，我们的印象是在当前的条件下，通过加强和发展世界保卫和平这样的运动①，比通过像情报局这样的半合法组织（对于我们一些党来说情报局就是这样的组织）的活动，更容易达到改善我们在国际范围内工作的目的。

7. 个人方面的理由当然是次要的原因，但我还是恳请注意我的处境。我在远离自己国家的国外曾侨居达18年（1926—1944年）之久。这是非常艰辛的。回到意大利后，我需要作出很大的努力，重新安排自己的全部工作。我要在国内显示自己是一个"意大利"共产党政治家，并以此促进党的新的快速发展，我能够做到这一点。当还存在极大的可能性以进行合法的群众性工作的情况下，再次离开祖国，我觉得这不仅是不正确的，而且也未必能在这方面如此有效地再次重新安排自己的工作和生活。

最后，我还想提出一个建议，在情报局会议召开前夕，邀请意大利共产党书记处的一位成员来莫斯科，以便同他讨论这个问题，并由他来简述我们其他领导人的意见。

我个人的考虑，我想建议邀请彼得罗·塞基亚同志，他是负责组织工作的，并且他手上的工作已安排妥当，这可使他能作短期出国。

---

① 在档案原件上，斯大林在这句话下面画了着重线。

致以共产主义的敬礼!

帕尔米罗·陶里亚蒂
1951 年 1 月 4 日于莫斯科

АПРФ. Ф. 45. Оп. 1. Д. 319. Л. 28 – 32.
原件

格里戈良关于陶里亚蒂等待答复给斯大林的信

(1951年1月12日)

绝密

斯大林同志：

  陶里亚蒂同志的秘书路易吉·阿马德西于1月12日通知我，他受陶里亚蒂同志的委托约见我。我当天便会见了阿马德西同志。

  阿马德西同志在谈话中提到，陶里亚蒂同志委托他了解，对于陶里亚蒂在给斯大林信中所陈述的问题，是否有了答复，因为这些问题的解决关系到陶里亚蒂本人今后活动的安排，其中关系到他在意大利共产党代表大会上所作总结报告的准备，以及关系到对在罗马的同志今后工作的指导等问题。

  阿马德西同志强调指出，据他观察，陶里亚蒂同志有些焦急，期望对他的信作出答复。

  根据阿马德西同志的意见，陶里亚蒂同志打算1月底返回意大利。

  对阿马德西同志的答复是：他通报的情况将报告联共（布）中央委员会。

联共（布）中央对外政策委员会主席

格里戈良

1951年1月12日

АПРФ．Ф. 45．Оп. 1．Д. 319．Л. 28－32．
原件

关于图·雅科瓦的错误与阿尔巴尼亚劳动党中央政治局委员穆·谢胡的会谈记录[*]

(1951年2月1日)

摘自德·斯·丘瓦欣的日记　　　　　　　　　　　1951年2月1日
地拉那市　　　　　　　　　　　　　　　　　　　　　　　　秘密

我应谢胡的请求接见了他。他来和我交流对政治局两天讨论结果的看法。① 他说,由于我了解政治局会议上一些讲话的内容②,他认为没必要再重复讲了。他只想说,政治局的讨论给他留下的印象不完全好。首先,这种不良印象是霍查在雅科瓦错误的问题上所持的立场使然。按当时谢胡的意见,霍查的看法是错误的,他认为在政治局会议上讨论的雅科瓦所犯的错误不是有意所为。谢胡认为,雅科瓦在尼亚兹·伊斯兰

---

[*] 送安·维辛斯基、安·拉夫连季耶夫、瓦·格里戈良。送苏联外交部巴尔干国家司。存档。

① 阿尔巴尼亚共产党中央政治局会议是1951年1月30—31日召开的。霍查在1月30日的讲话中指明了会议的目的——"分析我们的工作。这里提出的问题对于我们来说不是新问题,以前我们每个人都遇到过。但尽管如此,我们还是应该对这些问题再仔细分析一下,以改善我们的工作。我们看到,这些年国民经济计划总是完成不了,究其原因,是我们的错误。当我们在部长会议上讨论两年计划完成的情况时,我心里坚定认为必须将我们的全部工作拿到政治局会议上好好分析一下。我从来都认为,有些党的问题在部长会议上我们是不能够讨论的。"然而,讨论过程中对错误的批评集中到了雅科瓦身上,因为是他在负责领导党的干部问题。

② 谢胡显然是指苏联特使1951年1月30—31日根据丘瓦欣提议和阿共中央政治局委员贝利绍娃的会见。贝利绍娃向苏联外交官详细介绍了讨论的过程,用她的话说,她"很乐意"跟他谈了自己的印象。1951年1月31日的讲话发表在《俄罗斯档案文件中的东欧》(1944—1953年),第2卷(1949—1953年),第466—478页。

米案件中是反对中央第五次全会决定的。用谢胡的话说，霍查不愿弄明白雅科瓦在案件处理过程中不仅表现出了机会主义，而且就其品质而言他根本不该留在今天的岗位上。谢胡说，对于党而言，政治局所讨论的雅科瓦的错误并不是新现象。他的类似的错误在中央第十一次全会（1948年9月）上已经谈了很多了。然而两年多来，看不到雅科瓦在这方面有什么改正。谢胡认为，如果雅科瓦今后仍留在中央做领导工作，那么党的工作将不会向前发展，更谈不上完成五年计划了。用谢胡的话说，霍查自己对党的事务关注不够，在这方面他过于相信雅科瓦了。至于霍查在政府里的工作，他倒是非常关注，甚至有点不放心，生怕有什么事情背着他。谢胡认为，连霍查对雅科瓦所做的有限的批评，也只是因为霍查作为总书记，他不能不批评一下雅科瓦。①

---

① 霍查在批评雅科瓦"过分软弱"导致机会主义、批评他工作失职的时候（《雅科瓦没有尽到自己作为中央负责人的责任》），他还强调指出，对错误的责任不能只推到雅科瓦一个人的身上，"他是一名优秀共产党员，布尔什维克"。然而，1951年2月2日霍查在和丘瓦欣的谈话中说，他在政治局关于雅科瓦的错误的讲话，"感情和心理的因素大于政治因素"。他认为当着苏联外交官的面必须强调这个问题的"微妙性"，正如"他个人仍然认为雅科瓦是党的一位优秀忠诚的同志"一样。用霍查的话说，这个问题的"微妙"之处首先在于雅科瓦出身于工人环境，他自己就当过工人。另外，他在政府中代表信仰天主教的北方，他的名字在阿尔巴尼亚天主教信徒中间有很高的知名度。霍查指出，一旦解除雅科瓦在中央的职务，他的岗位"只能由一位知识分子"来取代。文件证明，霍查对雅科瓦的态度是在起草定于1951年2月12日召开的阿共中央全会报告时进一步明确起来的。这期间他不止一次地找谢胡谈话，对雅科瓦的批评非常严厉。1951年2月7日，丘瓦欣在和谢胡会面后在日记里写道："按谢胡话说，经过这些谈话，他有一个坚定的印象：霍查得出结论说必须解除雅科瓦中央书记的工作。谢胡说，霍查在起草自己即将召开的中央全会上的报告，他的处境很困难。他还不知道该怎样向全会谈雅科瓦的问题。这一点好像是霍查自己对谢胡说的。据谢胡所说，霍查明白了：像雅科瓦这样反应迟钝的人，把他留在重要岗位上是不值得的。党面对着非常重要的经济建设和国家建设的问题。跟雅科瓦这样的人在一起，党未必能够成功解决这些问题。正如谢胡所说，他好像直截了当地对霍查说，他完全同意他关于必须换掉雅科瓦的意见，不过要将他留下来担任部长会议副主席。谢胡接着说，恩维尔·霍查向他提出了接替雅科瓦位置的可能的替补人选。

由于霍查对雅科瓦态度上这种妥协调和的立场，谢胡说以后他再也不愿在政治局和全会上发表批评某些政治局委员错误的意见了。他说，在政治局，迄今为止，批评都不是时髦，当1月31日政治局会议快结束时利丽·贝利绍娃说霍查讲话后她产生一种印象，说他将会更多地关注部长会议的工作，这时恩维尔·霍查突然打断了她的话，说他知道自己该做什么。

我对谢胡的通报表示感谢后对他说，他打算不再批评政治局某些委员错误的意愿未必能够称作是正确的。我接着说，如果他认为自己的批评是对的，那就应该坚持到底，如果政治局不同意他的意见，那他可以到中央全会上发表自己的观点。为此我请谢胡读读1951年5月1日刊登在《争取持久和平，争取人民民主！》上的社论，我觉得鉴于最近两天政治局发生的争论，该文章具有特别重要的意义。我说，这篇文章不妨让全体政治局委员们读一读。

谈话到此结束。

苏联驻阿尔巴尼亚特使
德·斯·丘瓦欣

АВПРФ. Ф. 07. Оп. 26. П. 44. Д. 58. Л. 31 – 32.
原件

瓦·格·格里戈良就联共（布）中央对外政策委员会提交的关于捷克斯洛伐克共产党中央理论刊物《新思想》的报告给维·米·莫洛托夫的信[*]

（1951年3月29日）

莫斯科市　　　　　　　　　　　　　　　　　　　1951年3月29日

绝密

维·米·莫洛托夫同志：

呈上关于捷克斯洛伐克共产党中央理论刊物《新思想》的报告，报告是根据对1950年杂志各期的评价写成的。

联共（布）中央对外政策委员会　主席

瓦·格里戈良

关于捷克斯洛伐克共产党中央机关理论刊物《新思想》的报告

布拉格出版的专门研究马克思列宁主义理论问题的刊物《新思想》

---

[*] 文件上标有"M."字样，表明莫洛托夫已阅。还有莫洛托夫秘书处的印章和批示："存档。1951年3月30日，波里亚科夫。"

实际上是捷克斯洛伐克共产党中央机关的理论刊物，虽然该刊对于这一点没有明说。杂志编辑部领导层由捷克斯洛伐克共产党中央主席团委员扬·多兰斯基负责，编辑部成员还有捷克斯洛伐克共产党中央委员会副总书记古·巴雷什、捷克斯洛伐克共产党中央委员会干部部部长布·克勒、捷克斯洛伐克中央委员会主席团成员瓦·柯别茨基、兹·内耶德利和其他意识形态战线领导人（共24人）。刊物的常务主编是捷克斯洛伐克共产党中央的部长帕·赖曼。

现在捷克斯洛伐克没有能够专门就意识形态某个具体领域的理论问题进行研究的哲学、历史、经济或别的刊物。因此，《新思想》是国内唯一一家专门研究意识形态问题的科学理论杂志。

然而，《新思想》杂志没有承担它所面临的在党和意识形态战线工作者中组织、引领理论工作的任务，因而它不是一个能够通过自己的版面及时提出并正确解决捷克斯洛伐克社会主义建设中最重要的问题的机构。

捷克斯洛伐克的作者的文章充其量只占刊物篇幅的五分之一。刊物的主要篇幅都用来转载马克思列宁主义经典作家的作品、苏联党和国家领导人的讲话及捷克斯洛伐克和其他人民民主国家领导人的讲话了。刊物还以大量篇幅转载苏联期刊上的各种各样的文章。

1950年《新思想》杂志各期的内容表明，刊物迄今没有积极进行过反对资产阶级意识形态的斗争，有时候甚至还把自己的园地提供给已经被揭露了的党的敌人——资产阶级民族主义分子（胡萨克、诺沃梅斯基）使用，他们在自我批评的幌子下为自己的反党立场进行辩解。

对于铁托法西斯集团和反对捷克斯洛伐克本国的形形色色资产阶级民族主义表现的斗争，《新思想》杂志的关注是非常不够的。1950年一年刊物对这个问题连一篇文章都没有发表过。

去年刊物只有一篇文章是关于为和平而斗争的，而且文章完全回避了捷克斯洛伐克维护和平的人在这一斗争中的具体任务的问题。

刊物更多的注意力放在吹捧哥特瓦尔德总统上了。例如刊物主编帕·赖曼的文章《哥特瓦尔德——杰出的马克思列宁主义理论家》讲述了哥特瓦尔德文集两卷的内容,不恰当地吹捧哥特瓦尔德的功绩,说他是"杰出的马克思列宁主义理论家","能够根据正确的科学预见领导事件的发展"等。赖曼写道,"在2月之前的那个时期,哥特瓦尔德提出的方针保证了劳动者二月事件(1948年)的胜利,开辟了一个新的历史时代……""作为我国社会主义的建设者,哥特瓦尔德同志在我们的时代完成了他一生的伟大事业———个杰出理论家和党的领袖的事业,这是他用毕生的劳动为我国人民当下所创下的伟大功绩"。

A. 德雷斯莱尔的文章《哥特瓦尔德论国家与权利》也是这个腔调。德雷斯莱尔称哥特瓦尔德为"捷克斯洛伐克新的人民民主共和国"的创造者和第一个建设者;他认为"发行数十万册的哥特瓦尔德同志的书是迄今对人民进行社会主义教育的最好的资源,是提高广大劳动群众政治觉悟的最好方法"。

与此同时,刊物几乎完全不登载阐明捷克斯洛伐克工人运动史和共产党党史问题的文章。通常,在刊物发表的捷克斯洛伐克作者的文章中,阶级斗争问题,特别是农村阶级斗争的问题都避而不谈,讳莫如深。

刊物对捷克斯洛伐克文化战线上的状况根本不关心。1950年刊物上连一篇关于文化问题的文章都没有。

刊物也很少注意揭露美、英帝国主义分子的政策。

这一切都证明《新思想》杂志还不是共产党的一个真正有战斗性的理论机关刊物,因而,毫无疑问,必须要对它进行根本改组。

РГАСПИ. Ф. 82. Оп. 2. Д. 1362. Л. 113 – 116.
原件

与 Ю. 杜里什就捷克斯洛伐克共产党中央二月全会后捷克共产党和斯洛伐克共产党领导层中的情况的会谈纪要*

（1951 年 4 月 24 日）

摘自 П.Г. 克列科坚的日记　　　　　　　　　　1951 年 4 月 24 日
布拉格市　　　　　　　　　　　　　　　　　　　　　　秘密

在会谈过程中，杜里什通报说，在不久前结束的斯洛伐克共产党中央全体会议上，相比捷克斯洛伐克共产党中央二月全体会议，批评与自我批评变得更加具有原则性和更加尖锐了。这首先是因为，在什林格和什维尔莫娃被揭露，以及在召开了捷克斯洛伐克共产党中央全体会议之后，在党内开展了批评运动。杜里什认为，全体会议表明，在克莱门季斯—胡萨克资产阶级—民族主义集团被揭露之后，捷克斯洛伐克共产党中央，尤其是哥特瓦尔德的威望，在斯洛伐克共产党员之中，以及斯洛伐克共产党中央委员之中极大地增长了。捷克斯洛伐克共产党中央总书记斯兰斯基出席了斯洛伐克共产党中央全体会议，并在会议上发表了讲话——这几乎成为具有历史意义的事件，因为在 20 多年时间里，没有任何一位布拉格的领导人在斯洛伐克共产党全体代表大会和中央全体会

---

* 分送：安·维辛斯基，安·拉夫连季耶夫，苏联外交部第四欧洲司。从文件上不太清楚的标注中可以知道，会谈记录副本被寄给了联共（布）中央对外政策委员会。

议上，发表指导性的指示。在这次中央全体会议上，斯兰斯基不单是向全体会议表示了敬意，并且在自己的讲话中，为斯洛伐克共产党制定了主要任务。对于由于间谍分子克莱门季斯和资产阶级民族主义分子胡萨克、诺沃梅斯基等人20多年敌对活动在斯洛伐克共产党内所造成的局面，斯洛伐克共产党领导层，首先是西罗基应该承担主要责任。在20多年中，资产阶级民族主义分子公开地、当着党的领导人的面从事其卑鄙的活动，进行反对布拉格、反对捷克工人阶级的斗争。克莱门季斯、胡萨克散布危害性巨大的理论，说布拉格亦即捷克共产党中央委员会不了解和不理解斯洛伐克的情况，因此，他们不可能给斯洛伐克共产党下达正确的指示，也不可能制定发展斯洛伐克的正确道路。利用这一敌对的理论，斯洛伐克领导人认为不需要邀请捷克共产党中央领导人参加斯洛伐克共产党代表大会和中央全体会议。在斯洛伐克的领导干部之中还有一种立场根深蒂固，即斯洛伐克的事务只能由斯洛伐克人关心，这被视为自然的事情。西罗基实际上遵循的正是这种立场，因为他经常反对捷克共产党中央领导人干涉斯洛伐克的事务。克莱门季斯和胡萨克的立场，就是这样在诚实的、忠诚的斯洛伐克共产党领导人之中找到了保护者。斯兰斯基出席中央全体会议使西罗基感到神经非常紧张。对于谁将在全体会议上作结论性的讲话，对全体会议的整个工作情况进行总结和制定党今后的任务，西罗基感到非常不安。当斯兰斯基进行了这样的发言时，西罗基仅局限于作了简短的总结。

对于资产阶级民族主义分子在斯洛伐克共产党内活动了20多年这种情况，捷克共产党领导人也要承担责任。但是，杜里什回避详细谈论这个话题，只是指出在西罗基和斯兰斯基之间关系紧张。

接着，杜里什通报说，对待匈牙利少数民族态度的这个事实，证明了在斯洛伐克共产党内存在着极其严重的资产阶级民族主义倾向。至今不接收匈牙利人加入共产党组织，尽管在斯洛伐克境内的匈牙利居民已经超过了40万人。在拥有19万名成员的共产党的队伍里,仅有500名匈牙利人。在斯洛伐克共产党老党员、匈牙利人马约尔·尚多尔身上发生的事情很能说明问题。马约尔——职业革命家,斯洛伐克共产党的组织者之一,是战前阶段斯洛伐克共产党的主要活动家,毕业于莫斯科的列宁主义学校。在斯洛伐克获得解放之后,胡萨克—克莱门季斯集团解除了马约尔的党务工作,最近,他在《真理报》出版社担任社长职务。马约尔和西罗基在党内问题上存在着重大的分歧。现在,没有让马约尔转而从事党务工作,却任命他担任驻匈牙利的公使。

对于至今为止像弗里什和谢弗拉内克这样的人仍然在担任着党的领导工作,杜里什表示惊讶。多年以来,弗里什一直是克莱门季斯—胡萨克最亲密的同谋者,他轻蔑地、傲慢地对待工人和工会组织,尽管如此,弗里什至今仍然是共产党中央机关报《真理报》的首席编辑。

谢弗拉内克在季索执政时期表现出了自己的摇摆不定性。在夺取季索政权时期,党委托杜里什、巴齐莱克和谢弗拉内克领导地下组织的活动。谢弗拉内克声称,他首先应该与妻子商量一下,只有在这之后才能给中央委员会答复。但是,谢弗拉内克始终没有给中央委员会这种答复,过了一段时间,却在法西斯主义报刊《斯洛伐克人》上发表了肮脏的反犹太主义的文章,虽然他自己也是犹太人。这样,谢弗拉内克实际上已经变成了叛徒分子。现在,谢弗拉内克领导着文化和宣传部的工作。

杜里什曾经问过谢弗拉内克,斯洛伐克共产党中央领导人是否知道他在《斯洛伐克人》报刊上发表的文章。按照谢弗拉内克的说法,关于这件事情他仿佛给中央委员会书记们说过。在杜里什看来,谢弗拉内克和弗里什直到目前为止能够担任如此重要的工作,仅仅是因为,斯洛伐克共产党中央领导人认为,不能立即解除所有人的工作。

杜里什对斯洛伐克共产党中央总书记巴什托万斯基做了肯定性的评

价。巴什托万斯基是自1945年起担任领导工作的。此前，在第一共和国期间，巴什托万斯基在基层党组织里工作。巴什托万斯基作为一名领导者的缺点是：他精力不足和容易受到外界的影响。今天他可能会作出一种决定，而明天，在某个人的影响之下，他可能会放弃这种决定。谈到什米德凯，杜里什说，什米德凯是一名职业革命者；他在战前表现得很好。在1945年之后，资产阶级民族主义分子——胡萨克等人搞乱了他的头脑，并把他置于自己的影响之下。他们总是劝说他相信，他（什米德凯）是斯洛伐克的领袖，他没有必要以布拉格为目标和等待它的指示，因为没有布拉格的帮助，他也能够解决斯洛伐克的问题。这断送了什米德凯和使他犯了最严重的政治错误。最有代表性的是，胡萨克后来还因此批评了什米德凯，说对他授意了好些年。

杜里什对普尔做了肯定性的评价，并说他是一名诚实的共产党员。杜里什对法尔佳的反应也是正面的，他是工会组织的负责人，尽管有错误，但是，是一名诚实的和忠诚于党的共产党员。祖普卡是一名工人，对工人共产党员持轻蔑态度的克莱门季斯—胡萨克集团毒害了他。克莱门季斯—胡萨克对工会组织也持傲慢的态度，因为当时祖普卡是斯洛伐克工会组织的主席，所以他总是遭到虐待。

接着，杜里什通报说，尽管已经逮捕了政治局委员斯姆尔科夫斯基，但是，正如鲁·斯兰斯基告诉他的那样，迄今为止，还没有掌握任何有力的事实，能够证明斯姆尔科夫斯基进行了间谍活动，尽管许多人，尤其是杜里什坚信这一点。在讨论关于逮捕斯姆尔科夫斯基的问题时，哥特瓦尔德声明说，尽管斯姆尔科夫斯基的问题还不是很清楚，但是，必须逮捕他。如果向斯姆尔科夫斯基提出的指控不能被证实的话，那么，斯姆尔科夫斯基可能会被释放，但是，不会再让他担任重要工作了。

杜里什对国家计划局的工作作了否定性的评价。送交那里审批的材料已经滞留了几个月了，局本身的工作没有任何计划性和长远性。计划局局长多兰斯基是一位没有远见和没有深度的工作人员。此外，多兰斯基还身患某种疾病，因此在开会时经常睡觉。关于计划局工作不能令人满意的状况，所有领导干部都说过。接着，杜里什简短地评价了自己的助手科佳特科和马哈奇卡。科佳特科自1945年开始在该部里工作，是一个缺乏主动性的人，但是，是一位很好的执行者并能够迅速领悟委托给自己的事情。他极其谨慎和优柔寡断。在日常生活中，像他的妻子一样，道德不坚定。马哈奇卡在部里工作有一年多的时间了。他工作能力非常强，但是，工作范围不全面，缺乏主动精神。战前，在还是大学生的时候，就反对过共产党员。在占领时期表现得非常好。马哈奇卡的一个哥哥被德国人公开枪毙了，另外一个哥哥正在坐牢。马哈奇卡本人也曾经被监禁过。曾经有人向国家安全机关提交了关于马哈奇卡和书记处工作人员法布里的材料，说马哈奇卡和法布里企图向波兰转运某种货物。安全机关对这种指控进行了调查，但是，没有获得证据。

接着，杜里什通报说，在最近召开的一次所谓政治书记处（这个书记处的成员有哥特瓦尔德、扎波托茨基、西罗基和斯兰斯基）的会议上，他提出了关于必须改组党的政治局的工作问题。事情是这样的：政治局实际上已经不再参加讨论和决定党内最重要的问题了。所有问题都是由没经任何人选举的机关——政治书记处决定的。当必须揭露和铲除党内敌人的时候，这种状况自然不会持续多久。如果哥特瓦尔德不信任某些政治局委员的话，那么，必须对政治局进行改组，以此给党的这个机关提供发挥委托给它的那些职能作用的可能性。但是，杜里什的建议在政治局书记处成员之中没有得到反响，对此没有进行讨论，也没有作出任何决定。只是哥特瓦尔德对杜里什说，如果他有什么建议或者意见的话，那么，他可以随时找他（哥特瓦尔德）和对他（哥特瓦尔德）

说出自己的想法。"当然，我可以随时到哥特瓦尔德那里，并对他阐述自己的意见，——杜里什说，——但是，从哥特瓦尔德的口气中可以清楚，他并不喜欢这样，我自然也就不再去找他了"。

杜里什顺便谈到了，他为什么没有参加斯洛伐克共产党中央政治局会议。杜里什是斯洛伐克共产党中央政治局委员。杜里什与西罗基在党的工作岗位上是老朋友了。但是，在斯洛伐克与布拉格之间相互关系的问题上，他们之间一直存在着分歧。西罗基所持的观点是，斯洛伐克的事情由斯洛伐克人自己解决。他对布拉格的指示非常嫉妒。而杜里什认为，在布拉格的帮助下，斯洛伐克问题能够在全国范围内得到正确的解决。斯洛伐克共产党中央工作人员把杜里什视为以布拉格为目标的人。由于杜里什与西罗基之间在这个对内政策根本性的问题上存在着分歧，杜里什清楚，西罗基难于接受杜里什在这个问题上的观点，因此，杜里什认为最好是不去斯洛伐克。接着，杜里什还通报了，目前，继续吸纳农民加入统一农业合作社的问题已经不再是迫切的问题了。因此，可以推测：1951年秋天将仅在200个村庄里进行开垦荒地的工作。对于捷克斯洛伐克合作社来说，目前的主要问题是在组织和管理上对其进行巩固的问题。目前已经把全部注意力放在了巩固第三种类型的合作社工作上，以便使这些合作社获得最高的收成和劳动日报酬。如果我们成功的话，那么，中农将加入高级合作社，通过这种途径将最终解决农村合作化的任务。

还应该指出的是，在会谈开始的时候，杜里什对我说，在政府通过关于捷克斯洛伐克公民和机关与外国人相互关系的准则之后，目前应该如何协调与外国人的相互关系问题，但是，在此他更正说，对苏联代表不应该实行这个法令。的确，——杜里什接着说，瓦·柯别茨基在政治局里与我交谈时说，这个准则同样涉及苏联代表。但是，我认为，——杜里什说，如果对苏联代表也实行这个准则的话，那么，这将是一个非常愚蠢的错误。

苏联驻捷克斯洛伐克大使馆参赞
П. 克列科坚

АВПРФ. Ф. 0138. Оп. 33. П. 191. Д. 15. Л. 24 – 31.
原件

瓦·格·格里戈良关于在南斯拉夫组织秘密传播南斯拉夫政治侨民出版物事宜向维·米·莫洛托夫的报告

(1951年8月22日)

莫斯科市　　　　　　　　　　　　　　　　　　1951年8月22日

秘密

目前，在苏联和各人民民主国家的南斯拉夫革命侨民出版有6种报纸，都是用于在南斯拉夫境内传播的，其中有一个日报：《争取社会主义的南斯拉夫》；3个旬报：《新斗争报》、《在国际主义旗帜下报》、《前进报》；2个双周报：《争取自由报》、《人民胜利报》；这些 * 报纸分别用塞尔维亚语、克罗地亚语、马其顿语和斯洛文尼亚语出版，总发行量在3万—3.5万份之间。这些报纸的月发行量在11.5万—12万份之间（其中8万份是小版面）。

同时由情报局书记处协助在布加勒斯特每月出版1万—1.5万份的小册子和2万—25万张塞尔维亚语小型传单。*① 小册子和传单的内容基本上都是发表在《争取持久和平，争取人民民主！》和《争取社会主义的南斯拉夫》上的关于南斯拉夫的题材（社论、编辑部文章和最重要的署名文章）。

---

① 报告中凡有 * 的地方都有铅笔在左边画的标记，看来是维·米·莫洛托夫画的。

这些用于在南斯拉夫秘密传播的材料（报纸、小册子、传单）的全部印数每月也就是15万—16万份。

将所有这些反对铁托集团的出版物集中起来，然后再送到阿尔巴尼亚、保加利亚、匈牙利与奥地利；这样一个转运基地，是在罗马尼亚工人党中央国际部的帮助下在布加勒斯特建立起来的。从苏联往这个基地定期转送一定数量的《争取社会主义的南斯拉夫》。

对外政策委员会在情报局书记处的苏联同志们的帮助下一直在关注南斯拉夫反铁托集团的出版物的传播情况，并采取了一些改进传播这些出版物的措施。其中包括不久前为了减轻在秘密条件下传播报纸的难度，特意采取将南斯拉夫侨民的3家报纸同时出版成小型的版面。

在南斯拉夫境内传播反铁托集团的出版物，经常从阿尔巴尼亚、保加利亚、匈牙利、罗马尼亚入手，部分地也经过的里雅斯特进入奥地利。负责总的传播工作的有专门的服务机构，它们受这些国家的共产党和工人党的领导机构领导。将这种出版物秘密运送到南斯拉夫，一些国家（保加利亚、阿尔巴尼亚）的共产党中央除利用自己的干部外，也使用部分南斯拉夫政治侨民小组。

经过**阿尔巴尼亚领土**投送的报纸有在该国的南斯拉夫侨民出版的《争取自由报》，还有《争取社会主义的南斯拉夫》和《在国际主义旗帜下报》；小册子和传单用轮船从罗马尼亚按照阿尔巴尼亚劳动党中央的地址投送。

经过**保加利亚领土**投送的报纸有该国南斯拉夫政治侨民用塞尔维亚语和马其顿语出版的《前进报》，还有《争取社会主义的南斯拉夫》和《在国际主义旗帜下报》；从罗马尼亚运来的小册子和传单按地址送到保加利亚共产党那里。

经过**罗马尼亚领土**投送的报纸有《争取社会主义的南斯拉夫》和《在国际主义旗帜下报》，还有许多小册子和传单。

经过的里雅斯特自由领土共产党渠道传送为数不多的《争取社会主义的南斯拉夫》、《新斗争报》和《争取人民胜利报》，这些报纸从布拉格和布达佩斯直接送到的里雅斯特。

经过奥地利共产党的渠道传递为数不多的《争取社会主义的南斯拉夫》和《在国际主义旗帜下报》；从罗马尼亚运送过来的（经过布达佩斯）小册子和传单按奥地利共产党中央的地址投递。

在南斯拉夫境内传播南斯拉夫侨民的宣传材料，由于种种复杂的条件和铁托集团安保部门的破坏措施，遇到了很大的困难。由于这方面的原因，在许多中转站往往积压下来很多反铁托集团的出版物。

根据对外政策委员会通过情报局书记处得到的材料，1951年上半年在南斯拉夫境内的出版物的传播情况如下：

1. 从阿尔巴尼亚投放到南斯拉夫境内的报纸、小册子和传单12万份左右（包括8万份《争取社会主义的南斯拉夫》和《在国际主义旗帜下报》，还有2万—2.5万份《争取自由报》，10000多张传单和4000本小册子）。*到今年7月15日，阿尔巴尼亚未散发出去的南斯拉夫政治侨民的报纸有1.2万份左右*。

2. 从保加利亚输送到南斯拉夫境内的（包括传到南斯拉夫人手里的）报纸、小册子和传单有10万份左右（包括3万份左右的《争取社会主义的南斯拉夫》和2.5万份的《前进报》）。

3. 从罗马尼亚输送过去的反铁托的出版物是经过罗马尼亚工人党的管道和部分利用当地居住在靠近南斯拉夫边境地区居民的方便传递出去的。据不完全统计，1951年前半年传到南斯拉夫境内的报纸、小册子和传单约有10万份（其中5万多份是小册子与传单）。

4. 据不完全统计，从匈牙利传递到南斯拉夫境内的报纸、小册子和传单约有6万份（包括4万份左右在匈牙利的政治侨民用斯洛文尼亚文出版的《争取社会主义的南斯拉夫》、《在国际主义旗帜下报》和

《争取人民胜利报》）。

*由此可见，虽然存在着种种严重困难，1951年上半年南斯拉夫侨民出版了总数80万—90万份的各种报纸、小册子和传单。据不完全统计，通过主要渠道（经过阿尔巴尼亚、保加利亚、罗马尼亚和匈牙利）传到南斯拉夫共有38万份的报纸、小册子和传单（包括25万份左右的报纸），几乎占半年出版的所有材料的一半。*很显然，如果考虑到在南斯拉夫当地居民中传递这些秘密材料的严重困难，实际散发出去的反铁托集团的材料恐怕要少一些。

最近有些共产党说散发反铁托集团的材料遇到了很大的困难，他们请求减少一些从罗马尼亚基地发出的材料的数量。比如匈牙利劳动人民党中央只同意每月收发《争取社会主义的南斯拉夫》4000份和《在国际主义旗帜下报》3000份，就是说，比过去大大减少了，以前是每月接收1.6万份《争取社会主义的南斯拉夫》和1951年7月的3000份《在国际主义旗帜下报》。与此同时，阿尔巴尼亚劳动党中央接收的不再是每月1.4万份《争取社会主义的南斯拉夫》和3000份《在国际主义旗帜下报》，只同意每月（从1951年下半年起）收发相应的2000份和1500份报纸。奥地利共产党中央也要求减少为南斯拉夫出版和散发的出版物的数量。

例如，根据现有的材料，罗马尼亚工人党中央正在采取必要措施改进反铁托集团材料在南斯拉夫的散发工作。今年7月，罗马尼亚工人党书记处研究了这个问题，作出了关于在南斯拉夫建立固定渠道传递报纸、小册子和传单的专门决定。为领导这些渠道的工作，成立了一个专门的工作小组，人员15到20人，由经过党中央批准的穆列山同志担任领导人。这个小组将直接和罗马尼亚工人党的一位书记联系。

然而，从整体上说，在南斯拉夫传播南斯拉夫革命侨民的材料，情况还不是那么令人满意，有必要采取一些措施，让与传递这些相关材料到南斯拉夫散发的有关共产党的活动态度积极起来。同时,更积极地利用意共和奥共的渠道向克罗地亚、斯洛文尼亚和达尔马提亚输送反铁托集团的材料也是非常适宜的,因为目前沿着保共中央、匈牙利劳动人民党中央、罗马尼亚工人党中央和阿尔巴尼亚劳动党中央的渠道穿过南斯拉夫的边界不远处只不过是塞尔维亚、马其顿、黑山和伏伊伏丁那地区。

为了利用南斯拉夫革命侨民剩余报纸的份额,最好是将它们送给西半球各国(美国、加拿大、阿根廷等)反对铁托—兰科维奇集团南斯拉夫进步组织和其他的斯拉夫组织。

РЦХИДНИ. Ф. 82. Оп. 2. Д. 1379. Л. 106 – 110.
副件

情报局书记处关于波兰统一工人党
各区、市、县党组织总结选举会议进程的情报

(不早于 1952 年 2 月 8 日)

莫斯科市　　　　　　　　　　　　　　　　　　不早于 1952 年 2 月 8 日①

秘密

　　1951 年年末，波兰统一工人党许多区、市、县的党组织都召开了选举总结会议。大会代表选举和最初的选举总结会议是在波兰统一工人党基层党组织积极性高涨的情况下进行的，这说明党在思想政治方面和组织方面继续得到巩固。同时，选举总结会议还表明，各级党组织在广大劳动群众中间的威信和影响增长了，党组织成为对国家生活进行社会主义改造的领导者了。

　　党的会议是在继续提高革命警惕性、清除右倾民族主义分子资产阶级分子的情况下召开的，这非常有利于提高党员的积极性，加强党的纪律，揭露和根除混进波兰工人统一党内的"BPH"②代理人的敌对活动。

　　前波兰社会党的"BPH"组织和右翼社会党分子，特别是因要筹备

---

　　① 1952 年 2 月 8 日，A. 科杰连涅茨已将此文件送交给联共(布)中央监察委员会的瓦·格·格里戈良了。

　　② "BPH"，即"自由、平等、独立"三个词的第一个字母，这是 1939 年由波兰社会党右翼建立的一个地下组织，于 1945 年解散，反对波兰工人党，对苏联持反对态度。

召开党的总结选举会议而加紧进行破坏活动。他们在许多党组织（格但斯克、科拉科夫等地）中试图破坏各区、县党的会议代表选举的进行。在有些情况下'BPH'分子和右翼社会党人一心想把自己的代表推上党的领导机构的职位。

在选举总结会议的筹备和进行期间，波兰统一工人党的党组织在清除自己队伍中的敌对分子和投机分子方面做了大量的工作。

正如波兰统一工人党中央的情况简报中所说，卢布林省的党组织1951年12月20日开除出党的就有767人，其中农民420人，职员221人，工人120人。被开除出党的工人和职员是因为他们在波兰摆脱希特勒的占领后参加了地下的反动组织。被开除出党的农民主要是因为他们未能完成国家的任务，而且和反动的地下组织有联系。

日拉尔杜夫的党组织（华沙省）1951年从自己的队伍中开除了111人。大部分人（71人）是事情被揭露后在党的全体大会上被开除的。"卡拉"冶金厂（罗兹省）发现有"BPH"分子活动，被开除出党的有42人，其中3名是原波兰社会党人，因为他们从事敌对的宣传活动。

"卡吉梅什"煤矿党支部大会有350名党员参加，会上讨论了"BPH"代理人在矿上搞破坏活动的问题。会上开除5名爬到负责工作岗位的"BPH"分子。有一名党员会后写给党组织的一封信很能说明问题。信中说："现在我看到党在遵照列宁和斯大林的指示，将敌人从自己的队伍里清除出去了。"矿工扬·斯培拉有两年没有缴党费了，会后他来到党委会，补缴了他拖欠的党费。斯培拉在党委会说："我不愿意待在有法西斯分子和'BPH'分子参加的党组织里。现在党清除了这些人，我明白这才是我的党。"

应该指出，许多党组织在会议选举代表的时候犯了错误。有些代表团成员中职员占了多数。在莱什诺市（波兹南省），会上选举的57名代表中有38名职员。在同一个省的科沃县，职员代表人数占当选代表人数的62.8%。在兹韦日涅茨（克拉科夫市）地区大会上当选代表的社会构成也很不令人满意。出席会议的代表有120人，都是从基层组织选上来的，包括30名工人，也就是说，占25%。在克拉科夫市会议代表的选举中，这个区的工人被选上的代表只占总数的35名代表中的5名。并非是所有地方对于提名妇女和波兰青年联盟代表作为代表团成员的事给予了应有的关注。例如在格丁尼亚市，没有一个波兰青年联盟的积极分子被选为代表。在凯尔采省，当选的451名代表中只有16名妇女，即占3.5%。

也有会上将敌对分子选上的个别情况。例如日拉尔杜夫（华沙市）的党组织就犯了政治上麻木的错误，在会上将一个企图破坏党的会议的叫曼德里加尔的人选上了代表。在拉多明市（华沙省），有两名波兰国家军[①]的积极分子被会议选举为代表。其他省的党组织中也有类似的情况。这些事实说明，在许多党组织中"BPH"的代理人和右翼民族主义分子仍然在搞破坏活动，阶级敌人及其"BPH"的代理人的行动并不总能受到党组织的坚决回击。有些党组织在揭露人民敌人罪恶活动方面表现得优柔寡断，迟疑不决。

在筹备和进行总结选举会议期间，波兰统一工人党的基层组织，区、市和县的组织在建立党务制度方面做了大量的工作。为检查党务工作的状况，市和县的党委会成立了党的专门三人小组。例如华沙省有7个县和3个市的党组织1951年12月成立了162个小组（党的三人小组）。向一些乡党委专门派去了党的全权代表。党的三人小组和党的全权代表检查党务工作中的严重缺点，帮助党组织克服这些缺点，帮助它们正确地开展党务工作。

---

① 波兰国家军，是波兰流亡政府领导的军队，1942—1945年期间在德国占领波兰时期进行活动，1944年他们举行了华沙起义。——译者注

在东波兹南的区党委会（波兹南省）里，除在编的指导人员外，还委托22位编外的区党委指导人员来抓监察工作。结果他们从区的党组织中清除了17名党的异己分子。

从捷尔仁斯基冶金厂的基层党组织（卡托维兹省）中发现有106名"死魂灵"，而在"卡济梅什"矿上查出有99名党员没有登记在册。

在检查热舒夫省党组织的党务工作情况时发现，有678个基层党组织党员实际人数和登记在册的党员人数不符。同样的情况在斯卡日斯科市（凯尔采省）也有发现。有3000名左右在市的党组织工作的人在市委的名册中没有登记。在凯尔采的五金构件企业中有32名党员没有登记入册，与此同时却有1149名所谓"死魂灵"的名字赫然在案。在奥波奇诺县的党委会存放着150张未发放出去的党证；奥帕图夫县委会存放有120张，桑多梅日县——50张。类似的情况在其他省的党组织中比比皆是。

党务工作的检查表明，许多党组织都有相当数量预备党员的资历都是编造的。

以彼得库夫的党组织（罗兹省）里的预备党员为例：1945年——4人，1946年——83人，1947年——149人，1949年——59人，1950年——84人。在筹备召开党的会议期间通过入党的预备党员只有33人。

华沙省的党组织共有4000名工龄在2—5年的预备党员。有112名预备党员因不参加党的会议、不缴纳党费、脱离党组织被除名。这些例子说明有些党组织对预备党员进行的政治教育工作是很不够的。

由此可见，有许多党组织的党务工作完全处于放任自流状态，对党的工作的这一极其重要的方面显然是估计不足的。

在筹备和召开选举总结会议期间，1951年对党务工作检查的结果，波兰统一工人党共开除16395人出党（据1951年12月20日的统计资料），其中：

工人	5804人	占33.4%①
农民	4623人	占28.2%
职员	5407人	占33%
其他	561人	占3.5%②

被开除的人中有973人当时是在做党的工作。1695人缴回了自己的党证。

1951年党务工作检查的结果（12月20日），因脱离党组织问题被取消党校学习机会的人有15546人（这个数字不包括所谓的"死魂灵"）。其中：

工人	8565人
农民	1954人
职员	4381人
其他	646人

许多基层党组织中有机械对待取消党员党校学习的情况，说他们没有及时缴纳党费，不参加党的会议。有些基层党组织的领导人不了解问题的实质；党员为什么没有定期缴纳党费，为什么不参加党的会议。在2号邮箱（华沙）的党组织，在其一次党委会会议上有80名预备党员被除了名。

在党务工作检查的过程中，1951年12月20日又接纳了12502人入

---

① 文中如此，算起来应该是35.4%。
② 文中如此，算起来应该是3.4%。

党。其中：

工人	5757 人	占 46%
农民	2970 人	占 23.8%
职员	3329 人	占 26.6%
其他	446 人	占 3.6%

1951 年 12 月 20 日共吸收 22244 名预备党员入党。

在谈到全面改善波兰统一工人党的社会结构方面的缺点、加强党的队伍的思想和组织工作时，波兰统一工人党中央办公厅主任德沃拉科夫斯基同志在《要继续提升党组织的积极性》的文章中写道："我们许多党委会和党组织的工作实践表明，中央关于更大胆地清理自己的队伍，坚决将工人阶级、劳动农民和知识分子的优秀代表吸收到党内的问题的指示在各地还没有得到应有的落实。中央所掌握的材料证明，在一些党组织中职员还占有很大的比例，他们在削弱党的战斗力，降低党的积极性水平……

为此，党中央向各级党组织提出要系统整顿党的队伍，清除敌对、异己和可疑分子，同时在坚持原则的基础上吸收新的成员入党，以确保入党者都是政治上可靠的同志，是为完成计划而斗争的先进分子，是和工人阶级与劳动农民密切联系且能够给敌人的活动以迎头痛击的人。中央的指示强调必须经常开展加强党的队伍的思想和组织方面的工作。"①

像通常那样，党的会议开出了高水平。代表们对党的组织和党的领导机关工作中的缺点进行了大胆的批评。在弗罗茨瓦夫市（比得哥什省）党的会议上，发言人批评了市委对基层党组织的领导不力，对党员

---

① 《党的生活》杂志 1951 年第 12 期。

关于敌对分子破坏活动的反映熟视无睹，置若罔闻。代表们要求市委在做好党的教育工作方面采取更加有力的措施。波兰统一工人党托伦市市委的工作受到了严厉的批评。正如代表们所指出的，市委在党的教育方面工作没有什么改善。

波兹南省的县、市党委的工作受到了严厉的批评，批评它们对指导农村工作的工作队领导不力，对青年和妇女组织的领导不够。

谢米亚诺维采（卡托维兹省）市委的工作之所以受到批评，是因为市委未能建立广泛的党的积极分子队伍，没有将新的同志们吸引到工作上来，对宣传员工作缺乏有力的领导。

本津市委的工作受到尖锐的批评，是因为它对工厂党组织的领导表现软弱无力。

代表们在罗兹市党的会议上一再批评市委很少对基层党组织进行领导。发言人表示必须加强反对敌对分子的斗争，必须开展批评与自我批评，必须吸引党的积极分子去做党的工作，必须提拔政治上可靠而且有能力的同志担任领导工作，必须改进党的教育方面的工作。

弗热希奇市和谢德尔采市（格但斯克省）党委因其党的干部工作没有做好而受到了尖锐的批评。

在奥尔什丁省的党的会议上，许多县委的政治领导工作因工作不深入，仅仅过问一下波兰统一工人党各乡党委的工作而受到了批评。有些县和市的党委，他们因工作中表现出的行政命令作风而受到批评。

有些党的会议的缺点是，会上讨论的都是一些次要问题，党组织所面对的主要任务却没有得到认真的讨论。不过，应该说，代表们在会上的发言在大多数情况下都很有原则性，都很务实。会议代表们大胆批评了县、市、区党委工作中的缺点，他们就改善整个党组织的工作提出了许多具体建议。代表们的发言说明波兰统一工人党党员思想政治水平提高了，说明他们明白党所面临的各项任务。

本报告是根据波兰统一工人党各省委员会关于各县、市、区的党的选举总结会议的筹备和进行的材料写成的，这些材料刊登在波兰统一工人党1951年12月的情况简报上，我们是通过捷列涅茨同志得到的。

РЦХИДНИ. Ф. 17. Оп. 137. Д. 875. Л. 84－90.
副件

共产党情报局书记处办公厅主任安·伊·科捷列涅茨关于罗马尼亚工人党领导机构选举的情报

（不迟于1952年2月15日）

莫斯科市　　　　　　　　　　　　　不迟于1952年2月15日①

秘密

现在，罗马尼亚工人党领导机构的选举工作行将结束。总结选举会议在21931个基层党组织中的21834个支部进行。177个区有159个区的党的会议已经顺利召开了。同样还有19个市和5个州的党的会议也开过了。总结选举大会和各种的会议是罗马尼亚工人党生活中的重要事件，它们有助于党的队伍以后的思想和组织的巩固，有助于党员的政治积极性的提高。

许多总结选举会议都是在批评和自我批评的标志下进行的，会议全面分析了党的机构和组织的工作，要求提高党组织对工业企业、交通运输、经济建设、农业集体经济、国家农业经济、机器拖拉机站和各部门的责任心。党的机构选举有助于扩大和巩固党组织和劳动群众的联系。

选举的一个主要结果是：一大批新干部走上了基层党组织、区委、市委和州委的领导岗位，他们在身体力行地证明自己对党的忠诚，在经

---

① 所署日期旁有一批注：1952年2月15日安·科捷列涅茨将此件报送联共（布）中央监察委员会瓦·格里戈良同志。

历将党的政策贯彻到生活中去的斗争锻炼，和群众打成一片，受到他们的尊重，受到党和劳动群众的信任。

在基层党组织的总结选举会议上，共产党员们积极参加对党委会及书记们的工作的讨论。参加党委会和基层党组织书记们总结报告讨论的有160605名党员，占出席会议的总人数的34.68%。党员们在讨论巴亚马雷州党委和基层组织书记们的工作时的积极性非常之高，参加会议的人55%都发了言，戈尔日州发言的人占44%，胡内多阿拉州和阿拉德州发言的人占43%。

基层党组织有40581名党员第一次被选为支部委员，占参选人数的69.07%；再次被选为基层党支部书记的有11981人，占总数的54.4%。

参加基层党组织支委选举的有49078人，占党员人数的83.54%，他们以前曾参加过罗马尼亚共产党；还有9673人——占16.46%——以前曾经是社会民主党人。

当选的基层党组织的支部委员，就社会构成而言，下面的资料可以说明：熟练工人——14673人（占24.97%），非熟练工人——6103人（占10.39%），农业工人——1407人（占2.4%），集体经济农民——2672人（占2.55%），贫农——16811人（占28.61%），中农——3357人（占5.71%），工程技术人员——3730人（占6.35%），职员——8367人（占14.24%），小手工业者——434人（占0.74%），还有家庭主妇——1197人（占2.04%）。①

按党龄划分：1944年8月23日以前的党员——165人（占0.28%）；1944年8月23日到1946年的党员——19910人（占33.89%）；1946年以后的党员——21942人（占37.35%）；1947年以后的党员——16734人（占28.48%）。

---

① 文中如此。是大致的计算。

被选为党的委员的妇女有 7514 人,占 12.79%。超过 50% 被选为基层党组织委员的人都经过 3—6 个月的党校培训班、夜校和农村党的积极分子培训班学习。

应该指出,被选进企业、机关党组织委员会的成员,从素质上说,都优于基层党组织的委员。1951 年 11 月 30 日从 161 人中选出了 150 位企业和机关部门基层党组织委员会的成员。选入党委会的 93.16% 的党员以前是罗马尼亚共产党的党员;有 6.84% 的人是社会民主党人;还有工人——76.67%;工程技术人员——9.71%;职员——13.82%;妇女——14.34%。按党龄划分选进党委会的人的情况如下:1946 年以前入党的占 51.5%;1946 年以后的占 29.78%;1947 年以后的占 19.12%。

部分区和市的党的会议思想水平和组织水平开得都不错。参加会议的人批评了区委和市委工作的缺点,指出区党委与市党委和基层党组织的联系很少,对它们的工作没有监督,用官僚主义的方法领导基层组织的工作。党的会议的代表们提出用马克思列宁主义教育党员和预备党员,改进党组织的工作的建议,还建议要提高党的积极分子的业务水准,改进党对劳动者、青年、妇女、国家和经济部门的群众组织的领导,建议对农业集体经济在组织上、业务上、政治上加强管理,在劳动群众中加大宣传解释力度等。会议参加者积极讨论了推荐到区、市党委班子的候补人选。

参加各区党的会议的 96% 的代表都有表决权。大多数拥有表决权的各区党的会议的代表,他们分别是:博托沙尼区——99.85%,胡内多阿拉区——98.11%,等等。参加区党委总结报告讨论的人占党的会议代表的 30.57%。在瓦尔恰州各区党的会议上讨论发言的代表占 56.15%。比霍尔州——48.07%,雅西州——45.55%,布加勒斯特州——36.9%。

各区党的会议代表们的社会构成状况如下:工人——46.31%,劳动农民——27.75%，集体经济农民——6.72%，工程师、专家和职员——16.4%，其他——2.82%。很大一部分参加各区党的会议的代表是来自普拉霍瓦州（72.02%）和巴克乌州（69.05%）的。

选入党的各区委委员的93.22%的人以前是罗马尼亚共产党人，6.78%是社会民主党人，熟练工人——49.89%，非熟练工人——13.89%，工程技术人员——3.96%，职员——3.78%，农业工人——2.74%，集体农业经济农民——6.72%，贫农——15.33%，中农——0.9%，小手工业者——0.62%，家庭主妇——2.08%，妇女——9.42%。

选入各市党委委员的有91.22%的人以前是罗马尼亚共产党的党员，8.78%是社会民主党人；就社会范畴而言，熟练工人——73.17%，非熟练工人——9.51%，工程技术知识分子和智力劳动者——10.05%，职员——5.12%，贫农——0.24%，小手工业者——0.24%，家庭主妇——1.22%，妇女——13.17%。

新被选入克卢日州、胡内多阿拉州、加拉茨州、巴克乌州、比霍尔州党委会的委员的情况如下：

1. 克卢日州委被选上的委员以前是罗马尼亚共产党党员的占97.62%，社会民主党人占2.38%，工人——80.96%，贫农——2.38%，工程技术知识分子——9.52%，职员——7.14%，妇女——11.9%。

2. 胡内多阿拉州97.37%的原罗马尼亚共产党员被选上，社会民主党人2.73%被选上，当选工人占84.21%，贫农——5.26%，工程技术知识分子和脑力劳动工作者——10.53%，妇女——5.27%。

3. 加拉茨州——所有州党委委员都是原罗马尼亚共产党党员，其中工人占81.59%，集体农业农民5.26%，工程技术知识分子和脑力劳动者——2.63%，职员——7.89%，农业工人——2.63%，妇女——13.16%。

4. 巴克乌州——有92.10%的原罗马尼亚共产党员被选上，社会民主党人占7.9%，工人——84.26%，贫农——2.62%，农业工人——2.62%，工程技术知识分子——2.62%，职员——2.62%，家庭主妇——5.26%，妇女——18.43%。

5. 比霍尔州——原罗马尼亚共产党员被选上的占95.24%，社会民主党人——4.76%，工人——78.58%，农业工人——9.52%，集体农业农民——2.38%，工程技术知识分子——4.76%，职员——4.76%，妇女——9.52%。

除顺利召开基层党组织总结选举会议，改选各区、市和州的各级党组织的工作外，的确各方面还存在着很大的缺点。一个严重的缺点是：许多总结选举会议共产党员与会率是很低的。589004名共产党员中有64478人无故不参加总结选举会议。巴克乌州基层党组织的党员参加总结选举会议的人只占该州党员人数的71%，布加勒斯特州——74%。没有正当理由不参加总结选举会议的党员——巴克乌州占19%，布加勒斯特州——18%，泰莱奥尔曼州——15%，苏恰瓦州、伯尔拉德州和普特纳州每个州都不到14%。有15%左右的农村基层组织的党员无故不参加党的总结选举会议。

有499个基层党组织的总结选举会议是不符合罗共中央关于党的领导机构的选举规定的，因此这些会议被宣布无效。

在塞韦林州、巴克乌州、普拉霍瓦斯基州、锡比乌州和布加勒斯特州的许多总结选举会议上党员的积极性都不大高。参加这些州总结选举会议讨论的党员有26%—27%。

本情报是根据我们通过С. Я. 莫基奥罗什同志从罗共中央分管党务、工会和青年工作的机构获得的资料撰写的。

РЦХИДНИ. Ф. 17. Оп. 137. Д. 857. Л. 2－6.
副件

瓦·格·格里戈良关于南斯拉夫政治侨民的活动给维·米·莫洛托夫的报告

(1952年5月20日)

莫斯科市　　　　　　　　　　　　　　　　　　1952年5月20日

　　　　　　　　　　　　　　　　　　　　　　　　　　秘密

　　在其1951年2月到1952年5月活动期间，南斯拉夫革命侨民协调中心在加强侨民队伍的团结统一、动员他们全力投入反对铁托—兰科维奇法西斯集团斗争方面做了大量的工作。中心在各兄弟共产党中央的帮助下，在加强保加利亚、捷克斯洛伐克、匈牙利、阿尔巴尼亚的政治侨民团体的力量方面采取了一系列措施，促进了南斯拉夫政治侨民积极投身于报刊和广播，以便揭露铁托法西斯集团反对苏联和人民民主国家的罪恶行径。

　　为改进对南斯拉夫政治侨民团体宣传活动的领导，中心每3个月制定并发送给各侨民团体一份统一的反对铁托的宣传计划。南斯拉夫革命侨民拥有4家周报和两份报纸，每月出版2—3次。报纸用塞尔维亚文、克罗地亚文、马其顿文和斯洛文尼亚文出版，总印数有40000多份。南斯拉夫革命侨民的广播电台向南斯拉夫用塞尔维亚语、克罗地亚语和马其顿语广播，每天4次。另外，有50多位南斯拉夫政治侨民在苏联和人民民主国家的广播中心工作，积极参加这些国家所进行的反对铁托的宣传工作。南斯拉夫革命侨民在报刊和广播上的宣传质量最近有所改进，但是尽管如此，在许多情况下报纸和广播还常常出现一些政治上缺乏力度、论证不够扎实的文章和随笔。面向南斯拉夫的宣传还是具有一定效果的，下面的情况就足以说明这一点，即铁托分子们不得不公开对南斯拉夫侨民的报纸和广播的内容作出反应。

协调中心在实际活动中将自己对侨民团体的领导的主要精力放在系统进行思想政治教育的必要性上，放在系统提高南斯拉夫政治侨民的政治素质和生产技能的工作上。各人民民主国家和苏联的许多南斯拉夫政治侨民都在各中学和大学里进行学习，也有在各种党校学习的。

按照协调中心的指示，在各人民民主国家共产党中央的协助下，各侨民团体的领导人组织了一次集会，把每一个侨民团体的登记材料提交给了协调中心。进行这项工作对于实际暴露敌对分子和可疑人员、清理侨民队伍具有很大的意义。时常召开各侨民团体和布加勒斯特各家报纸的代表会议，对于活跃南斯拉夫政治侨民的整个活动具有很重要的作用。最近这样的一次居住在苏联和人民民主国家的南斯拉夫政治侨民代表会议，是1952年1月17—20日在布加勒斯特召开的。

基于南斯拉夫各民族人民正在进行反对帝国主义、反对法西斯主义、争取和平与民主的斗争，会议号召所有南斯拉夫爱国者团结起来，组成一个南斯拉夫各民族人民统一的解放阵线。正如大会决议中所说，南斯拉夫各民族人民统一阵线的政治纲领是下面几个口号：为和平、自由而斗争，为使南斯拉夫摆脱帝国主义者的独立自主而斗争；为消灭铁托的法西斯制度，在南斯拉夫建立人民民主制度而斗争；为国家重回民主阵营、走上与苏联和各人民民主国家友好合作的道路而斗争。

大会决议强调指出，实现南斯拉夫爱国者统一阵线纲领的必要条件是要建立一支领导和指挥这一阵线的力量——一个真正的南斯拉夫的共产党；它忠于马克思列宁主义和无产阶级国际主义原则。大会一致通过决议，认为必须建立南斯拉夫的马克思列宁主义的共产党，并指出，要完成这一主要任务，国内和侨民中的所有真正共产党人的力量都应服从于这个目标。

会议委托南斯拉夫革命侨民协调中心要和各兄弟共产党进行协商，采取实际步骤，研究与思想、组织准备有关的问题。

会议通过决议，要求继续改善协调中心的工作，加强对南斯拉夫各政治侨民团体的宣传、组织和政治教育工作。今年4月末，协调中心在例行会议上讨论了关于南斯拉夫革命侨民报纸编辑部的活动和在苏联和人民民主国家的侨民的学习的问题。

目前，协调中心对自己提出这样一些紧迫的任务：

1. 通过报刊和口头广为宣传建立南斯拉夫爱国者统一阵线的必要性，以便战胜铁托—兰科维奇集团的法西斯制度。

2. 制定和宣传建立新的革命的、忠于马克思列宁主义的南斯拉夫共产党的思想—理论和政治、组织原则。

3. 继续加强对南斯拉夫政治侨民团体的宣传、组织和政治教育工作的力度。在协调中心的活动中，还有在各人民民主国家的南斯拉夫政治侨民团体的思想、政治和组织工作中，存在着严重的缺点，这些缺点是发动南斯拉夫侨民一切革命力量更积极地开展反对铁托—兰科维奇法西斯集团斗争的严重障碍。类似的缺点在苏联的南斯拉夫政治侨民团体中也存在。苏联的南斯拉夫政治侨民团体中最严重的缺点是协调中心领导人波皮沃达和他的副手、《争取社会主义的南斯拉夫》的主编戈卢博维奇之间的不健康的个人关系。从协调中心成立起，戈卢博维奇就看不起波皮沃达这位协调中心的领导人，很少关注中心的活动，对它的工作也不怎么感兴趣。波皮沃达跟戈卢博维奇从共事一开始就对后者公开表示不信任，他主要分管中心工作的组织问题，很少关心《争取社会主义的南斯拉夫》的工作。1951年11月，中央对外政策委员会与波皮沃达、戈卢博维奇进行了谈话，后来又进行了一般的交谈，协调中心的其他成员都参加了。波皮沃达和戈卢博维奇在这两次谈话后声称他们在反对铁托集团、动员政治侨民的力量进行斗争的问题上并不存在原则性的分歧。在波皮沃达和戈卢博维奇及协调中心其他人员参加的最后一次谈话中,本来是有条件调整好协调中心合作共事、摆正波皮沃达和戈卢博维奇的个人关系的。在这次谈话中,波皮沃达和戈卢博维奇答应他们一定努力合作共事。但是,尽管他们做了承诺,尽管联共(布)中央对外政策委员会采取了种种措施,协调中心和报纸编辑部里的气氛仍然很不健康。波皮沃达和戈卢博维奇不正常的个人关系,对协调中心和《争取社会主义的南斯拉夫》编辑部的实际工作产生了负面的影响。

为了更好地完成协调中心面临的任务,要着实采取措施加强协调中心的工作,这也是中心的要求,同时还要提出如下建议:

1. 根据各国共产党中央的推荐,协调中心从罗马尼亚、匈牙利和保加利亚的南斯拉夫政治侨民团体中各吸收一名代表作为中心的领导成员,并且从在苏联的侨民团体中吸收一名代表以取代去全苏工会中央理事会莫斯科工会运动高等学校学习的安德里奇(保加利亚)、柳博耶夫(匈牙利)和从中心召回来的诺瓦科夫(罗马尼亚)。

2. 按照中心的提名,《争取社会主义的南斯拉夫》编辑部将接受罗甘诺维奇担任该报的副主编,布图罗维奇作为该报的编委,以代替去苏联科学院经济研究所读研究生的编委维德马尔和阿利霍季奇。

3. 为了培养在苏联的南斯拉夫政治侨民的党政干部,将派协调中心推荐的阿尔索夫斯基、布兰科维奇和瓦西里耶维奇去联共(布)中央高级党校学习。

РЦХИДНИ. Ф. 82. Оп. 2. Д. 1379. Л. 122 – 125.
副件

安·伊·科捷列涅茨关于罗马尼亚工人党中央国际部就印刷投向南斯拉夫的传单的措施致瓦·格·格里戈良的通报函

（1952年7月4日）

布加勒斯特市 1952年7月4日

绝密

瓦·格·格里戈良同志：

为了加大反铁托宣传的力度，罗马尼亚工人党中央国际部采取了一系列印刷投向南斯拉夫的传单的措施。

以前这些传单基本上都是将政治侨民报纸上发表过的文章汇集在一起。现在，还决定为此撰写专门的文章——更短小精悍，富有战斗力，广大劳动群众一看便明白。文章既是为国内全体劳动大众写的，也针对人民中的某些阶层——工人、农民、妇女、青年和士兵。

传单材料的准备工作，罗马尼亚工人党中央国际部委托南斯拉夫政治侨民团体T.乌罗什、K.格鲁伊奇、C.马尔克舍夫和H.沙科塔四人小组去做。这个小组计划准备第一批10份传单。它们将在今年7月10—12日撰写好，报送罗马尼亚工人党中央国际部审定。

我们建议，希望协调中心也能参加这些传单的撰写工作。

附件：传单拟定计划共计 3 页。①

РЦХИДНИ. Ф. 575. Оп. 1. Д. 242. Л. 5.
副件

---

① 附件中列出了 10 份材料的题目，有面向南斯拉夫军队士兵和军官的，有面向"老百姓的"，有面向劳动农民和"失业劳动者的"，有面向妇女、农业工人、矿工、码头工人和铁路工人的，也有诉诸南斯拉夫各少数民族的。

安·伊·科捷列涅茨关于情报局书记处办公厅的工作性质及其结构给瓦·格·格里戈良的信

（1952年8月28日）

布加勒斯特市　　　　　　　　　　　　　　　　1952年8月28日

绝密

瓦·格·格里戈良同志：

我认为必须向您报告一下情报局书记处办公厅工作中的一些问题。

目前在办公厅机关工作的共有13人，其中科员5人，翻译4人，打字员2人，技术秘书局①的1位工作人员。科员：负责捷克斯洛伐克和匈牙利事务——巴拉诺夫；负责罗马尼亚和保加利亚事务——罗戈夫；负责波兰事务——布柳哈切夫；负责南斯拉夫事务——基尔萨诺夫；负责美国和英国事务——布林尼。此外，办公厅的翻译有：兹洛宾和博伊琴科掌握英语，马特维耶夫掌握法语，布拉津掌握塞尔维亚语。在复杂的形势下和现在环境中，这些干部在办公厅中仅仅是完成意义不大的翻译工作。现在机关中的科员都不掌握外语，没有翻译就无法胜任工作。这种情况是不正常的，当巴拉诺夫从事匈牙利和捷克斯洛伐克工作、布柳哈切夫从事波兰工作、罗戈夫从事保加利亚工作时，事实上他们失去了完成对这些国家工作的可能，因为他们在复杂的条件下的主要

---

① 技术秘书局为联共（布）中央委员会组织局下设机构。——编者注

工作就是让我们得到相应语言的报刊。

情报局书记处办公厅8个月的工作经验显示，必须由翻译来补充现有的科员队伍，允许科员定期回国，丰富他们的工作经验，使工作更为深刻和富有内容。办公厅现在的工作人员数量要完成办公厅复杂的工作是不适宜的。

在莫斯科期间，我多次提到关于办公厅工作的性质问题。在各部门我都进行过谈话，以及同奥尔洛夫、莫舍托夫，特别是同斯米尔诺夫进行了会谈，办公厅的工作对我来说是有益的，并有重要的作用。我还是要告诉您，办公厅的工作具有不确定性，对我来讲，它活动的性质我也不太清楚。

一个不是很重要的问题，即匈牙利劳动党中央领导同罗马尼亚工人党领导之间的相互关系问题，我在报告给斯米尔诺夫、奥尔洛夫、莫舍托夫之前报告给了匈牙利劳动党。

4月初，您委托奥尔洛夫来解决这件事。但我没有得到关于这件事的答复。我有一种意见，已对其他同志说过。自然，我的意见同其他同志的私人意见一样，同罗马尼亚工人党中央领导协调相互关系做得完全不够。

我提出这些问题是想引起您的重视。请求您找我去去谈一谈。

安·科捷列涅茨

РЦХИДНИ. Ф. 575. Оп. 1. Д. 224. Л. 83－84.
原件

情报局书记处工作人员安·伊·科捷列涅茨关于罗马尼亚工人党中央1952—1953年组织党的教育的措施致瓦·格·格里戈良的信

(1952年10月24日)

布加勒斯特市　　　　　　　　　　　　1952年10月24日

　　　　　　　　　　　　　　　　　　　　　　　秘密

瓦·格·格里戈良同志：

　　给您寄去我们于今年10月18日从罗马尼亚工人党中央获得的有关在罗马尼亚工人党中组织1952—1953学年党务教育的措施的材料。

　　在这些措施中，罗马尼亚工人党中央计划在1952—1953学年里，对446040人进行党务教育，其中116904人是非党人士。这样一来，在党务教育系统的整个环节里，在目前党内拥有的568000人之中，将仅有329136人能够参加学习。处于党的教育系统之外的还有大约23万名党员。根据在寄发的报告的第8页里援引的罗马尼亚工人党中央宣传鼓动部的数据资料判断，去年还有大量的党员的学习要求没有得到满足。① 罗马尼亚工人党中央宣传鼓动部长勒乌楚同志，把这种情况解释为，一大批党员学习要求没有得到满足是因为缺乏宣传员，还因为在党内存在着消极的和没有文化的党员，他们不愿意和不具备在党的教育系统内学习的条件。与此同时，勒乌楚同志在会谈时还通报了，暂时还没有采取提高不识字和识字不多的共产党员普遍教育水平的措施。

---

① 在所提到的文件的第8页上，援引了以下数据：

1952—1953学年把共产党员纳入党务学习的计划
（控制数字）

序号	名称	1952—1953学年		1951—1952学年	
		培训班数量	参加人数	培训班数量	参加人数
1	城市和农村时事政治学习小组	7340	134000	7893	131750
2	城市和农村党务夜校学习班	6760	130000	5103	91150
3	弗·伊·列宁履历学习小组	610	9400	363	5072
4	维·斯大林履历学习小组	3920	46700	2225	30692
5	联共（布）史学习小组	5660	120000	4544	65935
6	马克思-列宁主义夜大	10	3460	19	4029
7	一年期夜间党校	31	2480	9	622
8	日丹诺夫社会科学高级学校函授培训班	—	750	—	667
9	日丹诺夫学校宣传员和新闻记者函授培训班	—	200	—	—
10	日丹诺夫社会科学高级学校	—	300	—	283

总共将有446040名同志参加到党务教育活动中，其中116904名为非党人士。自学的将有大约9000人。（РГАСПИ. Ф. 17. Оп. 137. Д. 857. Л. 229.）

附件：共 10 页。

安·科捷列涅茨

РГАСПИ. Ф. 17. Оп. 137. Д. 837. Л. 221.
原件

瓦·格·格里戈良关于罗马尼亚工人党中央书记约·基希涅夫斯基就瓦·卢卡和安·保克尔"案件"的通报给约·维·斯大林的信[*]

（1952年11月24日）

莫斯科市　　　　　　　　　　　　　　　　　　　　　1952年11月24日

　　　　　　　　　　　　　　　　　　　　　　　　　　　　　　秘密

斯大林同志：

　　[*]罗马尼亚工人党中央书记基希涅夫斯基同志在和共产党和工人党情报局书记处办公厅执行主任科捷列涅茨同志谈话时说：

　　"根据调查，卢卡是革命前罗马尼亚旧侦探局的代理人。[*][①]1924年，卢卡向侦探局出卖了一位和党有秘密联系的女共青团员。卢卡承认，被出卖的女共青团员在警察局关押期间受尽了折磨。身为侦探局的暗探，卢卡担心一旦他被捕，警察局的其他代理人可能对他严加迫害，因为他为警察局效力的事别人不知道，1928年卢卡要求秘密警察局局长给他——卢卡——一个表明暗探身份的标记。

---

　　[*]　分送：格·马林科夫、拉·贝利亚、尼·布尔加宁、拉·卡冈诺维奇、尼·赫鲁晓夫、米·别尔乌辛、马·萨布罗夫、维·莫洛托夫。文件副本上的签名人是瓦·格·格里戈良。

　　①　文中两个*字花之间划出的这段文字可能是维·莫洛托夫标示的。

*卢卡在财政部时的前副手雅各布和维若利表明,卢卡完全了解他们所采取的破坏金融改革和工业建设的种种措施。

珀特勒什卡努坦白承认他是英国情报机构的老牌间谍。*

在案件侦查中,珀特勒什卡努承认他与安娜·保克尔就她的丈夫——托洛茨基分子卢卡集团一案进行过会谈。在与保克尔的会谈中,间谍珀特勒什卡努宣称,卢卡集团蒙难是无辜的,他是误会的牺牲品。保克尔赞同珀特勒什卡努的意见,并向中央委员会隐瞒了与他的会谈一事。

保克尔准备暗中破坏国家需要的外交工作者干部,根据她的指示,往外交部学校派去了可疑分子,这些人积极与美国、以色列联系。在学校存在期间,没有培养出可以胜任国外工作的工作人员。保克尔使外交部充斥着世界主义者、犹太复国主义的情绪,尽是些不可信任的人。

今年几个月里,从罗马尼亚外交部因各种原因被开除的人就有56人,这项工作还在继续,因为外交部机关还有保克尔的追随者。

苏联共产党中央委员会与外国共产党关系委员会主席

瓦·格里戈良

РЦХИДНИ. Ф. 82, Оп. 2. Д. 1306. Л. 137 – 138.
可信的副件

安·伊·科捷列涅茨给瓦·格·格里戈良的信

(1953年4月7日)

瓦·格·格里戈良同志:

现把情报局书记处办公厅1953年4—6月的工作计划发送给您。附件2页。

安·科捷列涅茨
1953年4月3日

РГАНИ. Ф. 5. Оп. 28. Д. 133. Л. 17.

附件:

情报局书记处办公厅1953年4—6月的工作计划

1. 关于南斯拉夫爱国主义者即将在布加勒斯特召开的代表大会,同罗马尼亚工人党中央国际部一起开展必要的组织准备工作。

科捷列涅茨同志,期限: 4月15日。

2. 对从事特殊工作的罗马尼亚公民的个人情况进行仔细的检查,由可靠的干部就加强特殊工作提出意见。

科捷列涅茨同志和米赫耶夫同志,期限: 4月25日。

3. 为"自由南斯拉夫"电台准备一些文章、简讯和评论文章，就提高节目的思想政治水平提出建议。

科捷列涅茨同志和布拉津同志，期限：5月10日。

4. 准备一份关于《火星报》① 解释罗马尼亚工人党党的建设和党内生活问题的报告。

科捷列涅茨同志和布林尼同志，期限：5月15日。

5. 准备一篇法国共产党各省报纸发表的题为《反对美国占领者，为争取民族独立和民主自由而斗争》的评论。

科捷列涅茨同志和马特维也夫同志，期限：6月10日。

6. 编写一篇英国报纸《工人日报》发表的题为《为反对美帝国主义的政策，争取民族独立而斗争》的评论。

科捷列涅茨同志和兹洛宾同志，期限：6月20日。

7. 完成1952年档案的装订工作。

巴拉诺夫同志，期限：4月25日。

安·科捷列涅茨

1953年4月3日

---

① 此为罗马尼亚共产党的机关报，创刊于1931年8月15日。——编者注

1953年4月3日第22527号文件

关于情报局书记处办公厅1953年4—6月的工作计划，科捷列涅茨同志提出了如下建议：

1. 把对《工人日报》评论题目（参见第6项）改为下列题目：《〈工人日报〉有关推广英国共产党党纲的工作》。在写评论时，要注意到关于加强共产党的队伍的问题以及发展批评和自我批评的问题。该项任务在1953年5月5日之前完成。

2. 把上述计划（第四条）更换为：关于《火星报》解释党和国家干部的挑选、分配和培养问题的报告。

1953年4月7日

РГАНИ. Ф. 5. Оп. 28. Д. 133. Л. 18 – 20.

安·伊·科捷列涅茨关于罗马尼亚民族民主委员会和社会组织活动自行解散与停止活动给瓦·格·格里戈良的报告[*]

(1953年4月10日)

布加勒斯特市　　　　　　　　　　　　　1953年4月10日

　　　　　　　　　　　　　　　　　　　　　　　秘密

瓦·格·格里戈良同志：

　　向您呈送下列文件：

　　1. 农民阵线中央委员会关于农民阵线所有组织自行解散和停止活动的决定

　　罗马尼亚文原件，2页

　　俄文翻译件，3页

　　2. 关于罗马尼亚人民共和国民主希腊委员会及其地方委员会自行解散和停止活动的决定

　　罗马尼亚文原件，2页

---

* 在"自行解散"这个词的背后实际隐藏着根据罗马尼亚工人党中央主动采取的让诸多群众组织被迫销声匿迹的含义。对于这一点，乔治乌-德治1953年1月24日在和H.苏里茨基的谈话中曾公开讲过。按照罗马尼亚工人党中央的决定，像农民协会、匈牙利人民联盟、民主妇女联合会、犹太民主委员会、德国反法西斯委员会等这样的组织统统被解散。

俄文翻译件，2页

3. 关于保加利亚民主委员会和蒂米什瓦拉州委员会自行解散与停止活动的决定

罗马尼亚文原件，2页

俄文翻译件，2页

4. 关于罗马尼亚人民共和国阿尔巴尼亚居民民主委员会自行解散与停止活动的决定

罗马尼亚文原件，1页

俄文翻译件，2页

5. 关于康斯坦察州鞑靼州土耳其和鞑靼居民民主委员会自行解散和停止活动的决定

罗马尼亚文原件，2页

俄文翻译件，2页

6. 关于罗马尼亚人民共和国亚美尼亚居民民主委员会及其地方委员会自行解散和停止活动的决定

罗马尼亚文原件，2页

俄文翻译件，3页

7. 关于罗马尼亚人民共和国塞尔维亚居民民主委员会自行解散和停止活动的决定

罗马尼亚文原件，2页

俄文翻译件，2页

8. 关于俄罗斯与乌克兰居民民主委员会及其各地方委员会自行解散和停止活动的决定

罗马尼亚文原件，3页

俄文翻译件，3页

9. 关于罗马尼亚人民共和国犹太人民主委员会及各州和地方委员

会自行解散和停止活动的决定

　　罗马尼亚文原件，3 页

　　俄文翻译件，3 页

　　10. 罗马尼亚人民共和国德国反法西斯委员会关于其各委员会自行解散和停止活动的决定

　　罗马尼亚文原件，3 页

　　俄文翻译件，3 页

　　11. 匈牙利人民联盟中央委员会关于自行解散和停止活动的决定

　　罗马尼亚文原件，3 页

　　俄文翻译件，3 页

　　文件是我们今年 4 月 7 日从罗马尼亚工人党中央书记莫吉奥罗什同志那里得到的。

　　附件：第 53 页曾提及。①

安·科捷列涅茨

РЦХИДНИ. Ф. 575. Оп. 1. Д. 272. Л. 13 – 14.
副件

---

　　① 未公布。

马·鲍·米京关于共产党情报局书记处办公厅工作人员请求他们的孩子在假期从莫斯科到布加勒斯特给米·安·苏斯洛夫的信

(1953年4月23日)

苏共中央书记米·安·苏斯洛夫同志：

鉴于学校假期临近，《争取持久和平，争取人民民主！》报社和情报局书记处办公厅工作人员，请求批准他们的学龄孩子假期内从莫斯科前往布加勒斯特。

考虑到我们这些单位大多数工作人员孩子尚处在学龄中，要在很长一段时期疏于父母的照看，以及考虑到我们在斯纳戈夫组织孩子们度假的能力，我希望能满足这一请求，依照往例，批准学龄中的孩子假期从莫斯科前往布加勒斯特。

从莫斯科前往布加勒斯特的学龄孩子名单。

马·鲍·米京

1953年4月23日

工作人员孩子的名单

编号	姓名	职务	关系	出生年	年级	地址，与何人生活
1	С. И. 别苏德诺夫	报社责任秘书	Н. С. 别苏德诺娃——女儿	1936	10	莫斯科，真理街17/19栋81号，与奶奶
2	Г. Н. 布赫季亚罗夫	总会计师	Л. Г. 布赫季亚罗夫——儿子	1939	6	莫斯科，大斯帕斯卡娅街19-a栋，第1寄宿学校
3	В. М. 巴拉诺夫	技术秘书处主任	В. В. 巴拉诺夫——儿子	1939	7	莫斯科，莫扎伊斯科耶公路74/92栋232号，与奶奶
4	А. В. 布尔采夫	报社工作人员	М. А. 布尔采娃——女儿	1943	2	列宁格勒，苏沃洛夫横巷15号34栋24室，与母亲
5	Л. 巴拉格尔	翻译	Л. 巴拉格尔——儿子	1938	7	莫斯科，大斯帕斯卡娅街19-a栋，第1寄宿学校
6	А. И. 鲍里索夫	莱诺排铸机工人	Б. А. 鲍里索夫——儿子 Н. А. 鲍里索夫——儿子	1946 1952	— —	莫斯科，帕尔科娃娅六街122号20/53栋10室，与母亲
7	Н. К. 博恰罗夫	司机	Ю. М. 博恰罗夫——儿子	1940	4	莫斯科，大斯帕斯卡娅街19-a栋，第1寄宿学校
8	Г. В. 瓦纽舍夫	印刷厂技术领导人	Н. Г. 瓦纽舍娃——女儿 Т. Г. 瓦纽舍娃——女儿	1938 1939	8 6	莫斯科，大格鲁津斯卡娅街15栋30号，与奶奶
9	Г. 韦拉斯科	文学编辑	К. 韦拉斯科——女儿 К. 韦拉斯科——儿子	1934 1936	10 9	莫斯科，哥萨科瓦街13栋，外贸部第2寄宿学校 莫斯科，大斯帕斯卡娅街19-a，第1寄宿学校

(续表)

编号	姓名	职务	关系	出生年	年级	地址，与何人生活
10	Л. 戈连	翻译	Э. 戈连——女儿	1944	2	莫斯科，伊万诺沃国际儿童院
11	А. Г. 戈卢别夫	书记处工作人员	Т. А. 戈卢别娃——女儿 В. А. 戈卢别夫——儿子	1942 1944	3 1	莫斯科，纳戈尔娜娅街 186 号 14 栋，与母亲
12	Д. 吉本斯	编辑室主任	И. 吉本斯——女儿 Т. 吉本斯——儿子	1934 1938	8 7	莫斯科，伊娃诺沃国际儿童院
13	А. А. 季亚科夫	编辑室主任	В. А 季亚科夫——儿子 Е. А. 季亚科娃——女儿	1945 1953	1 —	莫斯科，莫扎伊斯科耶公路 52/70 栋 73 号，与母亲
14	В. В. 季科夫斯卡娅	翻译	Г. А. 季科夫斯卡娅——女儿	1942	3	莫斯科，涅格林内伊第 1 巷 3 栋 17 号，与爷爷
15	Н. С. 叶罗费耶夫	印刷指导员	С. Н. 叶罗费耶娃——女儿 В. Н. 叶罗费耶夫——儿子 С. Н. 叶罗费耶夫——儿子	1939 1940 1943	7 5 4	莫斯科，施密托夫斯基大街 12 栋 6 单元 196 室，与奶奶
16	А. И. 科捷列梅茨	主任	Г. А. 科捷列梅茨——女儿 И. А. 科捷列梅茨——女儿	1938 1941	8 5	莫斯科，莫扎伊斯科耶公路 74/92 栋 135 号，与母亲
17	К. П. 库德罗夫	英文版副主编	А. Т. 库德罗娃——女儿	1935	10	莫斯科，罗斯托夫斯卡娅沿岸街 10 栋 57 号，与奶奶
18	М. В. 科先科夫	编辑室主任	В. А. 马卡里欣——儿子	1936	8	莫斯科，旧奥金佐沃国际街 19 栋，与伯母 А. Н. 罗曼诺娃

（续表）

编号	姓名	职务	关系	出生年	年级	地址，与何人生活
19	Е. И. 库斯科夫	文学编辑	Т. Е. 库斯科娃——女儿	1943	3	莫斯科，斯摩棱斯卡娅广场 13/21 栋 190 号，与母亲
20	马·鲍·米京	主编	С. М. 米京娜——女儿	1936	10	莫斯科，哥萨科瓦街 13 栋，外贸部第 2 寄宿学校
			Б. М. 米京——儿子	1938	7	莫斯科，大斯帕斯卡娅街 19-a，第 1 寄宿学校
21	И. 门迭塔	资深文学编辑	Е. И. 门迭塔——女儿	1947	—	莫斯科，卡尔马尼茨基巷 3 栋 15 号，与母亲
22	Н. П. 马尔科夫	保密通讯员	М. Н. 马尔科娃——女儿	1940	6	莫斯科，高尔基街 10 栋 124 号，与母亲
			Н. Н. 马尔科娃——女儿	1941	5	
			В. Н. 马尔科夫——儿子	1946	1	
23	А. И. 米赫耶夫	编辑人员	Г. А. 米赫耶娃——女儿	1936	10	莫斯科，谢马什科街 9 号 6 栋 8 室，与母亲
			А. А. 米赫耶夫——儿子	1946	—	
24	А. А. 奥贝坚诺夫	发行部主任	Р. А. 奥贝坚诺娃——女儿	1937	7	莫斯科，哥萨科瓦街 13 栋，外贸部第 2 寄宿学校
25	В. К. 佩雷尔曼	翻译	Н. В. 佩雷尔曼——女儿	1941	2	莫斯科，西夫采夫—弗拉热克 30 栋 1 号，与母亲
26	В. В. 基尔萨诺夫	书记处顾问	Н. В. 基尔萨诺娃——女儿	1938	7	莫斯科，普希金斯卡娅街 21/7 栋 2 号，与母亲
27	Г. И. 波斯特尼科夫	司机	В. Г. 波斯特尼科娃——女儿	1942	3	莫斯科，科洛科利尼科夫巷 9 栋 22 号，与母亲

(续表)

编号	姓名	职务	关系	出生年	年级	地址，与何人生活
28	Ф. 皮塔	翻译	Л. 皮塔——女儿	1937	7	莫斯科，高尔基街10栋154-a号，与母亲
			В. 皮塔——儿子	1950	—	
29	А. В. 罗曼诺夫	副主编	Р. А. 罗曼诺娃——女儿	1938	8	莫斯科，卡瓦科瓦街13栋外贸部第2寄宿学校
30	Б. И. 拉兹沃多夫	编辑人员	Т. Б. 拉兹沃多娃——女儿	1939	7	列宁格勒，阿斯特拉罕斯卡娅街175号6/8栋10号住宅，与奶奶
31	А. И. 谢尔盖耶夫	编辑人员	Л. А. 谢尔盖耶娃——女儿	1936	9	莫斯科，卡瓦科瓦街13栋外贸部第2寄宿学校
			И. А. 谢尔盖耶娃——女儿	1937	9	
			В. А 谢尔盖耶夫——儿子	1939	7	
32	В. А. 索洛维约夫	编辑人员	В. В. 索洛维约娃——女儿	1944	1	列宁格勒，大泽列妮娜街14/27栋56号，与奶奶
33	С. 霍兹涅夫	编辑人员	В. 霍兹涅夫——儿子	1942	4	波多利斯克，加里宁工厂新村9栋42号，与母亲
			В. 霍兹涅娃——女儿	1948	—	
34	А. М. 采利科娃	编辑室主任	Г. 采利科娃——侄女	1940	6	莫斯科，小科奇基街48号7栋1单元19室，
35	Ф. К. 申卡廖夫	司机	Ю. Ф. 申卡廖夫——儿子	1937	8	莫斯科，扎沃茨科伊大街27栋3号，与母亲
36	В. К. 切尔卡索夫	保密通讯员	Б. В. 切尔卡索夫——儿子	1943	2	莫斯科，高尔基街10栋271号，与母亲
			С. В. 切尔卡索夫——儿子	1950	—	

РГАНИ. Ф. 5. Оп. 28. Д. 133. Л. 27–32

瓦·斯捷潘诺夫关于《争取持久和平，争取人民民主！》报编辑部的人事工作等给米·安·苏斯洛夫的信[*]

（1953年4月27日）

苏共中央书记米·安·苏斯洛夫同志：

《争取持久和平，争取人民民主！》报德文版编辑 Г.Я.科罗特克维奇同志，请求苏共中央免除其在报社的工作，并在把他派往苏共中央高级党校学习一事上给予协助。由于前去《争取持久和平，争取人民民主！》报社工作，致使他中断了党校的学业。苏共中央1953年1月2日决定，委托苏共中央对外联络部和苏共中央干部选拔调配部审议罗特克维奇同志的要求。

我们建议派遣 Г.Ф.普舍尼岑同志前往《争取持久和平，争取人民民主！》报社工作两个月，之后拟上报苏共中央批准其为该报德文版编辑，以接替科罗特克维奇同志的工作。

普舍尼岑同志生于1911年，俄罗斯人，1941年起即为苏共党员，毕业于历史档案学院，掌握德语，曾有5年多的时间在苏联驻德国管制委员会的各机关工作：斯德丁区的宣传部长、柏林情报分局的宣传部长和德文报刊《每日评论报》的副主编。

从1951年4月起至今，普舍尼岑同志在塔夫里达军区《战斗荣誉

---

[*] 米·安·苏斯洛夫在该信首页批示："同意。1953年5月5日。"——编者注

报》报社任宣传部长，是受苏联内务部信任的人。

普舍尼岑同志在各报刊的工作表现良好。

普舍尼岑同志自愿到苏共中央部里谈话，同意派他前往《争取持久和平，争取人民民主！》报社工作的建议。

派遣普舍尼岑同志前往布加勒斯特工作的问题，已征得苏联陆海军总政治部主任热尔托夫的同意。

普舍尼岑同志前往布加勒斯特的手续，可由苏共中央出国委员会给予办理。

请求得到您的同意。

附上苏联内务部对普舍尼岑同志的证明与介绍。

瓦·斯捷潘诺夫

B. 莫舍托夫

1953 年 4 月 27 日

РГАНИ. Ф. 5. Оп. 28. Д. 133. Л. 37 – 38.

瓦·斯捷潘诺夫就允许共产党情报局书记处办公厅工作人员的孩子从莫斯科到布加勒斯特度假给米·安·苏斯洛夫的信*

（1953年4月28日）

苏共中央书记米·安·苏斯洛夫同志：

《争取持久和平，争取人民民主！》报主编米京，请求苏共中央批准报社和共产党与工人党情报局书记处办公厅工作人员的学龄孩子暑假期间从莫斯科前往布加勒斯特。

米京同志说明自己请求的理由是，报社和书记处办公厅大多数工作人员的学龄孩子在长长的假期中将疏于父母的照看。报社在罗马尼亚"斯纳果夫"的度假村具备组织孩子们休假的能力。

拟从莫斯科送55名孩子前往布加勒斯特度暑假。

我们认为可行，依照往年经验，批准报社和情报局书记处办公厅工作人员的学龄孩子暑期从莫斯科前往布加勒斯特。

孩子们从莫斯科前往布加勒斯特手续，可由苏共中央出国委员会办理。

---

* 苏斯洛夫在该信的首页批示："同意。1953年4月29日。"——编者注

请求您的同意。

瓦·斯捷潘诺夫

B. 莫舍托夫

1953 年 4 月 28 日

РГАНИ. Ф. 5. Оп. 28. Д. 133. Л. 33.

布柳哈切夫关于共产党情报局党组织工作的严重缺点以及其个人错误问题给瓦·帕·斯捷潘诺夫的信

(1953年4月30日)

瓦·帕·斯捷潘诺夫同志:

今年4月20日,米京同志召开了党的积极分子会议,共14人出席了这次会议,奥加涅索夫和诺金缺席了这次会议。在这次会议上,米京同志提出了关于党的组织工作中的严重缺点以及我个人的错误。

米京在发言中提出了以下缺点:

1. 布柳哈切夫缺乏集体主义观念,结果没有就党内工作的一些重大问题召开党组会议,没有同任何人进行过协商。

布柳哈切夫同志组建了一个关于党员教育的筹备委员会,该委员会应当讨论关于1952年7月14—15日党的会议的决议的落实问题(这次会议讨论了"关于采取措施,保障报纸的及时出版"问题),并召开了一次具有指示性的会议,在这次会议上下达了不正确的方针,这一方针超越了党组织的职能。

布柳哈切夫同志对行政事务进行干涉,他想召开党员积极分子会议,讨论关于使党员在编辑部会议上做好发言准备问题以及他们在编辑委员会中的不正确的行为问题。

布柳哈切夫同志越过最高领导直接对一些工作的负责人下达指示。他越过编辑部的领导,对瓦纽舍夫同志(出版的技术指导)下达了编订铅板浇铸的材料的指示。

布柳哈切夫同志不关怀共产党员，表现出吆喝他们和粗暴对待他们的现象。布柳哈切夫同志同编辑委员会成员建立起了直接的接触。近来有莫吉奥罗什同志（来自罗马尼亚工人党的编辑委员会成员）请求布柳哈切夫允许罗马尼亚党组织在电影院举办党的会议。

2. 关于党内工作的不足：

我们这里党的会议的准备情况没有做好。对苏共十九大会议结果进行讨论的会议准备得不好，结果在一些共产党员作完报告之后，长时间没有转入讨论。

在领导党员的学习中表现出的形式主义在于：在党员学习一天之后，布柳哈切夫同志仅从宣传员那里得到一些参加人数和小组、研讨班讨论的题目之类的信息。没有进行宣传员参与的讨论，也没有召集他们开会。

在这次会议中，我在发言中承认了党组织工作和自己的不足。一些同志在会上发言，也指出了党组织工作中存在的严重不足。我们认为，这些不足在于：

1. 在党组织中，对党员、共青团员和无党派人士的教育工作没有做好；我们没能在共产党员和共青团员中培养一种感情，使他们把苏共中央委托给他们的工作做得无可指责。在组织中存在漠不关心、麻痹大意、漫不经心的行为，这表现在违反文件保密制度和资产阶级报刊保管制度上，过多的闲言乱语，有时候泄露工作上的或党的秘密。存在着违反劳动纪律和党的纪律、在国外的苏联公民行为准则的情况，对国外同志的态度很不得体。

在党组织中，一些共产党员——编辑部领导干部之间不健康的相互关系还没有完全铲除，对一些同志提出的批评意见采取错误的、不符合党员准则的态度，有时候导致在编辑部委员会会议上产生一些不愉快的冲突（博亚里诺夫和帕吉列夫之间、罗曼诺夫同帕吉列夫之间、米京同博亚里诺夫之间）。共产党员在编辑委员会会议上的这种表现对国外同志产生了不良印象。许多同志（博亚里诺夫、奥尔洛夫、库德罗夫等）实际上是没有做好准备，他们轻率和不合时宜的言论引起了一些国外同志的不满。一些共产党员和共青团员为了给自己在翻译工作和材料编辑工作中所犯下的错误进行辩护，在编辑委员会会议上和编辑部的工作会议上对从莫斯科送来的材料（苏共十九大会议材料、被俘美国军官的供词）、对塔斯社的报道以及《真理报》上发表的一些材料进行批评。

2. 在党组织中，对于通过的决议的执行日常监督不够。在党组织的工作实践中，没有制定在每一次党组织会议上对上一次党组织会议通过的决议的落实情况的共产党员信息通报制度，经验证明这种制度是正确的。这就导致就党内问题和共产党员的业务工作问题作出的一些决议执行的不尽如人意，《关于保证报纸按时出版的措施》和《关于苏共十九次代表大会的结果》的决议中的一些条款完全没有被执行。比如，在《关于保证报纸按时出版的措施》和《关于苏共十九次代表大会的结果》的决议中规定：为了提高编辑部工作人员的思想理论水平和业务水平，责成编辑部、党组织和工会组织的领导人在每季度召开不少于一次全编辑部工作会议，讨论报纸工作、印刷、报纸出版完成进度等问题，举办关于报刊人员技能的晚上培训班，讨论报纸的语言、风格、政治评论、小品文、社论、编辑部文章、书评等问题，组织有关进一步提高外国出版物的编辑、译者、校对员的语言水平的工作，为同行上课并作关于理论和社会政治问题的报告。

但是，除了为同行上课，其他的规定执行得都不能令人满意，尽管已经向编辑部的领导多次提出了这些问题。工作会议召开得非常少，而关于报刊人员技能的晚上培训班根本就没有举行过，因为米京同志认为，在这些晚上培训班上只会对在我们报纸发表的一些政治评论、我们翻译和编辑的一些文章、给媒体写的观察文章等进行批评，这是不适宜的。这种担心是不应该的，何况，在编辑委员会会议上对每一期报纸进行讨论之后，它们还总是会遭受批评，尽管批评的形式非常谨慎。所以，我们认为，米京关于不适宜召开报刊人员技能的晚上培训班的理由是没有根据的。而且，这些晚上培训班可以不邀请外国的同志。外文组的一些编辑（库德罗夫、科罗特克维奇、沃尔科夫同志）以及一些翻译没有系统地完善自己的语言知识，编辑部的许多负责工作人员（外文组的编辑、主任、文学编辑）对一些国家和一些党的状况研究得不够，对国际生活中一些重大问题的研究不够。这就导致他们在准备出版材料的过程中经常会犯一些重大的错误，包括思想政治上的错误和语法上的错误，这种错误不仅出现在报纸的样刊中，而且还出现在发行的报纸中。

3. 在党的教育工作方面，党组织工作中存在重大的不足。党的教育涵盖所有的党员、共青团员和非党人士。现在我们这里有18个学习小组和学习班独立地对马克思列宁主义进行学习。在这个学年在党的教育系统内学习的有：5个学习小组学习苏共十九大材料和关于斯大林去世的材料；3个学习小组和学习班完成了对苏共十九大材料和斯大林去世相关材料的学习，并转入对斯大林《苏联社会主义经济问题》著作的学习。为了对独立学习马克思列宁主义学习小组和学习班的学员和宣传员提供帮助，同时为了帮助国外同志提高思想理论水平，我们经常讲授一些关于理论问题和苏联社会政治问题的课程。今年2月，苏共中央的马卡罗夫同志被派往我们的党组织，他讲授了5次课程，为宣传斯大林著作《苏联社会主义经济问题》的宣传员开设了学习班。但迄今为止，我们不能经常组织宣传员的讲习班，没有就交流经验召开会议，没有有计划地对苏共十九大会议材料进行学习研究；对党员的教育工作监督得不够。没有对讲授的课程和所作的报告给予充分的重视。在这些问题上放任自流，这不能不对独立学习马克思列宁主义的小组和学习班、对报告和讲座的听众的思想理论水平产生影响。我和党组织对每个共产党员思想理论水平的提高进行的监督是不能令人满意的。

党组织工作中存在重大不足的一个重要的原因是：我没有对党小组的日常领导予以足够的重视。很少就重要的党内工作问题召开党的会议，很少在一些重要的党的工作问题上进行指导。很少召开会议交流各党小组的工作经验，而这样的会议和指示对他们则是非常有益的。同时要考虑到如下状况：我们的党组织是根据苏共中央书记处的决议在不久前——1952年8月组建的。当然，在关于一些实践工作问题上我经常同党组织进行谈话，就目前工作中的一些问题召开会议。但这种领导是不能令人满意的。

简单来说就是这样，我们认为，在我们党组织的党内工作方面存在严重不足。

为了消除党组织工作中的严重不足，我们拟定了采取实际措施的计划。计划采取一些实践措施，以便改善对各党小组的领导，加强在共产党员和共青团员中的教育工作，加强宣传工作。为了提高授课的思想理论水平，组建了一个五人小组，使同志们做好理论上的准备，该小组承担的职责是预先对集体讲授的课程和报告进行审查，就关于理论问题和社会政治问题的报告拟定题目。这一计划将在最近召开的党的积极分子会议上进行讨论，并将通过下一班飞机送给您。

同时，我想就这次会议以及米京同志的发言提出一些看法。

首先，对我来说，在会议上提出这一问题是出乎意料的。只是在会议召开前的30分钟我才了解到了这次会议，而每一个需要讨论的问题我都是通过米京同志的发言才明白的。而且，在会前，无论是在党的会议上（如果不计最近召开的一次党的会议，这次会议上讨论了"关于提高政治警惕"的问题），还是在私下进行的谈话中，米京同志都没有对党组织工作中的不足进行过批评，相反，在同我私下进行的会谈中，米京同志曾多次表示，自从我到了党组织之后（我是在1952年5月14日到共产党情报局书记处办公厅担任副主任和党组织负责人的），党的工作有了重大改善，对共产党员和共青团员的工作和日常行为产生了积极的影响。最后一次举行的这样的谈话是在今年1—2月进行的（在我被格里戈良同志召回到苏共中央前夕）。在这次谈话中我对米京同志说，我们要夸耀在消除党的工作和业务工作中的重大不足和错误方面党组织已经取得了重大成就还为时过早，为提高我们工作的各个环节，完成苏共中央给我们提出的任务，我们还要付诸许多努力。在此之后，米京同志没有再谈论过这一话题。

第二，关于党的会议的准备，该会将要讨论执行1952年7月14—15日党的会议（在这次会议上讨论了"关于保证报纸按时出版的措施"问题）通过的决议问题。关于这次会议，在米京同志动身前往莫斯科之前我同他谈过，而这是在同罗曼诺夫同志谈过之后。关于撰写报告的计划我同他进行了协商，还建议他说，要准备报告的材料，需要吸纳小组的同志。我提出了具体需要吸纳哪位同志，并提到我在星期五，亦即4月10日就这一问题召开了会议，但我没有告知罗曼诺夫同志。在会议上讨论的问题与编辑部共产党员履行决议有关，并委托3名同志从履行党的会议决议的角度，在这段时间对出版的报纸进行审查。这次会议提出了报纸工作中的重大错误和不足，其中包括，报纸很少发表关于苏联的材料，也指出没有突出一些具有重大历史意义的日子（5月9日胜利纪念日，伟大卫国战争的爆发）。报纸很少发表在人民民主国家普及的材料，兄弟共产党和工人党采用苏联经验的材料等。因此，这一小组被委托从这个角度对报纸进行审查。米京同志认为，这一方针是不正确的，因为这不属于党组织的职权范围。我们认为，我们没有扩大党组织的职权范围。而且，决议是在米京同志的参与下在去年通过的。

第三，关于党的积极分子会议。由于一些共产党员和共青团员在编辑委员会会议上的不正确的行为（对莫斯科送来的译稿、塔斯社和《真理报》材料的批评，欠妥的、没有理由的批评发言、争论等），我向米京同志提出，必须就这些问题专门召开一次会议。米京同志同意了这些建议，但是在他离开这里前往莫斯科之前也没有召集这次会议，而且这次会议迄今为止也一直没有召开。在米京同志离开之后，在4月11日召开的编辑委员会会议上，博亚里诺夫同志对一篇社论进行了欠妥的批评。这一批评引起了编辑委员会成员的不满。而且，在这次会议上，博亚里诺夫同志和帕吉列夫同志之间爆发了争论，而奥尔洛夫同志实际上是对塔斯社的材料进行批评。因此，我在4月13日拜访了罗曼诺夫同志，我们商定就上述问题召开党的积极分子会议，而且，我在1952年8月已经召开过这样的会议，在这次会议上对编辑部个别党员和领导人之间不健康的相互关系问题进行了讨论。这次会议在当时帮助我们处理好了不健康的局面，而米京同志在休假返回之后，也对召开的这次会议予以赞同。因为总编辑这段时间不在，为了避免犯错误，我给苏共中央的罗戈夫同志打了电话，向他通报说，我们决定召开党的积极分子会议。4月13日晚，米京同志打电话给罗曼诺夫同志，告诉他说在总编辑回来之前不宜召开这次会议，因此会议就没有召开。

  第四，我确实同编辑委员会的成员就有交往，同他们进行过谈话。我这么做的原因是，他们参加了社会工作，要在集会和会议上授课、做报告。因此我得到了米京同志的委托，同编辑委员会成员就这些问题举行会谈。当然，曾有两次，奥罗斯和泽列涅茨同志曾向我表示过不满：他们向编辑委员会提出的一些建议没有得到采纳。我把奥罗斯同志对我说的意见转告了米京同志，我引用的是奥罗斯同志对我说的原话。关于泽列涅茨同志的意见我也告知了米京同志，但引用的不是泽列涅茨同志说的原话。我从来都不赞同进行这样的谈话，并且尽力不同外国同志谈论这一话题。至于这些同志参与集体的社会工作问题，我认为，这没有什么不好的。而且，编辑委员会的成员们经常会向我提出这些问题。

　　第五，我认为，这次会议是必要、有益的，但我认为，必须扩大参与人员的范围，让我作为党组织的负责人有机会就党组织内的工作状况问题准备一份详细的发言报告。这将更加有助于我们揭示党组织工作中的不足，揭示这些不足的原因，并指出消除这些不足的具体措施。

布柳哈切夫

РГАНИ. Ф. 5. Оп. 28. Д. 133. Л. 40 – 47.

马·鲍·米京就《争取持久和平，争取人民民主！》报编辑部的人事工作给瓦·斯捷潘诺夫的信

（1953年4月30日）

瓦·斯捷潘诺夫同志：

我提议批准加林娜·加夫里洛夫娜·博伊琴科同志为《争取持久和平，争取人民民主！》报英文版的校对员。

博伊琴科同志生于1928年，1953年加入苏联共产党，受过高等教育，1951年11月14日起担任共产党和工人党情报局办公厅翻译，1953年1月1日起担任《争取持久和平，争取人民民主！》报英文版翻译，事实上担任的是校对员的角色。她能够胜任这一工作。

马·鲍·米京

РГАНИ. Ф. 5. Оп. 28. Д. 133. Л. 49.

马·鲍·米京就《争取持久和平，争取人民民主！》报英语编辑问题给米·安·苏斯洛夫的信

（1953年4月30日）

苏共中央书记米·安·苏斯洛夫同志：

最近两年我们多次向英国共产党领导人请求从英国派遣2名或者3名工作人员到《争取持久和平，争取人民民主！》英文版编辑部工作。在同我个人进行的会谈中，波立特、帕姆·杜德和斯图尔特都曾答应满足这一请求，但迄今为止，他们答应的工作人员还没有到达布加勒斯特。

因此，我们报纸的英文编辑部仍然只有1名英国人约翰·吉本斯同志，报纸的所有英文文本都由他编辑，因为他是编辑部中唯一的母语为英语的人。吉本斯同志已经3年多没有休假了，尽管他需要休假和疗养。一旦吉本斯同志生病不能工作，我们报纸英文版的出版就会极为困难。

由于这种情况，我请求挑选2名长期生活在莫斯科、有编辑工作经验的英国籍工作人员，把他们派往布加勒斯特，以便完成我们报纸英文版校对员的职责。根据我们掌握的资料来看，可以推荐这样的工作人员，其中包括长期生活在莫斯科的登格尔同志和阿埃罗娃同志。

马·鲍·米京

РГАНИ. Ф. 5. Оп. 28. Д. 133. Л. 51.

安·伊·科捷列涅茨关于必须改变各共产党之间的通讯方式、取消《争取持久和平,争取人民民主!》报的联系职能及把这一职能转交给情报局书记处给米·安·苏斯洛夫的信

(1953年5月1日)

布加勒斯特市　　　　　　　　　　　　　　　　1953年5月1日

　　　　　　　　　　　　　　　　　　　　　　　　　　绝密

苏共中央书记米·安·苏斯洛夫同志:

　　我向您通报,希腊共产党中央委员会和德国统一社会党中央委员会通过《争取持久和平,争取人民民主!》报和情报局书记处办公厅保持着系统的书面联系。德国统一社会党中央委员会通过普通邮寄将自己的信件连同寄送给德国出版的《争取持久和平,争取人民民主!》报及其他出版物邮寄给德共中央的Г.Я.科罗特克维奇同志。关于投送到编辑部的信件,科罗特克维奇同志没有向报纸领导通报。马·鲍·米京同志和我谈话时说,关于这个问题,他一无所知。

　　科罗特克维奇同志将收到的通讯材料转给办公厅技术秘书处,后者再通过罗马尼亚工人党中央国际部送给收件人。

　　希腊共产党中央把自己送交德国统一社会党中央委员会的信件交给情报局书记处办公厅,请求转交给德国统一社会党中央委员会。我们再

将这些信件转交给德国统一社会党国际联络部专门给《争取持久和平，争取人民民主！》报收送材料的信使。专职信使总给科罗特克维奇送去由德国统一社会党中央国际联络部部长凯松同志签署的密函。

希腊共产党中央委员会在信中请求德国统一社会党中央委员会在德国用希腊文出版马克思列宁主义的经典著作，修建马克思和恩格斯的半身塑像。鉴于尼·扎哈里亚迪斯50周年纪念，希腊共产党中央委员会应他们的请求提供了扎哈里亚迪斯同志的传记材料和照片。希共中央其他信件的内容，亦即德国统一社会党中央给希腊同志的信的内容我们就不得而知了。

今年2月10日，德国统一社会党中央国际联络部的工作人员利·舍费尔同志来到布加勒斯特，受托协商建立一方是德国统一社会党中央和《争取持久和平，争取人民民主！》报编辑部、另一方是罗马尼亚工人党中央和希腊共产党中央定期专递联系的问题，利·舍费尔同志和希共中央的领导人巴齐奥塔斯和帕尔费罗盖尼斯进行了交谈。

交谈的结果，他们协商建立了直接的联系，由德国统一社会党中央国际部专门信使来实施。尽管如此，德国统一社会党中央和希腊共产党中央之间的书信往来仍然要通过《争取持久和平，争取人民民主！》报和情报局书记处办公厅来进行。关于这次会谈和达成的有关信件和其他材料的派送程序的情况，1953年2月13日我们向瓦·格·格里戈良同志进行了通报。

不能认为各党间建立的这种书信来往的程序是正常的，因为它破坏了党际交往的秘密，导致不负责任和混乱现象的发生。

合理的方法是，《争取持久和平，争取人民民主！》报不承担联络的职能，征得德国统一社会党中央和希共中央的同意后，将这项工作交给情报局书记处办公厅去做，因为实质上它们两个党就是通过书记处机关和情报局的报纸建立的联络。如果这一建议能被接纳，那就应该给书记处办公厅创造必要的条件，保证它充分了解通信的内容。

同样，希腊共产党中央也是通过书记处办公厅寄送信件的，还有捷克斯洛伐克共产党中央也是如此。我们从罗马尼亚工人党中央国际部收到这些信件，然后通过《争取持久和平，争取人民民主！》报转交给捷克斯洛伐克共产党中央的代表斯拉维克同志，他再通过信使送到捷克斯洛伐克共产党中央。信件的内容我们不得而知。它大都涉及一些与捷克斯洛伐克的希腊政治侨民活动和《自由希腊》广播电台工作有关的实际问题。

我认为书记处办公厅是能够担负起希共中央和捷克斯洛伐克共产党中央之间书信来往的联系工作的。

请您指示。

共产党和工人党情报局书记处办公厅代主任
安·科捷列涅茨

РЦХИДНИ. Ф. 575. Оп. 1. Д. 258. Л. 61－62.

H. 维诺格拉多夫关于《争取持久和平，争取人民民主！》报编辑部的人事工作给米·安·苏斯洛夫的信

（1953年5月7日）

苏共中央书记苏斯洛夫同志：

马·鲍·米京同志请求批准加·加·博伊琴科同志为《争取持久和平，争取人民民主！》英文版的校对员。

加·加·博伊琴科同志，1928年生，乌克兰人，1953年加入苏联共产党，毕业于国立莫斯科国际关系学院。

自1951年11月到1952年12月博伊琴科同志在共产党和工人党情报局办公厅任翻译。1953年1月被调往《争取持久和平，争取人民民主！》报英文版编辑部，在这里一直担任翻译。工作很出色。

可以向编辑部下达命令，批准加·加·博伊琴科同志为《争取持久和平，争取人民民主！》报英文版校对员。

请予以同意。

附关于加·加·博伊琴科同志的报告。

H. 维诺格拉多夫
B. 莫涅托夫

1953年5月7日

РГАНИ. Ф. 5. Оп. 28. Д. 133. Л. 50.

苏共中央对外联络部部门主任 B. 莫舍托夫关于共产党情报局党组织会议等给苏共中央书记处总务部的信

（1953 年 5 月 16 日）

苏共中央书记处总务部：

在共产党和工人党情报局书记处办公厅及《争取持久和平，争取人民民主！》编辑部党组织负责人给苏共中央的信函中，А. Г. 布柳哈切夫同志通报了关于马·鲍·米京同志召开的党组织积极分子会议的情况。

在这次会议上讨论了党组织工作中的不足。А. Г. 布柳哈切夫同志没有否认会议上揭露的党的政治工作的不足，也没有否认个人在党组织领导工作中的不足。为了加强情报局书记处办公厅和报纸编辑部党组织的党内工作和教育工作，经米·安·苏斯洛夫同志同意，允许对党组进行选举。

苏共中央对外联络部部门主任

B. 莫涅托夫

1953 年 5 月 16 日

РГАНИ. Ф. 5. Оп. 28. Д. 133. Л. 48.

苏联外交部核心部门负责人 В. И. 基尔萨诺夫就压缩罗马尼亚境内反南斯拉夫宣传的问题给《争取持久和平，争取人民民主！》报主编马·鲍·米京的通报函*

（1953年5月18日）

莫斯科市　　　　　　　　　　　　　　　　1953年5月18日

绝密

马·鲍·米京同志：

　　大概今年5月10日左右，利迪娅·拉扎雷斯库——罗马尼亚工人党中央国际部南斯拉夫政治侨民工作部主任——告诉我，说阿迪同志（国际部部长）建议她在《国际主义哨所报》（罗马尼亚人民共和国境内南斯拉夫爱国者的机关报）上发表关于美帝国主义分子的言论时要更克制一些。同时阿迪同志还说，对于帝国主义战争贩子的帮凶——铁托分子——也不必写得像以前那么多，那么尖锐。对于利迪娅·拉扎雷斯库问这是为什么的问题，阿迪同志仿佛是说，最近苏联和各人民民主国家的报刊都是这个调子。

　　今年5月15日我在和罗马尼亚工人党中央国际部指导员奥利加·多尼奇谈话时了解到，罗马尼亚国家广播电台"自由罗马尼亚"从4

---

　　* 文件上有批示："给 В. М. 巴拉诺夫同志。归档。第1份在马·米京同志那里。1953年5月20日，安·科捷列涅茨。"

月16日开始在对南斯拉夫的广播中已经完全停止反对铁托分子的宣传了。因此，奥利加·多尼奇向我解释说，广播电台和布加勒斯特出版的各家中央报纸的编辑部，从罗马尼亚工人党中央宣传鼓动部这个系统都下达了专门的指示。

据奥利加·多尼奇说，整个罗马尼亚的媒体最近两个礼拜完全都没有发表揭露铁托法西斯集团内外政策的文章。

应该指出，罗马尼亚工人党中央宣传鼓动部的所有这些指示下达的时候，罗马尼亚和南斯拉夫正在就铁门峡谷地区建立多瑙河河流混合行政管理的问题开始进行谈判。

今年5月16日，我从和Ю.诺瓦克（洛比切夫）的谈话中得知，按照罗马尼亚工人党中央宣传鼓动部工作人员的指示，从为"罗马尼亚漫画展"准备的作品中将所有画有艾森豪威尔、丘吉尔、铁托和其他帝国主义阵营头头脑脑们的画像都撤了下来。因此，原定于5月1日前开幕的"罗马尼亚漫画展"未能举行。①

B.基尔萨诺夫

РЦХИДНИ. Ф. 575. Оп. 1. Д. 258. Л. 65 – 66.

---

① 有文件证明，1953年东方集团其他国家在和南斯拉夫的关系方面也出现了非正常变化的倾向。例如在1953年8月13日的保共政治局会议上，会议日程中加进了（维·切尔文科夫主动提议）关于和南斯拉夫建立外交联系的问题。

根据托·日夫科夫的报告通过了如下决议："采纳建议：（1）像和资产阶级国家一样和南斯拉夫建立正常关系。（2）因此，南斯拉夫外交人员在国内的行动不受特殊限制，在补给供应等方面和其他资本主义各国外交人员相比也没有特殊的限制。内务部机构采取措施，取消此前执行的一切对南斯拉夫外交人员的特殊限制，在各方面和其他资本主义国家的待遇一视同仁。（3）尽快采取解决有争议的边界、领土、族群等问题的方针。（4）要求南斯拉夫政府同意保加利亚任命外交部部长助理柳本·安格洛夫同志为驻南斯拉夫大使的请求。（5）指示媒体对南斯拉夫方面保持温和的语气，不放弃以前的原则立场。"

安·科捷列涅茨关于通过保加利亚共产党中央驻《争取持久和平，争取人民民主！》报代表得到的材料给苏共中央总务部的信

（1954年5月28日）

苏共中央总务部：

现把我们在今年5月22日通过保加利亚共产党中央驻《争取持久和平，争取人民民主！》报代表阿夫拉莫夫同志从保加利亚共产党中央收到的如下文件发送给您，这些文件是从保加利亚语翻译过来的：

1. 保加利亚共产党中央关于故事影片工作的简报，4页。
2. 保加利亚共产党中央关于推广第十个首都企业的号召，4页。
3. 关于保加利亚对外贸易部和国内贸易部党的会议的简报，3页。

附件：上述文件11页。①

РГАНИ. Ф. 5. Оп. 28. Д. 156. Л. 74.

---

① 在解密的档案中没有发现这些文件的附件。——编者注

H. 巴扎诺夫关于共产党情报局办公厅从罗马尼亚公民彼得雷斯库那里得到的信件给苏共中央总务部的信

(1954年7月16日)

苏共中央总务部：

现把共产党情报局办公厅从罗马尼亚公民彼得雷斯库那里得到的普通信件发送给您，该信件是从罗马尼亚语翻译过来的。

我们已经把信的原件交给了罗马尼亚共产党中央。

附件：12页。

巴扎洛夫
1954年7月16日

РГАНИ. Ф. 5. Оп. 28. Д. 166. Л. 29 – 41.

B. 利亚霍夫给苏联共产党中央委员会总务部的信

(1955年1月28日)

兹呈阅我们编辑的自1955年1月1—21日的南斯拉夫报刊综述。

附：上述内容为11页。

B. 利亚霍夫（签字）
1955年1月28日

1955年1月1—21日的南斯拉夫报刊综述

南斯拉夫的报刊和广播依旧是大肆吹嘘铁托的印度和缅甸之行。每天通常要给出报纸的第一和第二版报道此事。

南斯拉夫报纸在1月写的有关苏联的内容要比前几个月少。它们仅仅是对苏联政府的对外政策声明和第一届苏联作家会议作出反应。

南斯拉夫报刊对于国内生活主题最为显著的言论是卡德尔的文章《社会主义民主在南斯拉夫的实践》，根据的是吉拉斯—德迪耶尔的"案件"和1954年的经济综述的材料。

卡德尔的文章《社会主义民主在南斯拉夫的实践》

（1955年1月1、2和3日）

去年年底卡德尔在奥斯陆挪威工人党积极分子会议上以这个题目作了报告。然后出版了这个报告的单行本小册子并分发给一些国家的社会党。

卡德尔在文章开头就肯定，南斯拉夫共产党人从来没有包括1948年以前赞成苏联的内外政策，他们"从来没有站在斯大林苏维埃体制的立场上"。按照卡德尔的看法，1948年的冲突是"南斯拉夫和苏联对外体制发展中不同倾向的结果，而不是其造成的原因"。

卡德尔几乎完全与右翼社会党人的观点紧密结合，作为马克思列宁主义的修正主义分子和资本主义的辩护者在发表言论。

卡德尔就跟右翼社会党人一样，以隐蔽的方式反对无产阶级专政、反对由集中的国家领导资本主义向社会主义转折时期的经济。卡德尔写道："集中的国家机器是走向社会主义的最重要的组织形式，这是斯大林时期确定的原则。斯大林将工人阶级的意志和意识简单地混为一谈，而将马克思和列宁关于官僚主义的危险性简单地归结为来自官员们自身的一些特性方面的'文牍主义'、缓慢拖拉、麻木不仁和管理机关的非人态度"。

和右翼社会党人一样，卡德尔宣扬建设社会主义的自发性和放任自流，反对马克思列宁主义的阶级斗争理论。关于这点他写道："西方欧洲的社会主义走的是另外一条道路。它指望利用现存的资本主义传统民主渐进地、进化式地巩固工人阶级的政治和经济地位，也就是社会主义。总体上看还是不可能有任何怀疑，对于许多国家来说利用欧洲资本主义民主的传统机构向社会主义过渡的进化过程不仅是可能的，而且已经成为实际因素"。接着还写道："社会主义关系的建立只有基于劳动人民有意识的和自发的……活动和实践才有可能。"

卡德尔以自己的"理论"和实践对抗马克思列宁主义的理论和苏联的实践，用臭名昭著的将企业和政权转交给各地的"工人委员会"和"生产者委员会"手中的口号替换巩固无产阶级政权的口号。卡德尔写道："特别是，在我们这里，哪怕是个别企业或者工人委员会都不存在任何的、像在国家机关中的那种服从于自己的上级那样的国家的行政管理"。

值得注意的是，按照卡德尔的论点，革命作为解决社会矛盾的手段似乎只是对落后的欠发达国家有典型意义。他的论据是，在现今的情况下，落后国家"在自己没有达到典型的资本主义发展水平时不能考虑去超越"。换句话说：革命并不是劳动与资本之间矛盾尖锐化的不可避免的结果，按卡德尔的话说，革命带有无产阶级的，而不是资产阶级的特性，因为无产阶级革命实际上正逐渐变得不需要了。

这些关于资本主义和平扎根于社会主义的提纲与卡德尔有关国家在社会主义经济管理中的作用的"学说"有直接的联系。所以，说到管理南斯拉夫经济，卡德尔就以资本主义的和社会主义的经济管理之间没有实际的区别为论题。南斯拉夫（社会主义）的经济体制和资本主义经济体制之间的区别，按照作者令人确信的表示，在于私人资本家替代了工人委员会和企业家委员会。这样一来，卡德尔绕过了恩格斯对杜林和蒲鲁东所作的著名批评，后者想保留资本主义生产规律的同时消灭资本主义。

卡德尔将自由市场的竞争对抗社会主义时期经济发展中的计划因素，反对纪律、监督等。他在文章中说道："个人最大的努力和主动性与其说是依靠指示、监督和执行的检查……不如说是取决于一个人在经济和社会、文化和物质方面的个人利害关系……这样的利害关系应该是社会发展的主要促进因素。它应该是在社会主义时期取代个别资本家的资本主义个人主动性，而不是导致垄断和对人控制的官僚主义中央集权制。"

至于党的作用和与国家机构的相互关系，卡德尔在文章写道："南斯拉夫共产主义者联盟不是政治党派。的确，它是工人运动的政治工具，而不是党这个词的传统意思。"

南斯拉夫报纸关于吉拉斯—德迪耶尔"案件"的文章

因吉拉斯—德迪耶尔"案件"刊登在南斯拉夫报纸上的所有文章和评论的主要目的在于降低这个事实的意义和回击西方宣传的攻击，众所周知，后者将这个事件赋予了重要意义。比如纽约的《纽约先驱论坛报》在1月上旬写道，"因吉拉斯和德迪耶尔'案件'，言论自由的问题在南斯拉夫全部出现了，这个案件引起了西方巨大的关注"。

《战斗报》的新年首刊登载了莫萨·皮亚德标题为《吉拉斯—德迪耶尔"案件"的幕后有谁？有什么？》的文章。皮亚德称国外报纸与吉拉斯和德迪耶尔的谈话是"政治侨民的新形式"。"我们不知道准确的城市、街道和门牌号，但他们有罪的精神地址是美国"。皮亚德接着写道，"吉拉斯和德迪耶尔是在执行那些'不喜欢南斯拉夫反封锁和独立的对外政策……不喜欢与东方国家的关系正常化和南斯拉夫与中国之间签署外交关系正常化的西方人士'的任务"。

1月4日《战斗报》登出了长篇的题为《好在知道这些》的编辑部文章，该文以激烈的口吻谴责了西方媒体对吉拉斯—德迪耶尔"案件"的言论。其中，《战斗报》写道，在刊登吉拉斯和德迪耶尔的声明之后，外国媒体，特别是美国和英国，而后是意大利"展开了广泛的反南斯拉夫运动，这里说的……首先是造谣诽谤和欺骗社会舆论，对我们国家组织攻击和施加压力"。《战斗报》称西方媒体的言论是"卑鄙的"，是想"动摇我们的内外政策，限制我们的独立，损害南斯拉夫的名誉"。

1月19日的《战斗报》言论已经更为克制点了。在题为《不安》的文章中它试图安慰那些警告他们的人，吉拉斯—德迪耶尔"案件"能够对"南斯拉夫劳动人民社会主义联盟与其他社会主义政党和世界社会主义运动的联系"产生负面影响。同时《战斗报》还顺便对共产国际时期，而现在是共产党和工人党情报局时期的关系进行了攻击。

在《战斗报》的言论以及科采·波波维奇的声明（该声明实际上是对他以前声明的反驳）透露说，关于吉拉斯和德迪耶尔要受到法律制裁的决议没有得到铁托的同意，这只能解释为南斯拉夫的执政者对西方势力为了保护吉拉斯—德迪耶尔而做出的一种让步。这也说明诉讼程序之短、法庭判决之轻——吉拉斯和德迪耶尔被判短期监禁缓期执行，尽管他们触犯的条款，可以被判至20年监禁。

南斯拉夫报刊有关第一届苏联作家会议的报道

《战斗报》和《星期三周报》刊登了对作家弗拉尼切维奇的采访谈话，后者出席了会议并在苏联作家会议上作了发言。在弗拉尼切维奇的访谈中只字没提苏联文学在20年中所取得的成果。他假装没有发觉这些成果。不仅如此，在1月12日刊登的他对《战斗报》和《星期三周报》记者提问的答复中可以得出结论，最近几年苏联文学上没有发生过任何重要的变化。弗拉尼切维奇声称："应当指出在此次会议上没有任何理论上的或思想意识上的特别变化……会议'按计划'进行,它只是巩固'习惯了的'立场"。弗拉尼切维奇依据肖洛霍夫的发言说道:"会议反映了苏联文学上令人无法满意的情况。"弗拉尼切维奇以讽刺的口吻说到了社会主义的现实主义,声称苏联作家是在"转圈子"。对于会议之前和此次会议上有关正面的主人公讨论,弗拉尼切维奇说:"给我造成的印象是正是这个正面的主人公让苏联文学花了不少代价。"

对于"您能否更多更详细地探知有关作家和总之是文艺工作者目前在苏联的状况"问题时,弗拉尼切维奇答道:"有些作家因为更高的稿费、汽车和别墅而受到批评,而有些则是因为追求艺术……当他们赞扬不久前受到批评的东西时,他们的立场经常得不到赞同。"而对于"哪些作家最具威信"的问题,弗拉尼切维奇回答:"经典作家中,大家都知道,高尔基以及马雅可夫斯基。有些作家最为器重的是布洛克,可我觉得非官方的是叶赛宁非常受欢迎。活着的第一位当属肖洛霍夫。与他并列几乎总是想起的是法捷耶夫、列昂诺夫、西蒙诺夫、波列伏依、吉洪诺夫、费定、考涅楚克、拉齐斯、特齐纳、特瓦尔朵夫斯基,以及还有一些我们基本上都知道的一些作家。"

对苏联政府就德国问题声明的反应

1月15日的《政治报》刊登了题为《莫斯科反对向西德提供新式武器》的报道,讲述了有关苏联政府致签署布鲁塞尔公约国的照会情况。文章未加任何评论简短地叙述了照会内容。

《政治报》在这篇文章旁边报道了两则消息:来自伦敦的标题为《再次试图阻碍批准巴黎条约》、来自波恩的《孟戴斯-弗朗斯与阿登纳之间的谈判顺利进行》。

1月16日的《政治报》没有关于苏联政府照会的任何报道。然而注意力大多集中在巴登巴登的谈判上。而孟戴斯-弗朗斯与阿登纳关于"谈判热忱地进行"的声明也加上了标题。

《政治报》在1月17日登载了新南斯拉夫通讯社标题为《苏联在不批准巴黎条约的条件下同意与西德建立正常关系》长篇报道。还刊登了维·莫洛托夫的相片。《政治报》在该报道之下还登出了来自波恩的消息——《波恩拒绝了苏联就建立正常关系的提议》。

1月18日《政治报》以大字标题《只有西方力量的统一才能保证与苏联的谈判成功》报道了艾登的声明。

1月19日的南斯拉夫报纸上登出了新南斯拉夫通讯社驻莫斯科记者的报道,文中写道:"苏联就德国问题的提议在外交界和新闻界引起了热烈的评论。许多国家的外交界认为苏联政府在德国问题上的声明需要认真加以研究,它包含了一些以前的苏联提议中所没有的新内容。"

报道中还说道,"如今一些外国记者得出了结论,这是在未曾意料到的时刻作出了新的步骤,且以无法预见的那种形式。这个事实说明了这里已经得出的结论,尝试与西德开始谈判将比继续重视法国更为有益。值得注意的是在法国大使馆的外交人士中因此出现了一点不安和一些言论,说苏联的提议引起了西德的某些兴趣,这里指的是苏联政府的声明中包含着像'德国的独立、主权和统一'、'一个可以在其他强国中占据有利地位的伟大强国'等概念"。

1月21日《政治报》首次对苏联政府就德国问题的提议登出了评论。在题为《不必要的固执》一文中写道:"在外界还没有熟悉这些照会全文之前就正式拒绝苏联照会,这在西方已经成为习惯。在这样的情况下通常会宣称,苏联关于德国问题的照会'也是苏联整个行动链条中的一环',其行动都是旨在反对批准有关西欧联盟的巴黎条约。

对最近莫斯科有关德国的声明也好像是这样的反应。实际上苏联人自己为此担负部分责任。未必可说他们的照会包含了某种完整的允许妥协的构思。这些照会中的每一份都出现在西欧建立有西德及其武装参加的统一道路上的某个事件的前夕或者同时……可很难明白,为什么这些以前没采用的建议现在没有任何客观的、分析性的研究就遭到拒绝……"

文章接着写道:"可以无休止地和毫无结果地讨论莫斯科是否愿意在批准后进行谈判的问题,就像合众社写的那样,西德'将作为一个伟大的强国重返世界舞台',或者一切都相反。难道就不能认为,在西方希望出现一个新的强大的德国时,在东方对此的恐惧就可能不愿意去进行谈判,可能会回到冷战的立场。欧洲联盟是个复杂的机器。除了大家知道的自身缺点以外,它还包含了欧洲统一拥护者的一些好的想法。因此莫斯科无权将它当作对和平的威胁而对这个联盟进行正面攻击。虽然有这些攻击,但究竟是什么在阻止真正的欧洲统一拥护者去为整个欧洲而不仅仅是为西欧去特别关注进行谈判的任何的、哪怕是最小可能性的机会?而进行那样的谈判没有东方的参与是不行的。"

有关哥斯达黎加发生的事件

1月15日贝尔格莱德的《新闻晚报》登出了一则很短但值得南斯拉夫媒体关注的简讯。简讯题为《美洲国家组织谴责对哥斯达黎加的外部攻击》。简讯甚至这样描述道,好像美国谴责对哥斯达黎加的武装干涉并摆出要阻止它的样子。《新闻晚报》写道:"美洲国家组织1月14日谴责了对哥斯达黎加的外部攻击并要求尼加拉瓜政府采取紧急措施停止向哥斯达黎加运送军事装备。美洲国家组织理事会决定……向该地区的所有被军事行动包围的机场派遣观察员。还下达了命令,对'所有可能被用于向哥斯达黎加运送士兵或军事装备的桥梁派遣观察员'。"《新闻晚报》接着叙述道,"在美洲国家理事会通过的决议中,要求21个美洲国家政府研究这样的问题,如何确定这些国家的外交部部长开会的方式和地点"。

然后报纸详细讲述了有关哥斯达黎加的军事战斗和经济情况。

只有《合作社报》报道得比较客观。它写道:"我们记得危地马拉事件的是怎样开始和结束的。现在哥斯达黎加出现了问题……'联合果品公司'再次让香蕉国家知道了自己。哥斯达黎加是个胆敢对这个有杜勒斯作为最大股东之一的美国公司提要求的国家。在两个美洲大陆国家的会议上,哥斯达黎加投票反对美国的影响。这就足以使香蕉变成炸弹了。危地马拉成了洪都拉斯和尼加拉瓜攻击的牺牲品。现在据未经证实的消息,尼加拉瓜武装力量正在向哥斯达黎加渗透。这两起事件的相同性足以令人信服地说明某些东西。也许'危地马拉'方式在中美洲变成实际应用了?"

南斯拉夫 1954 年的经济情况综述

1月1日《新闻周报》刊登1954年经济情况综述。综述从描述南斯拉夫的农业开始。文章作者指出,1954年"再次证明农业生产是南斯拉夫经济最为令人伤心的问题之一。在生活水平和对外收支上特别感受到它的影响。农业生产几乎完全依靠天气条件,就像达摩之剑(随时可能发生的危险)经常悬在我们的整个经济上"。综述接着写道,"尽管1930—1939年平均人口数量增加了近17%,可农业生产还是持续落后"。以下表报用以证明该结论:

部分农产品的生产

（以 1930—1939 年为 100）

	1947—1951 年	1954 年
小麦和黑麦	93	60
玉米	80	78
糖用甜菜	200	214
烟草	200	215
马铃薯	101	121
肉	88	98
黄油	76	87

综述中表明，"与去年相比农业产值减少了将近740亿第纳尔。小麦减少了125万吨，玉米为84万吨，糖用甜菜为31万吨……与1953年相比，小麦和黑麦的结余少了69%，玉米少了45%……由于歉收，国家必定开始从国外进口大量的小麦和其他食品。从1953年7月到1955年1月1日从国外购买了50万吨小麦，这里还没算上按照协议从美国得到的数量"。

综述中着重写了工业状况，与1939年相比等于它的210%，而在1954年"由于一些新的工厂企业开始运营，以及更好地利用现存的生产工厂，工业生产增加了15%"。

综述中写道："工业中的工人数增长到100500人，也就是16%。如果考虑到工业增长了15%，那么应该承认劳动生产率有点下降。"综述中报道，与1953年相比，1954年的消费品生产增长了9%。

正如从综述中看到的那样,至 1954 年 10 月底,基本投资总额与 1953 年同期的 22090 亿第纳尔相比已经消耗了 26090 亿第纳尔。

1954 年前 10 个月的基本投资额(以亿第纳尔计算)投入在:

	1953 年	1954 年
工业和矿产业	1281	1329
交通	411	510
公共住宅经济	120	226
建设	93	121
农业	98	107
商业	80	97
文化社会机构	39	73
手工业	12	28
林业	22	7
其他方面	54	111

同时还指出,建筑材料与 1953 年相比平均增加了 14%,工业木制用品增加 23%,森林开采增加 47%。

综述中承认,"对外国际收支是我们经济最困难的问题。从 1946 年到 1953 年对外国际收支赤字平均每年为 377 亿第纳尔,而商品流转平衡表赤字大于 467 亿第纳尔。这意味着平均每年我们要比输出多进口 467 亿第纳尔的商品。必须指出,在正常的农业收获年份,食品的进口占总出口的 44%"。

1954 年商品流转平衡表

（取自 10 个月的平均数）

以亿第纳尔计

	出口	进口	相差
食品	237.34	230.55	+6.79
原料	217.51	238.3	-20.79
其余	229.13	499.85	-270.72
总计	683.98	968.7	-264.72

综述而后写道："与1953年同期相比，1954年的前10个月与外国的商品贸易大大缩减了。这是由于两个相反的趋势造成的：1953年大丰收，而且增加了工业品生产，这是一个方面，另一方面是对进口的严格措施。与1953年相比进口缩减了22%，也就是说从1033亿降到了807亿。工业品出口总额增加了1倍。在这方面起最大作用的是纺织工业，为49.9%，金属加工工业为25.4%，烟草工业为17.1%，等等。出口总额与去年同期相比增加33%，也就是说从427亿第纳尔增加到570亿第纳尔……因为第三方援助的进口从1954年10月达到了205亿第纳尔，那么实际赤字总共仅为370亿第纳尔。"

有关国内市场的情况，综述写道："不同于最近的两年，1954年我们市场上出现的一些负面现象更为严重。这首先是由于企业和社团在加价的基础上追求获得最大利润……尽管工业品增加了15%，商品的需求与供应相比还是大于后者。在这种情况下唯一的经济解药可能只有增加商品的进口。因为在如今的情况下与境外国家的收支平衡不允许这样做，那么剩下的只有与垄断趋势作斗争……与1953年相比，1954年年底对工业品的涨价达到了 103%，而对农业品达到 116%。更大的涨价体现在劳动资料和建筑材料上。特别能感觉到的是水泥、玻璃和工业燃料的涨价。尽管有些涨价，可 1954 年居民的需求与 1953 年相比还是增长了将近 2%。"

РГАНИ. Ф. 5. Оп. 28. Д. 342. Л. 53 – 64.

苏联情报局局长 П. 波兹杰耶夫 致苏联共产党中央委员会的信

(1955年2月15日)

秘密

随函附上摘自苏联情报局驻南斯拉夫代表信中有关南斯拉夫报刊使用我们材料的情况。

附件：上述内容共2页。

苏联情报局局长
П. 波兹杰耶夫
1955年2月15日

附件：

从中央得到的材料（文章和照片）发给保加利亚主流报纸，以及萨格勒布的《周报》。感谢能得到这些材料，但发表的远远不是我们发出去的全部材料："材料已经陈旧了"，"材料不及时"，"材料让人不感兴趣"。一些著名的报刊人士直率地表示，"暂时还没到给有关苏联的文章腾地儿的时候"，南斯拉夫有自己驻莫斯科的南斯拉夫国家通讯社代表，他们刊登的都是由大使馆发送、代表通报给他们的内容，为此还说，"南斯拉夫的报刊并不是独立自主的"。当然，所有这些只不过是借口，但他们反映了今日南斯拉夫政界的方针，即禁止媒体向南斯拉夫人民传达说明苏联成长和强大的事实。比如说，布·布兰科夫从萨格勒布《周报》的对外政策部的同事处已经得知，卡德尔定期召集最大的几家报纸代表开会下指示，在会上指示写什么和怎么写。为此布·布兰科夫受到了斥责，因为他"过于热忱"地想普及推广苏联与南斯拉夫关系的正常化。

尽管有重重障碍，某些东西还是有了推动。比如，《体育报》（最后1页）刊登了我们射击运动员的照片，《新闻周报》上登出了有关作家会议的照片和"北极地带漂流考察站"的生活照片。最近还将刊登其他一些有关苏联体育和文化生活的照片。您发来的照片有一份被我用在苏联文化宫的照片橱窗里，现在开始有越来越多的当地居民来参观文化宫，特别是在放电影的时候（每周3次）。也许该提出有关定期向南斯拉夫发送各种有关苏联生活短片的问题了。

特别处处长　　B. 杜比宁（签字）

РГАНИ. Ф. 5. Оп. 28. Д. 342. Л. 65 – 67.

H.巴扎诺夫给苏联共产党中央委员会总务部的信

（1955年8月11日）

兹呈上捷克斯洛伐克共产党中央委员会今年6月28日关于取消反南斯拉夫文学的决议，译自捷克语。

附：上述内容为2页。

H.巴扎诺夫（签字）

1955年8月11日

译自捷克语

捷克斯洛伐克共产党中央委员会关于取消反南斯拉夫文学的决议

（1955年6月28日）

鉴于苏联和人民民主国家方面与南斯拉夫联邦人民共和国方面之间的关系变化，捷克斯洛伐克共产党中央委员会通过了有关已出版的反南斯拉夫文学和其传播的问题决议。

决议规定：

1. 涉及被贝利亚与其同伙歪曲指控为背叛和转到资本主义和法西斯立场的南斯拉夫领导人的图书，一律停止使用并在所有图书馆和书店予以销毁。

2. 内容涉及按照共产党和工人党情报局 1948 年第 1 号有关南斯拉夫共产党情况决议批评南斯拉夫共产党思想错误的图书以后再使用。

没有直接涉及南斯拉夫和被称呼"铁托分子"的出版物，但或多或少含有反铁托的文章和简讯，捷克斯洛伐克共产党中央委员会将予以分别审议。

部分教科书将换成新版的。立即停止使用普通教育学校八年级的历史教科书。中学部要在这方面研究其余的教科书内容并准备有关采取必要措施的提议。

决议随附书籍和小册子的清单，这些都是必须立即从所有的社会和党的图书馆里、从群众和其他组织的图书馆里、从图书销售网清理并销毁的。

由相应的国家机构负责实施社会和国家路线方面的措施。州和地区的党机构必须立即在党的图书馆和党内系统实行这些措施，并检查这些措施在国家和合作社的图书销售中和所有公共图书馆中的实施情况。

对有关其他一些反铁托简讯、批评等的出版物的措施将在一号通告的以后几期上通报。

РГАНИ. Ф. 5. Оп. 28. Д. 342. Л. 263 – 265.

共产党情报局的衰落和解散

苏联外交部第四欧洲司司长米·瓦·齐米亚宁就南斯拉夫形势及其对外政策走向给维·米·莫洛托夫的情报[*]

（1953年5月27日）

莫斯科市   1953年5月27日

                           绝密

致维·米·莫洛托夫同志

关于南斯拉夫的局势及其对外政策

铁托集团在和苏联与各人民民主国家分裂后，它的国内政策一直是要在南斯拉夫复辟资本主义制度，否定南斯拉夫人民的一切民主成就，使国家和军队向法西斯化的方向发展。

在对外政策领域，南斯拉夫统治阶层致力于扩大和资本主义国家首先是美国和英国的经济与政治联系，这造成了南斯拉夫对它们的直接依赖，使自己卷入被英、美帝国主义者绑架的侵略集团。

---

[*] 送维·莫洛托夫、安·葛罗米柯、瓦·佐林。存档。

一

[……]①

*铁托集团 1952—1953 年实行了一系列旨在加强自身政治统治地位的措施。*②

大家知道，和苏联与各人民民主国家分裂后，南斯拉夫采取了大规模针对主张和民主阵营团结合作的人士的迫害手段：肉体上消灭，抓进牢房，集中营里关押了成千上万的共产党员、非党工人和农民，指责这些人背叛了铁托集团。对党政机构和军队进行了并至今仍在继续进行清洗活动。*国家和军队各个岗位上的领导职务都被忠于铁托集团的人所把持，旧的资产阶级的官吏、王室军队的军官被请了回来。一些因背叛南斯拉夫人民、和德国法西斯占领者亲密合作而声名狼藉的人得到了赦免，大批回到了国内。

1952 年南斯拉夫取消了农村和居民区的人民委员会，只留下区、市范围的村民委员会。这就减轻了南斯拉夫政府向村民委员会安排它需要的人的难度。*

1953 年 1 月通过了南斯拉夫新宪法；这部宪法在形式上有所改变，而实际上是取缔了 1946 年原有的宪法（该宪法使铁托及其集团在国内拥有极大的权力）。议会领导机构——它的主席团——被取缔了，而它的功能则转给了南斯拉夫的总统。成立了所谓联邦执行委员会，总统是委员会主席。而且总统是总司令，是人民国防委员会主席。由此可见，

---

① 删节部分讲述的是南斯拉夫的经济形势。

② 有 * 的地方正文左边有铅笔做的记号。看来这是安·葛罗米柯所标出的。下同。

国家的最高立法权、执法权和军权集中在一个人的手里，即集中在铁托手中。总统对联邦执行委员会的决定拥有"否决权"，该委员会只是总统的一个咨询机构。总统向自己宣誓的联邦执行委员会报告工作纯粹是名义上的。

＊南斯拉夫的新宪法将南斯拉夫人民的民主成就一笔勾销了，而它们在1946年的宪法中都有所反映。

南斯拉夫的国家建设原则整体上是以美国的模式为样板的，这特别明显地表现在它设立了5个国务秘书（外交、人民国防、内政、国民经济、金融财政和行政），为首的是国务秘书，直接听命于总统。＊

＊作为工人阶级政党的南斯拉夫共产党被消灭了。在1952年11月召开的"南共"第六次代表大会上，"南共"被改名为"南斯拉夫共产主义者联盟"，通过了南斯拉夫共产主义者联盟新的党章，从中删去了南共旧党章和联共（布）党章相互联系的基本原理。新党章抛弃了共产党的基本思想和组织原则：个人选择入党的原则被换掉了，入党人候补期被取消了，党组织的生产建设原则被地域原则所取代，对党的政策的基本问题进行广泛讨论的规定也被取消了。南斯拉夫共产主义者联盟组织的作用归结为在"人民阵线"的范围内开展所谓的"教育工作"，该阵线1953年改名为"南斯拉夫劳动人民社会主义联盟"。南斯拉夫共产主义者联盟网罗不少反革命分子，在它的队伍中实行警察式的跟踪侦察。南斯拉夫共产主义者联盟组织的唯一任务就是支持铁托体制；铁托既是南斯拉夫共产主义者联盟的总书记，同时又是南斯拉夫劳动人民社会主义联盟主席。＊

随着南斯拉夫共产党被改造，铁托分子开始千方百计地发展和加强同西方（英、法）及亚洲（印度和巴基斯坦）各社会民主党的联系。最近以来，居伊·摩勒、斯巴克、莫里森、比万、齐利亚克斯等人相继到南斯拉夫访问。① 虽然南斯拉夫共产主义者联盟在形式上已不属于所谓"社会党国际"了,铁托和他的支持者仍在强调南斯拉夫共产主义者联盟的观点和"社会党国际"的观点的共同之处。众所周知,南斯拉夫人在团结欧亚社会党人的努力中发挥着重要的作用,这表现在南斯拉夫代表对在仰光召开的亚洲社会民主党代表大会之行中。**②

*至于"南斯拉夫劳动人民社会主义联盟",它将南斯拉夫共产主义者联盟和与它联合在一起的军事和半军事组织,青年、工会、妇女组织和南斯拉夫的资产阶级政党联合在一起,这些组织最近的活动特别活跃。这一切都在说明,铁托集团非常希望扩大自己的社会基础,确保将支持南斯拉夫当下制度的力量继续团结在一起。*然而,从一系列源头看,铁托的劳动人民社会主义联盟中缺乏一个牢固的团结统一的东西,这不仅仅是因为它和南斯拉夫劳动群众的利益格格不入,而且还因为许多资产阶级政党,包括加入联盟的政党,对铁托都公开或暗中持反对态度,况且美国还在支持这些政党的活动,首先是支持塞尔维亚和克罗地亚的资产阶级民族主义政党的活动。

由此可见,南斯拉夫目前的国内政治形势和经济形势是复杂的、矛盾的。铁托集团在南斯拉夫经济发展的最重要的问题上遭受到了严重的失败。但与此同时,铁托集团却建立起了庞大的军队和分布广泛的警察机构,使它们处于享有特权的地位,以便利用他们镇压国内的革命运动。关于南斯拉夫反对国内现有制度的斗争,我们没有掌握必要的信息,虽然根据一系列的消息来源,包括南斯拉夫的报刊,可以得出结论

---

① 这里都是当时社会党的头面人物。如基·摩勒(1905—1975)是法国社会党主席,斯巴克(1899—1972),是比利时社会党领导人,莫里森(1888—1956),是英国工党左翼领袖。——译者注

② 原件中标有两个*的地方左边有一个弧号。原件段落的开头处有个打了"×"的圆圈。

说，南斯拉夫劳动人民在积极对抗铁托集团所推行的制度。一些企业工人在罢工，劳动农民在经济上进行怠工，一些非法的组织和团体在进行活动，这些事情时有发生，这里既有政治性的诉求，也有破坏活动。兰科维奇在南斯拉夫共产主义者联盟第六次代表大会上声称，因支持共产党情报局的活动被镇压的南斯拉夫共产主义者联盟成员有 1.3 万人。取缔高级党校，撤销贝尔格莱德大学的外交学院并进行清查，解散《斗争报》编辑部，还有南斯拉夫共产主义者联盟第六次代表大会上的内什科维奇和久里奇事件，这一桩桩事实，都证明在南斯拉夫共产主义者联盟的领导层中存在严重的分歧。

二

铁托集团在自己的对外政策中首先是以美、英马首是瞻。

在南斯拉夫和苏联及各人民民主国家分道扬镳后，杜鲁门声称，一旦南斯拉夫遭受攻击，美国将给予援助。随后，美国政府向南斯拉夫提供了金融和经济援助。美国利用这些援助旨在使南斯拉夫在经济和政治方面从属于自己。接着美国和南斯拉夫签订了关于美国向南斯拉夫提供军事援助的协议（1951 年 11 月 14 日签订）和关于经济合作的协议（1952 年 1 月 8 日签订）。

根据 1951 年 11 月 14 日签订的协议，南斯拉夫政府必须用美国提供给它的装备和物资作为交换，向美方提供相应的帮助，即南斯拉夫政府"继续提供生产优惠和向美国提供美国所需要的各种原料和半成品"。南斯拉夫政府必须向美国政府提供第纳尔以便后者用于履行协议时的行政管理和业务活动开支；南斯拉夫政府必须保证"根据协议进入南斯拉夫领土或离开南斯拉夫领土的制品、器材、物资和装备免于征收进出口关税……"南斯拉夫政府必须"促进发展和支持自己的国防力量，促进发展并支持自由世界的防卫力量，只要南政府拥有这个人力和资源，具有这种可能和总的经济条件，而且南政府将采取一切为发展自身国防能力必不可少的合理措施"，同样，"为保证美国政府所提供的经济和军事援助物尽其用，南政府将采取一切相应步骤"。1952年1月8日签署的美南协议更进一步让南斯拉夫的整个经济服从于美国的军事目的了。

这种援助的必不可少的因素是，为数众多的美国观察员、顾问和教导员，南斯拉夫当局要向他们一五一十地报告美国"援助"使用的情况，要向他们提供在南斯拉夫国内行动的无限自由。

这些协议的侵略本质从这个事实就体现出来了，就像协议文本中所讲的那样，这些协议都包含在臭名昭著的美国"相互完全保障法"中。

上述协议正式将南斯拉夫纳入美、英侵略集团了，它们彻底实现了将南斯拉夫武装力量置于美军的监督之下，将南斯拉夫经济置于美国的掌控之中，而南斯拉夫政府则完全服务于美帝国主义的政治目的。

美国采取一系列措施，要以最快的速度让资本主义在南斯拉夫得到复辟。例如，大家知道，1951年哈里曼访问南斯拉夫时向铁托提出，要求美国在南斯拉夫的资本享有特权，同时要求对南斯拉夫的资本主义成分提供完全的自由。

除美国外，南斯拉夫同英国也保持着最紧密的关系。随着英国的保守党政府上台执政，南斯拉夫和英国的联系也紧密起来。1952年9月，艾登访问了南斯拉夫。艾登和铁托谈判的结果，英南公报是这样说的："双方探讨了有关国际形势的各种问题，在评价两国所面对的基本问题上，双方有着同样的观点。特别是双方讨论了欧洲的局势。"后来艾登声称，他对奥地利和南斯拉夫的访问，目的在于"消除防线上的一个缺口"。

1953年3月，铁托出访伦敦，和丘吉尔进行会谈。铁托到达伦敦时声称南斯拉夫是英国"最忠实的盟友"。会谈参加者除外交人员外，双方的军事专家都参加了。会谈发表的公开声明中强调双方对国际形势的看法完全一致,强调双方政府相互有责任建立起更加紧密的合作关系。声明说,"英国政府欢迎不久前建立的南斯拉夫、希腊和土耳其之间的紧密关系。"铁托访问后所发表的不管是铁托还是丘吉尔的声明,都表明英南两国政府的相互关系非常牢固。丘吉尔在英国下院声称:"我们在所有最重要的国际问题上达到了完全一致。我们还同意:地区性战争也是不能容忍的。"

*南斯拉夫的对外政策完全依附于美、英帝国主义,这一点鲜明表现在1953年2月28日签署的南斯拉夫—希腊—土耳其友好合作协议所表明的三国集团建立一事。*虽然集团参加者之间矛盾重重,三方协议之所以成为事实,是因为英国人和美国人希望如此,他们力图在巴尔干地区牢牢建立起一个侵略性的反苏的桥头堡。目前三方总参谋部正在紧锣密鼓地进行谈判,军事代表团相互访问,商议拉近三国经济关系的措施。

*南斯拉夫和意大利的关系就不同了。第二次世界大战后两国关系的性质首先取决于的里雅斯特的问题,这个问题至今也未能解决。

1948年3月20日,美、英、法关于的里雅斯特的声明将意大利的自由区划归南斯拉夫管辖,随着南斯拉夫加入帝国主义阵营,情况发生了急剧变化。美、英竭力想保留的里雅斯特作为重要战略基地,重新考虑了自己原有的立场,主张把意大利和南斯拉夫之间的自由区分割开来。然而这个立场南斯拉夫感到很合适,但意大利就感到不合适了,因而意大利继续坚持上面提到的三国声明。①

---

① 这里需要做一点说明。的里雅斯特是意大利东北部的一个边境城市。原属奥匈帝国,1918年被意大利占领。1947年对意签订和约时规定将市建为自由区,分为甲乙两个区。甲区由英、美管辖,乙区由南斯拉夫管辖。1954年的伦敦备忘录将甲区给了意大利管辖,乙区仍归南斯拉夫管辖。这个情况虽有调整,但基本上延续了下来。——译者注

虽然美、英努力要将南斯拉夫和意大利的立场拉近，让他们将自由区分割开来，但的里雅斯特仍然是一个造成意大利和南斯拉夫严重争吵的问题，最近争吵得尤为激烈。报刊上日益增多的辩论就说明了这一点，这些辩论有双方国家代表的言论，包括铁托和意大利总理德·加斯佩里今年4—5月份的讲话。*

南斯拉夫政府最近采取措施，强化与西德和奥地利的政治、经济关系。目前西德在南斯拉夫的对外贸易中占主导地位。同时，南斯拉夫政府还采取措施，加强和近东、中东与东南亚各国的关系。

和苏联及人民民主国家分裂后，南斯拉夫的对外政策具有鲜明的反苏性质。形式上还保留着同苏联和人民民主国家的外交关系，南斯拉夫政府不遗余力地在恶化和社会主义阵营各国的关系，疯狂加强反苏宣传，将苏联描绘成帝国主义的侵略国家，好像要把南斯拉夫"吞噬掉"。这在南斯拉夫最近的重大政治事件中——在南斯拉夫共产主义者联盟第六次代表大会上，在人民阵线会议上，在铁托、卡德尔、吉拉斯、皮亚德就国际政策的讲话中，在南斯拉夫代表在联合国和其他国际组织的演讲中都有所反映。在和人民民主国家的交往中，南斯拉夫政府不断采取挑衅和恐吓措施，更不用说在这些国家建立众多特务分支机构，利用各种各样的反革命分子，反对人民民主制度。

应该指出，在原则上保持反苏方针的同时，南斯拉夫政府最近几个月稍微降低了自己的热度。一些南斯拉夫领导人的讲话，包括铁托的讲话，采取了克制的态度。

毫无疑问，这与苏联旨在改善国际关系的对外政策措施是联系在一起的，它在南斯拉夫人民群众中得到了广泛的反响，结果使得南斯拉夫政府再像以前那样采取咄咄逼人的反苏立场越来越困难了。这样对苏联与作为资产阶级国家的南斯拉夫的关系的正常化创造了一些现实前提，从而也决定着人民民主国家和南斯拉夫之间关系某种正常化的前景。

就铁门峡谷地区海上航行问题的罗马尼亚—南斯拉夫会议便是这一点的证明，会议本身就表明南斯拉夫有跟罗马尼亚方面达成协议的意愿。

我们认为，我国对南斯拉夫的外交政策最重要的任务之一，就是认真仔细地研究南斯拉夫内部发生的变化，研究它的对外政治关系，利用一切可能渗透到南斯拉夫内部，了解其关于苏联的真实信息，采取能够削弱美、英在南斯拉夫的影响的措施，遏制其在巴尔干地区建立反苏战略桥头堡的行动。

米·齐米亚宁

АВПРФ. Ф. 0144. Оп. 37. П. 153. Д. 40. Л. 1.

和南斯拉夫外交部助理国务秘书波·茨诺布尔尼亚就苏联和南斯拉夫互派大使的谈话记录[*]

（1953年6月15日）

摘自格·普·什纽科夫的日记　　　　　　　　　1953年6月15日

贝尔格莱德市　　　　　　　　　　　　　　　　　　　　秘密

　　1953年6月15日12点30分，我应邀去见分管南斯拉夫外事的次国务秘书波格丹·茨诺布尔尼亚。谈话是在政治部主任阿尔索·米拉托维奇的陪同下进行的。

　　茨诺布尔尼亚对我说，今年6月9日，南斯拉夫驻莫斯科代办久里奇受到了苏联外交部部长维·米·莫洛托夫同志的接见。莫洛托夫同志就苏联和南斯拉夫互派大使的意愿向久里奇作了通报，希望苏联新任命的驻南斯拉夫大使瓦西里·阿列克谢耶维奇·瓦利科夫同志能够得到南斯拉夫的认可。

　　鉴于南斯拉夫外事国务秘书目前不在贝尔格莱德，南斯拉夫政府通知茨诺布尔尼亚，委托他转告苏联驻贝尔格莱德大使，南斯拉夫同意瓦·阿·瓦利科夫同志出任苏联驻南斯拉夫大使，并丁最近也将要求苏联同意向莫斯科派驻的新大使。新大使的人选问题尚未决定，所以他说

---

[*] 送维·莫洛托夫、第四欧洲司、И.图加里诺夫。存档。

不出他的名字。

  我回答说，关于南斯拉夫政府同意瓦利科夫同志赴任一事，我将向苏联政府报告。

  谈话持续 10 分钟左右。

苏联驻南斯拉夫大使馆代办

格·什纽科夫

АВПРФ. Ф. 0144. Оп. 37. П. 150. Д. 7. Л. 9 – 10.

副件

和外交事务副国务秘书安·贝布莱尔就苏南关系正常化的必要性的谈话记录[*]

（1953年9月1日）

摘自瓦·阿·瓦利科夫日记　　　　　　　　　　　1953年9月1日
贝尔格莱德市　　　　　　　　　　　　　　　　　　　　　秘密

  9月1日对外交事务副国务秘书安·贝布莱尔进行了礼节性拜访，他近日回到了贝尔格莱德。

  谈话中贝布莱尔对我对南斯拉夫的印象很感兴趣，询问了莫斯科建设的情况，他有一个时期在这里的"豪华"旅馆住过。他说，1936年之前他在苏联工作过多年，包括在斯维尔德洛夫斯克的外国专家中从事工会方面的工作。贝布莱尔说，他当时就已经能够看出来希特勒分子对在苏联工作的德国专家有多大的影响。

  就一般的话题谈过之后，贝布莱尔说，苏南关系走过了4年困难的时期。他说："我不愿谈论这件事的历史，但是现在我们必须共同工作，改善苏南关系。"贝布莱尔说，在这一点上苏联大使将得到国务秘书处方面的充分支持。

---

[*] 送维·莫洛托夫、苏联外交部第四欧洲司、И.图加里诺夫。存档。文件上有批示："送苏共中央列·谢·巴拉诺夫同志一份。1953年9月11日。米·齐米亚宁。"

贝布莱尔在这里指出，遗憾的是，目前还有某些不可能不对苏南关系产生负面影响的因素。用贝布莱尔的话说，这些因素具体表现在：苏联的电台广播、《斯拉夫人》杂志、《争取社会主义的南斯拉夫》仍继续称南斯拉夫领导人集团、法西斯分子。贝布莱尔接着说："我们不反对进行实质性的批评，但是何必要用这样的字眼呢？"

我指出，据我所知，《争取社会主义的南斯拉夫》并不是苏联的报刊机构，而且我也没看到斯拉夫委员会的刊物《斯拉夫人》中有诸如此类的文章。我说，与此同时，南斯拉夫报刊至今也没少登载歪曲苏联真实情况的文章，有时候的攻击还非常粗暴。作为例子，我举出吉拉斯的文章《结束与开始的开始》，该文刊登在《新思想》杂志上并在8月23、24日的《政治报》上进行了转载。

贝布莱尔只谈一些能为自己辩护的意见。

谈话快结束时我指出，从近日南斯拉夫报刊的消息来看，他，贝布莱尔，在研究南斯拉夫和意大利的关系方面下了不少工夫。

贝布莱尔说，在南意关系方面，相对平静的时期将被激烈冲突和双方相互攻击的时期所取代，这首先是因为在现有条件下很难解决的里雅斯特的问题。正如贝布莱尔所说，这是因为不停换届的意大利政治非常脆弱，得不到广泛的支持，害怕作出什么决定，而涉及南意关系，特别是的里雅斯特的问题，他们首先考虑的角度是国会选举斗争的问题。

贝布莱尔表示愿意更经常地见面，共同为苏南关系正常化而工作。①

---

① 这时苏联外交部以下列方式表述了对南斯拉夫关系上苏联对外政策的基本任务："仔细研究南斯拉夫发生的内部变化及其对外关系，利用一切可能将苏联的真实消息传送到南斯拉夫，采取能够削弱美、英在南斯拉夫影响的措施，阻止巴尔干地区反苏战略桥头堡的建立。"［见《俄罗斯文件档案东欧部分（1944—1953年）》，第2卷（1949—1953年），第913页］

我说，这也符合我的意愿。

苏联驻南斯拉夫大使

瓦·瓦利科夫

АВПРФ. Ф. 0144. Оп. 37. П. 150. Д. 7. Л. 45 – 47.
副件

和外交事务副国务秘书韦·米丘诺维奇关于苏南关系的谈话记录*

（1953年9月7日）

摘自瓦·阿·瓦利科夫的日记　　　　　　　　　　1953年9月7日
贝尔格莱德市　　　　　　　　　　　　　　　　　　　　　秘密

9月2日礼节性拜访了外交事务副国务秘书①米丘诺维奇，他也分管苏南关系问题。

谈到外事国务秘书处的结构和工作，米丘诺维奇说，国务秘书处的结构和工作和其他国家的外交部的结构与工作有些相似，但是相关各国的政策是不一样的。

我说，苏联一贯奉行维护和巩固和平的政策，奉行国际合作政策，通过和平的方法，在有关方面相互协商的基础上，协调解决各种有争议的问题；我讲完后，米丘诺维奇声称他同意我说的关于苏联政策的话。他接下去说，南斯拉夫政府也致力于和平，保障自己国家的独立，建立和一切国家的良好关系。

米丘诺维奇继续说，任命苏联驻南斯拉夫大使，是苏南关系正常化事业中迈出的非常重要的一步。他说，但是在这之后，苏联方面还没有

---

* 送韦·莫洛托夫、苏联外交部第四欧洲司、И.图加里诺夫。存档。文件旁批："送列·谢·巴拉诺夫和М.扎米亚京同志。1953年9月11日。"

① 文中如此。应为国务秘书。

表现出任何别的旨在使苏南关系继续正常化的主动精神。他接着说，在他看来，苏南关系正常化进展得相当缓慢，这方面正期待着苏联方面的努力，也恰恰只有苏联方面的主动精神才能使这种关系继续正常化。然而米丘诺维奇没有具体点明他们所感兴趣的问题。

我说，我不明白问题的这种提法，因为两国关系进一步正常化的措施和提出某个问题的主动性不仅可以来自苏联方面，也可以来自南斯拉夫方面，苏联政府也会能够重视南斯拉夫政府的这些建议。

米丘诺维奇从自己这方面同样说，南斯拉夫政府也准备重视苏联政府在这方面的任何建议。

谈话中米丘诺维奇提到了在苏联的南斯拉夫侨民的问题，他声称查阅了最近两个月的专案文件，就是说，在他离开贝尔格莱德期间，他发现在苏联的南斯拉夫侨民继续在进行反南斯拉夫的活动，和今年5月之前一样。也就是说，米丘诺维奇涉及了贝布莱尔今年9月1日和我谈话时提到的同样的问题。

对此，我说，我不了解米丘诺维奇这里提到的南斯拉夫侨民活动的问题。

谈话中我请米丘诺维奇注意南斯拉夫媒体常常歪曲苏联的对内对外政策。作为例子，我举出南斯拉夫报纸最近向读者歪曲报道苏联政府给英、美、法政府就德国问题发出的照会。同样吉拉斯发表在《新思想》杂志8月号、后来又在8月23、24日《政治报》上转载的文章就是这方面很有代表性的一个例子。

谈话时使馆一秘祖博夫同志在座。

苏联驻南斯拉夫大使
瓦·瓦利科夫

АВПРФ. Ф. 0144. Оп. 37. П. 150. Д. 7. Л. 52–54.

苏共中央对外联络部工作人员列·谢·巴拉诺夫就塔斯社驻布拉格记者 B. A. 塔拉索夫关于捷国内局势的通报信向安·安·葛罗米柯的呈文

（1953 年 10 月 20 日）

布拉格市　　　　　　　　　　　　　　1953 年 10 月 20 日

　　　　　　　　　　　　　　　　　　　　　　　绝密

致安·安·葛罗米柯：

　　遵照维·米·莫洛托夫同志的指示，第四欧洲司看了《真理报》驻捷克斯洛伐克记者塔拉索夫同志的通报信，并就这一问题收集了一些补充材料，现报告如下。

　　塔拉索夫同志的信件总的来说反映了捷克斯洛伐克的真实情况，而且包含有外交部从我驻捷克斯洛伐克使馆已经了解的信息。这些事实苏共中央在准备向捷克朋友们提出建议时已经考虑到了——当时捷克斯洛伐克共产党中央正在制定《关于捷克斯洛伐克当前的经济和政治形势及党和政府近期的任务》的提纲。

　　考虑到今年 8 月捷克斯洛伐克朋友们在莫斯科的时候就许多重要问题，包括塔拉索夫信中提到的问题，已经向他们提出过很多建议，而对苏联驻捷克斯洛伐克使馆（见 1953 年 9 月 28 日编号为 0531 号给博戈莫洛夫同志的信）也已经发出了指示，要他们经常向苏联外交部报告上面提到的建议在捷克斯洛伐克落实的情况，我认为从我们这方面根据塔拉索夫的信件采取某些新的步骤是不太合适的，何况从报告中明显地看出，捷克斯洛伐克共产党中央和捷克政府已经采取一系列措施落实他们在莫斯科得到的建议。与此同时，普雷绍夫州的情况很值得注意，至今仍然非常严重。因此，还应该考虑的是，普雷绍夫州靠近苏联边界，是敌对势力特别感兴趣的对象，我认为必须要指示我们在布拉格的使馆仔细搞清楚普雷绍夫州发生的情况，并向苏联外交部提出关于捷克斯洛伐克共产党中央和捷克政府所采取措施平息该州事态的详细报告。

这是一个对塔拉索夫同志在信中所涉及的问题的简短说明，是在联络部的材料基础上撰写出来的；现附上给博戈莫洛夫同志的信件方案。①

请求您的同意。

列·巴拉诺夫

秘密。一份。
1953 年 10 月 20 日
5022 号

捷克斯洛伐克局势简报

（关于《真理报》驻捷克记者塔拉索夫 1953 年 8 月 28 日的信中所谈问题）

1. 今年 6 月币制改革后，捷克斯洛伐克劳动者的实际工资大约低于 1950 年水平的 20%。捷克朋友们在苏联时都注意到了这一事实。

现在，捷克斯洛伐克正在采取一系列措施来提高劳动者的生活水平。

---

① 方案未公布。

今年9月15日捷克斯洛伐克政府通过决议，要求减少对重工业的投入，增加对住房建设、消费品生产等的投入。从今年10月1日起，捷克斯洛伐克降低4%—40%人民消费品的国营零售价格，其中面包——13%，沙糖——14%，棉布——5%—25%，外衣——15%—40%，等等。

然而，应当指出，肉类和黄油并没有降价。

1954年春计划再次降低8%—10%的价格。与此同时，在商贸组织工作方面还存在着许多不足，特别是在农村地区，那里对民众的商品销售还没有打开，然而集市上却有大量商品。

2. 反动的敌对分子的表现至今仍很猖獗，他们在城市和农村搞破坏活动，加紧进行敌对宣传。敌人的广播宣传非常嚣张。有时候境外的捷克语和斯洛伐克语广播同时进行，有60多个不同波段。另外应该注意的是，捷克斯洛伐克每五个居民就有一台收音机。

敌对宣传之所以非常危险，是因为捷克斯洛伐克共产党的思想工作中至今存在着缺点，社会民主党的传统因捷克斯洛伐克共产党内有12万前社会民主党人而非常强烈。

国家机构混入了异己分子。旧官员基本上都原地留下，他们在战前的捷克斯洛伐克一直就在那里工作。有些部委60%—80%的工作人员都是旧官员。斯洛伐克的国家机构中有90%的公务人员都是斯洛伐克国家的前公务人员。许多政府成员都有不光彩的背景资料。

捷克斯洛伐克部长会议的工作缺乏组织性，对要完成的任务很少监督，这一点捷克朋友们在莫斯科时已经注意到了。

值得严重关注的是捷克斯洛伐克共产党内的情况。捷克斯洛伐克共产党50%以上的党员来自别的政党、家庭主妇，即所谓的"其他人"和公务人员。党员中的绝大多数都是信教的，总数150万共产党员中只有30万人在登记表中填写自己是无神论者。

今年9月，捷克斯洛伐克政府采取了一系列强化政府的措施，在政府内部进行了变革,通过了进行地方权力机关的选举的决定,而且决定选举不再受内务部与政府管辖。

鉴于决定进行国民议会的选举,社会党和里多党(天主教的)都活跃了起来,他们试图在农村和企业发展基层组织(以前这些党没有基层组织),以加强自己在选举前的地位。

今年9月召开的捷克斯洛伐克共产党中央全会提出一系列加强捷克斯洛伐克共产党思想和组织工作的措施。进行了许多组织调整,改组了捷克斯洛伐克共产党中央书记处,从现在9位书记改选为5位书记,安·诺沃提尼当选为捷克斯洛伐克共产党中央第一书记。

3. 今年9月发生的皮利森①事件——罢工、游行等,是敌对分子闹事的结果,他们利用了皮利森工人中强大的社会民主党的传统,利用了皮利森党组织中混进的原社会民主党人和民族社会党人,钻了捷克斯洛伐克共产党的思想政治工作薄弱的空子。

捷克斯洛伐克共产党政治局讨论了皮利森发生的事件,作出了决议,并向捷克斯洛伐克共产党中央第一书记安·诺沃提尼和捷克斯洛伐克共产党皮利森州委和市委提交了报告。市委几乎完全处于放任自流状态,州委第二书记和列宁工厂党组织的一些工作人员完全脱离了自己的工作岗位。

4. 在捷克斯洛伐克,每年移交给国民经济的新的生产厂房面积约有200万平方米左右,它们像已有的一样远远没有充分得到利用。在合理使用现有生产能力的情况下,机器制造工业能够扩大35%—40%的

---

① 文中如此。这里"皮利森"应为比尔森之误,指的是1953年6月1—2日比尔森工厂工人举行的反政府游行示威活动,原因是政府的币制改革和实行票证制度。参加示威的有1.2万—1.5万人。除比尔森外,布拉格也有发生,具体在"斯大林格勒工厂"和国家其他工厂。(Восточная Европа в документах российских архивов. 1944–1953 гг. Т. 2. 1949–1953 гг. С. 918–923. См. док. № 293, 297)

产品生产。同样情况其他工业生产领域里也存在。

捷克工业的发展因比例失调而严重受阻,特别是在薄弱的能源基础和机器制造能力极具潜力之间,同样还有冶金业发展和铁矿石与煤矿开采之间都存在比例失衡的问题。1952年国内铁矿石开采了209.8万吨,可是需要500万吨。每年捷克斯洛伐克的工业缺少500万吨左右的煤炭。

捷克斯洛伐克政府在今年9月15日的决定中制定了一系列的措施,要求消除在部分工业领域之间,在发展原料生产基地和整顿生产方面比例失调的状况。

5. 捷克斯洛伐克的农业经济状况必须密切关注。今年8月和9月,有大量农民申请退出农业合作社。反动分子和敌人的宣传在瓦解合作社方面加紧了自己的破坏活动。促使农民退出合作社的原因还有:农民在合作社的收入常常低于个体经济的收入。捷克斯洛伐克的大部分农业合作社每个劳动日的收入是非常低的。捷克斯洛伐克45%的农业合作社的劳动日价值不超过8个克朗,20%的合作社是8—12个克朗,19%的合作社是12—16克朗,11%的合作社是16—20克朗,只有4%的合作社劳动日每天超过20克朗。

这种情况造成合作社在组织经营方面的弱势,缺乏核算,引起了合作社里的富农分子破坏活动不断。

与此同时,对合作社的低收入产生影响的还有奇高的农产品义务交售,农民必须以低价上缴农产品。

现在捷克斯洛伐克政府正在采取措施提高农业生产。从今年9月1日起,将小麦、黑麦、大麦、牛奶和牲畜的收购价大幅提高24%—46%,同时1953年5月30日部里作出的收购决定仍然有效,即对农民计划外缴售的产品提高价格。

收购价格的提高并没有引起食品零售价的上升。今年9月15日的决议规定今年对农业的资金投入要增加到7亿克朗，按照规定，给农业部3.5亿克朗，国营农场部3.5亿克朗。给合作社增加1亿克朗的国家预算。该决定还采取一系列措施来提高农业经济。

6. 斯洛伐克的情况依然很严峻。根据今年9月的情况，4.5万个加入合作社经济体的农户，退出的就有1.3万户。

情况特别不好的是普雷绍夫州，那里的反动分子们特别活跃。这里有被富农煽动起来的农民直接闹事。普雷绍夫州270个合作社有70个都垮了。

普雷绍夫州的情况还因党和国家机构混进了搞破坏活动的敌对分子而更加糟糕。除了境外的敌对宣传，农民中间还流传着国家机关印制的反对国家的传单。例如在州民族委员会的土地局，定期有人往印刷机上放一些敌人的传单，而这个局的工作人员将它们分送到各个区域和农村。

根据捷克斯洛伐克林业部部长和木材加工部部长什米达的信息，普雷绍夫州安全机构50%的工作人员都是法西斯季索警察的宪兵和工作人员。而正主要是这些安全和司法部门的人员在1952年建立集体农庄时采用了威胁和迫害的手段。

有许多富农加入了合作社，他们将合作社的领导权抓到自己的手里，千方百计地唆使农民去反对合作社，反对牲口公养，等等。富农分子们从合作社内部瓦解合作社，盗窃合作社的财产。结果有些合作社从1952年秋到1953年6月社员们的劳动日一个克朗也没有，而且也分不到任何农产品。

斯洛伐克的党和国家机关很少关注普雷绍夫州的情况。战争时期东部斯洛伐克，特别是普雷绍夫州，比捷克斯洛伐克其他地区遭受的灾难更重。至今还有许多废墟，一些居民还生活在地窖里。州里的工业很不发达。只有2.5%的居民从事工业生产。

普雷绍夫州的民族问题非常复杂。这里生活着很多乌克兰居民——

整个州42.5万人中有8万是乌克兰人。资产阶级民族主义者在搞破坏活动，煽动斯洛伐克人和乌克兰人之间的民族矛盾。

由于这一切原因，从1953年春天起，特别是德意志民主共和国事件和匈牙利总理纳吉发表讲话后，当时敌对分子异常活跃，合作社开始解体。然而普雷绍夫州的党和国家机关把这些事实向捷克斯洛伐克共产党中央隐瞒了起来。

捷克斯洛伐克共产党中央和斯共中央试图通过向各区和农村派遣许多党的工作人员的办法以平息普雷绍夫州的事态。现任财政部部长杜里什、林业和木材工业部部长什米达、前斯共中央书记贝纳达等人都被派去了。今年9月，按照捷克斯洛伐克共产党中央的方针，向普雷绍夫州派去了500名工作人员，每个村去5—6人。

政府向普雷绍夫州拨出了250万克朗的金融贷款用于合作社员的劳动日报酬。

捷克斯洛伐克共产党中央书记安·诺沃提尼说，捷克斯洛伐克共产党中央和斯洛伐克共产党中央将向普雷绍夫派出一个委员会，以仔细了解该州的政治局势、党的工作、乌克兰居民和斯洛伐克居民的相互关系等问题，同时还要采取措施，改善州里的状况。

然而应该指出，普雷绍夫州的情况至今仍非常严峻。

7. 捷克斯洛伐克政府与捷克斯洛伐克共产党中央根据上述问题最近所采取的措施，还有捷克斯洛伐克朋友们今年夏天在莫斯科访问时所得到建议都正在落实当中。

列·巴拉诺夫

АВПРФ. Ф. 0138. Оп. 35. П. 237. Д. 82. Л. 304 – 312.
副件

和南斯拉夫驻苏联大使 Д. 维迪奇关于苏南关系和南斯拉夫在巴尔干公约成员地位的谈话记录[*]

(1953 年 11 月 10 日)

摘自苏联外交部第四欧洲司司长 　　　　　　1953 年 11 月 10 日
米·瓦·齐米亚宁的日记 　　　　　　　　　　　　　　　　秘密
莫斯科市

今天 14 点我应维迪奇的请求接见了他。维迪奇进行了礼节性的拜访。

在会谈中,维迪奇说,他寄希望于苏南两国关系能继续正常化和发展。维迪奇强调指出,按照他的意见,这有着很好的基础。维迪奇发挥着自己的想法,他引证了南斯拉夫和人民民主各国关系正常化的进程,特别是引证了与各人民民主国家在改善边界问题方面所采取的措施。

维迪奇说:"另外,作为大使,根据我认真的观察,我有理由认为我们两国的关系能够而且应该要好得多。所以我想,这种关系定将会朝这一方向发展。"为此,维迪奇援引了他同苏联代表们的会晤,还有苏联报刊"对南斯拉夫方面没有任何不好的报道",他说:"南斯拉夫在我们两国继续正常化与改善关系方面将会表现出主动精神,尤其是在南斯拉夫感兴趣的某些具体问题方面提出建议。我想,苏联从自己这方面也会表现出主动精神。"

---

[*] 送维·莫洛托夫、安·葛罗米柯、瓦·佐林、瓦·瓦利科夫。存档。

我向维迪奇指出，苏联对南斯拉夫的态度跟对其他国家的态度一样，他应该是很清楚的。这种态度，格·马·马林科夫在苏联最高苏维埃会议上的讲话和维·米·莫洛托夫跟南斯拉夫代办的谈话中都说得很明确了。这种态度源于苏联一贯的和平政策，源于和一切国家——包括南斯拉夫在内——建立和发展正常关系的政策。我说，我同意维迪奇在苏南关系必须继续正常化的问题上的看法，并理解他关于南斯拉夫希望改善两国关系的声明，但同时我也指出，不能不让人注意一个事实，即南斯拉夫国务活动家诸如此类的声明并不总是言行一致。我指出巴尔干公约①，说该公约未必能促进苏南关系正常化，改善大使所说的两国关系。

维迪奇回答说，评价巴尔干公约，必须记住下面3个要点。

"第一，南斯拉夫在马林科夫声明前很久就签订了巴尔干公约。

第二，南斯拉夫加入巴尔干公约是当时政治形势所迫，南斯拉夫没有别的路可走。

第三，而且我要特别强调这一点，只要南斯拉夫是这一公约的成员，巴尔干公约便永远不可能被用于侵犯苏联和人民民主国家的目的。"

我回答维迪奇说，我知道他的这一看法，对此我应该好好想一下，但在对巴尔干公约的评价方面，我们，即我和维迪奇，存在不同意见，因为这个公约包含有反对苏联和人民民主国家的军事协议的因素，尽管苏联和各人民民主国家过去没有威胁过、现在也没有威胁南斯拉夫。

维迪奇再次一字一板地重复一遍他前面提到的3个要点，强调：

---

① 巴尔干公约是希腊、土耳其和南斯拉夫的一个军事—政治联盟，成立于1953—1954年，在安卡拉（1953）和布罗德（1954）签约。1953年2月28日签订的条约规定参加国在和平时期与战时要进行政治和军事合作。条约规定各方要定期进行协商，包括安全问题。巴尔干公约于50年代中期停止了活动。

"只要南斯拉夫是这一公约的成员，巴尔干公约便永远不可能被用于反对南斯拉夫的邻国，更不用说反对苏联了。"

维迪奇沿着南斯拉夫是被迫加入巴尔干公约的这一思路，他以北大西洋公约为例子，说："并非所有参加者都感到自己很幸福，但由于一系列原因他们必须参加这一集团，并一直待在那里。"

此外，维迪奇声称，"南斯拉夫没有参加北大西洋集团，虽然为形势所迫，它受到了很大的压力。"维迪奇说，将来会表明，南斯拉夫是希望和苏联建立更良好关系的。他个人认为这是他本人的主要任务。

我回答维迪奇说，大使任何旨在改善苏南关系的倡议都会得到联络部的关注和支持的。

维迪奇谈话时用的是塞尔维亚语。谈话持续了 40 分钟。

第四欧洲司的三秘谢维扬同志在场并担任翻译。

苏联外交部第四欧洲司司长

米·齐米亚宁

АВПРФ. Ф. 0144. Оп. 37. П. 150. Д. 6. Л. 12 – 15.
原件

B. 利亚霍夫就西方媒体上发表的《南斯拉夫——改善了同苏联集团国家的关系》文章给苏共中央委员会的呈文

(1955年2月18日)

呈送译自1955年1月22—29日出版的刊登在《基辛当代历史档案》上的英语专栏文章《南斯拉夫——改善与苏联集团国家的关系，——共产党情报局停止反南斯拉夫的无线电宣传，——与苏联、匈牙利和保加利亚的贸易协议》。你们会在今年2月15日收到上述材料。

B. 利亚霍夫（签字）

1955年2月18日

译自英语

南斯拉夫——改善与苏联集团国家的关系，——共产党情报局停止反南斯拉夫的无线电宣传，——与苏联、匈牙利和保加利亚的贸易协议

两国直接贸易联系的恢复，以及苏联政府对南斯拉夫采取的一系列步骤都表明在最近几个月里南斯拉夫与苏联之间的关系在进一步改善。1954年10月，苏联经济代表团与南斯拉夫对外贸易局在贝尔格莱德

签署了商品交换协议书，终止了苏联对南斯拉夫长达6年的经济封锁。

南斯拉夫官方代表表示，协议书将在1954年年底前生效，苏联将向南斯拉夫提供原油、棉花、锰矿石、无烟煤、煤炭和新闻纸用以交换肉、烟草、乙醇、大麻纤维、海泡石和焙烧苏打。他还补充道，苏联无法提供小麦，南斯拉夫是因小麦歉收而请求提供小麦的。后来在贝尔格莱德又阐明，各方供货的总价值为250万美元。

与苏联的商品交换协议书是在与匈牙利、捷克斯洛伐克和东德的类似协议书之前。

1955年1月5日，在莫斯科与南斯拉夫贸易代表团进一步的谈判之后，签订了苏联与南斯拉夫1955年贸易和支付协议。

协议规定南斯拉夫提供新鲜的和罐装的猪肉、烟草、苏打和纺织品用以交换苏联提供的棉花、原油、石油制品、新闻纸和其他商品；协议规定了各方的商品总额为2000万美元。

至于政治方面，1954年10月14日在贝尔格莱德正式宣布，几天前苏联已经停止了对贝尔格莱德的俄语无线电广播。<u>不仅如此，从9月29日起停止了其反对铁托总统政府的"自由南斯拉夫"广播电台的播音（"自由南斯拉夫"广播电台是由留住在莫斯科的南斯拉夫共产党人或者是在南斯拉夫被共产党和工人党情报局开除后从南斯拉夫逃出来的流亡者开办的，</u>①利用俄罗斯人安装在罗马尼亚西部的泰梅什堡的大功率无线电发射机进行广播）。

10月15日在贝尔格莱德宣布，苏联政府通告南斯拉夫，说它准备让一些南斯拉夫的孤儿回国，他们是在1948年南斯拉夫与苏联关系破裂之前被送到莫斯科的苏沃洛夫军事学校学习的，尽管南斯拉夫方面一直要求让他们回国，可至今一直被留在俄罗斯。这些年轻人的准确人数不清

---

① 原档案在此段文字下画有横线。——编者注

楚，但是正如宣布的那样，他们的人数至少60人，有可能更多。

有关相互关系改善的进一步证明还表现在萨布罗夫（苏联计划部领导）在庆祝11月6日布尔什维克革命周年日发言时，号召苏联与南斯拉夫之间的"真挚友谊"和他们关系的"完全正常化"。在此之后的11月28日，苏联的重要领导人，其中有马林科夫、莫洛托夫、布尔加宁和赫鲁晓夫参加了驻莫斯科大使馆为庆祝南斯拉夫民族节日举办的招待会。

1954年11月12日，在贝尔格莱德与保加利亚签订了至1954年年底之前的商品交换协议书，各方的总额将近50万美元。1955年1月14日与匈牙利签订了1955年商品交换贸易和支付协议，双方的总额为1400万美元。

还宣布，南斯拉夫对匈牙利的出口将有农产品、烟草、木材和木料、化学工业品、矿石和金属以及机械；匈牙利则将向南斯拉夫出口轧材、各种机械、备用零件、化学工业品、用于矿山工业的机车和设备。同时还探讨了利用南斯拉夫铁路和海、河港口转运匈牙利货物的问题。

11月17日，曾在两国外交关系恢复期间首任驻罗马尼亚的南斯拉夫大使尼古拉·武亚诺维奇在布加勒斯特递交了国书。

РГАНИ. Ф. 5. Оп. 28. Д. 342. Л. 75–78.

尤金与毛泽东谈话纪要：巴黎协议和南斯拉夫等问题

(1955年3月8日)

摘自尤金的工作日记   1955年3月12日

绝密

我今天拜会了毛泽东同志，在询问和回答了一个协议中的用词之后，我向他通报了关于1955年4月22日举行纪念列宁诞辰85周年的指示，在提到苏共中央主席团所有成员都将为这个纪念日写文章之后，我说，中央恳请毛泽东同志和其他各国共产党领导人写文章，并在《真理报》上发表。

毛泽东欣然同意写一篇文章，并说文章的题目可能会是"列宁与中国革命"，大概有6000或7000字。他谈到，他将在4月中旬动笔。他最近无法动笔，因为他在整个3月的后半个月都将忙于中国共产党的全国代表会议。

谈到这次大会，毛泽东告诉我，将会从各省、地区和市级党组织中选派约300名代表参加。正如毛指出的那样，这次会议的意义将和党的代表大会一样重要，会议将讨论诸如五年计划和高岗—饶漱石事件这样一些重要问题。1945年以来还没有召开过党的代表大会。根据党章，代表大会应该每三年举行一次。事实上，党章允许代表大会可以根据形势需要提前或推迟举行。在1948年举行代表大会是不可能的，因为那时仍在同国民党进行艰苦的斗争。1949年中华人民共和国成立以来，一些紧急重大的事情也使得代表大会没有机会召开，如国家重建工作、朝鲜战争、制订及修改五年计划等。下一次（第八次）中国共产党代表大会将在1956年召开。今年的这次会议上对高岗—饶漱石问题作出决议，将会减少在1956年代表大会上的讨论。在这里，毛泽东暗示说，高岗可能曾和贝利亚阴谋串通，贝利亚的代表曾来到东北并与高岗会过面，而高岗没有向中共中央提起这件事。毛泽东还说，高岗可能通过贝利亚与英国联系过，他将严肃地调查这个问题。谈到3月12日是孙中山逝世30周年时，我说《真理报》的主编谢皮洛夫同志很想知道中华人民共和国将会怎样纪念这一天。毛泽东说，计划在这一天大力进行宣传纪念活动，如各城市将举行集会，报纸上将刊载文章。毛泽东说，如果我认为有必要知道关于这个问题更详细的情况，我应该去找中共中央宣传部部长陆定一同志。

毛泽东回想起前一段时间我表示过对中华人民共和国的意识形态的斗争问题很感兴趣。他说，我应该就这事和陆定一同志谈一谈。我回答说我已进行过这样的交谈。他说，他要交给我们3个中央的文件（中共中央关于为反对唯心主义、宣扬马克思主义而斗争的决议，中共中央关于统一战线工作的指示，中共中央关于协调粮食供应紧急措施的指示），他请我转交苏共中央。

毛泽东告诉我们，政治局已经讨论了苏共中央关于苏联和各人民民主国家政府因巴黎协议（大概是指1954年10月的巴黎协议，这些协议恢复了西德的独立主权并为西德加入北约铺平了道路）所采取的措施的信。他说，所建议采取的措施是及时的、正确的和必需的。他还谈到了这样的立场：如果不得不再爆发一场战争的话，中华人民共和国愿意接受这一事实。在随后的几天里，中共中央将会对苏共中央的来信和这个条约草案给一个书面答复。

毛泽东还谈到苏共中央关于南斯拉夫问题的信，他说，苏共中央已经对南斯拉夫事件作出了正确的分析，他是充分同意这个分析的，他说，（南斯拉夫共产党领导人）铁托和其他人正在像托洛茨基分子一样行事，总是高喊他们支持列宁，却反对斯大林。一个马克思主义者不能只承认马克思、恩格斯、列宁，而不认可斯大林。在卡德尔的演讲中没有一点马克思主义的东西，这是对马克思主义的一种纯粹托洛茨基主义的态度。

毛还说，他已经形成坚定的看法，在铁托领导下的南斯拉夫是个资本主义国家，我们对待它必须基本上像对待一个资产阶级国家那样。对铁托和卡德尔是不可能信任的，他们已经把自己和帝国主义国家牢固联系起来。当南斯拉夫人与共产党和工人党情报局决裂的时候，我绝不会赞同他们。即使共产党和工人党情报局在南斯拉夫问题上是完全错误的，马克思主义者也不能采取这样的行动。如果马克思主义者如此对待国际共产主义组织，那么我们的"全世界无产者联合起来"的口号就只能被抛弃。

在这里，毛提到了列宁与第二国际和考茨基的关系的问题。毛泽东说，只是在社会民主党在议会中投票支持战争以后，列宁才最后与第二国际决裂。尽管考茨基犯了很多错误，列宁也批评过他，但是，列宁在很长一段时间里仍然把他看做是第二国际的领导人，而没有与他决裂。

毛泽东说，关于南斯拉夫问题，中共中央已经写了一封信通告各级党组织。他说，我们慎重地谈到了可能同南斯拉夫共产主义者同盟和解。在信中我们还写道，事情的进一步发展将取决于南斯拉夫人在愿意同苏共、中共和各人民民主党和解的道路上走多远。

关于停止指控（美国记者）安娜·路易斯·斯特朗的问题，毛泽东同志说，苏共中央在这个事件上采取的做法是一个非常好的开端。

在会谈中提到了考涅楚克与瓦西列夫斯卡娅同志访华问题以及他们

即将访问新德里和出席和平大会。听到考涅楚克的名字，毛泽东回想起他的剧本《前线》，并说，剧本第一次在中国上演的时候，那是在延安，这个剧本给他留下了非常深刻的印象，对中国同志帮助很大。①他说，在中国人民解放军部队里的旧军官当中，仍然有一些刚愎自用的人。因此已经下达了命令，在全国范围内，凡是可能的地方都组织上演这个剧本。毛泽东说，他愿意在考涅楚克和瓦西列夫斯卡娅从印度返回后与他们一起观看这部电影。

师哲和 Т.Ф. 斯克沃尔佐夫也出席了这次会谈。

苏联驻中华人民共和国大使
帕·费·尤金

АВПРФ. Ф. 0100. Оп. 47. П. 379. Д. 9. Л. 46-49.

---

① 《前线》是苏联作家亚历山大·考涅楚克1942年8月在《真理报》发表的剧本。主要剧情：前线总指挥戈尔洛夫思想守旧，居功自傲，刚愎自用，最后由熟悉现代战争规律的年轻军长奥格涅夫取而代之。该剧在当时苏联军队中和社会上引起强烈反响。——编者注

瓦·阿·瓦利科夫与周秋野会谈纪要：
通报南斯拉夫驻华大使谈话情况

（1955年5月6日）

秘密

文本第一份

致苏共中央

兹发送苏联驻南斯拉夫大使瓦·阿·瓦利科夫同志与中国驻南斯拉夫临时代办周秋野的会谈记录。

附件共计3页。（1955年5月9日第198号）

B. 库兹涅佐夫（签名）

1955年5月11日

第2689/480号

附件：

摘自瓦·阿·瓦利科夫的工作日记

秘密

1955年3月9日

第198号

与中国驻南斯拉夫临时代办周秋野的会谈记录

5月6日，我应邀接待了中国临时代办。

会谈伊始，周秋野便感谢我建议其参加铁托总统于今年5月5日举行的招待会。周秋野对参加此次招待会很满意，因为他在那里认识了一些南斯拉夫的外交代表，如弗拉基米尔·波波维奇，以及一些其他国家的外交代表，如缅甸大使、埃塞俄比亚公使、日本公使、以色列公使、缅甸使馆武官，等等。

随后，周秋野向我通报了关于他与弗拉基米尔·波波维奇在这次招待会上的会谈情况。

周秋野把弗拉基米尔·波波维奇所谈内容作了如下归纳：

1. 作为南斯拉夫驻中国大使，弗拉基米尔·波波维奇的任务是：稳固南斯拉夫与中国的友好关系，发展两国间的政治、经济和文化联系。

2. 在美国敌视中国的人的数量正在下降，这与周恩来在万隆会议上所采取的立场有着重要关系。

3. 弗拉基米尔·波波维奇曾三次访美，期间签署了大量南斯拉夫与美国协议，但在主权问题上南斯拉夫没有向美国作出过任何让步。波波维奇还说，他们——南斯拉夫人可以给中国代表看这些协议的内容。

4. 美国统治集团不喜欢南斯拉夫的制度，并希望在南斯拉夫建立另一个政府。但是，弗拉基米尔·波波维奇宣称，美国人又不得不与现状妥协，甚至给予南斯拉夫帮助。

5. 与苏联关系破裂之后，南斯拉夫经历了一段困难时期，但如今随着与苏联和人民民主国家关系的正常化，南斯拉夫的情况已有所好转。

随后，周秋野询问了我一些问题：美国给予南斯拉夫经济和军事援助以及门德列斯来访南斯拉夫的目的等。

关于"援助"问题，我向周秋野通报了一些情况。

至于门德列斯来南斯拉夫的访问目的，我说，目前仍很难对此发表任何评论，但依据土耳其和在背后支持土耳其的美国的政策来看，可能预测，门德列斯此行是想使美国人的观点在巴尔干联盟获得通过，尤其是在该联盟的军事发展方面。

在接下来的会谈期间，周秋野说，他们的（中国的）大使将于5月16日从中国启程来南斯拉夫，并将居住在目前由波波维奇居住的别墅内。

据周秋野说，南斯拉夫人已答应向其提供办公设施和为期2个月的居住设施，南斯拉夫人已展示了即将竣工的住宅楼，那里拥有10—12个单元，每个单元拥有1—2个房间。至于办公设施，周秋野说，中国使馆请求南方提供一座不少于30个房间的建筑。

在会谈结束时，周秋野请求我就一些礼节性的问题提一些建议，其中包括：他请我建议，他是否应当去拜访弗拉基米尔·波波维奇，因为后者曾在5月5日会谈期间邀请他（周秋野）去自己的别墅。

我对周秋野说，我认为这样的拜会是有益的。

周秋野说，他会这样办。

苏联驻南斯拉夫大使

瓦·瓦利科夫（签名）

文件共4份，送：瓦·亚·佐林同志、第四欧洲司、情报委员会和存档。
1955年5月9日，第 a6/290 号

РГАНИ. Ф. 5. Оп. 28. Д. 342. Л. 172 – 175.

安·葛罗米柯就苏联外交部递交的两份报告给米·安·苏斯洛夫的信

(1955年5月20日)

致米·安·苏斯洛夫

同时呈送苏联外交部两份文件:
1. 关于苏联和南斯拉夫间的条约和协议。
2. 关于南斯拉夫和第三方国家之间的重要条约和协议。

安·葛罗米柯

1955年5月11日

秘密

共4份

文件
关于苏联和南斯拉夫间的条约和协议

一、政治条约和协议

1. 1941年4月5日,苏联和南斯拉夫签订了友好与互不侵犯条约。

条约因 1941 年 4 月 6 日德国对南斯拉夫的进攻而未被批准。

1942 年 4 月 14 日，流亡伦敦的南斯拉夫政府通知苏联政府，希望批准这一条约并签署一个补充议定书，要求苏联恢复南斯拉夫王国的独立、主权与领土完整所承担的义务。苏联政府答复说，批准条约现在已经没有对象，因而补充议定书已失去意义。

2. 1945 年 4 月 11 日在莫斯科签订了苏联和南斯拉夫为期 20 年的友好、互助与战后合作条约。南斯拉夫人民解放反法西斯委员会主席团批准了 1945 年 6 月 10 日的条约，苏联最高苏维埃主席团 1945 年 6 月 15 日也批准了这一条约。被批准文件的交换工作 1945 年 8 月 25 日在贝尔格莱德进行。

1948 年 2 月 11 日，苏联和南斯拉夫联邦人民共和国签订了针对 1945 年 4 月 11 日的友好、互助和战后合作条约的议定书。议定书表明双方政府根据 1945 年 4 月 11 日所承担的义务出发，"必须在一切国际问题上相互进行协商"。

1949 年 9 月 28 日的照会声明说："苏联今后不再受上述条约所加义务的约束。"

南斯拉夫政府 1949 年 10 月 1 日在自己的照会中说，"它收到了苏联政府的照会，因苏联政府对南斯拉夫联邦人民共和国的这一不友好行为可能造成后果的责任，完全由苏维埃社会主义共和国联盟政府承担。"

3. 从 1945 年 11 月 12 日起，由于苏南两国交换了照会，苏联就在南斯拉夫城市萨格勒布、斯普利特和斯科普里开设领事馆的事宜达成了协议。领事馆只在萨格勒布和斯普利特两市开设了，而 1951 年 4 月 1 日根据南斯拉夫政府的要求又关闭了。

二、经济贸易协议

1. 贸易和航海条约。1940 年 5 月 11 日在莫斯科签订。条约规定双方互相承认在商品海关税收、人员的法律地位、航海和内陆货运交通领域的最优惠制度，同时还根据过境指令承认铁路和水路的自由通行的权利。条约有效期 3 年，在双方默认的情况下可以延续。

条约附签有包含苏联在南斯拉夫的贸易代表地位的补充协议书。

条约和协议书未曾被废止。

2. 关于互相供货协议。1945 年 4 月 13 日签订。互相供货清单、苏联政府为将货物运抵保加利亚在黑海的港口和罗马尼亚在多瑙河的港口提供海船的条件已经协商一致。支付所供货物的货币为第纳尔。有效期到 1945 年 12 月 31 日。

1947 年 7 月 5 日的最后议定书表明，双方就该协议相互承担的义务在双方银行结清后已告完成。

根据业务资料所供货物的价值双方各为 1.09 亿第纳尔（截止到 1947 年 3 月 31 日）。

3. 1945 年 4 月 13 日，关于相互供货价格协议议定书。1945 年 7 月 26 日在保加利亚签订议定书确定了商品的价格，苏联向南斯拉夫的供货和南斯拉夫向苏联的供货均按 1945 年 4 月 13 日的协议办理。协议书未生效。

4. 关于供应石油产品的协议。1945 年 11 月 30 日在贝尔格莱德签订。协议规定苏联从 1945 年 12 月 1 日起每月向南斯拉夫供应，为南斯拉夫国民经济提供的石油产品 3600 吨以上。南斯拉夫方面从 1945 年 12 月 1 日起应该向苏联提供相当于石油产品价格数目的商品。

提供上述石油产品写进了 1946 年 6 月 8 日相互提供商品的协议之

中。议定书于同日签订。

5. 经济合作协议。1946年6月8日在莫斯科签订。要在股份均等的原则上成立8个南苏混合股份公司——为期为30年。1947年2月核准成立两个公司：南苏多瑙河航运公司和南苏民航公司。多瑙河航运公司决定利用多瑙河的河道交通及其支流，并使用其码头设施。公司股份资本为4亿第纳尔，每方2个亿。

民航公司要组织利用国内与国际的航空交通设施。股份资本确定为2亿第纳尔，每方1个亿。

1949年8月31日上述公司议定书被取消。

协议还规定苏联要在电气化、食品、纺织、化工、金属加工业、建筑业及农业等方面向南斯拉夫提供援助，方法是派遣苏联专家、提供技术信息和设计方案，还有接收南斯拉夫专家到苏联去研习。

协议有效期30年。形式上没有毁约，实际上没有生效。

6. 关于互相提供商品的协议。1946年6月8日在莫斯科签订。协议确定了互相提供货物的名单，通过苏联国家银行和南斯拉夫联邦人民银行用美元支付。有效期——1946年6月1日到1946年12月31日。

1948年2月14日协议的最后议定书确定：从1946年6月1日到1947年10月31日，这期间苏联向南斯拉夫提供的商品，根据业务统计资料为2.19亿美元，而由南斯拉夫出口到苏联的商品为2.17亿美元。按照此协议未完成的供货应当继续由1947年7月5日的支付协议兑现。

7. 关于苏联政府向南斯拉夫联邦人民共和国提供商品信贷的协议。1946年6月8日在莫斯科签订。苏联有责任从1946年7月1日至1947年4月1日这段时间向南斯拉夫提供总额为900万美元的商品信贷。

贷款期限为6年，从1948年起开始偿还，5年期间均衡完成。上述贷款从1948起南斯拉夫必须每年支付年收入的3%。利息用商品或美元支付。

1948年9月6日的议定书规定，为归还贷款和支付利息，南斯拉夫1948年将向苏联提供价值1893.7万美元的商品。

1949年7月9日的议定书规定南斯拉夫要提供价值1520.5万美元的商品，包括偿还贷款和利息。

协议结算未曾结束。

8. 关于商品流转和支付的协议。1947年7月5日在莫斯科签订。商品定额没有确定。规定相互供货通过专门协商分时段进行。还规定可以在议定书之外签订另外的交易。供货完成情况都按支付程度和季度检查进行。

协议规定两年期限，每年自动延长直到废止。废止未曾发生。

同时还签订了协议第一条关于从1947年6月1日到1948年5月31日的供货议定书，附有货物名单，根据议定书供货的专门明细账目，这都应该和1948年8月31日的情况持平。由于1948年12月27日签订了最后议定书，双方彼此间的义务被认为是完成了的。

9. 协议就1947年7月5日关于货物流转和支付的补充议定书（关于三方的清算：苏联——南斯拉夫——保加利亚）。1947年7月5日在莫斯科签订。规定南斯拉夫联邦人民银行存在苏联国家银行300万美元以下的款额可以通过苏联国家银行中的保加利亚人民银行户头进行结算，反之亦然。补充议定书的有效期——1947年12月31日，完成后补充议定书时效便终止了。

10. 关于货物转运问题的议定书。1947年7月5日在莫斯科签订。研究规定苏联和南斯拉夫的交通运输条件，包括港口码头的装卸指标，船泊滞留罚款，可能得到的货仓、运输和其他方面的支付条件等。议定书的时效是1948年5月31日。

11. 关于相互提供保证外交代表机构和其他非贸易支出的财政协

议。1947年7月5日在莫斯科签订。各方同意相互为外交代表机构的工作提供信贷。1947年12月31日可能出现的结余应当根据1947年5月7日的协议移交到关于商品流转与支付的账上。同时还决定为其他非商业性支付开设专门账户。

协议有效期到1947年12月31日。南斯拉夫人有义务根据1948年12月27日的议定书付清苏联的债务。

12. 关于向南斯拉夫提供工业设备信贷的协议。1947年7月25日在莫斯科签订。苏联政府同意按批准的名单向南斯拉夫提供各种成套设备，并提供和这些设备相关的技术援助。详细条件应当在合同中加以确定。为了支付设备和技术帮助的报酬，给南斯拉夫提供了13500万美元的贷款。1948年12月31日前双方应在补充议定书中商定最后贷款的数目。贷款应当从1950年1月1日起，用7年时间偿还。每半年南斯拉夫人应该根据贷款多少拿出必须交纳的数额（数十万美元）。偿还这笔贷款和利息（3%），应通过提供货物、黄金或自由流通的外汇进行。

协议形式上未被撕毁，但实际上并未生效。

13. 关于1435节火车机车车辆作为苏联战利品出售给南斯拉夫的协议。1947年8月23日在莫斯科签订。根据协议，售给南斯拉夫100辆火车机车和7000个车厢。移交日期——1947年9月1日至12月1日。南斯拉夫支付火车机车车辆的款项应在1948年7月1日至1953年6月30日用供货的方式进行。

未曾按协议结清。

14. 按照1946年6月8日协议关于南斯拉夫偿还苏联贷款事项的议定书。1948年9月6日在贝尔格莱德签订。南斯拉夫必须在1948年以提供南斯拉夫商品的方式部分偿还根据1946年6月8日签订的、数额为1893.7万美元的贷款。

未按照议定书完成。

15. 1947年12月15日关于南斯拉夫公民在苏联高校学习、生活的协议。

按照协议南斯拉夫人并未结清。

16. 苏联驻德国军事行政机构外贸局和南斯拉夫商贸部1948年2月17日关于相互供货和结算的协议。形式上协议并未撕毁，实际上没有生效。

17. 1949年1月5日和13日苏联驻南斯拉夫大使馆和南斯拉夫联邦人民共和国外交部交换了照会，是关于南斯拉夫政府允许苏联驻维也纳多瑙河舰队沿多瑙河自由航行的问题，这适用于1948年8月18日关于多瑙河航行制度公约生效之后、苏联占领军撤出奥地利之前这段时间。现在仍有效。

18. 关于1949年相互提供商品的议定书。1948年12月27日在莫斯科签订。

议定书是1947年7月5日协定的发展。除相互协商供应货物外，南斯拉夫人必须在1949年向苏联提供720万美元的商品以偿还自己的债务。

（1）根据1947年7月5日关于相互提供非贸易支付物资的协议，支付数额为510万美元；

（2）南斯拉夫公民在苏联的学习费用为340万美元；

（3）1944年的借贷为94.5万美元。

因此，上述所余220万美元将在1948年12月27日签订的议定书第3条规定内偿还。

形式上议定书并未被撕毁，实际上未生效。

19. 关于南斯拉夫1949年向苏联提供商品的议定书；根据1946年6月8日的协议部分偿还向南斯拉夫提供的借贷。1949年7月9日在贝尔格莱德签订。

南斯拉夫 1949 年必须通过协商一致的货物方式偿还 15205000 美元债务。

南斯拉夫人未结清账目。

20．关于向南斯拉夫提供苏联出版物、租用苏联电影并向苏联提供南斯拉夫商品以偿还苏联出版物和租用苏联影片费用的信件交换。贝尔格莱德，1949 年 7 月 29 日。

经协商：苏联向南斯拉夫提供价值近 40 万美元的苏联出版物和价值近 80 万美元的租用影片，而南斯拉夫应向苏联提供一定的商品，以偿还苏联出版物和租用影片的费用。双方货物的提供应该按照 1947 年 7 月 5 日关于商品流转与支付的协议和 1948 年 12 月 27 日的议定书进行。

形式上协议和议定书并未撕毁，实际上未生效。

21．1954 年 10 月 1 日苏维埃联盟和南斯拉夫外贸部达成各方为 1000 万卢布的补偿协议。

协议完成了；苏方是 1036 万卢布，南方为 960 万卢布。

22．1954 年 12 月 29 日全苏影片出口联合公司和南斯拉夫影片公司签订的为期 1 年的合同可以有条件延长。

从今年 3 月 1 日起，南斯拉夫银幕放映了苏联影片《萨特阔》。我们购买的两部南斯拉夫影片暂时在苏联没有上映，原因是南斯拉夫方面的代表表示不满。

23．1955 年 1 月 5 日签订的各方 4000 万卢布的商贸协议和支付协议。

合同规定南斯拉夫方面为 2380 万卢布，苏联方面是 2140 万卢布。南斯拉夫人 1955 年 5 月 1 日提供价值 400 万卢布的商品，而苏联方面——220 万卢布。

24．苏联驻南斯拉夫大使馆和南斯拉夫外交事务国务秘书处关于苏联飞机飞越南斯拉夫领空的事项交换了照会，具体航线是莫斯科——贝尔格莱德——地拉那，双向飞行，飞机有权在"泽蒙"机场降落；南斯拉夫飞机1955年1月10—15日可以飞越奥地利苏占区上空。最初规定的是半年准飞期，现在决定为1年期。

关于南斯拉夫欠苏联债务的证明文书单独有备件。

苏联外交部第四欧洲司司长

米·齐米亚宁

秘密

共4份

文件
南斯拉夫和第三方国家的重要条约与协议

一、人民民主国家

阿尔巴尼亚

（一）政治条约和协议

1. 1946年7月9日在地拉那签订友好、合作与互助条约，为期20年。

条约规定要采取必要措施保证双方的独立与领土完整。

缔约双方在一方受到侵略的情况下，另一方有责任立即用一切自己拥有的手段给予军事或其他援助与支持。缔约双方有义务不签订任何其他联盟，而且不参与针对另一方的任何联盟。

1949 年 11 月 12 日南斯拉夫政府发出照会声明废除了条约。

2. 文化合作公约。1947 年 7 月 9 日在地拉那签订。

缔约双方有义务在建立各类中学、大专院校和其他文化教育机构时进行统一协调，并在另一方的领土上得到建立文化机构的权利（展览馆、图书馆、阅览室等）。此外，双方同意交换科学文化代表团，组织科学和文艺交流活动。公约形式上一直生效，实际上——没有活动。

3. 1947 年 9 月 25 日关于取消签证的协议。

协议规定公民可以在缔约方领土上自由行动。

1948 年 7 月 3 日阿尔巴尼亚外交部照会终止了协议。南斯拉夫官方未曾废止。

（二）经贸协议

1. 经济合作条约。1946 年 7 月 1 日签订。条约规定建立 7 个混合的阿尔巴尼亚—南斯拉夫协会。另外，南斯拉夫有义务通过派遣南斯拉夫专家对阿尔巴尼亚在发展纺织和食品工业、农业方面给予技术援助，同时有义务接收阿尔巴尼亚公民去学习。

2. 关于南斯拉夫向阿尔巴尼亚提供贷款的协议。1946 年 7 月 1 日在贝尔格莱德签订（贷款数额为 120 万美元）。

3. 关于民航问题的公约。1946 年 7 月 11 日在地拉那签订。

公约规定：一方的飞行器不经对方专门核准不能够在另一方的领空上飞行和降落。

4. 关于建立海上交通协调的协议。1946 年 9 月在地拉那签订，为期 5 年。

协议规定南斯拉夫轮船在阿尔巴尼亚和南斯拉夫港口间进行海上定期航行。

南斯拉夫方面1952年议会正式决定废止。

5. 关于经济计划协调、联合海关和外汇平衡的条约。1946年11月27—28日在贝尔格莱德签订，为期30年。

缔约双方必须共同协调自己的经济计划，为此应该成立协调机构。

条约规定要建立联合海关和外汇平衡制度（列克和第纳尔）。

6. 关于建立阿尔巴尼亚—南斯拉夫银行，就石油开采和探查、铁路建设和运营、发电站、矿产开发、进出口等问题建立阿尔巴尼亚—南斯拉夫协会的协议。1946年11月28日在贝尔格莱德签订，为期30年。

根据协议，上述协会优先成立。

7. 为了阿尔巴尼亚的恢复和经济发展，关于提供20亿第纳尔的贷款协议。1947年6月12日在贝尔格莱德签订。

8. 关于成立阿尔巴尼亚—南斯拉夫协调委员会的协议。1947年6月12日在贝尔格莱德签订。

以上经济协议、合同、公约和议定书因阿尔巴尼亚1948年7月1日的照会宣告作废。

1948—1953年的外交关系。1950年5月27日，南斯拉夫使团全体成员离开地拉那，而1950年11月10日南斯拉夫政府要求阿尔巴尼亚在贝尔格莱德的使团于8天时间内离开南斯拉夫。两国后来的关系（很有限）是通过阿尔巴尼亚和南斯拉夫驻布加勒斯特、后来是驻布达佩斯的外交使团保持联系的。

1953—1955年的协议。1953年8月，阿尔巴尼亚政府同意南斯拉夫提议就边界问题建立一个阿尔巴尼亚—南斯拉夫混合委员会的意见。

1. 1953年12月11日签订了几个协议。"关于防止或协调将来可能发生在阿南边界冲突事件的协议"。

2. "关于恢复被损害或破坏的边界标志物的协议，还有关于在间隔地带建立标志物……的协议"。

3. "关于制定共同使用边界两边水源的议定书"。

1954年6月到9月，阿尔巴尼亚政府主动恢复了两国间的外交活动。

现在阿尔巴尼亚代表团正在贝尔格莱德进行有关签订两国商品交流的协议。

保加利亚

（一）政治条约和协议

1. 和保加利亚的和平条约。1947年2月10日签订（参约国家中也有南斯拉夫）。根据第21条规定，保加利亚必须向南斯拉夫支付战争赔款2500万美元。1947年8月1日，南斯拉夫在布莱德会议上放弃了保加利亚的战争赔款。

2. 友好合作互助条约。1947年11月27日签订。保加利亚政府在1949年10月1日的照会中声称它认为自己根据条约已不再承担该承担的义务了。南斯拉夫政府未正式否认这一条约。条约要求双方国家在政治、经济和文化生活各领域进行全面合作，目的在于维护和平与安全，防止德国可能的侵略。

3. 1947年5月9日签订的关于文化联系和教育领域联系的协议。协议规划了文化和教育领域的合作，制定了两国文化合作的计划。协议未曾废止，但1948年后实际上就没有执行。

4. 关于穿越南斯拉夫—保加利亚边界的优惠条件的协议。协议规定居住在边境地区的两国公民享有过境的优惠条件。1947年8月25日签订。1949年10月3日保加利亚政府宣布废止。

（二）经贸条约、协议和议定书

1. 1946 年 11 月 21 日签订的关于协调保加利亚和南斯拉夫边境铁路客车与货车通行服务的协议。协议调整了与两国铁路运行有关的技术问题。协议未被废止，但 1948 年后实际上并没有被使用。

2. 1947 年 8 月 1 日的关于"双重拥有者"协议。协议解决了保加利亚公民和南斯拉夫公民在保南两国边界两边拥有土地的问题。1950 年 7 月 1 日保加利亚政府宣布废止了。

3. 经济合作协议。1947 年 8 月 1 日在布莱德市签订。协议规划了两国广泛的经济合作。协议没有作废，但从 1948 年起实际上便没用了。

4. 关于航空交通的协议。1947 年 8 月 2 日签订。未被废除，但从 1948 年起实际上便失去了效力。

5. 关于苏联、保加利亚和南斯拉夫三方划拨清算的议定书。1947 年 8 月 22 日签订。从签订之时起生效。1951 年 11 月 27 日南斯拉夫在联合国进行了登记。

6. 1948 年 2 月 28 日关于在防治农作物病虫害斗争中进行互助合作的公约。未被废止，但自 1949 年后实际上不再使用了。公约规定在同农作物病虫害进行斗争中两国协同进行检疫活动。1955 年第一季度南斯拉夫同意了保加利亚启动这一公约的提议。

7. 兽医卫生检查公约。1947 年 11 月 25 日签订。公约规定要在检疫方面和跟动物流行病作斗争方面共同采取行动。

8. 在无线电广播和无线电化方面的协议。1948 年 1 月 12 日签订。从 1948 年年底起实际上已经无效。

9. 关于关税和海关联合培训的协议。1947 年 8 月 1 日签订。未曾废止，但自 1948 年起实际上便不再有效了。

10. 1948年3月6日签订了关于渔业问题的合作公约。1948年后实际上已经不再采用了。公约规定了在渔业领域的合作事宜。

11. 根据和保加利亚的和平条约第8条的规定，1948年3月南斯拉夫政府宣布重启战前两国下列公约的效用：

（1）1923年签订法律公约，规定要互相承办法律委托等事宜。

（2）关于免费医疗救助和医疗服务的公约，从物质上帮助两国衣食无着的国民。1923年签订。

（3）关于赡养、护理、修复和建立边境标志物的公约，1935年签订。

以上公约未曾被废止。

1953—1955年的协议

12. 在1946年11月21日、1955年12月26日关于协调边境通行服务协议的变更中，又签订了一个关于保加利亚和南斯拉夫铁路管理之间的边境通行服务、客运、商运、行李托运的规定协议。协议与过去的内容区别不大。

13. 关于在保加利亚和南斯拉夫边界建立界碑和划定边界线的协议。1954年2月20日签订。协议协商了与重建被损坏的边界标志物相关的技术问题。

14. 关于防止和研究南斯拉夫—保加利亚边境冲突措施的协议。1954年4月22日签订。协议规划了建立中央和地区边境委员会的问题。

15. 关于恢复南斯拉夫—保加利亚边境边界标志物的议定书。

16. 关于50万美元额度内商品相互流转的补偿协议。1954年11月12日签订。有效期到1954年年末。

17. 关于商品交换和支付协议。1955年3月16日签订。为期一年，到1956年3月31日。协议规定商品流转在500万美元之内。南斯拉夫向保加利亚提供铁矿、烧碱、粗柴油，保加利亚向南斯拉夫提供锰、氮、肥料和化学商品。

18. 关于协调债务的议定书；这些债务是1949年1月1日至1954年12月31日保加利亚卡车在南斯拉夫境内运输时积累下来的。保加利亚欠债280万美元，将用保加利亚的商品来偿还。

匈牙利

（一）政治条约和协议

1. 和匈牙利的和平条约是1947年2月10日签订的（签订条约的国家中也有南斯拉夫）。匈牙利根据1938年1月1日的状况和南斯拉夫划定了边界，而且匈牙利必须向南斯拉夫支付一笔战争赔款，赔款的数额和程序由1946年5月11日的协议来定（见下文）。

2. 文化合作协议。1947年10月17日签订。协议规定了匈牙利和南斯拉夫文化生活各个领域关系的发展：科学和艺术工作者们相互访问，在南斯拉夫建立匈牙利的大专院校，在匈牙利建立南斯拉夫的大专院校，为落实这一协议组成了混合委员会。1949年9月30日匈牙利停止了该协议的执行。南斯拉夫没有正式撕毁协议。

3. 友好合作互助条约。1947年12月8日签订。条约考虑到一旦德国或别的什么国家攻击缔约方的任何一方，威胁到另一方的独立和领土完整，那么另一方应该立即给予力所能及的军事和其他各种手段的援助。条约期限20年，可自动延长。匈牙利政府援引拉伊克诉讼案的诉讼材料，在1949年9月30日给南斯拉夫政府的照会中声明匈牙利政府"不再承担源自该条约的一切责任"。南斯拉夫没有正式撕毁条约。

4. 关于调查处理边境冲突的混合委员会工作的协议，规定共同调查边境纠纷，根据其预先征兆采取相应措施。1949 年 8 月 13 日在苏博蒂察市签订。协议应该从签订之时起生效，但实际上未能生效。

（二）经贸条约、协议和议定书

1. 匈牙利向南斯拉夫支付 7000 万美元战争赔款的协议。1946 年 5 月 11 日签订。根据匈牙利方面的资料，1948 年 8 月前匈牙利支付给了南斯拉夫 20155636 美元。由于南斯拉夫政府拒绝讨论降低余下 50% 的战争赔款的问题，匈牙利政府于 1949 年下半年停止了战争赔款的支付。在法律上该协议依然有效。

2. 关于商品交流的年度协议，分别于 1946 年 12 月 23 日和 1948 年 3 月 18 日签订。协议规定每方在结算数额为 1000 万—1300 万美元。同时签订的金融协议和同期年度商品交换协议规定匈牙利对南斯拉夫的非商业性支付和南斯拉夫对匈牙利的非商业性支付，通过相互间不具有重大意义的货物交换来补偿。

3. 关于铝工业领域的经济合作协议，商定在南斯拉夫由匈牙利人设计和建立多家铝厂。1947 年 5 月 11 日在贝尔格莱德签订。签字之日起生效。1949 年年中匈牙利终止了该协议，原因是南斯拉夫未能根据协议履行自己的义务。南斯拉夫并未正式毁约。

4. 为期 5 年的长期相互供货协议。1947 年 7 月 24 日在布达佩斯签订。签字当日生效。协议规定在划拨结算的基础上相互供货，每一方的数额为 1.2 亿美元。双方协议这个数字被降低为 9000 万美元，后来又降到 7000 万美元。1949 年 6 月 18 日匈牙利废止了协议，理由是南斯拉夫经常违背自己的义务。

根据上述商业协议，匈牙利 1949 年欠南斯拉夫 1810 万美元，加上匈牙利欠南斯拉夫铝协议的 360 万美元，按照协议欠款总数为 2170 万美元。匈牙利的同志们认为，匈牙利的这笔债务冲掉南斯拉夫罚没的匈牙利私有财产还绰绰有余。1954年重启商贸关系的时候这个问题南斯拉夫人未曾提出过。

1949年2月，匈牙利特使科罗斯托什从贝尔格莱德被召回，匈牙利驻贝尔格莱德使团被宣布为代办，后来在1951年3月31日受到袭击后代办也被召回了。之后，在1953年10月之前，匈牙利驻贝尔格莱德使团只有唯一一个工作人员负责，而且不具有外交官身份。

1958年10月两国重新又交换了外交使者。

1953—1954年的协议

1953年，南斯拉夫和匈牙利的关系正常化开始。结果是签订了下列协议：

1. 关于预防和调查边境冲突方法的协议。1953年8月28日签订。1953年12月29日在贝尔格莱德交换批准文书。协议严格制定穿越国境的详细规定，制定了维护边界标志物的措施，制止边界冲突，成立总的混合委员会和地区混合委员会，以便实际解决和协调边界冲突。

2. 关于在南匈边境恢复老的和建立新的边界标志物的协议。1954年1月30日签订。协定安排了恢复被损坏了的边界标志物的计划及资金问题等。

3. 南斯拉夫和匈牙利外贸机构间为数250万美元的补偿贸易协议。1954年5月26日在贝尔格莱德签订。

4. 为期1年的贸易和支付协议。匈牙利的供货量为730万美元，南斯拉夫的供货量为640万美元，其中差额为运输支出和南斯拉夫船泊的运费。1955年1月14日签订。

5. 关于南斯拉夫、匈牙利和捷克斯洛伐克的铁路交通标准化的协

议。1955年3月签订。(塔斯社，1955年3月10日)

6. 关于蒂萨河航运的协议。1955年3月9日签订。协议规定两岸国家的船泊可以在蒂萨河自由航行，一直到蒂萨河入多瑙河的河口，条件是相关国家要遵守制度。

德意志民主共和国

1. 货物交换协议。1954年8月25日签订。有效期到1955年6月30日。协议规定相互提供价值900万马克的商品。德意志民主共和国向南斯拉夫提供机器、备件、光学仪器、化工产品、肥料等。南斯拉夫向德意志民主共和国提供肉、鱼、葡萄酒、脱水蔬菜、黄铁矿等。

1955年3月初，德意志民主共和国的商务代表和南斯拉夫的外贸与商业机构的代表在莱比锡进行了会面。交谈中达成了共识：今年5月前德意志民主共和国和南斯拉夫开始关于新贸易协议的谈判。(塔斯社，1955年3月8日)

波 兰

（一）政治条约和协议

1. 关于波兰人迁出南斯拉夫的议定书。1946年1月2日在贝尔格莱德签订。有效期自签字日起6个月为限。迁移在自愿的基础上进行，需有书面申请书。由波兰—南斯拉夫混合委员会对申请书进行分析并进行审定，还要核准可能转移的财产的清单。

2. 关于波兰共和国和南斯拉夫联邦人民共和国间的文化合作公约。1946年3月16日在华沙签订，为期5年，到期后失效。公约规定要为每个缔约方的科学、文化和艺术工作者在对方访问时创造良好的条件。

为落实公约的规定,在华沙和贝尔格莱德将成立一个波南混合委员会和两个分会。其任务是组织大学生、教授、讲师、出版物、展览会、参观游览等交流活动。

3. 关于波兰共和国和南斯拉夫联邦人民共和国友好互助条约。1946年3月18日在华沙签订,为期20年。1946年3月18日波兰外交部在照会里声明说,条约已被南斯拉夫政府的行动所撕毁。南斯拉夫没有正式废止条约。

条约规定要巩固两国人民兄弟间的永恒友谊。每一方都不应该签订和加入旨在反对另一方的条约和联盟,而且一旦德国及其过去战争中的盟友出现侵略,必须相互提供军事或其他援助。

(二) 经济贸易协议

1. 从1945年11月28日在华沙签订的临时经济关系议定书开始,波兰和南斯拉夫1947年2月27日和1947年5月24日签订了两个协议(在华沙签订),此外还于1947年5月24日签订了关于商贸支付临时协调的协议(在华沙签订)和1947年11月7日在贝尔格莱德签订的关于贸易与支付的专门协议。所有这些协议到期之后都失效了。

2. 经济合作条约。1947年5月24日签订,为期5年。由于南斯拉夫方面一贯未能完成对波兰的供货计划,1949年7月6日波兰政府在照会中声明停止继续对南斯拉夫供货。

3. 1947年8月,签订了波兰—南斯拉夫航空交通协议。协议涉及航线的组织和运营,包括:从南斯拉夫起飞的贝尔格莱德—华沙—莫斯科航线、从波兰起飞的华沙—布达佩斯—贝尔格莱德航线、华沙—贝尔格莱德—索非亚航线。协议没有正式废止。实际上1948年之后很快便停止了。

4. 1947年12月签订了波兰—南斯拉夫关于统计和计划问题的合作协议。实际上未生效。也未正式废约。

1948—1949年波南关系恶化导致各自召回了大使。到1954年年底，波兰大使馆和南斯拉夫大使馆宣布降为临时代办处。1954年11—12月间，波兰政府和南斯拉夫政府重新任命了自己的大使。

5. 1955年2月12日签订了波兰—南斯拉夫贸易和支付协议，期限到同年12月31日为止。协议规定各方的贸易流转为700万—800万美元。波兰出口的货物名单如下：炼钢焦炭——95000吨，煤——50000吨，煤气——5000吨，机器与设备——价值1500万美元的商品。南斯拉夫出口货物名单：精选矿锌12000吨，黄铁矿精品——30000吨，乔木类板材——12000立方米，150000美元的胶合板，烧碱——10000吨等商品。

6. 1955年波兰和南斯拉夫签订了关于艺术与科普影片交换协议。就体育团体交流达成了共识。今年3月，贝尔格莱德男女排球队访问了波兰。波兰方面5月到南斯拉夫出访的是男女排球队，7月——是波兰划船运动员，11月——是混合足球队。

罗马尼亚

（一）政治条约和协议

1. 1947年6月24日签订的文化合作公约。1948年1月20日在布加勒斯特交换批准书后生效。

公约规定要经常交换科学出版物、艺术作品，科学文化工作者要相互访问，在培养专家、青年组织、文化组织、教育与体育组织等方面要提供帮助。公约未能生效。

2. 友好合作互助条约。1947年12月19日签订，为期20年。从签字之日起生效。1948年3月1日在贝尔格莱德相互交换了批准书。

1949年10月1日罗马尼亚人民共和国的照会声称它不再受上述条约所规定的义务约束。

南斯拉夫政府未正式废除条约。

3. 关于探讨和解决罗南边境冲突方法的协议。1953年9月11日在南斯拉夫的弗尔沙茨市签订。

协议规定双方在罗南边境4个区域委任自己的负责人。负责人必须通过双方代表会见并亲临冲突现场的方法调查处理边境冲突。如果负责人未能达成调查冲突的协议，就召开混合委员会。然后争议的问题应经过外交途径解决。协议如今仍在生效。

4. 关于维修、恢复和建立界碑、标志物以及清理罗南边界线的协议。1955年1月28日在罗马尼亚的蒂米什瓦拉市签订。

根据协议成立了混合委员会及其辅助机构，处理维修、建立界碑和清理边界线事宜。上述工作由双方在1955年5月到10月划定的区域内进行。这一协议现在仍在生效。

（二）经济贸易协议

1. 关于1946年9月3日罗南铁路边境客车运营、行李包裹与货物服务规定细则公约。

2. 1946年9月3日关于从南斯拉夫优先直达和经罗马尼亚优先直达南斯拉夫的线路公约和从罗马尼亚优先直达和经南斯拉夫进入罗马尼亚的线路公约。

1950年1月14日罗马尼亚人民共和国政府宣布终止了上述两个公约。南斯拉夫政府方面未正式宣布废除。

3. 1945年12月15日关于商品流转和付款调整的协议。规定相互双方都必须持有进出口货物许可证，都必须开设通用无息账户。协议未正式废止，但实际上并未生效。

4. 1946年6月26日关于非商业支付的协议。未正式废除，但实际上不生效了。

5. 1946年12月23日关于举借玉米的协议。并未正式废除，实际上未生效。

6. 1947年9月30日关于非商业支付的协议。并未正式废除，实际上未生效。

7. 1947年6月关于航线的协议。未正式废除，实际未生效。

8. 1948年4月14日罗马尼亚和南斯拉夫的贸易条约。

条约规定每一方的商品流转数额为300万美元，是1945年条约规定的商品流转的3倍。

1953—1955年的协议

9. 1953年5月31日关于在多瑙河上建立铁门峡谷专门河流行政机构的协议。协议是在1948年多瑙河航运制度公约的基础上签订的，它规划了技术服务的组织，同时也建立起铁门峡谷地区当局的行政管理与金融活动。双方在行政管理部门的工作人员人数相等。协议有效。

10. 1954年8月4日关于启动南斯拉夫和罗马尼亚间的铁路交通的协议。协议规定启动的线路是任博利亚至基金达和旧摩拉维察至弗尔沙茨。仍在生效。

11. 1955年2月10日关于多瑙河南斯拉夫—罗马尼亚区域的船泊航行条例。协议规定除铁门峡谷地区外多瑙河边境区域航行的细则，以改善船泊航行的条件。协议生效。

12. 1955年2月12日关于罗南边境地区1955年出现洪水的紧急措

施的协议。协议规划了今年春季的协调工作，安排了要采取的紧急措施，罗南双方边境地区共同行动。协议生效。

13. 以 1956 年 3 月 31 日为时限的贸易与支付协议。1955 年 3 月 24 日签订，协议规定双方货物流转额为 600 万美元。协议生效。

14. 关于就双方边境地区协调用水制度问题建立罗南委员会的协议。1955 年 4 月 7 日签订。生效。

从 1950 年年初到 1954 年年中，罗马尼亚驻贝尔格莱德大使馆和南斯拉夫驻布加勒斯特大使馆宣布为临时代办机构。1954 年 6 月，南斯拉夫政府同意派遣罗马尼亚驻贝尔格莱德大使，1954 年 8 月 25 日，罗马尼亚政府同意派遣南斯拉夫驻布加勒斯特大使。

捷克斯洛伐克

（一）政治条约和协议

1. 友好互助和战后合作条约，期限 20 年。1946 年 5 月 9 日在贝尔格莱德签订。1949 年 10 月 4 日捷克斯洛伐克终止了条约。捷克斯洛伐克外交部在当天的照会中说，捷克斯洛伐克不再承担该友好条约所赋予的义务，同时也不承担文化合作公约所要求履行的义务（见下文）。照会要求召回南斯拉夫驻布拉格大使（《真理报》1949 年 10 月 5 日）。

南斯拉夫政府未撕毁条约。

2. 文化合作公约。1947 年 4 月 27 日在贝尔格莱德签订，为期 5 年。公约要求双方相互在科学、教育、文学戏剧和体育业务发展方面互相帮助、进行合作。公约要求成立一个常设混合委员会，以落实公约制定的措施。1949 年 10 月 4 日的捷克斯洛伐克照会废除了公约。南斯拉夫未废除公约。

(二) 经济贸易协议

1. 捷克斯洛伐克向南斯拉夫提供价值 75 亿克朗的投资协议和南斯拉夫相应的供货协议。1947 年 2 月 25 日在贝尔格莱德签订，为期 5 年。捷克斯洛伐克应向南斯拉夫提供设备，而南斯拉夫则提供铜、锌、铅、铁矿等原料。协议未正式废止，实际上没有生效。

2. 关于航空交通的协议。1948 年 3 月 14 日在贝尔格莱德签订。协议规定捷克斯洛伐克和南斯拉夫的航线是布拉格——贝尔格莱德。捷克斯洛伐克共和国和南斯拉夫之间的航线 1951 年终止，然而协议在法律上还是有效的。

1954—1955 年的协议

3. 补偿协议。1954 年 8 月 10 日在维也纳签订，期限到 1955 年 4 月 1 日为止。协议规定双方相互提供的商品价值是 350 万美元。

捷克斯洛伐克向南斯拉夫提供型材、陶土、耐火材料、绝缘材料、各种备件、电工材料、机器，等等。南斯拉夫应该向捷克斯洛伐克提供肉类、烟草、葡萄酒、牲口饲料、蔬菜、水果、禽类，等等。

4. 贸易和支付协议。1955 年 2 月 19 日在贝尔格莱德签订。协议规定到 1955 年年底相互提供价值 2700 万美元的商品。南斯拉夫的货物名单是：肉类——5500 吨，禽类——700 吨，黑李子干——价值 90 万美元，烟草——1.5 万吨及其他商品。捷克斯洛伐克的商品名单中有：机器与设备——价值 500 万美元，型材——280 万美元，染料——60 万美元，新闻纸——1200 吨，等等。

根据捷克斯洛伐克的资料，南斯拉夫算上前些年按协议未还清的部分净欠捷克斯洛伐克 5000 万卢布。

二、资本主义国家

美　国

1. 为进行反侵略战争预先签订的互助协议。1942年7月24日在华盛顿签字。

2. 关于变更一国军籍为另一国军籍的协议。1942年3月31日和1942年9月30日在华盛顿通过交换照会签订。

3. 关于调整美国公民对南斯拉夫的财产要求的协议。1948年7月19日在华盛顿签订。南斯拉夫必须付给美国1700万美元，并彻底算清美国公民和政府对南斯拉夫1939年9月1日和协议签订日之间所出现的债务。

4. 关于协调租借物资和其他军事物资账目的协议。1948年7月19日在华盛顿签订。根据协议，南斯拉夫政府完全拥有根据租赁条款所提供的所有物资的所有权，武器、战备物资和军事装备除外。为抵偿租赁贷款，南斯拉夫必须向美国政府提供机动的外交和领事所有权。

5. 关于南斯拉夫政府向访问南斯拉夫的美国公民发放旅行和入境签证办法的协议。通过交换照会，1950年3月23—25日签订了协议。1950年4月1日生效。

6. 关于南斯拉夫政府和美国进出口银行就向南斯拉夫提供5500万美元借贷的协议。1950年8月10日签订。贷款要拿出年度的3.5%用于购买美国的原材料和设备以偿还1954—1968年期间的债务。

7. 1950年11月21日的援助协议和1951年1月6日关于向南斯拉夫提供紧急副食援助的协议。在贝尔格莱德签订。在美国国会紧急援助南斯拉夫法案的基础上，规定向南斯拉夫提供6940万美元的援助，

1950年12月29日杜鲁门签字批准。根据1950年12月29日法案的条件，给南斯拉夫军队的装备是不能用于其他目的的。南斯拉夫政府还必须向美国提供他们必不可少的原材料和半成品，并将所得材料用于军事需要。

8. 关于向南斯拉夫提供的原材料和物资用于帮助南斯拉夫武装力量的协议。1951年4月17日以交换照会的方式签订。1951年4月16日杜鲁门致国会的信中说明了这一援助的必要性，说南斯拉夫是"保卫北大西洋地区头等重要的因素"。

9. 关于根据1951年10月31日美国国会相互安全保障法案美国向南斯拉夫提供军事援助的协议。1951年11月14日在贝尔格莱德签订。美国应该向南斯拉夫提供军事装备和物资。南斯拉夫方面应该利用美国的军事物资和援助扩大自己的军事潜力，同时还要向美国提供原材料和半成品（主要是有色金属）。根据这项协议，贝尔格莱德成立了一个美国军事委员会，以观察和监督南斯拉夫使用美国军援的情况（注：1953年6月19日美国国会批准了216906000美元，以支持1951年11月14日国会同意对南斯拉夫的军事援助）。

10. "经济合作"协议。1953年1月8日在贝尔格莱德签订。协议有效期至1955年6月30日。协议规定美国向南斯拉夫提供经济和技术援助，作为交换南斯拉夫应该向美国以优惠的条件提供原材料和半成品，它们在满足"现在和将来可能出现的急需方面是不可或缺的"。南斯拉夫还必须同接收美援的其他国家进行合作，在同这些国家的相互关系中停止贸易战。根据贝尔格莱德这一协议建立了美国经济委员会，以监督美援的使用情况。

11. 根据美国国会472号法案关于保障的协议。1952年8月18日通过交换照会在华盛顿签订。根据该项协议，美国政府百分之百地保证用美元投资于美国的公司，这些公司应根据美国的计划向南斯拉夫提供技术和经济帮助。

12. 关于免税进口和内部运输副食品的支付以及寄送美援和与此相关的种种花费的协议。1952 年 12 月 3 日在贝尔格莱德签订。

13. 关于向南斯拉夫提供为数 1000 万美元的 425000 吨美国小麦和棉花的协议。1955 年 1 月 5 日在贝尔格莱德签订。为落实这一援助,南斯拉夫政府必须和美国有关代表协商花在计划修建的道路上。

在 1954 年南斯拉夫的外贸中,美国在其出口中占第 4 位 (68.69 亿第纳尔,或南斯拉夫出口总值 9.52%),在其进口中占第 1 位 (234.46 亿第纳尔,或进口总值的 27.95%)。

英　国

1. 关于移交战争罪犯和遣返混杂人员的协议,为期 1 年。1947 年 9 月 8 日在南斯拉夫的布莱德市签订。英国人没有履行协议,结果南斯拉夫政府于 1947 年 12 月 10 日宣布废止了。

2. 为期 1 年的短期贸易协议——自 1948 年 9 月 30 日到 1949 年 9 月 30 日,贸易额为 1500 万英镑。1948 年 12 月 23 日在伦敦签订。

3. 关于补偿在南斯拉夫被国有化和没收的英国财产的协议。根据该协议南斯拉夫 8 年间应该赔付英国 4500 万英镑,而且这个数字的 10% 应该于 1949 年支付。1948 年 12 月 23 日在伦敦签订。

4. 关于南斯拉夫被敌人占领期间英国公民被剥夺金钱和财产的金融和财产协议。1948 年 12 月 23 日在伦敦签订。

5. 关于流转额在 1.1 亿英镑为期 5 年的贸易协议。1949 年 12 月 26 日在贝尔格莱德签订。1950 年 1 月 1 日生效。与这一协议的同时,英国向南斯拉夫提供 800 万英镑为期 6 年的贷款。

6. 关于向南斯拉夫提供 300 万英镑用于购买副食品的协议。协议以交换照会的方式于 1950 年 12 月 28 日在伦敦签订。1950 年 12 月 28 日生效。

7. 1950 年 12 月 21 日正式宣布关于决定向南斯拉夫提供 200 万英镑作为对早先所提供援助的补充（1950 年 11 月 14 日，数额为 300 万英镑）。

8. 关于金融措施的协议。1951 年 9 月 28 日以交换照会的方式在伦敦签订。1951 年 9 月 28 日生效。

9. 1952 年的贸易协议。1952 年 5 月 12 日在伦敦签订。

10. 关于金融措施的协议。1952 年 8 月 20 日以交换照会的方式在贝尔格莱德签订。

11. 1953 年的贸易协议。1953 年 2 月 7 日在贝尔格莱德签订。

12. 1954 年的贸易协议。1954 年 3 月 20 日在伦敦签订。

在南斯拉夫 1954 年的对外贸易中，英国在其出口方面占居第 5 位（68.14 亿第纳尔，或者是南斯拉夫出口总值的 9.44%），在进口方面占居第 3 位（71.29 亿第纳尔，或进口总值的 7%）。

法　国

1. 关于相互供货的协议。1946 年 6 月 13 日在巴黎签订，为期 1 年。南斯拉夫应该向法国提供铬、木材，以换取各种机器和设备。

2. 关于相互供货的协议。1947 年 5 月 24 日签订。该协议取代了 1946 年 6 月 13 日的旧协议。

3. 商贸协议。1949 年 5 月 21 签订。延长到 1950 年 7 月。协议规定相互的供货量每方按 60 亿法郎为限，在进出口方便上互相提供最优越的条件。按照协议规定，南斯拉夫必须向法国提供战略性原材料，以换取法国的工业品与设备。

4. 关于提供木材的议定书。1949年5月21日在巴黎签订。议定书规定南斯拉夫用木材交换法国生产的用于南斯拉夫木材工业的设备。其间南斯拉夫必须向法国提供一大批硬木的枕木。总供货量定为100万美元。

5. 支付协议。1949年5月21日签订，为期1年，有条件自动延长。协议规定结账方法以短期的南法贸易协议、关于相互提供工业设备和木材的议定书为准。

6. 关于补偿在南斯拉夫被国有化的法国财产的协议。1949年5月21日在巴黎签订。南斯拉夫要赔偿多少被国有化的法国财产最后的数字未定下来。

7. 关于1951—1952年商品流转的协议。1951年4月14日在巴黎签订。协议规定每方供货额度应在40亿—50亿法郎。

8. 关于法国向南斯拉夫提供军事工业设备和轻武器的协议。1951年4月14日在巴黎签订。供货量确定为50亿法郎。

9. 关于南斯拉夫应补偿在南斯拉夫被国有化的法国财产和应支付给法国王室债务的协议。1951年4月14日在巴黎签订，为期10年。南斯拉夫应付给法国的补偿款约1500万美元，其中要用南斯拉夫向法国出口价值的8%—12%作为抵偿。

10. 关于1953年7月1日到1954年6月30日这期间的互相供货协议。1953年7月1日签订。1954年7月24日在贝尔格莱德交换照会。协议延长1年。

11. 签证协议。1954年签订。协议规定简化一国公民到另一国的入境手续，目的在于刺激两国旅游的发展。

在1954年的南斯拉夫外贸中，法国出口占第8位（21.34亿第纳尔，或南斯拉夫出口总值的2.96%）；进口占第6位（71.07亿第纳尔，或进口总值的6.97%）。

关于美、英、法三方援助南斯拉夫的协议

第一个关于"基于三方的"向南斯拉夫提供经援的协议，一方是南斯拉夫，另一方是美、英、法，协议1957年7月12日和17日在华盛顿签订，是用交换照会的方式完成的。

后来该协议延长过3次，分别为1952年11月11日、1954年1月4日和1955年2月7日。

援助的公开理由是："帮助南斯拉夫加强国防，维护民族独立和保持收支平衡。"

至今南斯拉夫靠三方的援助——不算1954—1955年的援助——得到了价值34400万美元的各种原材料和商品；这里包括从美国得到的26700万美元、从英国得到的4860万美元，从法国得到的2840万美元。

最后一次三方援助协议（1955年2月7日签订）规定美国向南斯拉夫提供的额度是4000万美元，英国——200万英镑，法国——15亿法郎。

关于世界银行向南斯拉夫提供贷款帮助其恢复与发展的协议

1. 关于向南斯拉夫提供270万美元用于购买木材加工设备的协议。1949年10月17日签订，条件是：年收入的2%加上佣金1%；2年内支付，从1950年开始。南斯拉夫应该只对西欧提供木材。

2. 关于提供第二笔2800万美元贷款的协议，目的是要落实电站、电台建设以及采矿工业企业和木材加工厂的建设。1951年10月11日在华盛顿签订。条件是：年收入的3.5%加上佣金1%；25年内支付，从1955年4月15日开始。根据该协议，银行有权监督国内经济发展，要求南斯拉夫政府通报关于国内经济情况和南斯拉夫的开支情况。

3. 关于提供第三笔贷款的协议，数额 3000 万美元，目的和 1951 年 10 月 11 日的协议一样。1955 年 2 月 12 日签订。条件是：年收入的 8% 加上 1% 的佣金；25 年内支付，从 1956 年 8 月 15 日算起。南斯拉夫对这笔贷款所承担的其他义务和 1951 年 10 月 11 日签订协议的义务相同。

西　德

1. 1950 年，南斯拉夫政府与西德政府在贝尔格莱德达成共识，决定在贝尔格莱德和波恩之间设立经济代表机构，以实现"双方顺利的经济合作"。

2. 1951 年 7 月，南斯拉夫政府和波恩政府相互设立了经济代表机构。

3. 从 1951 年 8 月 1 日起，根据南斯拉夫议会主席团的命令，南斯拉夫和德国间结束了战争状态。

4. 1951 年 12 月初，南斯拉夫和西德建立了正常的外交关系。贝尔格莱德和波恩都建立了大使级的外交代表机构。

5. 1948 年南斯拉夫和西德就建立了贸易关系。早在 1949 年 3 月 31 日他们便签订了为期 1 年的商贸协议，协议规定双方各自的供货数额为 3500 万美元。

6. 1950 年 4 月签订了短期贸易协议，协议规定货物流转数额为 12700 万美元。

7. 作为对上述贸易协议的补充，1950 年 9 月 22 日在法兰克福签订了一个议定书，协议规定从西德运往南斯拉夫的工业设备数额为 14700 万德国马克。

8. 1950 年 11 月签订了一个投资协议，是关于向南斯拉夫提供成套工业设备和向西德提供黑色金属、矿产品、木材及农产品的。按照该协议西德向南斯拉夫提供了3500万美元的中期贷款。

9. 1952年6月11日签订的贸易协议规定双方每年要提供600万美元养殖场的货物，同时还有一项要向南斯拉夫提供900万美元养殖场的中期贷款的投资协议。

10. 1953年9月10日签订了补充贸易协议。1954年6月签订了贸易条约，规定在南斯拉夫货物进口西德方面要实行自由化制度。这使南斯拉夫大大地扩大了自己货物对西德的出口。仅1954年的11个月南斯拉夫对西德的出口就有4200万美元，比上年增加了64%。

上述所有贸易协议（1949年3月31日的贸易协议除外），都在有效运转，两国的贸易关系也在调整之中。

西德在南斯拉夫1954年的对外贸易中出口占第1位（达142.22亿第纳尔，或南斯拉夫出口总值的19.72%），进口占第2位（171.72亿第纳尔，或进口总值的16.85%）。

意大利

1. 与意大利的和平条约。1947年2月10日签订。根据条约，意大利有7362平方公里的领土和50多万居民要划归南斯拉夫。南斯拉夫得到了亚得里亚海的几个大港口（里斯库、阜姆、扎达尔、普拉等），这些港口对南斯拉夫而言具有很大的经济意义和战略意义。意大利政府7年内必须付给南斯拉夫12500万美元的赔偿。

2. 关于贸易和经济合作协议。1947年11月28日签订。有效期5年。协议规定每年的货物流转量是25亿第纳尔，同时要相互提供最良好的服务条件。1949年8月4日和1953年12月30日协议又分别补签了议定书。

3. 关于互相赦免南斯拉夫籍和意大利籍受司法机构指控或被调查的两国公民或军人的协议。1948年4月签订。意大利有相当大数量被赦免的南斯拉夫公民、刑事犯和政治犯，根据协议，他们应该被移交给南斯拉夫政府。南斯拉夫同样也有许多被赦免的意大利公民应移交给意大利。

4. 关于意大利向南斯拉夫移交7艘扫雷舰的协议。1948年签订。

5. 关于开放边境往来的协议。1949年2月3日在意大利城市乌迪内签订。

6. 关于意大利渔民在南斯拉夫水域捕鱼的协议。1949年4月13日签订，同年5月生效。1951年2月26日协议被延长到1952年4月。意大利政府拒绝对该协议继续延长。

7. 根据和意大利签订的和平条约第57款关于向南斯拉夫移交意大利海军舰艇的协议。1949年4月15日在罗马签订。

8. 为期1年的贸易协议，规定要增加相互供货量，从225亿里拉扩大到540亿里拉。1949年8月4日在罗马签订。

9. 关于意大利向南斯拉夫支付第一部分战争赔款3000万美元的协议。南斯拉夫从这笔款子中，作为对被南斯拉夫国有化的意大利财产的第一笔赔付，应该支付1600万美元。1950年12月23日在罗马签订。协议未完成。

10. 关于根据和意大利的和平条约第18条的规定移交机车车辆和其他铁路设备的协议。1950年12月28日在罗马签订。

11. 关于分配具有行政性质或者历史价值的档案与公文的协议，这些材料牵涉到根据和平条约让出的领土问题。1950年12月23日协议在罗马签订。

12. 关于贝尔格莱德和罗马间建立正常航线的公约。1950年12月在罗马签订。

13. 关于意大利、英国、美国和南斯拉夫之间就的里雅斯特自由区达成协议的备忘录。1954年10月5日在伦敦签订。协议规定英、美军队撤出自由区"A"区，加强"B"区对南斯拉夫的防护，将"A""B"界线修改为有利于南斯拉夫，扩大意大利对"A"区和南斯拉夫对"B"的民事管理权。

与该协议签订的同时，美、英、法政府宣布，说他们"完全不支持南斯拉夫或意大利对处于另一个国家主权管理之下的领土要求"。

14. 关于对和平条约规定的相互间经济与金融要求的协调议定书。1954年12月18日签订。意大利应该向南斯拉夫支付3000万美元，南斯拉夫必须用这些钱在意大利购买电气设备和一些原材料产品。

15. 1954年10月5日备忘录规定设立混合委员会的协议，就的里雅斯特自由区两方互相保护少数民族作了规定。1955年2月16日在罗马签订。

16. 关于在边境间贸易和亚得里亚海捕鱼时对贸易、航运、生产进行核算的协议。1955年3月31日在罗马签订。

意大利在1954年的南斯拉夫的外贸中居第8位，其中出口是105.16亿第纳尔，或者是南斯拉夫出口总值的14.6%；在进口方面意大利占第4位，即71.07亿第纳尔，或占进口总值的6.97%。

希　腊

1. 关于恢复邮政电报与电话联系的协议。1951年2月3日在雅典签订。根据协议两国将建立直接的电报、电话和邮政联系。

2. 关于恢复铁路交通的协议。1951年2月14日在贝尔格莱德签订。协议规定要恢复两国铁路运输和客运服务。

3. 关于航空交通的协议。1951年3月15日在贝尔格莱德签订。协议要求两国建立定期航线，调整航线利用的秩序流程，要求为使用各种技术设备而支付费用，否则警告6个月之后可能被关闭。

4. 关于贸易和支付的协议（为期1年）。1951年4月10日在贝尔格莱德签订。从签字之时起生效。如果1年到期前2个月没有预先声明废止，那么协议的有效期将自动延长1年。协议规定在提供进出口许可权方面给予最优惠的制度安排。

5. 关于支付协议。1951年4月10日在贝尔格莱德签订。协议调整了根据1951年4月10日贸易协议所进行贸易支付的制度。

6. 关于动物流行病的协议。1952年2月2日在希腊的萨洛尼卡市签订。协议就保护动物免疫的问题制定了一系列共同要采取的措施。从交换批准书时起1个月后生效。协议实际为2年有效期，只有在提前6个月提出警告时才可能被废止。

7. 南斯拉夫、希腊、土耳其友好合作条约。1953年2月28日在安卡拉市签订。1953年6月生效。

安卡拉条约要求南斯拉夫、希腊和土耳其的外交政策要相互配合，讨论了一旦发生战争大家要共同战斗，并且讨论了这3个国家的总参谋部在和平时期进行合作的问题。

8. 关于经济合作和贸易交换的协议。1953年2月28日在雅典签订。协议规定双方在进出口许可证上要提供最优惠的条件。应交换的商品定额在所附清单中作了规定，从协议生效起1年内有效。协议从签字之时起便具有效力，而且是无限期的。1年后，任何谈判方都可以放弃此协议，只要提前3个月通知对方就行。

9. 支付协议。1953年2月28日在雅典签订。根据经济合作和贸易交换的协议，该协议调整了贸易支付的制度。准许的余额不应超过100万美元。有效期和1953年2月28日的经济合作协议一样。

10. 南斯拉夫和希腊与土耳其联盟、政治合作与互助条约。1954

年8月9日在布莱德市签订，为期20年。1955年2月生效。本条约的生效期适用于1953年2月28日签订的安卡拉条约。

和安卡拉条约相比，布莱德条约规定要大大增加参加国的义务。

11. 南斯拉夫、希腊和土耳其关于成立巴尔干协商大会的协议。1955年3月2日签订。

12. 关于航空交通的协议。1954年7月14日签订。签订的还有一个附件，根据该附件要求，南斯拉夫飞机有权载运乘客和货物飞经雅典、埃及、黎巴嫩等国家，也有权让希腊人通过贝尔格莱德飞往奥地利和西德。

希腊的出口在1954年南斯拉夫的外贸中占第9位（20.94亿第纳尔，或南斯拉夫出口总值的2.9%），在进口方面占第12位（8.92亿第纳尔，或进口总值的0.87%）。

土耳其

1. 关于南斯拉夫购买土耳其10万吨小麦的支付方法协议。1952年8月16日签订，南斯拉夫方面1953年6月20日批准。

2. 关于南斯拉夫购买土耳其5万吨小麦的支付方法协议。1953年1月15日签订。

3. 关于规定1953年商品流转额度在7000万美元的贸易协议。1953年2月26日签订。

4. 关于航空交通的协议。1953年4月16日在安卡拉签订。

5. 南斯拉夫、土耳其、希腊友好合作条约。1953年2月28日在安卡拉签订。1953年6月生效。

安卡拉条约规定建立南斯拉夫、土耳其、希腊对外政策协调中心，讨论了在发生战争的情况下采取共同军事行动的问题及和平时期总参谋部之间进行合作的问题。同时还有这3国间的经济和文化合作的问题。

6. 关于土耳其公民在南斯拉夫财产被没收的补偿方法的协议。1954年8月14日签订。

7. 关于南斯拉夫、土耳其、希腊联盟政治合作与互助条约。1954年8月9日在布莱德市签订，为期20年。1955年2月生效。该条约的有效期适用于1953年2月28日的安卡拉条约。

和安卡拉条约相比，布莱德条约规定要大大增加参加国的义务。

8. 南斯拉夫、土耳其、希腊关于筹建巴尔干协商大会的协议。

9. 为期1年的贸易协议。1955年5月3日在安卡拉签订。协议规定双方的贸易额为5000万美元。

10. 关于土耳其向南斯拉夫提供10—20吨小麦和每年不少于4000吨棉花的协议。有效期5年。1954年5月8日在贝尔格莱德签订。

11. 关于双方在贸易中相互提供无息贷款的协议，额度为600万美元。有效期5年。1955年5月8日在贝尔格莱德签订。

土耳其在1954年的南斯拉夫外贸中占第8位（出口72.04亿第纳尔，或南斯拉夫出口总额的9.99%），进口方面占第7位（53.85亿第纳尔，或进口总额的5.28%）。

奥地利

1. 1948年6月，南斯拉夫同意奥地利共和国政府任命驻南斯拉夫的政治代表。

2. 关于双方提供数额在2100万美元商品期限1年的贸易协议。1948年底签订。

3. 为期1年的贸易协议，协议规定要把1949年的商品流转额从2100万美元增加到1950年的3000万美元。1949年11月13日在贝尔格莱德签订。

4. 南斯拉夫议会主席团关于结束战争状态的命令，1951年1月16日签订。

5. 关于正式建立外交关系和驻维也纳与贝尔格莱德政治代表处更名为外交使团的协议。1951年1月27日签订。

6. 关于1951年双方商品交流额为2800万美元的协议和关于奥地利向南斯拉夫提供长期资本支持的协议。1951年2月13日在贝尔格莱德签订。为落实第二个协议，奥地利向南斯拉夫提供1000万美元的贷款。

7. 1952年2月27—29日和1952年5月8—10日在费尔登的会谈议定书，是关于向南斯拉夫和奥地利德拉瓦地区水电站提供设备的问题，关于在德拉瓦建立南斯拉夫—奥地利常设委员会的规章条例。

8. 1952年3月1日至1953年2月1日期间的商贸协议。1952年6月6日在维也纳签订。协议比2年前大大缩小了商品的流转量。

9. 关于返还奥地利公民被新的南奥边界划归到南斯拉夫领土并根据1954年的法律被国有化了的部分土地。1953年3月19日签订。

10. 关于实行铁路统一运价的协议。1953年7月15日签订。

11. 关于利用德拉瓦河水的公约。1954年5月24日在日内瓦签订。严格规定奥地利水电站利用德拉瓦河水的各项细则，以免使南斯拉夫领土上的居民受到损害。

12. 关于推迟南斯拉夫1960年前归还贷款的协议。1954年9月签订。

13. 1954年11月1日至1955年10月31日期间总额为4800万美元的贸易协议。1954年11月签订。

14. 关于多瑙河上航行的协议。1954年11月10日在维也纳签订。

15. 关于开通维也纳和贝尔格莱德航线的协议。1955年3月4日在贝尔格莱德签订。

奥地利在1954年南斯拉夫外贸中占第6位（出口59.41亿第纳尔，或南斯拉夫出口总值的8.24%），进口占第5位（65.62亿第纳尔，或南斯拉夫进口总值的6.44%）。

苏联外交部第四欧洲司司长

米·齐尼亚宁（签字）

РГАНИ. Ф. 5. Оп. 28. Д. 342. Л. 106 – 149.

接见南斯拉夫驻苏联大使 Д. 维迪奇

（1955年5月18日）

摘自安·安·葛罗米柯的日记

秘密
文本第 11 号

下午3点接见了维迪奇并对他今年5月16日就目前在贝尔格莱德进行的苏联与南斯拉夫的谈判所提出的问题给予了相应的答复（回复全文随附）。

维迪奇表示，我所给予的答复，他将立即向自己的政府汇报。

会谈持续了10分钟。参加会谈的还有苏联外交部第四欧洲司二秘谢维扬同志。

苏联外交部副部长

安·安·葛罗米柯（签字）

打印17份

分送：布尔加宁同志、伏罗希洛夫同志、卡冈诺维奇同志、米哈伊洛夫同志、米高扬同志、莫洛托夫同志、别尔乌辛同志、萨布罗夫同志、赫鲁晓夫同志、苏斯洛夫同志、波诺马廖夫同志、库兹涅佐夫同志、佐林同志、谢苗诺夫同志、费多连科同志、苏联驻南斯拉夫大使馆、存档1份。

安·安·葛罗米柯对南斯拉夫驻苏联大使维迪奇的答复

（1955年5月18日）

鉴于您在5月16日会谈中提出的问题和5月16日米丘诺维奇与瓦尔科夫在贝尔格莱德会谈时提到的同样问题，我授命答复如下。

1. **关于苏联政府代表团在南斯拉夫的逗留时间**，可以同意米丘诺维奇说的有关谈判看来要占用三四天的看法。苏联代表团当然由于有机会多少熟悉一下南斯拉夫，显然，也还需要三四天。这样一来，苏联代表团在南斯拉夫的逗留时间，显而易见，将要七八天。苏联政府代表团的逗留时间大概还是要根据抵达南斯拉夫的行程来确定，并要考虑到谈判的进程和南斯拉夫方面的意愿。

2. **有关苏联政府代表团想参观些什么的问题**，可以说在这件事情上代表团就指望南斯拉夫方面的选择了。

可以具体当场商讨。

3. **关于苏联政府代表团的团组人数问题**，可以告诉您，除代表团成员外打算派遣大约23—25名工作人员，这些是代表团的固定人员，保安不计在内。

4. **就苏联安全部门和南斯拉夫安全部门因苏联政府代表团的行程和逗留的联络问题**，有关苏联方面的想法是，可以说我们同意这样接触的必要性，同意为此目的我方将在5月18日派遣苏联安全部门领导人伊·亚·谢罗夫前往贝尔格莱德，他将全权与相应的南斯拉夫安全部门代表研究所有涉及安全的安保问题，以及苏联政府代表团的行动车辆和住宿安置问题。

5. **有关苏联政府代表团在南斯拉夫逗留期间的礼宾方面问题**，可以说对米丘诺维奇就此所说的想法没有意见。同时，最好规定外交使团不仅可能在苏联政府代表团离开时到场，在迎接代表团时也会到场。必须补充一点，苏联政府代表团要去为在抗击法西斯侵略者的共同斗争中牺牲的南斯拉夫和苏联战士陵墓，以及无名烈士陵墓敬献花圈。

6. 关于苏联与南斯拉夫谈判的日程安排。

谈判时应当讨论的问题范围实际上由苏共中央委员会与南斯拉夫共产主义者联盟中央委员会之间的往来信函确定。至于可能的需讨论的问题清单，我们可以大致地告知如下：

国际政治方面

关于缓和国际关系中的紧张局势和协助建立永久的和平。
关于禁止原子武器和裁军。
关于欧洲的集体安全问题。
就德国问题交换意见。
关于与德意志民主共和国建立关系的问题。
双方对签署奥地利协议的看法。
关于中华人民共和国的合法要求和权利。
对东南亚条约组织和近东军事集团的看法。
就巴尔干公约交换意见。
对万隆会议决议的看法。

苏联与南斯拉夫的关系问题

有关相互关系中的原则和苏联与南斯拉夫之间的条约关系。
发展苏联与南斯拉夫两国的贸易、经济关系。
发展文化、科学、艺术、体育方面的联系。

关于苏联与南斯拉夫在以和平目的使用原子能方面的合作。

除此以外，打算就涉及我们两党之间关系的问题交换意见。

当然，也可以根据各方的意愿讨论其他的问题。

可能因谈判的结果发表联合公报，反映双方在无论是苏联与南斯拉夫的关系方面还是国际局势问题方面的共同立场。

苏联代表团认为也可能双方会就一些将取得一致决定的问题签署其他的文件。

РГАНИ. Ф. 5. Оп. 28. Д. 342. Л. 150 – 153.

罗迈进致赫鲁晓夫、莫洛托夫电：转交毛泽东关于中共与南共会谈通报

（1955年7月9日）

赫鲁晓夫、莫洛托夫同志：

今转交给你们毛泽东同志7月3日给赫鲁晓夫同志的关于邓小平和王稼祥同南共中央委员斯塔门科维奇和贝戈维奇等的会谈纪要信件。信的内容通过电报转给您。

苏联驻中国临时代办

Я. 罗迈进

1955年7月9日

附件

毛泽东给赫鲁晓夫的信

苏共中央委员会书记赫鲁晓夫同志：

感谢您6月25日关于5月27日至6月2日在贝尔格莱德举行的苏南会谈结果的通知。我们认为这次苏南会谈已经获得了满意的结果，这充分证明了苏共中央在过去一个时期中对南斯拉夫所采取方针和步骤的完全正确性。我们还认为，今后继续采取对南斯拉夫进行耐心的和有分寸的争取工作的方针，是非常恰当的。

此外，中共中央愿在写这封信的同时，把我们与两位南共中央委员的谈话情形通知您。1955年5月26日至27日，中共中央根据当时访问中国的南斯拉夫工会代表团的要求，指定邓小平、王稼祥两人同南斯拉夫共产主义者联盟中央委员斯塔门科维奇、贝戈维奇两人作了一次详细的谈话，现将谈话纪要一份送给你们。

中共中央委员会主席
毛泽东
1955年7月3日

（中共中央委员会印鉴）

РГАНИ. Ф. 5. Оп. 28. Д. 342. Л. 207.

邓小平、王稼祥与南共中央委员斯塔门科维奇、贝戈维奇谈话纪要

谈话时间在1955年5月26—27日，南斯拉夫方面的主要发言人是贝戈维奇。

谈话内容分为两部分。第一部分是回答对方事先用书面提出的有关中国革命和建设的6个问题以及他们临时提出的一些与此有关的比较具体的问题。第二部分是交谈南斯拉夫共产主义者联盟的路线及其政策问题。

第一部分谈话不甚重要，故从略。

在第二部分谈话中，主要环绕着下列3个问题：（1）关于苏联同南斯拉夫关系与南斯拉夫建设社会主义问题；（2）关于美国与南斯拉夫的关系问题；（3）关于中国同南斯拉夫的关系问题。

第一，关于苏联与南斯拉夫关系与南斯拉夫建设社会主义的问题。

他们认为，1948年南斯拉夫同社会主义阵营分裂，主要是由于苏联同南斯拉夫在国家关系上搞坏了，而不是由于南斯拉夫领导者思想路线的错误造成的。他们认为情报局决议所根据的绝非事实。他们说，当情报局决议发表后，南斯拉夫的党进行了讨论，但讨论时拥护情报局决议的仅是少数。他们还说，自决裂以后，南斯拉夫的政权始终在工人阶级和农民手中，并努力在建设社会主义。

对于他们的上述说法，我们给予了适当的批评。我们首先指出，把1948年事件归结为国与国的关系问题，而不是思想原则问题的看法是不正确的，因为共产主义大家庭团结的基础，首先就是建立在思想的一致性上。正由于南斯拉夫在思想路线的许多问题上违背了马列主义原则，才引起情报局的批判。共产党人在接受批评时应该采取郑重的、欢迎的态度。在国际援助和苏联援助中，最宝贵的就是思想援助，所以情报局的批评按理说应该产生好的结果，但结果却不好。从结果不好这一点看来，情报局的批评，可能在方式上有缺点，但这个决议的原则本身我们认为是正确的。7年来的历史证明了这个决议的正确。因为在这7年中，南斯拉夫背离马列主义观点的地方不是减少，而是增多了。

例如南党机关报《战斗报》认为现在世界一体，任何国家都无基本区别，即没有一个纯粹的资本主义国家，也没有一个纯粹的社会主义国家，两大阵营是人为的、多余的划分。我们指出，如果按照这种说法，那么英、美也有社会主义，苏联也有资本主义；同时把两大阵营的划分说成是"人为的"，"多余的"，而不是社会现象，不是客观历史发展结果，这种观点与马列主义有什么共同之点呢？如果用这种观点去影响人民，那么，人民对于建设社会主义还有什么兴趣、什么信心呢？

又例如在今年1月的《战斗报》上连载的一篇重要的指导性文章，就把无产阶级专政的国家政权说成是官僚主义的源泉，认为"无产阶级专政国家不能建成社会主义关系本身"，这种说法是完全否认了无产阶级专政，否认了无产阶级政权的民主专政性质和它的建设社会主义的重要职能。

这篇文章还认为"南斯拉夫共产主义联盟不是一个政党"。当然，这是与列宁的建党原理相违背的。

这篇文章还指出南斯拉夫"企业在它的活动中是独立的，它在市场上可以自由竞争"。当然这种观点是与社会主义计划经济原理相违背的，如按自由市场的法则去管理经济，结果必然导向资本主义。

我们指出，上述这些错误的理论，不可能在党员和人民中培养社会主义的思想、情绪和风气，只能培养资产阶级的思想、情绪和风气。

我们还指出，在对待国际援助问题上，应该珍视苏联援助的意义。我们列举了苏联对中国革命的各种援助来证实毛泽东同志的下列一段话："在帝国主义存在的时代，任何国家的真正人民的革命，如果没有国际革命力量在各种不同方式上的援助，要取得自己的胜利是不可能的，胜利了，要巩固，也是不可能的。"我们指出，国家与国家之间，党与党之间，因彼此具体情况不同，总会存在一些问题，但从国际主义观点来处理我们大家庭的问题，就容易解决，如果从民族主义观点出发，就弄不好。我们觉得南党对苏联及人民民主国家，在国家与国家的关系上，党与党的关系上，犯有民族主义的错误。

最后，我们又指出：在南斯拉夫目前仍有建设社会主义社会的良好基础，南斯拉夫公共财产是保存下来了，南斯拉夫党一再声明自己坚持社会主义的道路，南斯拉夫人民具有建设社会主义的热情和愿望，这是一种可喜的现象。但要建设社会主义，就要批判各种违反社会主义原则的错误思想。

他们在听了我们的上述意见后，就对我们所指出的事实作了一些解释和辩护，并声称南斯拉夫是在建设社会主义。他们说，把无产阶级专政政权说成是官僚主义的源泉，可能是把卡德尔的文章翻译错了，他根据马克思的话说过无产阶级专政可以产生官僚主义。他们说关于企业的自由竞争，乃是指执行一定的计划范围内的自由竞争。他们说南斯拉夫也重视国际援助，但当时只笼统地说苏联红军解放了南斯拉夫，不谈南斯拉夫自身的内部因素，他们认为是不对的。关于《战斗报》评论两个阵营问题的社论，他们说，这一社论发表后也有争论，但这篇文章的基本思想南党中央是同意的，这个思想就是积极发展各国间的合作，不管社会制度如何。他们说，即使在资本主义国家的社会民主党中，也有要求社会主义的成分，如英国工党中有许多人是想着怎样才能从资本家中夺得更多的东西。把两大阵营截然划分开不好。最后，他们又说，在建设社会主义方面，他们是站在马列主义原则上来建设社会主义的，但马列主义只规定一般原则，未给各个国家规定具体道路，南斯拉夫解放后的第一阶段，在国家形式上走的是苏联道路，但以后他们说发现别的道路更好些，于是就选择了别的道路；生活证明这种选择是对的。他们说对于马克思主义的解释，列宁是对的，但斯大林就不对，而且各国工人阶级各国党都可以发挥马列主义，对马列主义解释，不能由一个党来垄断。

对于他们的这种看法，我们表示了反对意见。我们指出，目前世界上存在着两种不同的社会制度和两种不同类型的国家，这是毋庸置疑的事实。不同社会制度的国家可以和平共处，反对把世界分成军事集团，这是不成问题的，但这是两个不同性质的问题，不可混为一谈。作为共产主义者，作为共产党当权的国家就必须问一问自己究竟属于哪一个阵营，如果连这个问题都不敢回答，那么对于社会主义事业怎能抱有坚强的信心呢？我们中国共产党人就从来不讳言我们是属于以苏联为首的社会主义阵营的。至于说到垄断马列主义的解释问题，这样说法我们是不能同意的。对马克思主义是有各种各样的解释，有普列汉诺夫、考茨基的解释，有列宁、斯大林的解释。我们还知道西欧国家的社会民主党的右翼领袖也讲马克思主义。但是，只要看看他们如何对待无产阶级专政，如何对待苏联，如何对待阶级斗争，等等，就可以知道这些社会民主党的右翼分子早已背叛了马克思主义，他们讲的是假马克思主义。苏联共产党是世界各国共产党的模范，它的马克思主义水平与修养比其他任何国家的党要高得多，我们应该好好地向苏联学习。向他们指出，马克思、恩格斯、列宁、斯大林的名字是不可分的，他们对于斯大林的说法是错误的。至于他们说到苏联过去不以平等的态度对待南斯拉夫的问题，我们告诉他们说，同是一个苏联，中国和十几个人民民主国家在同它的关系上，都不感觉到苏联对待他们有什么不平等的问题，唯独南斯拉夫有这种感觉，这难道是马列主义？因此我们觉得南党内部思想上有混乱，应从思想上找原因。认识苏联和苏联共产党的伟大作用，是全世界工人阶级的重要问题。

关于今后的南苏关系，我们表示希望南斯拉夫能重返共产主义大家庭中来，至于过去的问题，苏联会说他们要说的话，但我们至今还没有听到南党说过合乎实际情况的话，中共觉得南斯拉夫总是把责任推在苏联身上，好像自己没有责任，这是我们不相信的，所以建议他们慎重考虑一下。

第二，关于美国同南斯拉夫的关系问题。

他们被迫承认美国是执行帝国主义政策，并说欧洲大多数人并不愿跟美国走，欧洲广大人民特别不喜欢美国在欧洲搞军事基地。关于美南关系，他们也认为美国对南斯拉夫是有帝国主义野心的，但南斯拉夫遵循了三个原则：（1）保持南斯拉夫独立；（2）建设社会主义；（3）美国不能干涉南内政。所以美国在南斯拉夫的野心阴谋并未得逞。

对此我们会提出下列两个事实问他们。第一，1951年11月4日美国与南斯拉夫签订了美国对南军事援助协定，协定中规定"南斯拉夫须为自由世界的防卫提供南斯拉夫人力、资源能力"；第二，南斯拉夫没有公开地申斥过美帝国主义，但南党第六次代表大会决议却说"苏联是新的侵略的帝国主义势力"，这些应作如何解释？他们说记不得有军事援助协定，但南斯拉夫接受过5亿以上的美元军事援助可能是事实，因为南斯拉夫需要美国武器，也曾说过在联合国范围内，某国家受到侵略时将给予帮助。至于说苏联是侵略国，那是1952年的事，现在情况变了。

我们指出，所谓在联合国范围内承担义务，实际上就是对美国承担了义务，这与上述军事援助协定的条文所说，实际上是相同的，现在美国垄断着联合国，这是众所周知的事实。我们还指出，南斯拉夫与希腊、土耳其缔结三国军事联盟一事，引起了中国人民的深切注意，因为这个条约实际上把南斯拉夫和北大西洋公约连接起来了。我们提醒他们说，对于美国，我们中国人是十分了解的，因而我们对南斯拉夫同美国的关系，不能不表示深切的关怀。他们对于这个问题，极力表示他们也了解美国，不会上美国的当。关于侵略的问题，我们指出，侵略是资本主义发展到帝国主义时代的产物，以美国为首的帝国主义营垒才是世界的侵略者，说社会主义制度会产生侵略是完全错误的。最后他们表示现在希望改善苏联同南斯拉夫之间的关系。

第三，关于中国同南斯拉夫的关系问题。

他们表示，希望中南两国关系能有好的发展，希望中国多多派人到南斯拉夫各地去，什么都看看，可派政治、经济、管理、计划各部门人去，南斯拉夫对中国门户开放。也可以交换资料。他们还说，南斯拉夫对中国历来是很友好的，只是过去没有发展友好关系的条件。

我们说，彼此增进了解很有益处，我们也希望南斯拉夫多派些人来，南斯拉夫的党也可以派人来。交换资料可考虑。对于过去南斯拉夫在联合国支持中国和中国关于台湾的权利问题的立场，我们表示感谢。最后我们坦白地告诉他们说，过去南斯拉夫向中国提出建交，我们未答复，这是因为当时南斯拉夫同苏联和人民民主国家关系很坏的缘故。我们说，中国在过去、现在、将来以至永久，都是同苏联站在一起的，对于一切国际重大问题，不可能设想中国会同苏联采取不同的态度。去年艾德礼来中国访问时，曾批评我们和苏联"一个腔调"，我们回答他说，这是一种社会现象，莫斯科和北京相隔甚远，但因思想共同，目标共同，故能一个腔调。艾德礼又曾称赞中国与苏联不同的地方，我们回答他说，中国比苏联落后得多，需要采取适合具体情况的步骤和方法，但是中国走向社会主义的道路和原则都是同苏联一样的。总之，艾德礼批评我们的正是我们好的地方；艾德礼赞扬我们的正是值得我们警惕的地方。在我们大家庭里，希望包括南斯拉夫在内，应保持一个腔调，但今天我们谈话还不是一个腔调，希望将来能有一个腔调。

最后，他们表示这次谈话很有益处，因为从谈话中知道了中国同志的意见，并且很了解这些意见就是中国党的意见。

РГАНИ. Ф. 5. Оп. 28. Д. 342. Л. 207 – 236.

H. 索洛多夫尼克就"南斯拉夫和西方各国对苏南谈判结果意义的评估"给鲍·尼·波诺马廖夫的信

（1955 年 7 月 7 日）

鲍·尼·波诺马廖夫同志：

呈上苏联外交部情报委员会提出的"南斯拉夫和西方各国对苏南谈判结果意义的评估"报告副本。

附件：22 页。

H. 索洛多夫尼克

1955 年 7 月 7 日

副本

绝密

第 22 号

南斯拉夫和西方各国对苏南谈判结果意义的评估报告

苏南谈判和 1955 年 6 月 2 日苏联和南斯拉夫政府发表的声明，在南斯拉夫和西方各国被认为是一个具有重大国际意义的事件。

资本主义各国统治阶层的代表人物和反动报刊在苏南谈判进行的过

程中以及在谈判结束之后，都曾试图将这些谈判作为加剧反苏宣传的口实而加以利用。他们特别是认为这些谈判似乎能够"削弱苏联的威信"，"使苏联方面作出重大让步"。另外，在南斯拉夫和西方各国出现的对于苏南谈判结果的评论中，在主要国际问题和整个国际形势方面，一些关于谈判对南斯拉夫政府立场的影响的言论还是值得注意的。

1. 关于南斯拉夫和社会主义阵营各国间的关系问题

南斯拉夫政府的官方代表和南斯拉夫的报刊在评论苏联政府和南斯拉夫代表团之间的谈判结果时，承认这些谈判对于继续改善两国间的关系、协调尚未解决的问题是有很大意义的。他们同时还强调指出，苏南谈判结果对于巩固和平、缓解国际紧张局势的事业作出了重要贡献。南斯拉夫的官方人士在和西方大国代表接触中的言谈也是这个精神。

1955年6月6日，南斯拉夫外交事务副国务秘书普里察，根据非正式消息，在贝尔格莱德对三个西方大国的外交代表说，南斯拉夫对同苏联代表团的谈判事实本身和谈判结果是满意的。普里察进一步向西方大国的代表透露说，南斯拉夫政府认为，苏联政府目前正在致力于巩固和平，力争"对西方大国奉行富有诚意的政策"。普里察强调说，南斯拉夫领导人有一种看法，认为苏联确实担心来自美国方面的侵略，因此他们反对武装西德。普里察还认为，苏联在不放弃自己原则立场的同时，准备和西方大国就一系列国际问题达成协议。普里察声称，西方大国出于自身利益的考虑，应该支持苏联希望达成妥协的愿望。至于南斯拉夫同意苏联代表在苏南谈判中提出的某些建议，这些建议在苏南共同声明中已有所表述。

1955年6月24—27日在贝尔格莱德召开了西方三大国大使和南斯拉夫政府代表的会议；出席会议的南斯拉夫代表还是普里察，正如他6

月28日在贝尔格莱德对苏联大使所说的话,他说,南斯拉夫政府认为,"苏联真心地希望和平,必须支持它在这方面所采取的措施"。

南斯拉夫其他一些代表的言论让人有理由相信,苏南谈判后,南斯拉夫政府有意和苏联在联合国建立合作关系。

如是,据非正式消息,1955年6月15日,希腊常驻联合国代表向本国外交部通报了关于和南斯拉夫常驻联合国代表布里列伊谈话的内容,说布里列伊对希腊的代表说,如果苏联的立场是"积极、有效的话,南斯拉夫将支持苏联的这种态度"。

1955年6月19日,南斯拉夫外交事务国务秘书波波维奇在旧金山和维·米·莫洛托夫同志的谈话中,对于苏联代表团向联合国秘书长哈马舍尔德表示,要在联合国纪念会结束时必须以某种形式对通过一个关于和平与国际合作的总宣言的意愿持积极支持的态度。

同样,值得注意的还有另外一个事实,1955年7月7日,南斯拉夫国防事务国务秘书戈什尼亚克告诉苏联驻贝尔格莱德大使,说南斯拉夫人也认为必须走苏南军事合作的路线,不过"此事不必操之过急"。

1955年6月1日,南斯拉夫杂志《国际政治》刊登了一篇《谈华沙条约》的文章。文章中有一个观点,好像是说华沙条约在某些方面和北大西洋公约有相似之处。文章同时强调说,华沙条约的签订不会加剧国际紧张局势;华沙条约和北大西洋公约不同,它允许所有的欧洲国家都加入进来,而且将关于组建东德武装力量的问题,推后到较晚的时候再解决。文章指出下列事实具有很重要的意义,即华沙条约签字国宣布,在欧洲建立集体安全体系的情况下自己准备放弃这一条约。应该指出,以前,在苏南谈判之前,南斯拉夫报刊一向就社会主义阵营各国有意采取措施,在批准巴黎协议的情况下加强自身的安全曾提出过非常尖锐的否定意见,特别是在评论1954年12月召开的莫斯科八国会议结果的时候当时的语气非常敌对。

南斯拉夫报刊非常关注有关加强苏南经济联系的问题。

南斯拉夫政府对同社会主义阵营各国进行贸易很感兴趣,看来它寄希望于最近期间能够大大扩大这种贸易,不过不能损害自己和资本主义各国的经济联系。

同时应当指出,南斯拉夫报刊对于苏南政府能够通过谈判达成协议,"采取必要措施,消除两国经济关系中的违反正常商务条款所产生的后果,赋予了特殊的意义"。正如西方各国报刊认为的那样,说南斯拉夫政府有意以"补偿"的方式从苏联获取4亿多美元。

虽然在谈判前的准备期间和谈判进行当中,南斯拉夫报刊一再强调,以后南苏两国关系能够而且应当建立在绝对国与国的基础之上,但尽管如此,谈判结束后,南斯拉夫报刊还是从正面评价了苏南声明的相关条款,即苏联和南斯拉夫政府通过实际接触、交流社会主义经验和自由交换意见的方式,宣称自己是同意支持和协助两国社会组织的合作的。如是,1955年6月8日的《战斗报》①写道:

"南苏共同协作,在平等基础上不断发展的交流社会主义经验的活动,只能对社会主义事业与和平有益。

这种交流对于我们在继续构建各种社会关系所做的努力是非常有利的,无论是在南斯拉夫,还是在苏联和东欧各国都是有好处的,同样,这种交流对全世界的工人运动,对社会主义力量和世界社会主义发展都是非常有利的。"

据非官方材料,南斯拉夫外交事务副国务秘书普里察1955年6月6日在和几个西方大国的外交代表谈话中证实,南斯拉夫政府认为,在遵守平等和不干涉内部事务的条件下,苏联和南斯拉夫的政治组织间建立

---

① 《战斗报》——南斯拉夫社会主义劳动者联盟的中央机关报,是党和政府的基本报纸。

相互联系是有好处的。

此外，1955年6月8日《战斗报》的那篇文章还强调说：

"交流社会主义的经验，自然就意味着要进行善意地、具有建设性地自由批评。批评是真正交换意见和经验的必不可少的组成部分。"

南斯拉夫政府个别一些代表认为，交流社会主义的经验应该用于强化南斯拉夫在人民民主国家的地位。因此他们非常关注下列一些报道。

法新社1955年5月14日曾报道说，南斯拉夫外交事务国务秘书科查·波波维奇5月13日在贝尔格莱德向西方各国的外交代表透露了将要举行的苏南谈判事宜，要他们注意这些谈判对人民民主国家将发生的"正面影响"，谈判证明"苏联不接受1948年提出的说它反对南斯拉夫的指控"。

根据非正式材料，1955年6月4日，在三个西方大国的驻贝尔格莱德大使会面时，英国大使罗伯茨说，南斯拉夫人原指望把苏南声明中关于文化合作的条款用于将来和人民民主国家签订文化合作协议的，这样便能够对这些国家施加自己的影响。

1955年6月8日，中华人民共和国驻南斯拉夫大使说，南斯拉夫领导人，包括兰科维奇和武克曼诺维奇，在跟他谈话中一再指出南斯拉夫建设社会主义的经验和苏联的经验是不同的，并在某种程度上竭力败坏苏联跟人民民主国家的共产党和工人党的实际关系，包括跟中国共产党的实际关系。同时，用伍修权的话说，他们有意强调中国共产党所取得的成绩和这样一个事实，即中国和南斯拉夫都是"靠自己的力量解放自己的国家的"。卡德尔和皮亚德在跟伍修权谈话中一再强调需要很长时间来彻底消除过去苏南关系中所产生的误会。

1955年6月初南斯拉夫驻捷克斯洛伐克大使韦沃达为一批捷克斯洛伐克外交部的工作人员和记者举办了一个午餐会，大使在午餐会上散布说："每一个国家建设社会主义都将走自己的道路"，"资本主义现在已经不是像列宁以前写《帝国主义是资本主义的最高阶段》一书时的那个样子了"，"资本家向往和平，他们明白，对于他们来说，让位给社会主义的时候已经到了"；韦沃达说了许多粗暴攻击苏联的话，对美国的政策大加赞扬。他强调说，南斯拉夫共产主义联盟正在加强同英国工党分子和斯堪的纳维亚各国的社会民主党人的联系，而且它不认为有必要支持那些国家的共产党，因为它们在那里已经得不到广大工人阶级的支持。

1955年6月中旬，韦沃达在欢迎南斯拉夫工会代表团的招待会上用同样的精神发表了讲话。

1955年6月初，南斯拉夫驻捷克斯洛伐克大使馆随员斯肯吉奇在和捷克斯洛伐克一家报纸的记者谈话时坚持认为"南斯拉夫在自身的发展中已经超过了苏联"，因为在南斯拉夫"已经没有国家机器和官僚主义了"。

西方国家统治集团本身是希望利用苏南谈判的结果的，其目的是要实现自己破坏社会主义阵营各国的团结。

这方面很能说明问题的是，资产阶级报刊在评论苏南谈判时对于谈判结果对人民民主国家的今后的发展和社会主义阵营各国相互关系的影响给予了特别重要的位置。

资产阶级带有倾向性地认为，既然苏联在苏南谈判中正式声明说"社会主义发展的内在机制、社会制度差异和具体形式不同的问题完全是各个国家人民的事"，那么各人民民主国家似乎就可以出现"更多的独立自主"，甚至拒绝加入社会主义阵营。例如6月4日法新社就发了一则自己的外事政治记者的报道，题名《莫斯科容许铁托的倾向》，报道说：

"美国的权威人士认为,这种退让的政治后果,从理论上说,很可能对于多少有些遥远的未来而言显得非常重要。中欧和东欧各国它会导致维护政治独立和经济独立运动的加剧,之前莫斯科一直是压制的。"

据"美国之音"报道,1955年6月2日,美国中央情报局领导人艾伦·杜勒斯也说过这样的话。

1955年6月6日,美国的《纽约时报》刊登一篇文章,公开呼吁西方大国在鼓动人民民主国家脱离社会主义阵营方面加大努力。文章说:

"其实西方大国完全可以继续巩固铁托元帅所展现的独立性,以便鼓励其他苏联人争取哪怕是同样的民族独立,同时还要考虑这样做可能对苏联集团所产生的影响。"

因此,美国驻匈牙利公使拉弗达尔对匈牙利政界在扩大美匈经济和文化联系方面的研究观察引起了人们的注意。

为1955年6月中旬举行的会议,美、英、法的专家工作组在纽约为这次四大国政府首脑会晤预先做了准备;法国代表说,法国外交部认为,眼下,在苏南谈判之后,西方大国应该"为人民民主国家推行独立政策撑腰打气"。为此——法国代表声称——必须和人民民主国家的领导人建立联系,改善和这些国家的政治、经济和文化联系。他补充说,英国政府看来也支持这种观点,因为最近英国外交部指示英国广播公司(BBC)在对人民民主国家的广播中要强调根据每个国家的具体条件进行不同形式的社会主义建设的可能性。

西方大国报刊就苏南谈判结果可能影响人民民主国家局势的问题所展开的宣传炒作,看来和美国统治阶层的意愿是紧密联系的,美国人有意将这一所谓"改变东欧各国有限自由的问题"提到即将召开的四大国首脑会议上来。

2. 关于南斯拉夫和资本主义阵营各国关系的问题

南斯拉夫代表们的正式发言和官方言论都表明南斯拉夫有意在完全平等的基础上继续支持甚至扩大和西方国家在政治、经济和文化领域的合作。南斯拉夫政府的代表和媒体还声称南斯拉夫继续希望得到美国的经济和军事"援助",准备就这个问题进行谈判。

与此同时,南斯拉夫政府现在比以前更加坚定地强调指出,南斯拉夫同西方国家的关系在任何情况下都不应该涉及它的独立与主权。南斯拉夫媒体最近几星期根据苏南公报的相关条款批评西方大国建立军事集团的政策,特别是批评了北大西洋联盟组织。

然而,南斯拉夫的代表,像往常一样,就必须取缔北大西洋联盟这一侵略集团任何官方声明都未曾发表。因此,有一个值得注意的事实是,根据非正式材料,南斯拉夫总统首席秘书维尔凡1955年6月初在和英国驻贝尔格莱德大使罗伯茨的谈话中声称,南斯拉夫政府近期无意要取缔北大西洋联盟,然而它希望随着国际紧张局势的缓和逐步取消这一组织。

1955年6月24—27日,三个西方大国驻贝尔格莱德的大使和南斯拉夫的代表举行了会议,会议公报包含有各国有权承认"依照联合国宪章的自卫和集体安全"的条款。据南斯拉夫外交事务副国务秘书普里察1955年6月28日在和苏联大使的谈话中所说,公报中的这一条是根据西方三个大国大使的提议写进去的。外国媒体分析说,公报里的这一条款证明南斯拉夫政府是承认北大西洋联盟的存在是"合法的"。而且按照普里察的话说,三大国大使一再坚持要在公报里写上赞同建立"地区联盟"的条款的,然而南斯拉夫政府拒绝了他们的这一提议。

苏南谈判的结果在西方大国集团参加国的统治阶层中引起了一定的不安，因为他们认为谈判结果既可能对南斯拉夫与这些国家的关系产生影响，也可能对北大西洋公约集团在东南欧和地中海的战略地位产生影响。苏南公报所包含的反对建立军事集团的政策的条款尤其让西方大国感到不满。

根据非正式材料，在 1955 年 6 月 4 日，西方三大国的大使会议和在希腊与土耳其的会议上，美国大使里德尔伯格的意见认为，公报的这一条款"和北大西洋公约组织的政策是相矛盾的"。从这个观点出发，土耳其大使阿克塞尔表示同意，他认为公报的这个部分是在削弱"西方的"防线。

苏南谈判后美国报刊有文章对南斯拉夫政府有意奉行对苏联的"友好中立"政策可能削弱"北大西洋公约组织的防备"表示了担忧。

对于巴尔干联盟，南斯拉夫在苏南谈判后更加果断强调巴尔干联盟和北大西洋公约组织类型的军事集团的不同了，同时也更加强调巴尔干联盟参加国之间的合作发展，首先是经济、文化发展方向的合理性了。同时还指出，苏南谈判后巴尔干地区的战争危险消失了。例如南斯拉夫的《星报》① 1955 年 6 月 8 日在分析评论苏南公报的编辑部文章中写道：

> "该公报首先对南斯拉夫和巴尔干地区是有意义的，因为它意味着世界这一地区对和平的危险结束了，建立正常贸易状况的合作开始了。毫无疑问，这将是对和平事业的重要贡献。"

外国报刊预测，如今，在苏南贝尔格莱德谈判之后，西方大国不仅不能再寄希望于南斯拉夫加入北大西洋联盟，而且也不能指望南斯拉夫

---

① 人民解放战争参加者联盟委员会机关报。

会同意巴尔干和北大西洋联盟之间建立军事合作关系了。1955年6月24日南斯拉夫政府代表普里察在贝尔格莱德和西方三大国大使会晤时的声明就是明确的证明，他说："如果说南斯拉夫在自己困难的时候都反对加入、反对和北大西洋公约之类的集团进行合作的话，那么现在进行这种合作就完全没有道理了。"

苏南谈判后巴尔干联盟各国出现了新情况，各国间的军事合作可能被削弱，这引起了西方大国的严重担心。

反动报刊，特别是在土耳其和意大利的报刊，在苏南谈判期间和谈判结束后写道，谈判意味着"巴尔干联盟的终结"。土耳其报刊甚至建议组建以土耳其、希腊和意大利为成员的新的军事集团以取代巴尔干联盟。

根据非官方材料，希腊统治阶层中流传一种"巴尔干联盟无用论"的说法，原因是南斯拉夫打算对苏联推行一种"善意中立"的政策。

与此同时，南斯拉夫政府似乎暂时并不打算完全拒绝在巴尔干联盟的框架内跟希腊和土耳其的军事合作。下述事实可以证明这一点。

1955年5月23日到6月1日，以佐瓦斯将军为首的希腊总参谋部代表团访问南斯拉夫。该代表团同铁托和南斯拉夫政府与南斯拉夫军方其他领导人进行了会谈。与此同时，还有一个苏联政府代表团在南斯拉夫访问，两个代表团同时访问南斯拉夫这件事被外国媒体视为南斯拉夫政府有意在一定程度上在巴尔干联盟框架内继续进行军事合作的表现。佐瓦斯将军回到希腊后声明说，"南斯拉夫的高层军事领导人对于南斯拉夫和希腊进行合作的必要性充满了信心。"

1955年6月6日，南斯拉夫外交事务副国务秘书普里察在贝尔格莱德接见了几个西方大国的外交代表，据非正式消息，要求他们一定相信南苏关系改善不会导致南斯拉夫——希腊——土耳其三方联盟的削弱。

1955年6月9日，希腊《论坛报》发表了南斯拉夫外交事务国务秘书波波维奇回答了对该报记者的问题。波波维奇在回答中再次强调南斯拉夫在巴尔干联盟框架内发展全面合作的愿望,声称必要时南斯拉夫将"切实履行在布莱德所签条约的条件"。

1955年6月27日关于美、英、法大使和南斯拉夫代表的会议结果公报明确指出了"巴尔干联盟各领域发展良好的合作关系"。普里察告诉苏联驻贝尔格莱德大使,说公报中的这句话是南斯拉夫政府提议写进公报中去的。

上面引述的南斯拉夫政府代表们的声明——表示他们并非有意拒绝参加巴尔干联盟——稍微缓解了希腊、土耳其和西方大国统治阶层对苏南谈判结果的不满情绪,但似乎并未消除对南斯拉夫政府的不信任态度,因为还要考虑到南斯拉夫人反对在巴尔干联盟和北大西洋联盟之间建立军事联系的态度。

意大利统治阶层根据苏南谈判的结果,竭力宣传鼓动将驻奥地利的美军往意大利调派。在这方面,1955年6月4日意大利政府的报纸《信使报》下面半官方声明是非常典型的:

"如果铁托转入另一个阵营,或者选择了绝对中立的道路,那么毫无疑问,将美军调往意大利北部,在南斯拉夫边界线筑起防务,这一想法看来最终能占上风。"

苏南谈判的结果引起西方国家集团当事国统治阶层的不满,他们对南斯拉夫政府更加不信任了。与此同时,西方各国政府认为苏南谈判结果就意味着对西方而言南斯拉夫暂时不可能被看作是"完全迷失的国家了"。

大多数外国评论者都是这个意思,他们关注的问题主要是:

第一,苏南谈判是在国与国而不是党与党的基础上进行的,按照这些评论者的意思,这说明南斯拉夫领导人不希望和苏联建立紧密的关系。

第二，苏南谈判的公报因经济、政治和意识形态性质的原因确定了不干涉其他国家内部事务的原则，上述评论者认为，这说明苏联认同南斯拉夫的权利，继续支持与西方大国保持紧密的关系。

美、英、法政府的代表从自己这方面发表声明说，决不允许南斯拉夫和社会主义阵营各国的关系继续走近。例如，美国国会代表塞登姆1955年6月4日就发表了下列声明：

> "国会很满意苏联明显赞同南斯拉夫独立自主的表示，这一态度表现在前不久在贝尔格莱德结束的南苏谈判的公报之中。美国政府一贯支持南斯拉夫维护自己独立的果敢与成功的努力。"

1955年6月8日，美国总统分管裁军的专门助理史塔生声明说，虽然苏军政府代表团访问了南斯拉夫，但"南斯拉夫仍然完全独立于共产党情报局和共产主义集团"。

1955年6月4日，英国外交部的代表在记者招待会上声称"南斯拉夫政府在南苏谈判中得到了比维护自己立场更多的东西"。

法国外交部部长比内1955年6月15日声明说，"贝尔格莱德谈判丝毫不应该改变南斯拉夫和西方大国现有的关系"。

根据现有信息资料，美国政府正是出于不许南斯拉夫继续拉近和社会主义阵营各国关系的目的才特意继续向南斯拉夫提供经济和军事"援助"的。

众所周知，1955年6月30日，美国国会众议院赞成通过了援外法案，其中包括对南斯拉夫的援助，虽然许多众议员坚持要缩减对南斯拉夫的后续援助，他们这样做的原因是严重怀疑南斯拉夫对西方大国立场的态度不真诚。

显然，美国人比以前更加坚持要根据南斯拉夫方面所承担的特定政治责任对给它的"援助"企图施加条件限制。第一个图谋是在1955年6月24—27日在贝尔格莱德召开的西方三大国大使和南斯拉夫代表的会议上采取的。正如南斯拉夫外交事务副国务秘书普里察对苏联驻贝尔格莱德大使所说,美国大使里德尔伯格建议这次会议要具体讨论与南斯拉夫军援有关的问题,为此还邀请了美国军援委员会主席海恩斯将军亲自与会。然而,用普里察的话说,他没有采纳里德尔伯格的这一建议;他说南斯拉夫是一个独立的国家,它不会让自己的外交政策取决于外国给不给军事援助。普里察强调说,军事援助的问题应当通过外交渠道而不是在这样的会议上进行讨论,这里只研究讨论国际形势和南斯拉夫与西方国家的普遍问题。

3. 国际问题

德国问题。还在苏联政府代表团到达南斯拉夫之前,西方国家的政治阶层已经感到很是不安,他们担心南斯拉夫政府在苏南谈判中对德国问题会采取明显有悖于西方大国计划的立场。特别是资产阶级报刊表示说,南斯拉夫可能采取有利于德国中立化的态度。1955年5月19日,《斗争报》和《政治报》① 刊登文章驳斥诸如此类的推测。文章说,德国中立化的方案是"不现实的",是"有悖于南斯拉夫的积极共处的理念的"。

显然,这些文章的发表在一定程度上消除了西方大国统治阶层对南斯拉夫在德国问题立场上的担心。西方大国报纸上有消息说,南斯拉夫拒绝德国中立化的思想。苏南公报中写进了这样的词句,说双方都有"在民主基础上,在符合德国人民意愿和利益同样还有普遍安全利益的

---

① 《政治报》形式上独立,实际上是南斯拉夫政府的半官方的报纸,特别是在外事政策问题上。

情况下协商解决德国问题"。西方各国统治阶层认为这样的措词表明南斯拉夫政府和苏联在德国问题上的观点有了某种接近。根据非正式资料，在1955年6月4日贝尔格莱德美、英、法三国大使会晤期间，美国大使里德尔伯格声明说："公报中解决德国问题的条件……更接近于苏联的观点。"类似的意见在外国资产阶级报刊上也有，而且很多报纸要求南斯拉夫政府解释它使用这样的表述的含义。

这样的解释在1955年6月6日南斯拉夫《政治报》刊登的一篇题名为《药方》的编辑部文章中也很明显。文章指出，苏南公报中不包含任何具体解决德国问题的"药方"，因为如文章所说，"我们在南斯拉夫不知道这样的药方"。文章同时强调说，对德国问题这样的解决未必符合苏南公报的精神，要解决德国问题必须预先考虑到德国分裂的状况，只能在两个德国之间协调它们的关系。

文章接着表示，德国问题的解决只能在欧洲建立集体安全体系的道路上寻找，条件是必须逐步进行裁军。在这种情况下，文章指出：

"要排除利用德国反对任何一个集团的可能性。而这种可能性本身不可能对两个邻居施加压力，因为每一方都有整个欧洲的支持。"

《政治报》援引的对苏南谈判公报相关条款的"解释"明显带有降低西方大国统治阶层对上述条款的不满情绪的目的。

另外，南斯拉夫媒体以肯定的语气阐释了苏联政府1955年6月7日给德国联邦共和国的照会，强调该照会证明苏联政府在德国问题上有达成协议的意愿。

欧洲集体安全的问题。苏南公报所包含的有关希望"在欧洲集体安全体系条约基础上"建立欧安体系的提法，在西方大国那里被看作是南斯拉夫政府准备支持苏联的全欧集体安全体系计划的表现。使西方大国统治阶层感到特别不满的情况是：在苏南公报中，除了裁减武器和禁止核武器问题外，把建立欧洲集体安全体系的问题作为创造以和平手段解决德国问题相应的前提条件之一。众所周知，西方大国的官方立场，恰恰相反，其出发点是先要在"艾登计划"的基础上解决德国统一的问题，然后再研究整个欧洲安全的问题。

南斯拉夫媒体对这个问题的观点表达不甚清楚。一方面，南斯拉夫媒体支持在欧洲建立集体安全体系的想法，认为建立这样的体系是缓和国际紧张局势和不同社会制度国家和平共处的重要条件。另外一方面，针对西方大国，南斯拉夫媒体又强调支持在欧洲建立集体安全体系的想法并不意味着赞同苏联在这个问题上的建议。

《政治报》1955年6月4日在谈及苏南公报的有关条款时写道：

"问题不是说支持某个已有的具体的欧安计划，而是说必须通过谈判的方式去逐步解决德国问题，支持欧洲安全的想法。"

第二天，1955年6月5日，南斯拉夫外交事务国务秘书波波维奇在和几个美国记者的非正式谈话时声称南斯拉夫不认为达成集体安全条约的任务是当务之急；南斯拉夫认为，关于裁军、德国和安全问题的谈判应该同时进行，并行不悖。1955年6月6日法新社报道时援引"南斯拉夫官方人士"的话说，南斯拉夫所说的"欧洲安全"不是狭隘的地理概念，它将支持美国加入欧洲集体安全体系。

然而，有意思的是，就在那些天，1955年6月6日，《政治报》还刊登了一篇关于欧洲安全的文章；文章强调，在集体安全体系中所有欧洲国家都应该作为主权国家参与其中，而不是作为这一或那一集团的成员。

关于消除国际贸易中的歧视性问题。苏南公报中有一个条款专门规定，要"发展双边国际经济合作，在经济关系中消除给商品交换制造困难、阻碍世界和民族经济区域内生产力发展的一切因素"，这也引起了西方国家统治阶层的不满的，他们担心南斯拉夫政府有可能恢复向社会主义阵营国家出售所谓战略商品。

根据非正式材料，美国驻南斯拉夫大使里德尔伯格1955年6月4日在贝尔格莱德和西方各国大使会面时，对苏南公报关于南苏合作的条款同样会使用到战略性物资的交易非常担心。根据苏联驻伦敦大使馆的材料，英国外交部中旬告诉英国驻贝尔格莱德大使罗伯茨，说英国政府将采取措施，大幅减少英国对南斯拉夫出口自己所掌握的所谓战略商品，目的是不让这些商品转而出口到苏联。此外，1955年6月7日加拿大的报纸《新闻报》的文章也很有意思，它在分析苏南公报时写道：

"南斯拉夫的贸易必须考虑西方给它规定的禁止战略商品进出口限制，如果铁托还想继续得到西方援助的话。"

1955年6月8日《政治报》上的文章《世界分裂与国际政治》中就有这样的解释。该文所持的理由是，有利于国际贸易的发展，不受人工藩篱的限制。与此同时，该文还强调指出："南斯拉夫没有人"不"想"在最近可以消除这种藩篱。文章表达了这样一种观点，妨碍自由贸易发展的人为藩篱只有世界上在采取积极合作政策下创造了新的国际氛围的时候才能消灭。

关于恢复中华人民共和国在联合国合法席位的问题。苏南公报的相关条款规定，必须尽快就恢复中华人民共和国在联合国合法席位的问题作出决定，在西方国家政界，尤其是在美国和对南斯拉夫激烈否定的国家中做了解释工作。

南斯拉夫政府已经在按照苏南公报的上述条款采取了一些措施。比如，南斯拉夫代表在贝尔格莱德于1955年6月24—27日同三个西方国家的大使举行的会议上，就以政府名义发表声明强调，"必须为中华人民共和国恢复在联合国的合法席位"。

南斯拉夫报刊系统地刊登了材料,以捍卫中华人民共和国在联合国的合法席位。

台湾问题。苏南公报有一条款,反映了双方都支持中华人民共和国对台湾的合法权利,反映了对美国的强烈不满。

美国报刊以激烈的口吻写道,南斯拉夫对中华人民共和国该要求的支持,反映了"华盛顿官方和国会的某些失望"和"惊讶"。路透社华盛顿记者1955年6月2日也证实,南斯拉夫在台湾问题上的立场,强烈要求美国决策层停止其对南斯拉夫的军事援助。

1955年6月4日,《政治报》就这一问题对南斯拉夫政府的立场进行了说明,强调说,满足中华人民共和国对台湾的合法权利"应该不是靠力量和对和平的威胁,而是通过谈判的途径来实现"。报纸文章指出:

"现在双方都在努力实现临时的解决与和解。南斯拉夫欢迎并完全支持这种努力。当取得初步成绩时情况就会改善,届时彻底和平解决就会成为可能,也就是说,就能满足中国的合法权利。"

1955年6月末和西方三大国大使的会议上,南斯拉夫政府代表普里察声明说,"必须满足中华人民共和国对台湾的合法权利"。

接纳新成员加入联合国的问题。南斯拉夫政府主张按照苏南公报的相关条款行事,认为接受一切符合联合国宪章要求的国家加入联合国是完全合理的。1955年6月26日外交事务国务秘书波波维奇在联合国纪念大会表示接纳"一切尚不是联合国成员国的主权独立国家加入这一组织"。

南斯拉夫报刊支持苏联关于同时接纳申请加入联合国的提议,其中包括保加利亚、罗马尼亚、匈牙利和阿尔巴尼亚。

苏联外交部情报委员会副主席
H. 索洛多夫尼克
1955 年 7 月 7 日

РГАНИ. Ф. 5. Оп. 28. Д. 342. Л. 182 – 204.

赫鲁晓夫在苏共中央全体会议上的报告：
关于苏南谈判的总结

（1955年7月9日）

同志们！近年来苏共中央非常关注苏南关系、苏共和南共的关系。

苏共中央和苏联政府不能不提出这样的问题：南斯拉夫在过去同苏联保持着紧密和友好的关系，南斯拉夫领导人现在仍然宣称在他们的国家建设社会主义社会，在这种情况下，作为社会主义国家的苏联同南斯拉夫处于敌对的关系，这种状况在多大程度上是正常的呢？苏联和南斯拉夫今后是否有保持正常关系的基础？保持这种关系对谁是有利的——社会主义阵营还是帝国主义阵营？

目前的状况不能被认为是正常的，而我们也认为必须认真研究我们同南斯拉夫的相互关系问题，这种关系具有非常重大的国际意义。

1948年之前，苏联和南斯拉夫两国和两国人民之间都保持着友好关系，这种关系有着悠久的历史基础和深刻的根源。可以说，这种兄弟般的关系经常得到巩固和发展。

过去我们同南斯拉夫共产党有着非常紧密的关系，在苏联的帮助下英勇的南斯拉夫人民取得了反对德、意法西斯侵略的胜利。

战后我们两党和两国的关系更加巩固。但是后来被蒙上了乌云，我们之间的关系出现了裂痕并最终完全破裂。

无可争辩的是，苏南冲突不符合我们两国和两党的利益，不符合整个人民民主阵营的利益。而帝国主义则利用了这场冲突来达到自己的目的。

在同我们的友好关系破裂之后，南斯拉夫宣称将坚持马列主义立场并且不会在南斯拉夫恢复资本主义。尽管如此，美国和其他帝国主义国家开始支持南斯拉夫并赞扬其领导人的立场。他们给予南斯拉夫大量的经济和军事援助。

这说明，苏南分裂的深化、南斯拉夫离社会主义阵营渐趋渐远，我们的敌人企图利用这种情况在南斯拉夫恢复资本主义，使南斯拉夫完全脱离社会主义阵营。帝国主义者的盘算是：让南斯拉夫脱离社会主义阵营，以此来突破我们兄弟共产党的联盟，我们的联盟是和平、民主、社会主义的联盟，这种联盟的意识形态基础是同帝国主义国家作斗争。他们以此希望，引导其他人民民主国家走上南斯拉夫的道路，使他们脱离苏联。他们对南斯拉夫给予厚望，总是不断声称，铁托指明了一条"不屈服于"共产党情报局的道路，表现出了真正的独立自主，是其他党的"榜样"。他们做这一切的盘算是从其他过程当中寻找一些不坚定主义者并以他们表露的自尊、自私和功利主义倾向来刺激他们。

此外，美帝国主义者还有军事战略上的考虑。在南斯拉夫脱离社会主义阵营以后，他们盘算着把我们排除在地中海之外，建立起帝国主义国家统一战线。美帝国主义者致力于在西德、挪威、丹麦、比利时、法国、西班牙、意大利、希腊、土耳其和其他国家建立起针对苏联的军事基地就证明了这一点。他们也希望在南斯拉夫建立这样的军事基地。这样一来，美帝国主义者就在西部建立起了反对苏联的联合防线，正如他们所说的，他们需要这样的防线来"遏制"共产主义和把共产主义的势力"推回去"。

众所周知，美国是我们敌对阵营的总头子，而美国打算向潜在的"同盟者"提供自己的技术装备，在将来的战争中利用他们的力量和鲜血。南斯拉夫人民在同希特勒和意大利侵略者作斗争的过程中表现出了英勇，美国战争贩子们看到了这一点，他们认为南斯拉夫是在德国之后他们可以利用的反对苏联的重大力量。众所周知，战时南斯拉夫可以提供30—40个师的兵力。

所有这些状况我们都不能不关切，因为我们作为执政党，应当考虑的不仅仅是社会主义力量的组建，而且还应该考虑利用那些在意识形态问题上会同我们分裂、最终不会同我们走在一起的力量。我们必须要使这些力量不能成为反对苏联和社会主义阵营的力量。我们必须努力，如果不能使这些力量积极地站到自己一边，至少要使他们中立。我们面临着这样的任务。

对贝利亚-阿巴库莫夫团伙的揭露使我们了解到了关于南斯拉夫的一些问题的答案。完全有理由认为，这一团伙对苏联和南斯拉夫友好关系的破裂负有责任。贝利亚是国际帝国主义的代理人。正如现在所了解到的，贝利亚及其团伙通过摧毁我们党的干部和其他共产党来削弱革命力量。只要援引一下所谓的"列宁格勒案件"等案件就足够了。

由此现在还不能得出结论说，现在我们没有敌人了。正如现在所证实的，贝利亚一伙做了一切来破坏苏联和南斯拉夫的友好关系，使南斯拉夫脱离了社会主义阵营。这是由于这些原因，苏共中央有责任仔细研究这些问题，并寻求途径正确解决这些问题。

苏南冲突的持续有损于和平事业和社会主义事业，正是从这一点出发，苏联政府在两年前迈出了实现苏南关系正常化的第一步，并向南斯拉夫政府提出了关于互换大使的建议，来取代临时代办，1949年以来两国只设立了临时代办。我们的建议得到了积极的回应，而南斯拉夫人民也重新激起了同苏联改善关系的希望。在此之后，在苏共中央于1954年6月致南斯拉夫共产主义者联盟执行委员会的信件中提出了关于改善苏南政治、经济和文化联系，并在苏共和南共之间建立接触的问题。随后，经苏共中央和南斯拉夫共产主义者联盟执行委员会之间事先交换意见之后，双方就举行苏南高层会谈达成了协议。

……在贝尔格莱德我们被告知，战时南斯拉夫牺牲了170多万人，也就是全国人口的十分之一，看起来这是符合事实的。

苏联在极端困难的卫国战争年代给予南斯拉夫人民的革命解放斗争提供了力所能及的兄弟般的援助。

……同南斯拉夫人民军一起苏联军队在1944年10月解放了贝尔格莱德并帮助南斯拉夫把其所有领土从敌人手中解放出来。

此时，南斯拉夫新的民主政府同苏联之间已经确立了牢固的友好关系。1945年4月11日双方在莫斯科签署的友好互助条约巩固了这种关系。这一条约旨在反对德国军国主义的复活。

南斯拉夫加入了民主和反帝国主义阵营，并和苏联与人民民主国家一起就所有的对外政策问题和国际关系问题协调立场。战后南斯拉夫同苏联、阿尔巴尼亚、波兰、捷克斯洛伐克、保加利亚、匈牙利和罗马尼亚签署了友好互助条约。

后来，苏共和南共之间的关系急剧恶化，这在实际上导致了后来南斯拉夫同苏联和人民民主国家关系的破裂，也完全导致了后来南斯拉夫同国际共产主义运动的破裂。

我们全面研究了导致这种关系破裂的事实和状况，而后坚信，当时采取的那些极端措施是没有理由的，而这种关系的破裂本来是可以避免的。

这不意味着南斯拉夫和南共没有错误和缺点，为了南斯拉夫社会主义的发展，为了整个社会主义阵营的巩固，必须消除这些缺点和错误。

南斯拉夫领导人当时取得了一些巨大成就，与此同时南共领导人开始在关于党的作用问题、关于转折时期的阶级斗争问题等方面表现出小资产阶级的、非马克思主义的观点，当然，这种表现还只是处于萌芽状态。特别是一些南共领导人表现出了明显的民族主义倾向。这不仅给我党，而且还给兄弟党造成了一定的恐慌。

南共一些领导人由于自身马克思主义历练的薄弱，对自身在反法西斯斗争中的成就评价过高，特别倾向于提倡南斯拉夫走向社会主义的"特殊道路"。当时在南共的队伍中就有一些人，比如吉拉斯、基德里奇和德迪耶尔给党的队伍中带进与马列主义观点格格不入的思想。

但是南共领导人的这些民族主义倾向和个别错误被贝利亚团伙大肆宣扬。因此我党领导人得到了一些虚假的、有偏见的关于南斯拉夫状况的情报。由于这些虚假的信息，苏共中央在给南共中央的信件中进行了指责，比如指责南斯拉夫对苏联专家进行监视并为他们设立了令人不能容忍的工作制度。

这些指责有什么事实依据呢？

对苏联在南斯拉夫的专家进行监视，这完全是空想，因为没有任何重大的事实来证明这一点。

根据南斯拉夫的请求，我们多年来派遣了许多军事专家和民用专家到南斯拉夫工作，他们被分配在不同的部门。当然，在这些专家中也有一些人受的教育不够，在政治上不够成熟。其中的一些人的表现不得体，表现得高高在上、发号施令了，行事鲁莽，背着南斯拉夫领导人索要一些秘密情报，向南斯拉夫的一些部门下达任务。只要人民民主国家的朋友们向我们暗示这一点我们就把这些人召回。这些人没有正确了解自己的任务，其中的一些受到了处罚。南斯拉夫的同志们对此也很清楚。如果他们想赶走他们不需要的一些人，他们可以请求我们把这些人召回，这样就不会引起任何的冲突。这意味着他们没有必要跟踪我们的专家，这样的指责是没有道理的。

关于南共的民族主义错误，比如南斯拉夫企图控制阿尔巴尼亚。南斯拉夫领导人没有同苏联商量就把自己一个师的兵力派到了阿尔巴尼亚。当我们告诉他们，他们这样做将会引起国际局势的紧张，他们很委屈。

南斯拉夫领导人提出了组建以贝尔格莱德为中心的巴尔干联邦的主意。南斯拉夫领导人打算把联邦的领导权掌握在自己手中。我们不得不在1948年反对这一想法。

同时，把人们对自己的民族、对自己的国家的热爱归结为民族主义也是完全错误的。对社会主义祖国的热爱有利于我们整个社会主义民主阵营的巩固。但是有一些人，他们根据自己的意识形态或者是由于自身意识形态修养的不足，在对自己的民族、国家的热爱方面同共产党人持不同的立场。对于这些人应该进行教育，用马克思列宁主义的历史观和阶级斗争观使他们克服狭隘的民族主义情感。应该用无产阶级国际主义来教育这些人。因此，当时对南斯拉夫一些人表现的民族主义进行批判是正确的，在使他们改正错误的同时也不应该夸大南斯拉夫同志的错误，以致使两国的关系破裂，毕竟南斯拉夫人民对苏联怀着诚挚的爱。

我们应当成为经验丰富的领导者，应当作为一个伟大的列宁主义政党的代表耐心地向南斯拉夫同志解释他们的错误，坚持不懈地努力，以便消除产生的分歧。遗憾的是，当时没有这样做。

此外应该说，在我党和我国援助南斯拉夫进行新的社会主义建设的宏大事业中也存在一些不足之处，也犯了一些错误，这不能伤害南斯拉夫同志的民族主义情感。比如，关于我们在南斯拉夫的侦查工作。南斯拉夫领导人指责我们说，我们的侦查人员招募南斯拉夫公民为自己的机构工作。如果对这些指责进行客观分析，就应该承认，我们的许多侦查人员在南斯拉夫的行为确实具有破坏性，招募南斯拉夫公民，开展间谍活动，借助这些间谍机构来"修理"南斯拉夫领导人，通过收买手段从南斯拉夫的一些负责人得到秘密情报。

我们的间谍机构不仅在南斯拉夫，而且在所有的人民民主国家都开展这种活动，尽管他们对我们很友好并且不向我们隐瞒自己的秘密。

我见证了斯大林同哥特瓦尔德在 1948 年的一次谈话，当时斯大林在克里米亚休假。哥特瓦尔德对斯大林说："为什么你们的人要招募我们的人作间谍呢？为什么他们要窃取生产秘密、窃取特许证呢？如果苏联需要哪些秘密或特许证，那么，好吧，只要说一下我们都会给的，毕竟我们对苏联没有任何秘密。"

确实，从哥特瓦尔德对斯大林说的如下一段话可以看出，他在多大程度上把捷克斯洛伐克的利益同苏联的利益结合在一起。哥特瓦尔德对斯大林说："我请求，苏联的国家计划能否把捷克斯洛伐克的国民经济发展计划包含在一起，苏联在制定自己的发展计划时也为捷克斯洛伐克的发展制定出计划。"斯大林说，不适宜提出这样的问题。

当听说捷克斯洛伐克人在招募我们的侦察员时，斯大林非常愤怒，并要求中止这种行为。

在兄弟党内设立间谍机构，对这些兄弟党，主要是对这些兄弟党的领导人开展间谍活动严重伤害了我们同兄弟党和兄弟国家的关系。这当然会导致和他们的冲突。

应当说，我们对待铁托的一些行为非常粗暴和不得体。我们的一些领导人在同吉拉斯的谈话中说了一些反对铁托的话，吉拉斯自然会把这些话告诉铁托。在此之后，铁托还能非常相信对南斯拉夫采取的一些行动吗？在得知苏联间谍机构对南斯拉夫内政的干预后，铁托同志自然会认为，苏联领导人正在预谋针对他个人采取某种重大行动。

南斯拉夫领导人表示，对于苏联和英国在战争时期划分势力范围的做法他们非常不满。

由于不知道整件事情的内幕，南斯拉夫同志当然有理由抱怨了。在这种情况下应当让我们的朋友知道这样的事情，要让他们明白，在已经形成的局势下这样做是必需的，这样做具有政治合理性。

难道在成立联合公司这件事情上没有伤害南斯拉夫人的感情吗？苏

南在经过长期谈判以后成立了南苏多瑙河航运公司和南苏民航公司，这些公司的主要领导都是苏联人。我们在其他的人民民主国家也设立了这样的公司。

南斯拉夫得到了关于在共产党情报局例行会议上讨论南共局势的建议。在正常情况下讨论这一问题当然具有积极的意义。战后，一些国家的共产党成了执政党。历史上的这种转变就特别地提出了他们对国家和人民进行正确的领导问题，把自己的民族利益同整个社会主义民主阵营的利益结合起来。因此，在共产党情报局会议上讨论南共问题是有益的，对其他共产党也具有教育意义。

1948年6月举行的共产党情报局会议通过了《情报局关于南斯拉夫共产党情况的决议》。我们现在仍然认为，在关于南斯拉夫共产党活动的一些原则问题上这份决议的批判是正确的。我们想改正南共中央的错误，这没有什么不好的。不进行这种原则性的批判就不能捍卫马列主义思想的纯洁性。就此应当指出，在共产党情报局第一次会议上南斯拉夫共产党代表积极参与了对法共和意共的批评，并认为这是正常的事情。

如果表现得更有分寸一些，更有耐心一些，更加认真一些，那么就南斯拉夫共产党思想问题进行的原则批评就会被南斯拉夫领导人接受，那么这将会有益得多。在进行批判的同时，在共产党情报局的决议中还包含了一些毫无根据的指责：指责南斯拉夫人迫害苏联在南斯拉夫的专家，监视他们的活动，并得出了一些错误的结论。共产党情报局的决议还表示，坚信南斯拉夫共产党内的健康力量会迫使他们的领导人改换政策或更换领导人。这实际上是在号召南斯拉夫共产党员和南斯拉夫人民起来推翻南共领导人，这是错误的，因为关于每个共产党的领导问题不在共产党情报局的职权范围，而是各个共产党自己的内部事务。

当时人民的敌人贝利亚、阿巴库莫夫极其同伙在匈牙利炮制了臭名昭著的"拉伊克案件",对起诉者进行的刑事诉讼以及伪造的供状都被用来开展反对南斯拉夫的宣传活动。

经过匈牙利劳动党中央的检查,现在已经搞清楚"拉伊克案件"和关于这些案件的"材料"都是伪造的,因此,在某种程度上我们可以说,1949年11月共产党情报局通过的决议《南斯拉夫共产党在杀人犯和间谍掌握中》是不公正的、错误的,这一决议主要依据的就是"拉伊克案件"的材料。

南斯拉夫当时对大多数所谓的"共产党情报局分子"镇压的报道也对1949年11月共产党情报局会议决议的作出产生了影响。所谓的"情报局分子"就是那些宣称忠于联共(布)和共产党情报局1948年决议的南共党员。

我们认为,没有任何理由通过这个决议。关于这一点我们要报告说,苏共中央主席团已经向参加共产党情报局的兄弟党建议撤销这份决议。各党的答复都是肯定的,并且都认为应该撤销这份决议。毕竟已经非常清楚,我们在各方面断绝同南斯拉夫的关系的同时,也使1700万同苏联和社会主义阵营其他国家紧密联系在一起的南斯拉夫人民脱离了社会主义阵营。我们也因此丧失了对南斯拉夫内部事务发展的积极影响,丧失了对南斯拉夫共产党以及南斯拉夫政府的影响。客观上使得南斯拉夫的民族主义分子获得了好处,他们也利用了已经形成的局势来消除苏联、苏联共产党和整个社会主义阵营对南斯拉夫的影响。而正如我所说的,这不可避免地会导致帝国主义阵营在南斯拉夫影响的增长,使南斯拉夫被纳入美国及其盟国政策的轨道中。

在会谈中,南斯拉夫领导人说,南斯拉夫被排除在社会主义阵营之外以后,首先遇到了大量的经济困难,在社会主义阵营其他国家也断绝了同南斯拉夫的经济联系之后,正如铁托在会谈中所说的,南斯拉夫不得不同西方国家(瑞典等国)建立经济联系,而从1950年之后,同美国的经济联系特别密切。

从那以后，南斯拉夫从美国、英国、法国和其他的资本主义国家得到了各种"援助"，也获得了大约15亿美元的贷款和借款。现在南斯拉夫的外债，包括非常高利息的贷款，约3.8亿美元。而且，还不得不为收归国有的外国资产付出1亿美元的补偿。应该补充一点，由于南斯拉夫农业落后，最近几年农业歉收，南斯拉夫在粮食上对美国依赖很大。1952年从美国进口了60万吨粮食，1953年从美国进口94.5万吨粮食，而1954—1955年计划每年从美国进口130万吨粮食。最近6年南斯拉夫完全脱离了苏联和人民民主国家，而同资本主义国家，特别是同美国接近了。

要明白的是，如果美、英帝国主义国家成功地实现了他们在南斯拉夫的图谋，那么这不仅会给南斯拉夫的人民带来新的灾难，而且会使巴尔干的局势更加复杂化，会加强侵略集团的地位。

无疑，在我们不再援助南斯拉夫之后，南斯拉夫不得不承受许多困难。

РГАНИ. Ф. 5. Оп. 30. Д. 88. Л. 103 – 193.（摘译）

与南斯拉夫联邦人民共和国驻苏联大使维迪奇的会谈纪要

（1955 年 7 月 30 日）

摘自全苏对外文化联络协会副主席 1955 年 8 月 1 日
弗·格·雅科夫列夫工作日记 秘密
第 1188 号

受委托要在南斯拉夫大使馆商讨在贝尔格莱德举办并到苏联举办民间艺术创作展览会的可能性，拜访了南斯拉夫联邦人民共和国大使馆并与大使维迪奇进行了会谈，后者与奥索尔尼克参赞一起接待了我。

我对维迪奇说，想邀请南斯拉夫在苏联举办民间艺术创作展，并指出展览主题来源于南斯拉夫因民间艺术作品而闻名，而它们在苏联的展出一定会取得毋庸置疑的成功。苏联文化部和全苏对外文化联络协会将负责展会在莫斯科的举办。我问维迪奇，他是否认为举办这样展览的提议将得到肯定，这样的展览是否有可能在贝尔格莱德举办。

维迪奇回答，我们的提议很有意思并且有益，他在 8 月 2 日将向贝尔格莱德询问，才能得知是否有可能准备这样的展览会。至于在莫斯科的展出时间，我们约定，由于有庆祝南斯拉夫联邦人民共和国 10 周年的活动，最好是到 11 月 29 日举办。

而后谈到有关文化交流的可能性时，维迪奇说，与民间艺术创作展会无关，他认为在莫斯科举办人民南斯拉夫 10 年发展成就展也是很有益的。他说，举办这样展览的想法是刚刚在这里——大使馆里产生的。经过了"不幸的7年"，维迪奇带着痛苦而又友好地表示，为了苏联人更好地了解南斯拉夫在最近几年里的发展，做什么都好。

我说，要是他的好想法能更加具体，而且能明确什么时候展览会可以准备好的话，那么全苏对外文化联络协会，甚至是其他组织将很乐意探讨在苏联举办这样展览会的可能性。至于您所提到的我们之间的分裂，我说，我们苏联人现在也是如同去除了一块压在心上的大石头，我们很高兴我们苏联领导人的双手在布加勒斯特握到了回应的双手。

会谈很活跃。维迪奇，而后是奥索尔尼克让我记住，南斯拉夫驻莫斯科大使馆的所有工作人员都将乐意为促进苏联与南斯拉夫的文化联系全力以赴。维迪奇说，要是能从莫斯科到贝尔格莱德来办展览的话就太好了。

我回答，他的愿望会考虑的。我指的是全苏对外文化联络协会现在正在准备劳动后备学校的学员创作陈列展，也许这样的展览可以去贝尔格莱德。

维迪奇说，展示苏联手工业学校学员的作品展肯定无疑会引起南斯拉夫社会大众的兴趣。

会谈时在客厅的桌上有一份当天的《真理报》，上面登载了铁托同志的发言全文。维迪奇问我，对这篇发言怎么想。我回答，这是一篇充满智慧的发言。维迪奇说，他特别喜欢铁托同志如何斥责那些宣传机构企图利用艾森豪威尔关于相互航拍以揭示苏联好像不要和平的提议。

应当指出，维迪奇的招待特别好。桌上还端来了咖啡和酒。

维迪奇还举杯话别并且非常热情地建议"为我们两国的友谊"干杯。

会谈持续了40分钟。

雅科夫列夫（签名）

共计 5 份

第一份送苏共中央委员会；

第二份送维·米·莫洛托夫同志；

第三份送苏联文化部尼·亚·米哈伊洛夫同志；

第四份和第五份存档。

РГАНИ. Ф. 5. Оп. 28. Д. 342. Л. 255 – 256.

H. 巴扎诺夫就有关法国报刊文章
给苏共中央委员会总务部的信

（1955年8月11日）

兹呈上《世界报》编辑部文章的法文译文，这篇文章刊登在该报8月7日、8日上，该文是因南斯拉夫共产主义者联盟的《共产党人》杂志上发表弗拉霍维奇的题为《关于社会主义力量的合作方式》文章而写的。

附：上述内容为4页。

H. 巴扎诺夫（签字）

1955年8月11日

《世界报》
1955年8月7、8日
刊登在报纸社论（第1版）位置上的文章：

第五国际

轰动一时的文章激动了欧洲和巴尔干所有马克思主义理论家的心。这里说的是南斯拉夫共产主义者联盟中央委员会委员维尔科·弗拉霍维奇刊登在贝尔格莱德《共产党人》杂志上的大作。

被认为是南斯拉夫未来领导人之一的弗拉霍维奇的基本理论是"社

会主义发展的不平衡性",从今以后它可以被视为规律。的确,南斯拉夫作家肯定社会主义不会是"仅以一种方式"发展,没有比将社会主义竭力规定(限制)在一地和历史的已知的经验(比如十月革命的经验)范围内更为错误的了,其目的就是要将社会主义所有可能的形式和各共产党所有的活动都置于一个中央组织比如克里姆林宫、共产国际或者是共产党情报局的监督之下。

弗拉霍维奇进行的分析还伴随着对苏联不知分寸的"霸权主义"和马克思列宁主义辩证法所犯的错误进行了激烈的批评。

按弗拉霍维奇的话来说,应当重新考察现有社会主义的组织。为此首先需要解散共产党和工人党情报局和任何其他形式的霸权,同时拒绝任何"无论是个人还是集团之中哪怕是潜意识的、不同角度的"重新复活类似组织的想法。

然后应该根据恩格斯允许建立第一国际的原则,创造新的条件,以"有助于社会主义力量的合作,最广泛地联合所有为社会主义而斗争的组织"。在这个新的联合体中,应当是"没有任何思想上的妥协","形形色色"的社会主义者都将能找到自己的位置。

正当克里姆林宫增加对南斯拉夫共产党好感的时候,由党的理论家发表这篇文章应该会引起巨大的反响。如果这篇文章的结论将不会立即遭到人民民主辩证家们拒绝的话——在这方面的最初反应应该在最近几天能够感觉到,那就可以假定现代马克思主义思想将选择完全新的公式。

一切都迫使去思考,弗拉霍维奇的结论是今年5月苏联领导人——在这十分惊人的时代——出访贝尔格莱德的后续。如此著名的人物像布尔加宁将军和特别是赫鲁晓夫也绝不能就此证明两个国家之间的相互接近。相反,他们的到来得到了自己完整的意义,如果考虑到除了两个民族之间形式上的相互接近外,苏联代表和南斯拉夫人以新的方式提出了

"不同"社会主义政党之间的思想问题。

令人感兴趣地回想起，今年6月至7月期间苏联报刊为此重复过的那些有利于苏联和南斯拉夫共产党人之间关系正常化的暗示。

可同时也令人感兴趣地想起尼赫鲁针对共产党和工人党情报局的尖锐批评，先是在万隆，而后是在自己今年去莫斯科前夕的6月1日，尼赫鲁——就像南斯拉夫人那样都知道7月初在贝尔格莱德受到了什么样的接待——认为共产党和工人党情报局的活动不符合和平共处的原则。

正是在共处方面甚至是根据克里姆林宫所说的原则，铁托开始了思想斗争。从这到关于第五国际的谈判总共仅为一步之遥。

在贝尔格莱德，有些人甚至走得更远，研究起任命铁托将军为未来的国际总书记。

没有必要走这么远。

要是克里姆林宫允许现在在国际上采用其想在每个党内采取的那些"集体领导"原则的话，这就已经是惊人的改变了。

《世界报》
1955年8月7、8日
第4页

南斯拉夫共产党支持解散共产党情报局成立新国际

维尔科·弗拉霍维奇，南斯拉夫共产主义者联盟中央委员会委员，是该党最为著名的理论家之一，他在刊登在南斯拉夫共产主义者联盟官方机关刊物《共产党人》杂志的文章中提出，要实现没有夸大的可以称作是"新的社会主义国际"，并要求为此先解散共产党情报局并取消由"一个国家"监护全世界的工人运动。

* * *

按弗拉霍维奇的话来说，马克思主义思想没有考虑到当代现实的发展。在工人运动的准备时期它过于注重夺取政权的问题。它做这些的同时忽略了当代社会和社会关系发展中"一系列新的现象"，此外，当更好的生产方式不断地增长时，它对社会生产力和社会力量向"原子时代"转变的研究不够。

这些错误的分析结果使马克思列宁主义囿于一种革命策略，这种策略完全自然而然地迫使它让不同社会主义运动的活动服从于一个掌控"思想垄断"中心的严厉控制。与此同时社会主义国家之间的关系被颠倒，如今必须承认合作的"旧方式无法解决当代社会主义力量合作的要求和需要了"。

换句话说，如果社会主义注定是要执行一个中心的指示，它就无法发展，最近几年触及到共产党的危机，是由于革命垄断权的掌控者和那些相信——比如说，南斯拉夫的共产党人——社会主义不平衡发展的人之间的冲突造成的。

南斯拉夫理论家得到的正是这样的结论。他写道："无产阶级革命以十月革命为开始，但是以中国和南斯拉夫的革命作为继续"。这样一来就出现了社会主义建设的具体问题；这样一来——与马克思列宁主义的准则相反——"社会主义发展的不平衡"规律得到了证实，这个规律将来决定着国际团体中"形形色色社会主义力量"之间的和谐关系，这个国际团体将不懂得"思想妥协"，并允许每个人自由地表达自己的意志，毫无任何"有关霸权的用意"。

РГАНИ. Ф. 5. Оп. 28. Д. 342. Л. 258－262.

苏联情报局副局长 C. 波波夫给苏联共产党中央委员会的信

（1955 年 8 月 17 日）

612 号

秘密

共印 2 份

苏共中央委员会：

现将苏联情报局驻缅甸代表乌斯科夫同志与大使馆翻译妙丹以及南斯拉夫人米伦科·马尔科维奇、德拉戈柳布·武伊察谈话记录的复印件一并上报。

附件：共 4 页。

苏联情报局副局长

波波夫（签字）

秘密 No.____ ①

1955 年 8 月日

苏联驻缅甸大使馆

---

① 原文件未标编号。——编者注

与大使馆翻译妙丹的谈话记录

（1955 年 7 月 26 日）

今天，7月26日一早，为了准备校对下一期缅文简报之事，我去找了使馆的翻译妙丹。相互问好之后，妙丹让我听一件事，据他所说，是"从权威人士处获悉的很有意思的情况"。我答应听他说。

妙丹说，大约最近3个月，缅甸政府与共产党之间进行了关于休战和停止缅甸国内战争的谈判。"马塔班公司"的拥有者、退役上校沃莱亚充当谈判的调停人。

妙丹还说，缅甸的各家报刊，包括自由派的《仰光日报》、亲政府的《缅甸新光报》、甚至是反动亲美的《汉达瓦底报》，最近一时期都在表明态度，必须实现"国内和平"。

无论是谈判的性质，还是谈判的地点和结果，妙丹只字未提，而我也未贸然地对这些问题表现出特别的兴趣。

大使馆二秘

乌斯科夫（签字）

无误。特别处处长：B. 杜比宁
共印制2份。
统一编号：349号

秘密 No_____ ①

苏联驻缅甸大使馆

1955 年 8 月 日

---

① 原文件未标编号。——编者注

与南斯拉夫人米伦科·马尔科维奇、
德拉戈柳布·武伊察的谈话记录

（1955年7月21日）

今年7月21日，在印度尼西亚大使馆新闻专员苏班德里约的招待会上，遇见南斯拉夫大使馆二秘德拉戈柳布·武伊察及米伦科·马尔科维奇，并与他们有过交谈。

交谈过程中搞清楚了，后者是贝尔格莱德高级党校哲学系的旁听生，一年前（与妻子一起）来到仰光，目的是"撰写一部有关现代缅甸的书"。他现在正在搜集和整理有关缅甸社会党人在经济、政治和社会领域中的活动资料，有时还公开做演讲和报告。就此我不由想起今年春天在《民族报》上刊登的一则通知，事关针对受缅甸社会党影响的一些青年组织领导开办一年一度学习班。该报报道，在学习班上作报告的著名讲师有吴巴瑞、吴觉迎和马尔科维奇；后者在谈到南斯拉夫与情报局决裂的原因时称：这主要在于"俄罗斯共产党人的利己主义政策"。

在与我的谈话中涉及苏南关系正常化问题时，马尔科维奇强调，赫鲁晓夫在这件事上作出了无与伦比的功绩。他同时还问我是否知道，以维达里为首的的里雅斯特共产党领导，反对苏联与南斯拉夫代表团团长在联合公报中表述的苏南谈判成果。

在得到否定的答复后，马尔科维奇说：

"是啊，以维达里为首的的里雅斯特党的领导人反对苏联与南斯拉夫的接近，并且还这样做了，我多少知道一些，这得到了意大利共产党领导人的认可与同意。"

我提出了问题：据他看来，缅甸社会主义建设前景将会如何？缅甸社会党人能否胜任此项任务？贝尔格莱德党校的学生对此回答道：

"现代国际局势有利于缅甸的社会党人担负起这一任务。每个国家都按自己道路走向社会主义。美国人正在按照自己的方式建设社会主义,英国在按照自己的方式,以色列、印度、埃及都在按照自己的方式。"

马尔科维奇表示出了去一趟莫斯科的热切期望,看一看他自己所说的"世界上最好的"地铁及其他一些名胜古迹。

南斯拉夫大使馆二秘武伊察在与我的谈话中,抱怨我们没有邀请他去观摩一部有关体育盛会的彩色纪录片。这场观摩会是由我大使馆一秘阿尔塔莫诺夫在 7 月 20 日晚上举办的。出席观摩者一致赞叹这部影片。很明显,武伊察是从出席了观摩会的南斯拉夫大使馆顾问那里获悉此情况的。

武伊察用俄语说道:"乌斯科夫同志,我觉得,是我们建立更为紧密相互关系的时候了。"

我回答,我本人作为客人,而不是主人出席了晚上的观摩会,而且问过,因为何种原因把给我们的大使馆的情况通报(武伊察负责情况通报的发行和发送)停发了。我的谈话对象一时语塞,推脱说工作太忙。

我们已经 5 个多月没收到南斯拉夫的情况通报了,也有兴趣了解他们如何向缅甸各界通报有关这一类的历史事件,诸如在贝尔格莱德举行的苏南谈判,以及在这些谈判之后,南斯拉夫驻仰光大使馆在情况通报中对苏南关系做何种程度的表述。这对我们来说很重要,因为我国与南斯拉夫之间的正常化与深层合作,可以通过此种间接的方式,对苏缅关系产生良好的影响。

苏缅关系这个问题,就连我们自己也不能绕开,要竭尽所能,把它放在在我们的情况通报中系统地加以阐述。

大使馆二秘
K. 乌斯科夫(签名)

无误。特别处处长：В. 杜比宁

共印 2 份：
1 号，送通讯处；
2 号，存档。
统一编号：348 号

РГАНИ. Ф. 5. Оп. 28. Д. 342. Л. 268 – 270.

鲍·尼·波诺马廖夫就情报局今后工作和共产党之间联络方式问题与各兄弟党交换意见的呈文

（1956年2月7日）

致苏共中央委员会：

对外联络部认为，利用邀请兄弟党代表团到莫斯科出席苏共二十大的机会就国际共产主义运动的一些问题交换意见是必要的。

从上次共产党和工人党情报局会议召开（1949年11月）到现在已经过了6年了。苏共和其他国外共产党基本上保持定期的联系；国外共产党相互之间的联系很少，并且就自己的工作相互通报得不够。

来到莫斯科的许多共产党代表在提出共产党情报局的一些问题时指出，除了出版报纸，共产党情报局没有任何工作，当共产党之间有一些共同的问题需要就此交换意见的时候，它也没有去做。法国共产党中央委员会于1955年10月7日致苏共中央的信中指出，"1947年情报局成立的原因和前提条件仍然存在"。①

这样，就出现了情报局的组成问题。有8个共产党加入情报局——苏联共产党、意大利共产党、法国共产党、捷克斯洛伐克共产党、保加利亚共产党、波兰统一工人党、匈牙利劳动人民党和罗马尼亚工人党。

中国共产党以及其他一些较大的党没有加入情报局。其中的一些党，比如德国统一社会党、芬兰共产党、阿尔巴尼亚劳动党等多次提出

---

① 档案中没有法国共产党中央政治局的信。

了关于他们加入情报局的问题。

　　苏共中央对外联络部认为，在苏共二十大期间同一些兄弟党代表团就国际共产主义运动的一些问题交换意见是必要的。

　　一、预先可以同中国共产党代表团成员王稼祥同志（中央委员，主管中国共产党的国际联系）进行会谈，并搞清中国同志对可能参加情报局这一问题的态度。在苏共二十大期间，同加入情报局的共产党代表就召开情报局例会的可能性问题交换意见，预先确定会议召开的日期和议事日程。

　　从苏联方面来说，苏共中央代表就情报局会议的召开可以提出于1956年5—6月在布加勒斯特召开的建议，并对议事日程做如下建议：

　　1. 同社会党扩大联系和合作（关于这个问题讨论的结果最好有相应的通报发布）。

　　2. 资本主义国家劳动人民的经济状况及共产党在捍卫工人阶级生活利益方面的工作经验（关于这个问题的决议不发表）。

　　3. 情报局的工作问题：（1）关于扩大情报局人员组成的可能性；（2）关于《争取持久和平，争取人民民主！》报纸工作；（3）关于出版情报局机关的理论刊物。在情报局会议上讨论第一个问题，即讨论关于扩大同社会党之间的联系问题是合适的，因为一些社会党同共产党的联系有增加的趋势。1956年3月在社会党国际理事会会议上将讨论这个问题。

　　现在，第二个问题更加迫切，这是因为一些共产党把自己的力量都集中于同维护和平和民族独立而斗争，削弱了对工人阶级经济利益的关注。

　　二、需要同前来参加苏共二十大的一些代表团进行会谈，以便弄清他们已经成熟的、关于共产主义运动的共同问题的想法，弄清他们对于在现代条件下共产党之间的联系方法和可能的联系形式的愿望。

在这些会谈中可以提出关于按照共产党所在的国家群体建立相互联系的建议，比如，拉丁美洲国家（巴西共产党、墨西哥共产党、阿根廷共产党等），斯堪得纳维亚国家（芬兰共产党、瑞典共产党、挪威共产党、冰岛共产党），西欧的一些国家（法国共产党、西班牙共产党、葡萄牙共产党、比利时共产党），等等。

同国外同志进行会谈的大致计划见附件。

苏共二十大期间关于共产党代表团之间的会谈和会见都不应发表任何通报。

苏共中央决议草案附后。

苏共中央对外联络部部长
鲍·尼·波诺马廖夫
1956 年 2 月 7 日

АПРФ. Ф. 3. Оп. 23. Д. 54. Л. 69 – 71.

附件 1
草案

苏共中央决议
苏共中央对外联络部国外共产党进行联系的问题

（不晚于 1956 年 2 月 7 日[①]）

1. 通过中央对外联络部关于在苏共二十大期间同加入情报局的共

---

① 根据鲍·尼·波诺马廖夫的呈文推定。

产党和工人党代表团就情报局今后的工作问题交换意见的建议。

2. 委托①同志代表苏共同兄弟党就情报局工作问题交换意见，对1956年5—6月布加勒斯特情报局会议的召开提出讨论意见，并提出如下议事日程：

（1）关于扩大同社会党的接触和联系（在媒体发表）。

（2）资本主义国家劳动人民的经济状况和共产党在保护工人阶级生活利益方面的工作经验（不在媒体发表）。

（3）情报局工作问题：

①关于扩大情报局的人员组成；②关于报纸《争取持久和平，争取人民民主！》的工作；③关于出版情报局机关的理论刊物。

3. 委托波诺马廖夫同志预先同中共中央委员王稼祥同志进行会谈，并搞清中国同志对可能参加情报局这一问题的态度。

4. 在国外共产党代表团在莫斯科期间就共产主义运动的一些问题进行会见和会谈（会见的名单附后②）。在会谈中提出共产党之间按照地区建立联系的建议：拉丁美洲国家（巴西共产党等），斯堪的纳维亚国家（芬兰共产党等），西欧的一些国家（法国共产党等）。

委托中央对外联络部就国外共产党前来参加苏共二十大提出的问题准备建议。

АПРФ. Ф. 3. Оп. 23. Д. 54. Л. 72–73.

---

① 文件中留有待填补的姓名空白。
② 名单没有公布。

附件2

在苏共二十大会议期间苏共中央同兄弟党代表团协商的问题

(1956年2月9日)

1. 芬兰共产党。芬兰共产党询问在苏共代表大会前关于芬兰共产党在1956年2月15日总统选举问题上的战略。

2. 德国统一社会党。德国统一社会党希望就1956年3月召开党的代表大会相关问题同苏联交换意见。

3. 印度共产党。印共中央请求：

（1）就印共党章的修改草案进行协商，该草案已经在印共中央6月全体会议上讨论。印共中央认为，党纲中的基本条款不需要修改。讨论修改的主要是那些过时的、不再符合新形势的条款。

（2）讨论援助问题。

4. 印度尼西亚共产党。印度尼西亚共产党中央希望同苏共中央和中共中央讨论印度尼西亚共产党中央未来的战略问题。印度尼西亚的朋友们还不完全明白议会斗争在共产党工作中的作用和地位问题；关于民族党代表和穆斯林党代表加入联合政府问题等。

5. 捷克斯洛伐克共产党。捷克斯洛伐克共产党中央请求在斯兰斯基集团案件上给他们提出建议。

6. 缅甸共产党。缅甸共产党代表团请求同他们讨论关于共产党力量的联合问题，关于同《红旗》共产党和《人民之友》组织的联合问题。

同缅甸共产党代表团进行的会谈同时也要有中国共产党代表团参加。

7. 英国共产党。英国共产党中央执行委员会请求在即将召开的党的全体会议政治决议草案的准备问题以及就青年问题召开的代表大会决议草案的准备问题上给他们提出意见。

8. 美国共产党。美国共产党民族委员会请求：

（1）讨论关于在一个东欧国家建立以美国共产党民族委员会委员威廉森和波塔什为首的美国共产党国外中心。

（2）帮助和组织同芬兰、意大利、印度、日本、斯堪得纳维亚国家共产党领导人的会谈。

9. 墨西哥共产党。墨西哥共产党请求对他们带来的党章草案提出建议。

10. 古巴人民社会党。古巴人民社会党中央请求对他们的党章草案提出建议。

11. 阿根廷共产党。阿根廷共产党中央请求对他们的党章草案提出建议。

12. 哥伦比亚共产党。哥伦比亚共产党中央请求对他们的党章草案提出建议。

13. 委内瑞拉共产党。委内瑞拉共产党中央请求审议关于给他们党提供援助的问题。

14. 德国共产党。德国共产党中央希望就党内的状况问题、共产党对社会民主党的战略问题以及德共的宣言声明问题进行讨论。

15. 奥地利共产党。奥地利共产党请求：

（1）就不久后奥地利共产党的宣言声明草案交换意见。

（2）关于共产党著作的出版问题。

16. 瑞典共产党。瑞典共产党中央希望：

（1）向苏共中央通报瑞典共产党第十七次代表大会决议，并就在1956年9月即将到来的议会选举中瑞共的战略和瑞共的需求问题交换意见。

（2）搞清政治经济学教科书中的一些问题，其中包括关于工人阶级的绝对贫困和相对贫困问题。

17. 丹麦共产党。丹麦共产党希望向苏共中央通报丹麦共产党代表大会的决议，并就丹麦共产党新的要求——支持丹麦完全裁军问题交换意见。

18．法国共产党：

（1）对法国的局势进行评价。就法国选举后的国内局势问题、法国政府的对外政策问题以及法国和苏联的关系问题进行协商。

（2）讨论法国共产党信件中的一些问题：关于共产党和工人党情报局工作及其前景。

（3）关于对待社会党人的战略和态度。

19．朝鲜劳动党。朝鲜劳动党中央请求对朝鲜劳动党党章草案提出建议。

20．荷兰共产党。荷兰共产党中央希望：

（1）讨论同社会民主主义者统一战线的战略问题。

（2）关于 P. 德赫罗特的问题。

21．罗马尼亚工人党、波兰统一工人党、捷克斯洛伐克共产党、保加利亚共产党和匈牙利劳动党。关于希腊共产党的领导状况。

22．意大利共产党、保加利亚共产党和波兰统一工人党。关于 1938 年波兰共产党被毫无理由地解散的问题。

23．叙利亚和黎巴嫩共产党。叙利亚和黎巴嫩共产党领导人希望讨论党纲问题。

24．伊朗共产党。伊朗共产党中央希望讨论关于对党纲的一些修改。预计要修改的是关于共产党对待阿拉伯难民的态度和对待在伊朗的少数民族的态度这一章节，以及对现有政府的态度这一章节。

25．英国和斯堪得纳维亚国家的共产党中央希望讨论《政治经济学教科书》的问题。

АПРФ. Ф. 3. Оп. 23. Д. 54. Л. 63－66.
原件

意大利共产党总书记帕·陶里亚蒂
就情报局工作问题致苏共中央书记处的信

（1956年2月20日）

苏共中央书记处：

意大利共产党出席苏共二十大的代表团认为，需要使苏共中央书记处注意以下问题。

我们同意，共产党和工人党情报局今后有继续存在的必要。我们完全同意《共产党人》杂志第二期前言关于这个问题的立场。

然而，关于情报局工作还有一个问题没有解决，也就是关于共产党情报局是否很好地完成了自己的功能这个问题，如果它没有很好地完成自己的功能，那么应该讨论，怎样改善它的工作，以便更好地实现它的目的。

意大利代表团认为，为了讨论这个问题可以召开加入情报局的党的代表会议，并且至少要有西欧的一些党参加，以便交换意见，尽管他们还没有加入情报局。如果苏共中央书记处认为，不适宜召开这样的会议，那么我们可以以书面的形式阐述我们关于改善情报局工作的想法，并把这些想法转交给你们，以便使资本主义国家共产党之间有更紧密的联系和能够更好地交换意见。

帕尔米罗·陶里亚蒂

1956年2月20日

АПРФ. Ф. 3. Оп. 23. Д. 54. Л. 61.

苏共中央主席团第 8 号会议记录：
关于共产党和工人党情报局的问题*

(1956 年 3 月 28 日)

会议参加者：赫鲁晓夫、莫洛托夫、波诺马廖夫、卡冈诺维奇、萨布罗夫、伏罗希洛夫、别尔乌辛、布尔加宁、苏斯洛夫

什么时候公布？

通过高层会谈来决定。（卡冈诺维奇）

赫鲁晓夫：在文件中应更详尽地说明，否则就显得简单和干瘪。关于（公布的）形式还要考虑一下，但不要拖延。

---

* 谈的是关于公布终止共产党和工人党情报局的报告的问题。在此之前几个月，在 1955 年秋的苏联最高苏维埃会议上，以及在 1955 年 12 月 14 日在德里召开的新闻发布会上，赫鲁晓夫曾说，把共产党和工人党情报局作为共产党之间进行交流和合作的一种形式而保存下来是合适的。二十大前夕，苏联领导人认为必须从根本上改组共产党情报局，在此之前情报局在政治上没有任何重大的威望。米高扬提出的关于设立几个地区性的联合组织来替代情报局的想法没有实现，或许这是由于没有获得国际共产主义运动的支持。4 月 18 日，《真理报》刊登了关于终止共产党情报局活动的通报。这份通报指出，共产党将会找到建立联系和接触的新的更好的形式。1957 年、1960 年和 1969 年在莫斯科召开的共产党和工人党代表国际会议成了各国共产党进行合作的最重要的形式。考虑到 20 世纪 40 年代末 50 年代初共产党情报局在反对南斯拉夫运动中的特别作用，可以认为，解散共产党情报局的一个主要动机就是苏联共产党要向南斯拉夫示好，当时处理好共产党之间关系的任务已经提到了议事日程中。

书记处应该再研究一下，苏斯洛夫、谢皮洛夫、波诺马廖夫参加。

应该解释一下这种接触的方式①，否则会发生猜疑。

同志们应该再研究一下文件，再研究一下社会主义阵营国家的接触问题。

根据交换意见的情况再进行修改。

期限是5天。

РГАНИ. Ф. 3. Оп. 12. Д. 1004. Л. 15－17.

---

① 在4月13日关于停止情报局活动的通报中谈到了以下内容：参加情报局的共产党和工人党中央委员会认为，在争取工人阶级利益以及争取和平社会主义事业的斗争中，每个政党或党派应该根据马克思列宁主义政党的总的目标和任务，以及根据本民族的特点和自己国家的条件，来开展自己的活动，一定能够找到各国党之间联系和接触的新的有益的方式。在给保加利亚和捷克斯洛伐克共产党、波兰统一工人党、匈牙利劳动党和罗马尼亚工人党关于这个问题的信中谈到，涉及关于社会主义国家共产党之间接触和联系的方式问题，我们认为，在近期的未来即将举行的会晤时，讨论这个问题是适宜的。

苏共中央主席团《关于共产党和工人党情报局的问题》决议*

（1956 年 3 月 28 日）

委托苏斯洛夫、谢皮洛夫和波诺马廖夫同志根据中央主席团会议上交换的意见①，制定关于终止共产党和工人党情报局活动的报告，并制定关于社会主义阵营共产党和工人党联系的建议并在 5 天内向苏共中央提出这一建议。②

РГАНИ. Ф. 3. Оп. 14. Д. 12. Л. 1.

---

* 出席会议的有：苏共中央主席团成员布尔加宁等。
① 苏共中央主席团会议记录中各项条款用阿拉伯数字标出。
② 1956 年 3 月 17 日，苏斯洛夫、波诺马廖夫向苏共中央提交了关于终止共产党和工人党情报局活动的报告草案。（РГАНИ. Ф. 3. Оп. 12. Д. 21. Л. 181.）1956 年 4 月 13 日，苏共中央主席团作出了相应的决议，决议《Ⅵ：关于终止情报局工作》。（РГАНИ. Ф. 3. Оп. 14. Д. 14. Л. 3.）讨论了关于向大众媒体通报的决议草案，人民民主国家共产党和工人党中央委员会、法国和意大利共产党领导人写给情报局的信件文本，苏斯洛夫、谢皮洛夫和波诺马廖夫关于组建社会主义国家联系局来取代情报局的建议以及组建新的出版机构替代《争取持久和平，争取人民民主！》报。（РГАНИ. Ф. 3. Оп. 14. Д. 14. Л. 76 – 79；АП РФ. Ф. 3. Оп. 23. Д. 54. Л. 145 – 146.）关于终止共产党情报局活动的通报刊登在 4 月 17 日《争取持久和平，争取人民民主！》的报纸上，第二天，莫斯科的《真理报》也刊登了这一通报，《真理报》这一位置一般都是刊登对"重要决议"的评论文章（1956 年 4 月 18 日《真理报》）。

瓦·乌尔利希关于德国统一社会党中央就解散共产党情报局问题进行预先会谈的意见给苏共中央主席团和赫鲁晓夫的信

(1956年4月5日)

致苏联共产党中央委员会主席团
报呈赫鲁晓夫同志
莫斯科

尊敬的同志们!

关于就共产党与工人党情报局问题进行预备性谈判的情况,德国统一社会党中央政治局业已获悉,并提出以下想法:

共产党与工人党情报局的活动,不符合人民民主国家和资本主义国家共产党与工人党的发展和任务。我们同意解散共产党与工人党情报局的建议,并请求研究如下建议:

1. 赞同建立人民民主国家共产党与工人党联络机构的建议。《争取持久和平,争取人民民主!》报因此要作重新调整,将更多的注意力放在社会主义建设的经济问题上,以及反对西方反动意识形态对人民民主国家做渗透的斗争方面。我们认为,将报社迁往布拉格为宜。报社的主编同时可以承担联络机构的领导职责。每隔一定的时间,报社应当与欧洲资本主义国家联络机构的代表召开信息交流会,以改善在资本主义国家中对人民民主国家取得成就所做的宣传工作。

2. 根据陶里亚蒂同志的建议，成立欧洲资本主义国家共产党与工人党的联络机构，以便交流经验，便于合作。

3. 通过办期刊或其他类似的方式，在亚洲和近东共产党与工人党中开展经验交流。

致以共产主义的问候！

德国统一社会党第一书记

瓦·乌布利希

1956年4月5日于柏林

РГАНИ. Ф. 5. Оп. 28. Д. 471. Л. 16－17.

鲍·波诺马廖夫就通过苏联大使向国外共产党通报关于终止共产党情报局活动及其机关报的决定给苏共中央的信

（1956 年 4 月 13 日）

苏联共产党中央委员会：

  我们提出的建议是：通过苏联大使馆通知英国、荷兰、比利时、奥地利、芬兰、瑞典、挪威、丹麦、印度、印度尼西亚、叙利亚和黎巴嫩、日本共产党中央，以及加拿大工人进步党（这些党都参与了《争取持久和平，争取人民民主！》报纸工作或在自己的国家再版这份报纸）关于即将终止共产党情报局的活动及其机关报的出版。

  关于拉丁美洲国家的共产党可以通过这些国家驻莫斯科代表通知他们关于终止共产党情报局的活动及其机关报的出版。

  附给上述共产党中央的信件的草稿。

苏共中央对外联络部部长

波诺马廖夫

1956 年 4 月 13 日

附件：
苏共中央决议对外联络部问题

批准关于通知英国、荷兰、比利时、奥地利、芬兰、瑞典、挪威、丹麦、印度、印度尼西亚、叙利亚和黎巴嫩、日本共产党中央，以及加拿大工人进步党中央关于即将终止共产党情报局的活动及《争取持久和平，争取人民民主！》报的出版的信件草案。

英国共产党全国委员会
荷兰共产党中央委员会
比利时共产党中央委员会
奥地利共产党中央委员会
芬兰共产党中央委员会
瑞典共产党中央委员会
挪威共产党中央委员会
丹麦共产党中央委员会
印度共产党中央委员会
印度尼西亚共产党中央委员会
叙利亚和黎巴嫩共产党中央委员会
日本共产党中央委员会
加拿大工人进步党全国委员会：

我们认为必须通知你们如下内容，根据最近几天加入共产党和工人党情报局的共产党和工人党中央达成的相互协议，通过了关于终止共产党和工人党情报局的活动及其机关报《争取持久和平，争取人民民主！》报纸的出版的决议。

这一决议是在就共产党情报局的活动相互交换意见之后作出的，其理由如下：

在解散共产国际之后于1947年成立的共产党和工人党情报局为消除各个共产党之间的孤立起到了积极的作用，共产党情报局在一系列国际共产主义运动中加强了无产阶级国际主义，是今后团结工人阶级和所有劳动者为争取持久和平、争取民主和社会主义的重要因素。共产党情报局及其机关报《争取持久和平，争取人民民主！》为发展和巩固共产党和工人党的兄弟关系、为他们相互交流经验起到了积极的作用，它针对各国的具体问题阐释了马克思列宁主义理论问题以及国际共产主义运动的经验。这些在意识形态和政治组织方面都使兄弟党得到了加强，加强了共产党在群众中的影响。

同时，近年来国际环境发生了一些变化：社会主义突破了一国的框架，打破了被孤立于世界体系的状态；在欧洲和亚洲出现了一些社会主义国家和爱好和平的资本主义国家，他们都组成了广阔的"和平地带"；许多资本主义国家、尚未独立的国家和殖民地国家的共产党力量都得到了增长和加强，他们正在同消除战争威胁和反对派进行积极的斗争，正在为和平、为劳动人民的生存利益展开积极的斗争，正在为自己国家的民族独立展开积极的斗争，最后，目前出现的任务是：在为了顺利地开展和平斗争、为了社会主义而斗争的过程中克服工人运动中的分裂，加强工人阶级的团结，这为共产党和工人党的活动创造了新的条件。无论是从共产党情报局的组成，还是从其活动的内容来说，它都已经不再符合这种新的条件，它已经完成了自己的功能。

加入共产党情报局的共产党和工人党中央认为：每个政党或党派，在根据马克思列宁主义政党的共同目的和任务、根据自己国家的民族特点和条件开展工作的过程中将会找到新的、更加完善的有益形式，相互之间建立联系和进行接触。这种形式或许可以是西欧国家共产党联络局、拉美国家共产党和工人党联络局、东南亚国家共产党和工人党联络局，无疑，今后将会根据具体的条件和自己的活动就共同的问题交换意见，为和平、民主、社会主义而斗争，捍卫工人阶级和全体劳动者的利益，把劳动群众动员起来反对战争的危险，也可以考虑同倾向于社会主义的政党和党派进行合作的问题。所有这些都将使两个共产党和工人党在无产阶级国际主义基础上的合作更加巩固，使他们的兄弟联系更加巩固，有助于和平、民主和社会主义事业。

根据上述设想，提议近期在《争取持久和平，争取人民民主！》报上发布关于终止共产党和工人党情报局活动的通告。

致以共产主义的敬礼！

苏共中央书记
赫鲁晓夫

РГАНИ. Ф. 5. Оп. 28. Д. 381. Л. 101 – 105.

关于终止共产党情报局活动的通报

(1956年4月17日)

在共产国际解散之后,1947成立年成立的共产党和工人党情报局为消除共产党之间的孤立起到了积极的作用。共产党情报局在一系列国际共产主义运动中加强了无产阶级国际主义,是进一步团结工人阶级和所有劳动者为争取持久和平、争取民主和社会主义的重要因素。共产党情报局及其机关报《争取持久和平,争取人民民主!》为发展和巩固共产党和工人党的兄弟关系、为他们相互交流经验起到了积极的作用,它针对各国的具体问题阐释了马克思列宁主义理论问题以及国际共产主义运动的经验。

同时,近年来国际环境发生了一些变化:社会主义突破了一国的框架,成了一种世界体系;在欧洲和亚洲出现了一些社会主义国家和爱好和平的非社会主义国家,他们都组成了广阔的"和平地带";许多资本主义国家、尚未独立的国家和殖民地国家的共产党力量都得到了增长和加强,他们正在同消除战争威胁和反对派进行积极的斗争,正在为和平、为劳动人民的生存利益、为自己国家的民族独立展开积极的斗争;最后是,目前自身面临着为了顺利地开展争取和平和社会主义斗争而克服工人运动中的分裂、加强工人阶级的团结、从而为共产党和工人党的活动创造新的条件的任务。无论是从共产党和工人党情报局的组成,还是从其活动的内容来说,它都已经不再符合这种新的条件了。

经过交换意见,加入情报局的共产党和工人党中央认为,它们在

1947年组建的情报局已经完成了自己的功能,因此,经过相互协商后一致决定,终止共产党和工人党情报局及其出版机构《争取持久和平,争取人民民主!》报的工作。

参加共产党情报局的共产党和工人党中央认为:每个政党或党派,在根据马克思列宁主义政党的共同目的和任务、根据自己国家的民族特点和条件开展工作的过程中将会找到新的、更加完善的有益形式,相互之间建立联系和进行接触。无疑,共产党和工人党今后将会根据具体的条件和自己的活动就共同的问题交换意见,为和平、民主、社会主义而斗争,捍卫工人阶级和全体劳动者的利益,把劳动群众动员起来反对战争危险,也可以考虑同倾向于社会主义的政党和党派进行合作的问题。所有这些都将使共产党和工人党在无产阶级国际主义原则基础上的相互合作精神更加巩固,使他们的兄弟联系更加巩固,有助于和平、民主和社会主义事业。

保加利亚共产党中央委员会
匈牙利共产党中央委员会
意大利共产党中央委员会
波兰统一工人党中央委员会
罗马尼亚共产党中央委员会
苏联共产党中央委员会
捷克斯洛伐克共产党中央委员会
法国共产党中央委员会

《争取持久和平,争取人民民主!》1956年4月17日
译自《真理报》1956年4月18日

苏共中央对外联络部就解散共产党情报局和终止《争取持久和平，争取人民民主！》报的后续工作安排给苏共中央的信

（1956年4月26日）

苏联共产党中央委员会：

由于解散共产党情报局和终止《争取持久和平，争取人民民主！》报的出版，应该解决以下问题：关于财产，关于情报局机关和报纸机关工作人员工作的安排，关于档案的保存，关于清算报纸订阅者的费用等。

1. 考虑到，社会主义国家共产党就相互之间的联系交换了意见，认为在今年5月在莫斯科就经济问题召开例行会议时会提出关于建立社会主义国家共产党和工人党新的出版机构的问题，可以暂时推迟解决关于共产党情报局及其报纸编辑部财产（印刷机、图书馆等）的问题，这是考虑到今后这些财产会被用于建立新的出版机构。

因此，根据同共产党情报局成员之间的协商，请求罗马尼亚工人党中央暂时保管共产党情报局及其机关报的财产（印刷机、图书馆等）。

2. 共产党情报局书记处办公厅、报纸编辑部、出版社的机密档案交由苏共中央对外联络部保管，而簿记档案交由苏共中央事务管理局保管。共产党情报局书记处办公厅、报纸编辑部、出版社的其他档案转交罗马尼亚共产党中央保管。

3. 共产党情报局书记处办公厅、报纸编辑部、出版社有128名工

作人员，连同他们在布加勒斯特的家属将近 300 名苏联公民。大多数共产党情报局书记处办公厅和报纸编辑部的工作人员从 5 月 1 日开始返回到苏联。在布加勒斯特留下一个工作人员的工作小组把档案和财产移交给罗马尼亚工人党中央保管。

共产党情报局和报纸编辑部的一些工作人员预计将回到他们到布加勒斯特以前的工作岗位。

从布加勒斯特返回的其他苏联工作人员的工作，由苏共中央对外联络部、苏共中央事务管理局会同苏共中央其他部门一起安排。

在安排这些同志的工作之前，其工资由苏共中央事务管理局按照对预备期党的工作人员规定的标准支付。

关于被苏共中央确定派往布加勒斯特工作的那些工作人员的使用建议，将依据他们派去做何种工作单独确定。

4. 从人民民主国家以及从资本主义国家派到情报局、报纸、出版社的有护照的工作人员，将按照与其国家共产党中央委员会达成的协议于今年 5 月 1 日之后返回自己的国家。

5. 经与罗马尼亚工人党中央协商，由罗马尼亚工人党中央来关心那些没有护照不能回国的外国共产党人（10—12 名同志），在收到相关国家共产党中央的指示前，关心这些同志的继续工作。

6. 在情报局办公厅下属西班牙语无线电广播电台的西班牙编播人员总共 15 人返回西班牙。罗马尼亚工人党中央答应为这些工作人员承担起保障的责任。但是需要另外研究以苏联卢布保障这些人的工资问题，尽管这些人大多数在苏联有家庭、有房子。关于这个问题的建议将根据西班牙共产党中央的请求提出。

7. 隶属情报局办公厅的密码室和无线电台，它们现在要保证将物品运往西班牙。密码室的工作将到今年 5 月 1 日中止。无线电台的物质归苏联共产党所有。按照苏共中央对外联络部的意见，这个无线电台的设备是应该归罗马尼亚工人党中央管理的,而在密码室和无线电台工作的苏联专家则应当撤回去。罗马尼亚工人党中央同意将无线电台和密码室的设备转给西班牙,同时尽其所能将无线电台的设备也交给西班牙。

8. 与情报局书记处办公厅和《争取持久和平,争取人民民主!》报纸编辑部工作人员、报纸订户以及公司有关的所有清算,建议大体上到今年6月1日结束。

与情报局和报纸中止活动有关的开支,在取得报社共产党代表同意的情况下,将按照所参加的共产党平均份额来分摊,原来报纸出版、情报局办公厅机关开支是依靠拨款生存的。

9. 为了解决在布加勒斯特拟定措施相关的当前问题,《争取持久和平,争取人民民主!》报副总编辑别苏德诺夫同志将留下来。

上述建议得到了苏共中央事务管理局米京同志的同意。

苏共中央对外联络部部长
鲍·波诺马廖夫
苏共中央对外联络部副部长
B. 莫舍托夫
1956年4月26日

РГАНИ,ф.5,оп.28,д.471,л.19–21

鲍·波诺马廖夫就荷兰共产党中央总书记的请求给苏共中央的信

(1956年11月13日)

苏共中央委员会：

身处莫斯科的荷兰共产党总书记保罗·德赫罗特同志致信苏共中央。他在信中要求研究一下有关15000荷兰盾的汇兑问题。由于荷文版的《争取持久和平，争取人民民主！》报停刊，这笔款项应归属荷兰共产党中央委员会。

经认定，这笔数目确实在账面上，可以交由荷共中央支配。保罗·德赫罗特同志表示，希望将这笔款交存位于布拉格的捷克斯拉伐克共产党中央委员会，以便在两党都方便的时候，再次转交给荷共中央。

我们认为，可以满足荷兰共产党中央委员会的请求，将款按照指定的地址汇出。

苏共中央与国外共产党联络部部长

波诺马廖夫

1951年11月13日

附件

（译自德文）

致苏共中央委员会

尊敬的同志们！

我们向你们提出下列问题。

《争取持久和平，争取人民民主！》报停刊后，上述报纸在荷兰的翻译室与该报社商定，停止发行荷文版的报纸。根据该协商结果，位于布加勒斯特的报社同意交付与停刊相关的15000荷兰盾费用。布加勒斯特的这些会商，是由别苏德诺夫同志主导进行的。

但是，当我们一位同志想要在布加勒斯特得到这笔钱时，才发现情报局已经离开了布加勒斯特，可以解决此问题的人一个也没留下。

我们请求你们帮助我党拿到这笔钱。如果在我们代表团在返回荷兰时，这笔用荷兰货币支付的钱能到手，真就是心如所愿了。

致以同志的问候！

谨以荷兰共产党中央委员会代表团的名义

保罗·德赫罗特（签名）

1956年11月11日于莫斯科

翻译：古谢娃

РГАНИ. Ф. 5. Оп. 28. Д. 471. Л. 145 – 146.

图书在版编目（CIP）数据

共产党和工人党情报局文献.4／戴隆满，戴隆斌主编.—北京：中央编译出版社，2017.12
（国际共产主义运动历史文献／王学东主编；62）
ISBN 978-7-5117-3439-6

Ⅰ.①共… Ⅱ.①戴…②戴 Ⅲ.①共产党情报局-文献-汇编 Ⅳ.①D17

中国版本图书馆 CIP 数据核字（2017）第 263274 号

共产党和工人党情报局文献.4

出 版 人：	葛海彦
出版统筹：	贾宇琰
责任编辑：	苗永姝
责任印制：	刘　慧
出版发行：	中央编译出版社
地　　址：	北京西城区车公庄大街乙5号鸿儒大厦B座（100044）
电　　话：	（010）52612345（总编室）　　　（010）52612335（编辑室）
	（010）52612316（发行部）　　　（010）52612346（馆配部）
传　　真：	（010）66515838
经　　销：	全国新华书店
印　　刷：	北京印刷一厂
开　　本：	787毫米×1092毫米　1/16
字　　数：	470千字
印　　张：	36.5
版　　次：	2017年12月第1版
印　　次：	2017年12月第1次印刷
定　　价：	200.00元

网　　址：	www.cctphome.com	邮　　箱：	cctp@cctphome.com
新浪微博：	@中央编译出版社	微　　信：	中央编译出版社（ID: cctphome）
淘宝店铺：	中央编译出版社直销店（http://shop108367160.taobao.com）		
	（010）55626985		

本社常年法律顾问：北京市吴栾赵阎律师事务所律师　闫军　梁勤
凡有印装质量问题，本社负责调换，电话：（010）55626985